O BEIJO DE LAMOURETTE

ROBERT DARNTON

O BEIJO DE LAMOURETTE

Mídia, cultura e revolução

Tradução
Denise Bottmann

COMPANHIA DE BOLSO

Grafia atualizada segundo o Acordo Ortográfico da Língua Portuguesa de 1990, que entrou em vigor no Brasil em 2009.

Título original
The kiss of Lamourette:
Reflections in cultural history

Capa
Jeff Fisher

Preparação
Márcia Copola

Revisão
Renato Potenza Rodrigues
Adriana Moretto

Dados Internacionais de Catalogação na Publicação (CIP)
(Câmara Brasileira do Livro, SP, Brasil)

Darnton, Robert
O beijo de Lamourette : mídia, cultura e revolução / Robert Darnton ; tradução Denise Bottmann. — 1ª ed. — São Paulo : Companhia de Bolso, 2010.

Tradução de: The kiss of Lamourette: Reflections in Cultural History.
Bibliografia
ISBN 978-85-359-1708-6

1. Civilização moderna — Século 20 2. França — História — Revolução, 1789-1799 — Influência 3. Livros e leitura I. Título.

10-06105 CDD-944.04

Índice para catálogo sistemático:
1. França : Revolução : 1789-1799 : História 944.04

EDITORA SCHWARCZ S.A.
Rua Bandeira Paulista, 702, cj. 32
04532-002 — São Paulo — SP
Telefone: (11) 3707-3500
www.companhiadasletras.com.br
www.blogdacompanhia.com.br

Para Kate

SUMÁRIO

INTRODUÇÃO

Todos têm fantasias. As minhas são devaneios históricos, uma maneira de brincar de Rip van Winkle ao contrário. Eu me afundo em minha poltrona, nas mãos um livro pesado que vai ficando cada vez mais pesado, e me entrego a um cochilo. Então acordo em Paris, no auge da Revolução, despertado por um beijo. Às vezes é o beijo da morte, às vezes o beijo do amor, um pequeno amor, amor perdido entre as paixões do passado: *le baiser de Lamourette.*

O primeiro tipo de beijo sai de um pesadelo. Foullon de Doué, funcionário do Ministério da Guerra, foi capturado pela multidão. A Bastilha acabou de cair, e pelas ruas correm rumores de conspirações para matar o povo comum de fome e sufocar sua insurreição. Diz-se que Foullon está envolvido num dos complôs. Os sublevados o derrubam, arrastam-no até um poste perto do Hôtel de Ville, e enforcam-no no cadafalso improvisado. Ele balança por um momento no ar, até que a corda se rompe. Ele é erguido de novo. De novo ela se rompe. Na terceira tentativa, finalmente, a vida lhe é arrancada. Uma pesada mão agarra o corpo, corta a cabeça, abre os maxilares à força e enche a boca de palha. "Que comam feno" teria dito Foullon, ecoando o famoso "Comam bolo" atribuído à rainha. Terá ele realmente dito isso? Não importa. Sua cabeça agora anuncia a mensagem, desfilada pelas ruas na ponta de uma lança.

Logo depois, uma outra multidão, tão enfurecida quanto a primeira, captura o genro de Foullon, Bertier de Sauvigny, o intendente de Paris, enquanto ele percorre os arredores da cidade numa carruagem aberta. Levam-no para a Place de Grève, o grande espaço aberto em frente ao Hôtel de Ville, gravado na imaginação de todos como um local de luta e morte, pois é lá que os trabalhadores se reúnem para ser contratados e fazer greve [*faire la grève*], e é lá que Sanson, o carrasco público, admirado e temido como um *maître des hautes œuvres*, exerce sua arte, arrancando os membros das articulações, esmagando ossos, quebrando pescoços no patíbulo oficial do Antigo Regime, um teatro de violência que será abolido quando a Revolução ordenar a morte pela guilhotina. Mas a máquina inventada pelo dr. Guillotin, que agora se senta na Assembleia Nacional avaliando constituições e outros projetos que tais, só começará a funcionar em 21 de agosto de 1792. Em 23 de julho de 1789, a justiça está nas mãos da multidão.

Os amotinados arrastam Bertier em sua carruagem para a execução e o esquartejamento na praça da morte. Ao seguirem gritando pelas ruas, eles encontram o primeiro grupo de sublevados, que desfilam com a cabeça de Foullon. As duas multidões se fundem numa única onda de violência, levando Bertier em sua crista. Ele olha horrorizado através das lanças e vê a cabeça de seu sogro, aproximando-se cada vez mais, até que a empurram para o seu rosto: "Beije papai! Beije papai!", canta a multidão.

Antoine Adrien Lamourette ocupa a história apenas por um momento, o tempo que leva um outro tipo de beijo. O beijo de Lamourette era tão improvável como seu nome, um daqueles maravilhosos nomes rococós como Papillon de la Ferté e Fabre d'Eglantine, que dão ao século XVIII uma aparência de sonho. De forma ainda mais improvável, Lamourette era um bispo, um bispo "constitucional" pois prestara o juramento de lealdade à Constituição de 1791 e ocupava assento na Assembleia Legislativa, em 1792, como deputado de Rhône-et-Loire. Nos primeiros estágios da Revolução, ele havia trabalhado como *ghost writer* para Mirabeau, escrevendo discursos em defesa de uma nova organização para a Igreja (suas terras deviam ser confiscadas, os padres eleitos) e um novo ensino para o herdeiro do trono (devia receber educação cívica num liceu nacional). Lamourette vivia cheio de ideias, muitas delas retiradas das leituras esclarecidas e conversas elevadas da Ordem Lazarita, na qual ingressara antes da Revolução. Mas ele era um homem mais de impulsos generosos do que de pensamentos profundos, mais retórico do que político na Assembleia Legislativa.

No momento em que esse *abbé* que virou *philosophe* e depois revolucionário esvoaça em meus devaneios como um cupido, a política da Assembleia já se converteu numa luta de vida ou morte pelos destinos da França. Estamos em 7 de julho de 1792, um momento terrível. A frente se desintegrara diante dos exércitos invasores. Lafayette já largou suas tropas, numa tentativa de derrubar a Assembleia, e logo se passará para o inimigo. O rei e a rainha estão tramando secretamente pela vitória austríaca, e, se os austríacos tomarem Paris, abaterão uma terrível vingança sobre todos os que apoiam a Revolução — o Manifesto de Brunswick logo deixará isso claro. Mas os revolucionários que levaram a França à guerra, a facção dos brissotianos, não estão fazendo nada para ganhá-la. Ao invés de organizarem a campanha militar, envolveram-se numa disputa com seus adversários no Clube Jacobino. E pior, estão para entrar em negociações secretas com o rei, na esperança de assumirem alguns ministérios. De fato, a França está sem governo. O último ministro *feuillant* moderado irá renunciar em 10 de julho, sem deixar nenhum encarregado dos assuntos. O preço do pão está subindo. As seções parisienses estão se armando. Os batalhões das Guardas Nacionais, vindos das províncias para Paris, preparam-se para tomar o palácio das Tulherias de assalto, a fim de derrubar a monarquia. Tudo está pronto para explodir na grande insurreição de 10 de agosto e nos Massacres de Setembro.

Em 7 de julho, os deputados na Assembleia parecem empenhados em se massacrarem mutuamente. Suas disputas se agudizaram tanto que não há consenso que possa uni-los e nenhuma oposição está imune à pecha de traição. A experiência com a monarquia constitucional parece condenada, fadada à autodestruição, e os debates parlamentares apenas pioram as coisas. Nesse momento, no mais aceso do debate, surge Lamourette.

Ele tem uma solução a propor: o amor. Amor fraterno. O amor pode curar tudo, superar qualquer divisão. Seu nome, por si só, anuncia a mensagem, e os deputados respondem: Eles se abraçam, se beijam, juram fraternidade. Chegam a convidar o rei, que repete o juramento. A Revolução está salva! *Vive la nation! Vive le roi!*

O que era o beijo de Lamourette? Uma retomada do beijo de amor medieval, entendido como ritual para pôr termo à guerra civil? Ou uma eclosão de sentimentos pré-românticos, tirados das peças de Sedaine e dos quadros de Greuze? Ou uma vitória momentânea de Eros sobre Tânatos, um breve triunfo em alguma parte recôndita da alma?

Não sei. O contato com o passado altera o sentido do que pode ser conhecido. Estamos sempre nos ombreando com mistérios — não simplesmente a ignorância (fenômeno familiar), mas a insondável estranheza da vida entre os mortos. Os historiadores voltam desse mundo como missionários que partiram para conquistar culturas estrangeiras e agora retornam convertidos, rendidos à alteridade dos outros. Quando retomamos nossa rotina diária, às vezes contamos entusiasmados nossas histórias ao público. Mas poucos param para ouvir. Como o velho marinheiro, falamos com os mortos, porém temos dificuldade em nos fazer ouvir entre os vivos. Para eles, somos maçantes.

Decidi escrever este livro depois de ser tomado por um torvelinho dessas ideias rodopiantes entre a 43ª e a Broadway. Eu tinha acabado de encontrar o editor do *The New York Times Magazine*. O bicentenário da Revolução Francesa estava se aproximando, e ele queria que eu escrevesse um artigo sobre ela — algo curto e vibrante sobre a incapacidade dos franceses de chegar a um acordo sobre o que iriam comemorar nos acontecimentos que os dilaceraram duzentos anos antes. Era uma oportunidade de explorar as tendências ocultas dos acontecimentos, a maneira como a história não se deixa confinar no passado e vem até o presente, empurrando e impelindo coisas que parecem imobilizadas num estreito quadro temporal.

Mas eu não queria reescrever a história como política do presente. Pelo contrário, tendo por vinte anos lecionado sobre a Revolução Francesa para universitários desorientados, eu queria tentar explicá-la para o Leitor Culto Médio. Os americanos não sabem quase nada sobre o que se passou na Europa há dois séculos, mas a Revolução Francesa é um dos raros acontecimentos que redefiniram a condição humana e redirecionaram o curso da história. De minha parte, sou um dos poucos americanos especializados no estudo da Revolução Francesa. Assim, achei que devia tentar explicar o que havia de tão revolucionário nela, escrevendo como um concidadão para os cidadãos em geral (ver Capítulo 1).

Depois de uma certa insistência, o editor concordou. Eu podia escrever um ensaio histórico. História mesmo, não fatos do momento. Nada de esotérico, é claro: eu devia saber o que esperar dos leitores do *The New York Times*. Ele me cederia um espaço de 6 mil palavras, mas nada de palavras muito compridas, por favor.

Achei que tinha entendido. Vinte e cinco anos antes, eu havia feito a cobertura das delegacias de polícia para o *The Times*, e sabia que devia escrever todos os casos pensando numa garota imaginária de doze anos de idade (ver Capítulo 5). Foi quando me ocorreu aquele torvelinho. Atravessei a Times Square, a cabeça girando com a lembrança de todos os casos que eu tinha escrito sobre sublevações e assassinatos, e comecei a rir. A Revolução Francesa como "matéria"? Conseguiria "cobri-la"? Conseguiria pegar o "caso"?

A resposta chegou pelo correio poucas semanas depois. Não. Minhas 6 mil palavras não tinham servido. Complicado demais, exigindo demais do leitor. A brincadeira não deu certo. E, conforme o eco dos risos ia se apagando, minha decepção dava lugar à tristeza. Nós, profissionais da história, não podemos fazer nada para ter contato com o leitor médio? Será que nos emparedamos por trás de uma barreira de monografias e cortamos o diálogo com os cidadãos comuns curiosos a respeito do passado?

A falha é certamente nossa, pelo menos em parte. O monografismo tomou conta da história acadêmica e relegou-a para um canto de nossa cultura, onde os professores escrevem livros para outros professores, e fazem resenhas sobre eles em revistas restritas a membros da profissão (ver Capítulo 6). Escrevemos de uma maneira que nos legitima aos olhos dos profissionais e torna nosso trabalho inacessível a qualquer outra pessoa. O mal deve ter me contagiado, pois ali estava eu, ex-repórter policial, incapaz de pôr a Revolução em palavras que pudessem passar por um editor do *The New York Times*.

Mas quais são as senhas exigidas para ter acesso ao público em geral? Pensei em meu lema preferido, rabiscado entre os grafites nas paredes do "barraco" dos repórteres, em frente às delegacias em Manhattan, em 1964: "Toda notícia que couber, a gente publica". Converter os fatos em matérias e publicar as matérias é uma questão do que pode caber em termos culturais — convenções narrativas e tradições jornalísticas que funcionam como uma maneira de dar uma forma ao amontoado confuso e ruidoso dos fatos do dia. Quando troquei o jornalismo pela história, fiquei fascinado com o processo geral do que cabe e do que não cabe culturalmente. Estudei publicidade e jornalismo — como diria o jargão profissional de agora, "comunicação" e "mídia".

Entretanto, estava claro que eu não tinha aprendido minha lição. Devia ter percebido que minha conferência histórica não caberia numa publicação do *The New York Times*. Ou devia dividir a culpa com o editor — não pessoalmente, claro (provavelmente, ele é tão seletivo e intelectualizado em seus gostos como todos nós), mas enquanto parte de um sistema de comunicação, que chamamos de "noticiário"? Será que os editores de jornais, os diretores de cinema, os produtores de televisão e os editores de livros colaboram inadvertidamente num esforço geral de tornar a cultura digerível, transformando-a num mingau sensacionalista? As próprias indústrias culturais estarão organizadas para tornar seus produtos de fácil consumo?

Este livro é uma tentativa de explorar essas perguntas. Não

pretende denunciar ninguém, porque o problema é sistêmico, e não uma questão de conspiração entre os donos dos meios de comunicação. Reconheço que às vezes me sinto tentado a vê-los como uma nova estirpe de legisladores secretos do mundo, os mágicos que mexem os pauzinhos numa época em que a própria comunicação — a venda de mensagens, a embalagem presidencial — aparece como o principal componente da vida pública. Mas então lembro a mim mesmo que os sistemas de comunicação têm uma história, ainda que raramente os historiadores a estudem. O poder dos meios de comunicação em moldar os fatos ao dar-lhes cobertura foi um fator crucial na Revolução Francesa; quando o jornalismo surgiu pela primeira vez como uma força nos negócios de Estado. Os revolucionários sabiam o que estavam fazendo quando carregavam prelos em seus desfiles cívicos, e quando reservaram um dia do calendário revolucionário para comemorar a opinião pública.

Assim, resumindo, este é um livro sobre a história, os meios de comunicação e a história dos meios de comunicação. Ele tem quatro objetivos: primeiro, mostrar como o passado opera subterraneamente no presente (Parte I); segundo, analisar o funcionamento dos meios de comunicação em estudos específicos (Parte II); terceiro, esboçar uma disciplina particular, a história do livro, que ofereça uma dimensão histórica aos estudos dos meios de comunicação (Parte III); quarto, passar dessas considerações para uma ampla discussão da história e suas vizinhas dentro das ciências humanas (Partes IV e V).

Colocado de modo tão esquemático, o plano do livro pode dar uma falsa impressão de coerência. Na verdade, os ensaios foram escritos para diversas finalidades em diferentes ocasiões, e não tentei remodelá-los para que se ajustassem perfeitamente numa unidade. Os seis primeiros não foram escritos para estudiosos ou publicações eruditas. São dirigidos ao Leitor Culto Médio — não a garota de doze anos, mas alguém que existe em algum lugar lá fora, no outro extremo dos editores, produtores e outros mediadores culturais que separam o autor do público. Esses ensaios se referem ao próprio processo de mediação, tal como, queira ou não, tenho deparado com ele em meus tropeços entre as indústrias culturais. Geralmente tenho dado topadas. Mas a experiência foi instrutiva, e quando menos pode entreter a quem queira saber como se extrai uma notícia de uma divisão de homicídios, como se enfrenta um roteiro de televisão em estado bruto ou se atravessa a duras penas a agenda de um conselho editorial.

Os outros nove ensaios são mais acadêmicos, mas espero que também interessem ao Leitor Culto Médio, pois tenho a ele ou a ela em alto conceito, mesmo que seu rosto me esteja tão oculto quanto o outro lado da lua. Este leitor merece uma dieta mais rica do que o lanche rápido servido pelos meios de comunicação. Assim, ousei oferecer um saber acadêmico sem abrandamentos nem mediações.

Chamemo-la história vívida. História sem notas de rodapé, ou não muitas, porque apenas alguns dos ensaios dão notícia de achados em arquivos. Em sua maioria, eles informam sobre o estado das coisas em diversos setores da história social, cultural e intelectual. Assim, são resenhas, a historiografia ou a história como reportagem — e por que não? Por que a história não haveria de ser tão interessante quanto o homicídio? Espero informar o leitor sobre o que está se passando em meu campo, e o que está em jogo nos debates sobre temas que podem parecer misteriosos, mas na verdade representam uma tentativa de estabelecer contato com a grande maioria da humanidade — isto é, a grande maioria da espécie humana que desapareceu no passado, em oposição à pequena quantidade de seus descendentes que hoje pisam a terra. As variedades mais instigantes e inovadoras da história são as que tentam escavar sob os fatos, para descobrir a condição humana tal como foi vivida por nossos antepassados. Essas variedades podem receber vários nomes: história das mentalidades, história social das ideias, história etnográfica ou apenas história cultural (minha preferência pessoal). Seja qual for o rótulo, porém, a pretensão é a mesma: entender o sentido da vida, não numa vã tentativa de dar respostas últimas aos grandes enigmas filosóficos, mas oferecendo um acesso a respostas dadas por outros, tanto nas rotinas diárias de suas vidas quanto na organização formal de suas ideias, séculos atrás.

O século que surge repetidamente nessas páginas é o século XVIII. Talvez não mereça mais espaço do que o século XVII ou o XIX, e talvez nem devêssemos, para início de conversa, recortar o tempo em unidades arbitrárias de cem anos. Mas acontece que é nos séculos XVIII e XX que eu vivo, os séculos que contraponho para estudar a interpenetração do presente e do passado.

E, finalmente, o século XVIII é uma fonte de fantasia. Fornece um material inesgotável para os sonhos: amor, riso, fé, horror, sexo, morte, esperança, medo — todos envoltos em cores e texturas pouco familiares, do rosa Pompadour à lona grosseira dos culotes dos *sans-culottes*. Quem é capaz de resistir ao beijo de Lamourette? Ele nos convida a assistir ao drama da paixão ao longo de todo o leque da comédia humana, num mundo que já não existe mais.

Mas como pode a fantasia ser história? Este livro não faz qualquer defesa da *Einfühlung* romântica, nem filosofa sobre a metafísica da narratologia e do fato. Ao invés disso, ele registra dois choques para o sistema — meu próprio sistema assistemático de saltar de um assunto para outro, que pode ser um indicador dos procedimentos na história em geral.

O primeiro choque ocorreu em Newark, Nova Jersey, quando aprendi que a notícia não é o que aconteceu no passado imediato, e sim o relato de alguém sobre o que aconteceu. Essa ligação me pareceu convincente, mas todos os dias encontro historiadores profissionais de ambos os sexos, adultos, em plena posse de suas faculdades, que tratam os jornais como repositórios de fatos em si, e não como coletâneas de relatos.

Minha experiência pessoal com as notícias me levou para o pântano movediço da narratologia. Com o auxílo de teóricos da literatura, comecei a ver relatos por toda parte, desde o Credo de Niceia aos sinais dos guardas de trânsito. Mas tentem se comportar como se todo comportamento fosse um texto, e todos os textos pudessem ser desconstruídos: logo vocês se verão presos num labirinto de espelhos, perdidos num reino semiótico encantado, tomados por tremedeiras epistemológicas.

Eu estava quase chegando a isso em maio de 1981, quando fui passear até a Polônia e recebi um segundo choque (ver Capítulo 2). Tentem dizer a um trabalhador das docas do Solidariedade que as datas não importam e os fatos são triviais. Ele responderá que há um abismo de diferenças entre o 1º de maio, o dia do trabalho oficial, e 3 de maio, a comemoração popular da liberdade constitucional e da tentativa de salvar a Polônia da partilha de 1791. Uma placa em homenagem a um soldado morto numa igreja de Varsóvia não traz nenhum comentário além de um local e uma data: "Katyn, 1940". De acordo com a história polonesa oficial,* o corpo de oficiais poloneses — a nata de toda uma geração — foi destruído num gigantesco massacre dos alemães, quando o exército germânico alcançou a floresta de Katyn, durante sua invasão do território soviético em 1941. De acordo com os alemães, o massacre ocorreu pelo menos um ano antes, e eles não encontraram em Katyn nada além de uma vala comum. Se o fato ocorreu em 1940, foi obra dos soviéticos — e foi. Foi mesmo. Foi sim.

Para os poloneses, a diferença entre 1940 e 1941 é uma questão de vida ou morte. Perante sua compreensão do passado, o historiador só pode se pôr de joelhos, como Willy Brandt diante do monumento em Israel às vítimas do holocausto. O que é a nossa ciência frente aos grandes acontecimentos, como as guerras e as revoluções? O que é o nosso refinamento à luz das vidas que nunca fizeram notícia, que nunca tiveram obituários?

Para visitar os mortos, o historiador precisa de algo além da metodologia, algo como um salto de fé ou uma suspensão da dúvida. Não importa quão céticos possamos ser quanto à vida

* Em fevereiro de 1989, enquanto abria uma nova rodada de negociações com o Solidariedade, o governo inverteu sua posição e acusou os soviéticos de terem perpetrado o massacre.

futura, mas só podemos sentir humildade em relação a todas as vidas passadas. Não que eu esteja defendendo o misticismo ou o culto aos ancestrais. Tampouco estou questionando a validade da semiótica e da narratologia. Tenho certeza de que precisamos pensar seriamente sobre o que fazemos, ao tentarmos explicar a vida e a morte no passado. Mas como fazer justiça aos mortos? Se algum dia eu tiver a satisfação de consegui-lo, espero recuperar os sentidos com o choque de algo inesperado, como o beijo de Lamourette.

Parte I
TENDÊNCIAS NOS ACONTECIMENTOS

1. O BEIJO DE LAMOURETTE

O QUE HAVIA DE TÃO REVOLUCIONÁRIO na Revolução Francesa? A pergunta pode parecer deslocada neste momento, quando o mundo inteiro está se congratulando com a França pelo ducentésimo aniversário da tomada da Bastilha, da destruição do feudalismo e da Declaração dos Direitos do Homem e do Cidadão. Mas a agitação do bicentenário pouco tem a ver com o que realmente aconteceu dois séculos atrás.

Os historiadores vêm salientando há muito tempo que a Bastilha estava quase vazia em 14 de julho de 1789. Muitos deles afirmam que o feudalismo já deixara de existir na época em que foi abolido, e poucos negariam que os direitos do homem submergiram durante o Terror, apenas cinco anos depois de terem sido proclamados pela primeira vez. Será que uma abordagem serena da Revolução há de mostrar tão somente uma violência descabida e declarações ocas — nada mais que um "mito", para empregar um termo dileto do falecido Alfred Cobban, um cético historiador inglês que não tinha o menor interesse por guilhotinas e *slogans*?

Pode-se replicar que os mitos são capazes de mover montanhas. Eles podem adquirir uma realidade firme, tão sólida quanto a torre Eiffel, construída pelos franceses para comemorar o primeiro centenário da Revolução em 1889. A França vai gastar milhões em 1989, erguendo edifícios, criando centros, gerando expressões contemporâneas concretas da força que se inflamou livremente pelo mundo há duzentos anos. Mas o que era ela?

Embora seja igualmente difícil assentar o espírito de 1789 tanto em palavras quanto em tijolos e argamassa, é possível caracterizá-lo como uma energia — uma vontade de construir um mundo novo a partir dos escombros do regime que desmoronou no verão de 1789. Essa energia atravessou tudo durante a Revolução Francesa. Transformou a vida, não só para os ativistas tentando canalizá-la para os rumos por eles escolhidos, mas também para as pessoas comuns ocupadas em seus afazeres diários.

À primeira vista, é bastante fácil aceitar abstratamente a ideia de uma transformação fundamental no conteúdo da vida cotidiana, mas poucos de nós conseguem realmente entendê-la. Aceitamos o mundo tal como ele se apresenta, e não conseguimos imaginá-lo organizado de uma outra maneira, a menos que tenhamos passado por momentos de desmoronamento das coisas — talvez uma morte ou um divórcio, ou o súbito desaparecimento de algo que parecia imutável, como o teto sobre nossas cabeças ou o chão sob nossos pés.

É frequente que tais choques desestabilizem as vidas pessoais, mas raramente eles traumatizam sociedades inteiras. Em 1789, os franceses tiveram de encarar a derrocada de toda uma ordem social — o mundo que, retrospectivamente, definiram como *Ancien Régime* — e encontrar uma nova ordem no caos circundante. Viveram a realidade como algo passível de destruição e reconstrução, e depararam com possibilidades aparentemente ilimitadas, tanto para o bem como para o mal, para edificar uma utopia ou para recair na tirania.

É claro que a sociedade francesa já havia sido convulsionada, anteriormente, por algumas comoções sísmicas — a peste bubônica no século XIV, por exemplo, e as guerras religiosas no século XVI. Mas ninguém estava preparado para uma revolução em 1789. A própria ideia nem sequer existia. Se vocês procurarem a palavra *revolução* nos dicionários correntes do século XVIII, vão encontrar definições derivadas do verbo *revolver*, tal como a volta de um planeta ou uma estrela ao mesmo ponto de partida.

Os franceses não possuíam um grande vocabulário político antes de 1789, pois a política se passava em Versalhes, no mundo distante da corte real. Quando as pessoas do povo começaram a participar da política — nas eleições para os Estados-Gerais, baseadas em algo semelhante ao voto masculino universal, e nas insurreições de rua —, precisaram encontrar palavras para o que tinham visto e feito. Desenvolveram novas categorias básicas, como "esquerda" e "direita" que derivam da disposição dos lugares na Assembleia Nacional, e a própria "revolução". Primeiro veio a experiência, e depois o conceito. Mas o que foi essa experiência?

Apenas uma pequena minoria de ativistas era filiada aos clubes jacobinos, mas todos foram atingidos pela Revolução, pois a Revolução atingiu todas as coisas. Ela recriou, por exemplo, o tempo e o espaço. Pelo calendário revolucionário adotado em 1793 e utilizado até 1805, o tempo começava na data em que terminava a velha monarquia: 22 de setembro de 1792, primeiro Vendémiaire, Ano I.

Com a aprovação formal da Convenção, os revolucionários dividiram o tempo em unidades que lhes pareciam racionais e naturais. Eram dez dias por semana, três semanas por mês e doze meses por ano. Os cinco dias restantes viraram feriados patrióticos, *jours sans-culottides*, consagrados a qualidades cívicas: a Virtude, o Caráter, o Trabalho, a Opinião e a Recompensa.

Os dias comuns receberam nomes novos, que sugeriam uma regularidade matemática: *primidi*, *duodi*, *tridi*, e assim por diante até *décadi*. Cada um deles era dedicado a um aspecto da vida rural, de modo que a agronomia viesse a substituir os santos do calendário cristão. Assim, o dia 22 de novembro, antes dedicado a santa Cecília, tornou-se o dia do nabo; 25 de novembro, antes dia de santa Catarina, virou o dia do porco; 30 de novembro, que era o dia de santo André, passou a ser o dia da picareta. Da mesma forma, com os nomes dos novos meses, o tempo parecia se adequar ao ritmo natural das estações. O dia 1º de janeiro de 1989, por exemplo, seria 12 Nivôse, Ano 197, sendo Nivôse o mês da neve, após os meses de neblina (Brumaire) e frio (Frimaire), e antes dos meses de chuva (Pluviôse) e vento (Ventôse).

A adoção do sistema métrico também representava uma tentativa de impor uma organização racional e natural ao espaço. Por um decreto de 1795, o metro seria "a unidade de comprimento equivalente a um décimo-milionésimo do arco do meridiano terrestre entre o polo norte e o equador". Evidentemente, os cidadãos comuns não iriam dar muita importância a essa definição. Eles demoraram a adotar o metro e o grama, a nova unidade respectiva de peso, e poucos preferiam a nova semana, que lhes reservava apenas um dia de descanso entre dez, ao invés de um dia em cada sete. Mas, mesmo com a permanência dos velhos costumes, os revolucionários imprimiram suas ideias na consciência da época, ao mudarem os nomes de todas as coisas.

Em Paris, 1400 ruas receberam nomes novos, pois os antigos continham alguma referência a um rei, a uma rainha ou a um santo. A Place Louis XV, onde ocorreram as execuções mais espetaculares na guilhotina, tornou-se Place de la Révolution; mais tarde, numa tentativa de conciliar os ânimos, ela recebeu seu nome atual, Place de la Concorde. A igreja de Saint-Laurent passou a ser o templo do Casamento e da Fidelidade, Notre Dame virou o templo da Razão, Montmartre se tornou Mont Marat. Trinta cidades tomaram o nome de Marat: trinta entre as 6 mil que tentavam apagar o passado mudando de nome. Montmorency virou Émile, Saint-Malo se tornou Victoire Montagnarde, e Coulanges virou Cou Sans Culottes (pois *anges* — anjos — era sinal de superstição).

Os revolucionários chegavam a trocar seus próprios nomes. É claro que em 1793 e 1794 não dava para se chamar Louis. Os Louis se apresentavam como Brutus ou Spartacus. Sobrenomes como Le Roy ou Lévêque, muito usuais na França, eram mudados para La Loi ou Liberté. As crianças portavam todos os tipos de nomes impingidos a elas — alguns inspirados na natureza (Pissenlit — Dente de Leão — caía muito bem para as meninas, e Rhubarb — Ruibarbo — para os meninos), e outros nos fatos da atualidade (Fructidor, Constitution, Dez de Agosto, Marat-Couthon-Pique). O ministro das Relações Exteriores, Pierre-Henri Lebrun, deu à filha o nome de Civilisation-Jémappes-République.

Enquanto isso, a abelha-rainha virava uma "abelha poedeira" (*abeille pondeuse*), as peças de xadrez foram renomeadas, pois um bom revolucionário não iria jogar com reis, rainhas, cavaleiros e bispos, e os reis, rainhas e valetes dos baralhos se tornavam liberdades, igualdades e fraternidades. Os revolucionários começaram a alterar tudo: as louças de cerâmica, o mobiliário, os códigos jurídicos, a religião, o próprio mapa da França, que foi dividido em departamentos — isto é, em unidades simétricas do mesmo tamanho com nomes tirados dos rios e montanhas —, em lugar das antigas províncias irregulares.

Antes de 1789, a França era uma colcha de retalhos de unidades sobrepostas e incompatíveis entre si, algumas fiscais, outras judiciais, outras administrativas, algumas econômicas e outras religiosas. Depois de 1789, esses segmentos foram fundidos numa única substância: a nação francesa. Com suas festas patrióticas, a bandeira tricolor, os hinos, os mártires, o exército e as guerras, a Revolução realizou o que havia sido impossível para Louis XIV e seus sucessores: ela uniu os elementos díspares do reino numa nação e conquistou o resto da Europa. Com isso, a Revolução desencadeou uma força nova, o nacionalismo, que nos duzentos anos seguintes iria mobilizar milhões de pessoas e derrubar governos.

Evidentemente, o Estado-Nação não varreu tudo o que tinha pela frente. Não conseguiu impor a língua francesa à maioria do povo francês, que continuou a falar todos os tipos de dialetos incompreensíveis entre si, apesar de uma enérgica campanha de propaganda do Comitê Revolucionário para a Instrução Pública. Mas, ao eliminar os corpos intermediários que separavam o cidadão e o Estado, a Revolução transformou o caráter de base da vida pública.

E foi além: estendeu o público para a esfera privada, introduzindo-se nas relações mais íntimas. A intimidade em francês se expressa pelo pronome *tu*, em contraposição ao *vous* empregado no tratamento formal. Embora hoje em dia os franceses ocasionalmente empreguem o *tu* de maneira bastante descontraída, sob o Antigo Regime ele era reservado para relações assimétricas ou extremamente pessoais. Os pais tratavam os filhos por *tu*, e estes respondiam com *vous*. O *tu* era usado pelos superiores dirigindo-se aos inferiores, pelos seres humanos dando ordens aos animais, e pelos amantes — após o primeiro beijo ou apenas entre os lençóis. Quando os alpinistas franceses chegam a uma certa altitude, ainda passam do vous para o *tu*, como se todos os homens se tornassem iguais perante a imensidão da natureza.

A Revolução Francesa quis converter todo mundo em *tu*. Eis uma resolução aprovada em 24 Brumaire, Ano II (14 de novembro de 1793) pelo departamento do Tarn, uma região pobre e montanhosa no sul da França:

> Considerando que os princípios eternos da igualdade proíbem que um cidadão diga *vous* para outro cidadão, que responde chamando-o por *toi* [...] decreta que a palavra *vous*, quando se trata do singular [e não do plural que leva o *vous*], está a partir de agora banida da linguagem dos franceses livres e será em todas as ocasiões substituída pela palavra *tu* ou *toi*.

Uma delegação de *sans-culottes* fez uma petição à Convenção Nacional em 1794, para abolir o *vous*,

> [...] em virtude de que haverá menos orgulho, menos discriminação, menos reserva social, uma familiaridade mais aberta, uma inclinação mais forte para a fraternidade e, portanto, mais igualdade.

Hoje isso pode parecer risível, mas para os revolucionários era absolutamente sério: eles queriam construir uma nova sociedade baseada em novos princípios de relações sociais.

Assim, eles reelaboraram tudo o que tivesse laivos da desigualdade contida nas convenções do Antigo Regime. Terminavam as cartas com um enfático "saudações e fraternidade" [*salut et fraternité*], ao invés do servil "vosso muito humilde e obediente criado". Trocaram *Monsieur* e *Madame* por *Cidadão* e *Cidadã*. E mudaram suas roupas.

As roupas muitas vezes servem de termômetro para medir a temperatura política. Para designar um militante das seções radicais de Paris, os revolucionários adotaram um termo da indumentária: *sans-culotte*, "alguém que usa calças ao invés de calções ou culotes". Na verdade, até o século XIX os trabalhadores de modo geral não usavam calças, as quais eram preferidas basicamente pelos marinheiros. O próprio Robespierre sempre trajava o uniforme do Antigo Regime: calções, colete e uma peruca empoada. Mas o revolucionário-modelo, que aparece nos cartazes, folhetos e cerâmicas desde 1793 até hoje, vestia calças, uma camisa aberta, um jaleco curto, a carmanhola (*carmagnole*), botas e um boné da liberdade (o barrete frígio) sobre uma cabeleira "natural" (isto é, sem pentear), que caía pelos ombros.

As roupas femininas às vésperas da Revolução haviam dado destaque a decotes baixos, saias armadas e penteados exóticos, pelo menos entre a aristocracia. Os cabelos penteados no estilo "ouriçado" [*en hérisson*} erguiam-se a sessenta centímetros ou mais acima da cabeça, enfeitados com refinados acessórios — como uma fruteira, uma flotilha ou um zoológico. Certo penteado da corte consistia num cenário bucólico como um lago, um caçador de patos, um moinho de vento (que girava) e um moleiro montado num burro a caminho do mercado, enquanto um monge seduzia sua mulher.

Depois de 1789, a moda passou a vir de baixo. O cabelo foi abaixado, as saias se esvaziaram, os decotes subiram e as bainhas desceram. Mais tarde, após o término do Terror, quando a Reação termidoriana acabou com a República da Virtude, as mulheres da sociedade mais agitadas, como Mme. Tallien, passaram a expor o busto, a dançar em longas túnicas diáfanas e ressuscitaram a peruca. Uma autêntica *merveilleuse*, dama da moda, teria uma peruca para cada dia da *décade*; Mme. Tallien possuía trinta.

No auge da Revolução, porém, de meados de 1792 a meados

de 1794, a virtude não só estava na moda, como era também o principal ingrediente de uma nova cultura política. Ela tinha um lado puritano, mas não deve ser confundida com a variante carola pregada nos Estados Unidos, no século XIX. Para os revolucionários, a virtude era viril. Significava uma disposição de lutar pela pátria e pela trindade revolucionária da liberdade, igualdade e fraternidade.

Ao mesmo tempo, o culto da virtude gerou uma revalorização da vida familiar. Retirando o tema de Rousseau, os revolucionários apregoavam o caráter sagrado da maternidade e a importância da amamentação. Tratavam a procriação como dever cívico e censuravam os solteiros pela falta de patriotismo. "Cidadãs! Deem Filhos à Pátria!" proclamava um estandarte num desfile patriótico. "Agora é a hora de gerar um bebê" advertia um *slogan* pintado numa cerâmica revolucionária.

Saint-Just, o ideólogo mais extremado no Comitê de Salvação Pública, escreveu em seu caderno de anotações:

> A criança, o cidadão, pertencem à pátria. É necessária a educação coletiva. As crianças pertencem às suas mães até os cinco anos, se elas as alimentarem [ao peito], e à República a partir daí [...] até a morte.

Seria anacrônico ver algum hitlerismo nessas declarações. Com o fim da autoridade da Igreja, os revolucionários buscavam uma nova base moral para a vida familiar. Recorreram ao Estado e aprovaram leis que seriam impensáveis sob o Antigo Regime. Autorizaram o divórcio, concederam pleno reconhecimento legal a filhos ilegítimos, aboliram o direito de primogenitura. Se, como proclamava a Declaração dos Direitos do Homem e do Cidadão, todos os homens nascem livres e iguais em direito, não deveriam todos partir de um mesmo ponto para a vida? A Revolução tentou restringir o "despotismo paterno" dando a todos os filhos a mesma parcela na herança. Ela aboliu a escravidão e deu plenos direitos cívicos aos protestantes e judeus.

Naturalmente, é possível apontar lacunas e contradições na legislação revolucionária. Apesar de um certo fraseado impetuoso nos chamados Decretos de Ventôse sobre a expropriação dos bens dos contrarrevolucionários, os legisladores nunca pensaram em nada parecido com o socialismo. E Napoleão revogou as disposições legais mais democráticas sobre a vida familiar. Não obstante, a orientação principal da legislação revolucionária é clara: ela substituiu a Igreja pelo Estado como a autoridade suprema na condução da vida privada, e fundamentou a legitimidade do Estado na soberania do povo.

Soberania popular, liberdade civil, igualdade perante a lei — as palavras hoje são ditas com tanta facilidade que somos incapazes de imaginar seu caráter explosivo em 1789. Não conseguimos nos imaginar num mundo mental como o do Antigo Regime, quando a maioria das pessoas tinha como pressuposto que os homens eram desiguais, que a desigualdade era uma boa coisa e se adequava à ordem hierárquica posta na natureza pela própria obra de Deus. Para os franceses do Antigo Regime, a liberdade significava privilégio — isto é, literalmente, "lei privada", uma prerrogativa especial para fazer algo negado a outras pessoas. O rei, como fonte de toda a lei, distribuía privilégios, o que, aliás, estava plenamente correto, pois havia sido ungido como o agente de Deus na terra. Seu poder, além de secular, era espiritual, e assim, com o toque de suas mãos, podia curar a escrófula, a doença do rei.

Durante todo o século XVIII, os filósofos do Iluminismo questionaram esses pressupostos, e os panfletistas profissionais conseguiram empanar a aura sagrada da coroa. Mas a desmontagem do quadro mental do Antigo Regime demandou violência, e também temos dificuldade em imaginar a própria violência, esse tipo de violência iconoclasta, destruidora do mundo, revolucionária.

É verdade que vemos os assaltos e acidentes de trânsito como fatos corriqueiros. Mas, em comparação a nossos antepassados, nós vivemos num mundo onde a violência foi retirada de nossa experiência cotidiana. Os parisienses viviam passando por cadáveres pescados do Sena e pendurados pelos pés ao longo da margem. Sabiam que uma *mine patibulaire* [cara patibular] era um rosto que se parecia com uma daquelas cabeças degoladas e expostas pelo carrasco público na ponta de um forcado. Tinham presenciado esquartejamentos de criminosos em execuções públicas. E não podiam andar pelo centro da cidade sem empapar os sapatos de sangue.

Eis uma descrição dos matadouros de Paris, feita por Louis Sébastien Mercier poucos anos antes da eclosão revolucionária:

> Eles ficam no meio da cidade. O sangue corre pelas ruas; coagula sob seus pés, e os sapatos se tingem de vermelho. Ao passar, você é repentinamente atingido por um grito agonizante. Um novilho é atirado ao chão, seus chifres são amarrados; um malho pesado quebra o crânio dele; um facão enorme penetra até o fundo de sua garganta; seu sangue desprendendo vapor escoa-se com sua vida numa densa corrente. [...] Então braços ensanguentados mergulham em suas entranhas fumegantes; seus membros são retalhados e pendurados para a venda. Por vezes o novilho, atordoado mas não derribado pelo primeiro golpe, rompe as cordas e escapa furiosamente da cena, dizimando tudo pelo seu caminho. [...] E os açougueiros que correm atrás de sua vítima fugitiva são tão perigosos quanto ela. [...] Esses açougueiros têm uma aparência violenta e sanguinária: braços nus, pescoços intumescidos, os olhos vermelhos, as pernas imundas, os aventais cobertos de sangue, carregam junto consigo seus grandes cacetes sempre dispostos a uma briga. O sangue que espalham parece inflamar seus rostos e temperamentos. [...] Nas ruas próximas aos matadouros, um odor cadavérico paira pesadamente no ar; e prostitutas vulgares — coisas gordas, enormes, monstruosas sentadas nas ruas — expõem sua devassidão em público. Estas são as beldades que aqueles carniceiros acham encantadoras.

Em 1750 eclodiu um grave tumulto por ter se espalhado entre as seções trabalhadoras de Paris um boato de que a polícia estava raptando crianças, para preparar um banho de sangue para um príncipe da família real. Esses tumultos eram conhecidos por "comoções populares" — irrupções de paixão visceral ateadas por alguma fagulha que ardia na imaginação coletiva.

Seria ótimo se pudéssemos associar a Revolução exclusivamente à Declaração dos Direitos do Homem e do Cidadão, mas ela nasceu na violência e imprimiu seus princípios num mundo violento. Os conquistadores da Bastilha não se limitaram a destruir um símbolo do despotismo real. Entre eles, 150 foram mortos ou feridos no assalto à prisão, e, quando os sobreviventes apanharam o diretor, cortaram sua cabeça e desfilaram-na por Paris na ponta de uma lança.

Uma semana depois, num paroxismo de fúria pelos altos preços do pão e boatos sobre conspirações para matar os pobres de fome, uma multidão linchou um funcionário do Ministério da Guerra chamado Foullon de Doué, degolou-o e desfilou com sua cabeça sobre uma lança, o feno enfiado na boca como sinal de cumplicidade na conspiração. Em seguida, um grupo de amotinados capturou o genro de Foullon, intendente de Paris, Bertier de Sauvigny, e fizeram-no marchar pelas ruas com a cabeça na sua frente, cantando "Beije papai, beije papai". Eles mataram Bertier defronte ao Hôtel de Ville, arrancaram seu coração e atiraram-no para os lados do governo municipal. A seguir retomaram o desfile com a cabeça de Bertier ao lado da de Foullon. "É assim que os traidores são punidos" dizia uma gravura representando a cena.

Gracchus Babeuf, o futuro conspirador esquerdista, descreveu o delírio geral numa carta à sua mulher. Multidões irrompiam em aplausos ao ver as cabeças nas lanças, escreveu ele:

> Oh! Aquela alegria me deu náuseas. Sentia-me ao mesmo tempo satisfeito e descontente. E eu disse, tanto melhor e tanto pior. Eu entendia que o povo comum estava tomando a justiça em suas mãos. Aprovo essa justiça [...] mas poderia

não ser cruel? Castigos de todos os tipos, arrastamento e esquartejamento, tortura, a roda, o cavalete, a fogueira, verdugos proliferando por toda parte trouxeram tanto prejuízo aos nossos costumes! Nossos senhores [...] colherão o que semearam.

Também seria ótimo se pudéssemos interromper a história da Revolução no final de 1789, no momento em que o atual governo francês quer traçar a linha divisória para suas comemorações. Mas a história em seu todo estende-se até o final do século — e, segundo alguns historiadores, pelo século seguinte. Qualquer que seja o ponto em que ela pare, certamente passou por 1794, e assim temos de nos entender com o Terror.

Podemos achar inúmeras explicações para o Terror oficial, o Terror conduzido pelo Comitê de Salvação Pública e pelo Tribunal Revolucionário. Pelos padrões do século XX, não foi muito devastador, se fizermos um cálculo total de suas vítimas e se acreditarmos que é possível medir essas coisas estatisticamente. Ele levou cerca de 17 mil vidas. Houve menos de 25 execuções em metade dos departamentos da França, e nenhuma em seis deles. Setenta e um por cento das execuções ocorreram em regiões onde se alastrava a guerra civil; 3/4 dos guilhotinados eram rebeldes capturados com armas nas mãos, e 85% eram plebeus — estatística difícil de digerir para os que interpretam a Revolução como uma guerra de classes conduzida pelos burgueses contra os aristocratas. Sob o Terror, a palavra *aristocrata* podia ser aplicada a quase todos os que eram tidos como inimigos do povo.

Mas todas essas estatísticas entalam na garganta. Qualquer tentativa de condenar uma pessoa eliminando sua individualidade e enfiando-a em categorias ideológicas abstratas, como "aristocrata" ou "burguês", é intrinsecamente desumana. O Terror foi realmente terrível. Apontou a via para o totalitarismo. Foi o trauma que marcou a história moderna em seu nascimento.

Os historiadores têm conseguido explicar boa parte dele (não todo, não o pavoroso último mês do "Grande Terror", quando o morticínio aumentou enquanto diminuía a ameaça de invasão) como uma reação às circunstâncias extraordinárias de 1793 e 1794: os exércitos invasores a ponto de tomar Paris, os contrarrevolucionários, alguns imaginários, muitos reais, conspirando para derrubar internamente o governo, o preço do pão disparando descontroladamente e enfurecendo o populacho parisiense de fome e desespero, a guerra civil na Vendeia, as rebeliões municipais em Lyon, Marselha e Bordeaux, e o jogo de facções dentro da Convenção Nacional, que ameaçava paralisar qualquer tentativa de dominar a situação.

Seria o cúmulo da presunção que um historiador americano, sentado na comodidade de seu gabinete, condenasse os franceses pela violência e congratulasse seus conterrâneos pela sua revolução relativamente incruenta, que ocorreu em condições totalmente diversas. Mas o que ele vai fazer com os Massacres de Setembro de 1792, uma orgia de carnificina que tirou a vida de mais de mil pessoas, muitas delas prostitutas e criminosos comuns encerrados em prisões como a da Abbaye?

Não sabemos exatamente o que aconteceu, porque os documentos foram destruídos durante o bombardeio da Comuna de Paris em 1871. Mas a sóbria avaliação das provas restantes por Pierre Caron sugere que os massacres assumiram o caráter de um assassinato ritualista e apocalíptico em massa. Multidões de *sans-culottes*, incluindo homens dos matadouros descritos por Mercier, tomaram as prisões de assalto para liquidar com o que julgavam ser uma conspiração contrarrevolucionária. Improvisaram um tribunal popular na prisão da Abbaye. Um a um, os prisioneiros foram conduzidos para fora, acusados e sumariamente julgados de acordo com seu delito. Uma postura forte era tida como sinal de inocência, uma postura vacilante como sinal de culpa. Stanislas Maillard, um conquistador da Bastilha, assumiu o papel de promotor, e a multidão, trazida da rua para os bancos em filas, ratificava o julgamento com aclamações e sinais de cabeça. Se fosse declarado inocente, o prisioneiro seria calorosamente abraçado, receberia lágrimas e seria carregado em triunfo pela cidade. Se declarado culpado, ele seria espancado até a morte com uma sucessão de golpes de chuços, maças e sabres. A seguir, seu corpo seria despido e atirado a uma pilha de cadáveres, ou esquartejado e conduzido em desfile na ponta de uma lança.

Durante todas essas atividades sanguinárias, as pessoas que cometiam os massacres falavam em limpar a terra da contrarrevolução. Pareciam desempenhar papéis numa versão laica do Juízo Final, como se a Revolução tivesse desencadeado uma corrente subterrânea de milenarismo popular. Mas é difícil saber qual era o roteiro que estava sendo encenado em setembro de 1792. Talvez nunca possamos esclarecer essa violência ou chegar ao âmago das outras "comoções populares" que determinaram o curso da Revolução: o Grande Medo dos camponeses no começo do verão de 1789, as sublevações de 14 de julho e 5-6 de outubro de 1789, e as "jornadas" revolucionárias de 10 de agosto de 1792, 31 de maio de 1793, 9 Thermidor, Ano II (27 de julho de 1794), 12 Germinal, Ano III (1º de abril de 1795). Em todas elas, as multidões gritavam por pão e sangue, e a matança ultrapassa a compreensão do historiador.

No entanto, ela está lá. Não vai desaparecer, e deve ser incorporada em qualquer tentativa de entender a Revolução. Pode-se argumentar que a violência foi um mal necessário, porque o Antigo Regime não deixaria pacificamente de existir e a nova ordem não conseguiria sobreviver sem destruir a contrarrevolução. Praticamente todas as "jornadas" violentas foram defensivas — tentativas desesperadas de aparar golpes contrarrevolucionários, que ameaçaram aniquilar a Revolução desde junho de 1789 até novembro de 1799, quando Napoleão tomou o poder. Depois do cisma religioso de 1791 e da guerra de 1792, qualquer oposição podia ser apresentada como traição e não se conseguiria nenhum consenso sobre os princípios políticos.

Em suma, as circunstâncias explicam a maior parte das violentas oscilações de um extremo ao outro durante a década revolucionária. A maior parte, mas não todas — certamente não o Massacre dos Inocentes em setembro de 1792. A própria violência permanece um mistério, o tipo de fenômeno que pode nos levar de volta a explicações meta-históricas: o pecado original, a liberação da libido, a astúcia de uma dialética. De minha parte, eu me confesso incapaz de explicar a causa última da violência revolucionária, mas creio que posso entender algumas de suas consequências. Ela abriu o caminho para a reformulação e a reconstrução que mencionei acima. Ela atingiu as instituições do Antigo Regime com tal força e subitaneidade que fez com que qualquer coisa parecesse possível. Ela libertou a energia utópica.

A sensação de possibilidades ilimitadas — poder-se-ia chamá-la de "possibilismo" — foi o lado brilhante da comoção popular, e não se restringiu a explosões milenaristas nas ruas. Ela podia acometer advogados e homens de letras sentados na Assembleia Legislativa. Em 7 de julho de 1792, A.-A. Lamourette, um deputado de Rhône-et-Loire, disse aos membros da Assembleia que todos os seus problemas derivavam de uma única fonte: o facciosismo. Eles precisavam de mais fraternidade. Com isso, os deputados, que um minuto antes estavam se agarrando pelo gasganete, levantaram-se e começaram a se abraçar e beijar como se suas diferenças políticas pudessem ser varridas numa onda de amor fraterno.

O "beijo de Lamourette", com alguns sorrisos indulgentes, foi deixado de lado pelos historiadores, cientes de que, um mês depois, a Assembleia se dissolveria com o levante sangrento de 10 de agosto. Que pueris eles eram, aqueles homens de 1792, com sua oratória excessiva, o ingênuo culto à virtude, a repetição simplista do lema da liberdade, igualdade e fraternidade!

Mas podemos perder algo se tratarmos as pessoas do passado com ares de superioridade. A emoção popular da fraternidade, o mais estranho na trinca dos valores revolucionários, varreu Paris em 1792 com a força de um furacão. Mal conseguimos imaginar sua potência, pois vivemos num mundo organizado segundo outros princípios, tais como posse permanente, salários líquidos, saldos finais, quem comparece perante quem. Nós nos definimos como patrões ou empregados, professores ou estudantes, indivíduos situados em algum ponto numa rede de papéis entrecruzados. A Revolução em seu ápice mais revolucionário tentou eliminar tais distinções. Ela realmente pretendia legislar a fraternidade entre os homens. Pode não ter se saído melhor do que a cristianização do Cristianismo, mas remodelou a paisagem social num grau suficiente para alterar o curso da história.

Como podemos captar esses momentos de loucura, de suspensão da dúvida, quando tudo parecia possível e o mundo se afigurava como uma tábula rasa, apagada por uma onda de comoção popular e pronta para ser redesenhada? Tais momentos passam rápido. As pessoas não podem viver muito tempo num estado de júbilo epistemológico. A ansiedade se instala — a necessidade de estabelecer coisas, de impor limites, de distinguir "aristocratas" e patriotas. As fronteiras logo se endurecem, e a paisagem assume novamente um aspecto de imobilidade.

Hoje a maioria de nós vive num mundo que consideramos não o melhor, mas o único possível. A Revolução Francesa desapareceu aos poucos num passado quase imperceptível, seu brilho foi obscurecido por uma distância de duzentos anos, tão remota que mal podemos acreditar nela. Pois a Revolução desafia a crença. Parece incrível que um povo inteiro fosse capaz de se levantar e transformar as condições da vida cotidiana. Isso é contradizer o postulado prático corrente de que a vida deve se manter nos moldes do mundo prosaico comum.

Nunca vivemos nada que pudesse abalar essa convicção? Consideremos os assassinatos de John F. Kennedy, Robert Kennedy e Martin Luther King, Jr. Todos nós que passamos por esses momentos lembramos exatamente onde estávamos e o que estávamos fazendo. De repente paramos ali mesmo, e frente à enormidade do fato sentimo-nos ligados a todos os que estavam em volta. Por alguns instantes, deixamos de nos ver em nossos papéis e percebemo-nos como iguais, desnudados até o cerne de nossa humanidade comum. Como alpinistas muito acima das lides diárias do mundo, passamos do *vous* para o *tu*.

Penso que a Revolução Francesa foi uma sucessão desse gênero de acontecimentos, acontecimentos tão terríveis que abalam a humanidade em seu âmago. A partir da destruição, eles criaram um novo sentido de possibilidade — não só de escrever constituições ou decretar a liberdade e a igualdade, mas de viver de acordo com o mais difícil dos valores revolucionários, a irmandade entre os homens.

Evidentemente, a noção de fraternidade provém da própria Revolução, e não de alguma sabedoria maior entre os historiadores, e poucos deles, por mais sábios que fossem, afirmariam que os grandes acontecimentos põem à mostra alguma realidade fundamental subjacente à história. Eu afirmaria o contrário: os grandes acontecimentos possibilitam a reconstrução social da realidade, o reordenamento das coisas-como-elas-são, de modo que passam a ser vividas não mais como dadas, e sim como desejadas, conforme o que se julgue que devam ser.

O possibilismo contra o objetivismo dado das coisas — tais foram as forças que se enfrentaram na França entre 1789 e 1799. Não que não houvesse outras forças, inclusive algo que se poderia chamar de "burguesia" em luta contra algo conhecido como "feudalismo" enquanto muitas propriedades mudavam de mãos e os pobres arrancavam um pouco de pão dos ricos. Mas todos esses conflitos se fundavam em algo maior do que a soma de suas partes — uma convicção de que a condição humana é maleável, não fixa, e que as pessoas comuns podem fazer a história, ao invés de sofrê-la.

Duzentos anos de experiências com admiráveis mundos novos tornaram-nos céticos quanto ao planejamento social. Retrospectivamente, o momento wordsworthiano pode vir a parecer um prelúdio ao totalitarismo. O poeta cantava em vão para uma lua de sangue. Ele ladrou e a caravana passou, uma linha de gerações amarradas umas às outras como uma leva de prisioneiros com destino ao *gulag*.

Pode ser. Mas um excesso de visão histórica retrospectiva pode distorcer o panorama de 1789 e 1793-94. Os revolucionários franceses não eram stalinistas. Eram um conjunto de pessoas não excepcionais em circunstâncias excepcionais. Quando as coisas se desintegraram, eles reagiram a uma necessidade imperiosa de dar sentido às coisas ordenando a sociedade segundo novos princípios. Esses princípios ainda permanecem como uma denúncia da tirania e da injustiça. Afinal, em que estava empenhada a Revolução Francesa? Liberdade, igualdade, fraternidade.

2. QUE A POLÔNIA SEJA A POLÔNIA

Quando os grevistas de Gdansk foram avaliar sua vitória sobre o governo, em agosto de 1980, eles discutiram não só questões práticas sobre a maneira de organizar seu novo sindicato, mas também a necessidade de uma "nova história".* "Queriam saber como a Polônia veio a ser o que é. Queriam fatos concretos, toda a verdade" explicou Bronislaw Geremek, um medievalista que tem sido um conselheiro de máxima importância para o Solidariedade, desde seu nascimento nos estaleiros de Gdansk.

A fome de história, a "verdadeira história" em oposição à versão oficial, hoje se destaca na Polônia com tanta clareza quanto as filas de pão. O jornal do Partido em Cracóvia, que passou a fazer denúncias políticas e administrativas após a greve de Gdansk, está agora publicando uma série, "Espaços em branco na história da Polônia". Por toda parte, os nomes das ruas estão sendo mudados para Três de Maio, em homenagem à Constituição de 1791. A comemoração oficial do 1º de maio se tornou insignificante ao lado dos festejos em 3 de maio, feriado nacional da Polônia antes da guerra, que foi reavivado neste ano e deu origem a uma enxurrada de discursos sobre constituições, democracia e soberania nacional. Como foi uma invasão russa que pôs termo à Constituição e precipitou a segunda partilha da Polônia, numa série de três durante o

* Este ensaio foi escrito logo após uma visita à Polônia em maio de 1981, quando o Solidariedade parecia ter conseguido superioridade em sua luta com o governo. Naquele momento, muitos poloneses temiam que a União Soviética interviesse para anular suas liberdades recém-conquistadas, mas a anulação ocorrida em dezembro de 1981 já estava sendo preparada pelas autoridades polonesas sob o comando do general Wojciech Jaruzelski.

século XVIII, os discursos pareciam se referir tanto ao presente quanto ao passado.

"Chega de Targowicas" dizia uma bandeira empunhada em Varsóvia na nova Festa de Maio. *Targowica*, um pejorativo comum na Polônia, deriva do nome de um grupo de nobres renegados que chamaram os russos em 1792. Numa manifestação recente em favor do Solidariedade rural, havia uma bandeira em homenagem a Tadeusz Kosciuszko, o herói polonês da Revolução Americana, que liderou uma sublevação contra a partilha em 1794. O camponês que segurava a bandeira parecia ter um sólido domínio sobre a história setecentista. Indagado sobre os acontecimentos de 1794, ele disse que, algumas semanas antes, os homens de sua aldeia tinham ido a uma manifestação empunhando suas foices como baionetas caladas, exatamente como haviam feito seus antepassados ao se reunirem a Kosciuszko.

O século XVIII também parecia pairar sobre a greve de agosto passado. No auge da crise, um funcionário do Partido advertiu ao país, pela televisão, que recuasse da "beira de uma catástrofe que lembra os acontecimentos do século XVIII" enquanto o cardeal Stefan Wyszynski, diante da Madona Negra no santuário de Jasna Gora, instruía os fiéis para "lembrar com que dificuldade nós readquirimos nossa liberdade depois de 125 anos".

Tais observações têm um grande peso num país que, durante uma visita de duas semanas em maio de 1981, parecia tão obcecado com seu passado quanto preocupado com seu presente. Os poloneses não conseguem separar o passado do presente e confiá-lo aos livros de história, porque o regime proscreveu grande parte que lhe dizia respeito. Mesmo assim, ele volta para assombrá-los, e não terá descanso enquanto o governo não permitir um acareamento aberto com o passado, juntamente com a abertura em todas as outras esferas da vida pública.

As partilhas do século XVIII esclarecem a tendência de encaixar o passado e o presente. Elas fazem parte da atualidade na Polônia porque os poloneses veem sua história como uma luta constante contra a partilha, tanto do Leste quanto do Ocidente, até os dias de hoje.

Estado frágil sem fronteiras naturais, a Polônia foi recortada pela Rússia, Prússia e Áustria em 1772, 1793 e 1795. No século XIX, sobreviveu apenas como uma cultura, graças a seus poetas e à sua igreja. Depois de ter sido recriada como Estado Nacional pelo Tratado de Versalhes, a Polônia escapou por pouco à destruição na guerra, ao se defender contra as forças da Rússia bolchevique em 1920. Em 1939, um protocolo secreto do Pacto Ribbentrop-Molotov dividiu a Polônia entre a Alemanha e a União Soviética, de modo que os poloneses sofreram nova partilha logo após a conflagração da Segunda Guerra Mundial, com a explosão no correio de Gdansk. Ainda hoje sentem-se divididos, pois sua cultura e religião ligam-nos ao Ocidente, ao passo que o império soviético prende-os ao Leste. Eles vivem no ponto mais explosivo de uma Europa partilhada.

Mas parecem decididos a não deixar morrer a história. A piada mais comum que agora circula por Varsóvia podia ser contada praticamente em qualquer momento dos últimos dois séculos.

> Pergunta: Se os russos atacarem de leste e os alemães de oeste, com quem lutaríamos primeiro? Resposta: Com os alemães. Primeiro a obrigação, depois a diversão.

A pergunta mais frequente para um americano é: "Por que vocês nos venderam em Ialta?". Para os poloneses, Ialta representa o ponto culminante de toda a história das partilhas.

A história obceca os poloneses não só porque parece se repetir, mas também porque ela própria é dividida. Oficialmente, a história segue a linha do Partido. Extraoficialmente, adere ao tabu. Um filme que é projetado diariamente no Museu Histórico de Varsóvia mostra as tropas alemãs arrasando a cidade, após o levante de 1944. Finalmente as tropas soviéticas saqueiam os escombros, tendo sido detidas à margem oriental do Vístula, como diria a história oficial, por linhas ampliadas de comunicação. De acordo com os relatos que circulam oralmente, os "libertadores" deixaram os alemães fazer o trabalho sujo por eles, para não encontrarem qualquer oposição quando estendessem seu império para o ocidente. Essa versão é amplamente aceita no Ocidente, mas nada poderia ser mais herético na Polônia — exceto talvez comentários sobre o Pacto Ribbentrop-Molotov que com frequência acompanham-na nas discussões históricas que brotaram por toda parte desde a greve de Gdansk.

As heresias se acumulam conforme os comentários se voltam para o presente. A poucos quarteirões do Museu Histórico, o ramo do Solidariedade no sindicato dos fotógrafos montou uma exposição simplesmente chamada "1956, 1968, 1970, 1976, 1980". Mostrava fotos dos amotinamentos que pontilharam a história polonesa do pós-guerra, determinando guinadas no poder de Gomulka a Gierek e a Kania. Para olhos americanos, acostumados a ver violências de rua pela televisão, as fotografias pareciam amenas. Figuras borradas atiravam pedras e corriam da polícia em cenários vagamente urbanos. Os poloneses as devoravam. Apinhavam-se na exposição, olhando, olhando e olhando. Tendo se encontrado com os espaços em branco de sua história, não havia o que os saciasse.

Alguém tinha escrito "Bandidos" embaixo de uma fotografia de Gierek e outros membros do Politburo. Um livro de visitantes estava cheio de comentários parecidos. Um dizia: "Da próxima vez Katyn". Para o regime, o massacre de pelo menos 4 mil membros do exército polonês, em sua maioria oficiais, na floresta de Katyn é o tema mais envolto em tabus na Polônia de hoje. Segundo a história oficial, os alemães mataram os militares depois de capturá-los em 1941. Segundo discussões feitas aos sussurros e com olhadelas por sobre os ombros, os russos é que fizeram a matança em 1940, ao deitarem mãos na parte que lhes cabia pela divisão entre Hitler e Stálin.

Em qual versão acreditar? Os poloneses discutem os indícios. Quantos nomes na lista de vítimas publicada pelos nazistas podem ser verificados? Até que ponto é correta a monografia americana *Death in the forest* [*Morte na floresta*], de J. K. Zawodny, que circula clandestinamente? Não é significativo que as famílias dos prisioneiros tenham deixado de receber correspondência em 1940, e não em 1941? A maioria dos poloneses parece ter chegado às suas próprias conclusões. Um guia oficial que mostrava uma igreja a um americano apontou para uma série de placas comemorativas na parede. "Katyn", disse ele. O visitante não entendeu. "A data, a data" repetiu ele, e então adotou um silêncio prudente. As placas diziam "Katyn, 1940".

A força emotiva de uma data pode ser de difícil compreensão para quem nunca viveu a disparidade entre a história oficial e a história clandestina. O dia 3 de maio pode umedecer os olhos, 1940 pode provocar um rígido retesamento nos maxilares, porque não se considera que essas datas tenham uma existência histórica. O regime também tentou manter sua repressão contra a greve de Gdansk em 1970 como um não acontecimento. Mas os grevistas de 1980 obrigaram-no a permitir que construíssem um enorme monumento aos mortos de 1970, na entrada principal dos estaleiros. Ele se eleva sobre o local de trabalho, uma coluna de aço retorcido em três cruzes no alto, tendo sua base diariamente recoberta por ramalhetes de flores frescas.

As flores marcam as cicatrizes deixadas pela história por toda parte na Polônia. Seis milhões de poloneses morreram na Segunda Guerra Mundial, quase 20% da população. É rara a família que escapou incólume, e muitos dos sobreviventes sabem onde e como morreram seus entes queridos. Colocam flores no local. Põem fitas vermelhas e brancas nas placas dedicadas à Resistência. Acendem velas nas ruas e igrejas, onde as lembranças são mais vivas. Como os poloneses poderiam esquecer o passado? Andam por ele todos os dias.

A história oficial tem uma explicação para a devastação. A guerra e seus desdobramentos devem ser atribuídos à opressão e ao revanchismo da Alemanha. Mas existem limites ao ódio pelos alemães, mesmo na Polônia. Os poloneses sabem que Willy Brandt caiu de joelhos, chorando, no local do gueto de Varsóvia, e que não podem falar abertamente sobre Katyn.

As contradições entre a história oficial e a história reprimida podem se expressar em gestos. As flores comemoram tanto os poloneses que combateram a partilha como os mortos da Segunda Guerra Mundial. Encontram-se junto à placa em homenagem a Kosciuszko e na estátua a Adam Mickiewicz, o poeta nacionalista, na praça do mercado de Cracóvia. Onde mais se adensam é na cripta de Josef Pilsudski, na catedral de Wawel, em Cracóvia. A cripta é iluminada por velas dos fiéis e enfeitada com distintivos escolares colocados por crianças. Mas Pilsudski continua como uma espécie de não ser na história oficial. Após assumir o comando da Polônia recém-renascida em 1919, ele conduziu a guerra contra a Rússia em 1920.

O local mais sagrado em Varsóvia é provavelmente a tumba do soldado desconhecido. É onde costumam terminar as manifestações do Solidariedade e por onde geralmente começam as visitas de altas personalidades estrangeiras. Mas depor uma coroa no túmulo não é uma expressão de simpatia pela URSS, porque o soldado foi morto enquanto combatia os bolcheviques sob o comando de Pilsudski; assim, os poloneses têm um prazer especial em olhar os embaixadores soviéticos executando tal gesto.

Também gostam das ironias e ambiguidades que afastam sua história da linha do Partido. A versão oficial fala em militantes que se ergueram em Varsóvia para apoiar a Revolução Russa de 1905. Mas os estudantes universitários contam que seus predecessores se ergueram contra a Russificação, porque as aulas não podiam ser dadas em polonês durante a ocupação do século XIX. Quando os membros do Solidariedade marcham pelas ruas, eles mudam as palavras de um hino tradicional, trocando "Deus conserve a Polônia livre" por "Deus faça a Polônia livre". Não precisam mexer no hino nacional, porque seu refrão, "Marche, Dabrowski" é um apelo à libertação que ecoa desde 1797, quando os patriotas poloneses esperavam que a legião polonesa sob o comando do general Henryk Dabrowski deixasse as forças de Napoleão na Itália, para vir libertá-los das potências da partilha.

O regime parece estar cedendo algum terreno para o avanço de figuras como Kosciuszko, Dabrowski e Pilsudski na visão popular da história. Ele permitiu que um impressionante Pilsudski, com uns bigodes de morsa, desempenhasse um papel central num novo filme, *Polona restitua*, que celebra a reconquista da independência após a Primeira Guerra Mundial. Também fez concessões ao culto de Wladyslaw Sikorski, o líder anticomunista da Resistência na Segunda Guerra Mundial, cujos despojos estão para ser transferidos da Inglaterra para a catedral de Wawel.

Essa preocupação com músicas, bandeiras e tumbas pode indicar que está brotando um novo nacionalismo contra o império soviético, à semelhança dos nacionalistas poloneses que, no século XIX, tentaram derrubar o domínio dos impérios czarista, prussiano e austro-húngaro. A obsessão pela história com certeza sugere o redespertar de uma consciência nacional, que encontra expressão no lema popular do momento, "Que a Polônia seja a Polônia". Mas os oradores do Solidariedade não trovejam como os poetas e generais oitocentistas. Ao invés de vociferar contra o governo, Lech Walesa brinca que vai fazer Gierek trabalhar em tempo integral de quarenta horas semanais e ficar na fila de pão depois do final de cada expediente. Os poloneses parecem fartos das grandes abstrações da história oficial. Querem dispensar a retórica e ficar com a história sem enfeites. Preferem a ironia em vez da oratória. "Nós demos aos Estados Unidos dois generais para a sua revolução, Kosciuszko e Pulaski" gracejam eles. "Agora os Estados Unidos deviam nos dar outros dois: General Motors e General Electric."

Onde essa história popular, uma história expressa por piadas e gestos, separa-se dos profissionais? A Polônia certamente conta com uma quantidade razoável de excelentes historiadores, ainda que agora falte papel para imprimir seus trabalhos, e seria um erro descartar como propaganda o que escreveram antes de agosto passado. Um velho historiador de Cracóvia disse que sua geração tinha os olhos mais voltados para Paris do que para Moscou, mas utilizava artifícios e palavras de duplo sentido, ao passo que seus sucessores agora falam abertamente. Por exemplo, os verbetes no dicionário de biografias nacionais sobre oficiais mortos em Katyn não podem apresentar 1940 como data de suas mortes sem ferir os soviéticos, nem 1941 sem ferir a verdade. Então consta "Morto após 1939" e todos entendem o significado.

A geração mais antiga vivia próxima demais do stalinismo para se arriscar. Aprenderam a se autocensurar antes de submeterem seus textos à censura oficial e a ficar atentos ao que diziam em aula. Embora praticamente todos eles, como todos os demais nas universidades, tenham se filiado ao Solidariedade, às vezes sentem que representam a história oficial aos olhos do público. Ficaram satisfeitos em poderem discorrer sobre a liberdade e o constitucionalismo em 3 de maio.

Os historiadores mais jovens parecem mais diretos. Mas eles também se preocupam com o fato de que as paredes possam ter ouvidos e pedem aos eventuais entrevistadores que não deem seus nomes. Um jovem professor em Torun ligou o rádio para confundir os sons antes de começar a falar de sua profissão. Depois de servir porções generosas de vegetais frescos, quase os únicos alimentos atualmente disponíveis no mercado, ele deu início ao jantar com uma velha piada: "Nós, poloneses, somos como rabanetes, vermelhos por fora, brancos por dentro". A seguir, desmontou a versão do passado segundo a linha do Partido como se fosse um tecido de mentiras, e explicou a maneira como seus alunos vivenciavam as contradições entre a história oficial e a história popular.

Quando crianças, eles ouvem uma coisa na escola e outra em casa. Muitas vezes desprezam a versão dos pais. Mas, cedo ou tarde, ela é confirmada por alguma coisa que chega a eles pela imprensa clandestina. Podem fazer cursos na "universidade volante" de perfil clandestino. E agora podem ler prateleiras inteiras de livros sem censura nas bibliotecas montadas pelo Solidariedade. Assim, sua formação histórica passa por três fases: contato com a tradição oral, absorção da palavra escrita por meio de fotocópias e mimeografados clandestinos, e o estudo formal. Ao final, eles acabam desenvolvendo uma fúria rankiana de conhecer a história "como realmente aconteceu".

Ao mesmo tempo, vários professores seus estão participando da história como conselheiros do Solidariedade. Quando Walesa tomou sua decisão crucial de suspender a greve geral em abril passado, ele consultou Bronislaw Geremek, na ala direita do movimento, Karol Modzelewski, um outro medievalista, da ala esquerda. Embora o conselho diretor do sindicato resistisse, Walesa obrigou-o a adotar a estratégia mais moderada. O Solidariedade recuou pela primeira vez, e Modzelewski voltou para seus alunos em Wroclaw. Eles o interrogaram durante horas sobre a democracia e a tomada de decisões nas instituições políticas. Quando ele saiu da sala de conferências, notou que alguém havia escrito as palavras iniciais da Declaração de Independência Americana numa tabuleta no fundo da sala.

Embora numerosos historiadores sirvam de conselheiros ao Solidariedade, eles não se consideram tutores do movimento. Este tomou-os de surpresa. Ficaram assombrados com a força do descontentamento que brotou do operariado e, como todos os outros, foram arrebatados por ela. Também se surpreenderam ao saber que os trabalhadores tinham aprendido muito de história pela tradição popular. Quando um professor estava explicando o protocolo secreto do Pacto Hitler-Stálin a um grupo de discussão do Solidariedade, ele foi repreendido por um operário, que insistiu em que o pacto fosse chamado pelo seu nome correto, visto que fora firmado por Ribbentrop e Molotov. Os poloneses, desta vez, querem conhecer a história direito, saber como ela "realmente aconteceu".

Se vocês pedirem a historiadores poloneses que expliquem o que tem acontecido na Polônia desde agosto de 1980, eles vão reconhecer que os fatos apanharam-nos profissionalmente despreparados. Muitos interpretam como uma revolução. "Foi incruenta, uma revolução gloriosa, o nosso 1688", disse um professor. "Foi maior do que Kosciuszko" disse outro. "O dele foi apenas um levante. Esta é uma revolução, um movimento das profundezas do povo contra todo o regime."

Se o movimento se define como uma revolução, não cabe em nenhum modelo corrente. O marxismo não tem espaço para um levante do operariado contra um regime dito proletário. E a sociologia política de tipo americano parece elaborada demais para explicar as paixões antigovernamentais dos poloneses. Não se encontra a curva em J na atual crise econômica, embora tenha se seguido a um boom artificial sob Gierek. O mesmo vale para as outras fórmulas: pobreza relativa, mobilidade bloqueada, cristalização da condição social, aumento das expectativas, malogro das reformas, e mesmo a luta de classes. Alguns poloneses afirmam que os *apparatchiks* constituem uma classe que monopolizou os meios de produção, mas dizem isso com um brilho nos olhos, pelo puro prazer de voltar um clichê marxista contra eles próprios. Eles veem alguma expressividade num outro clichê, a alienação dos intelectuais. Mas todos concordam que o movimento se iniciou com operários comuns e que a intelectualidade teve de se apressar para alcançá-lo.

Segundo a maioria dos relatos, o movimento passou por três fases. Do estaleiro em Gdansk, ele se difundiu para todo o operariado industrial; a seguir, alastrou-se entre o campesinato, que abrange 30% da população e trabalha 80% da terra em pequenos sítios independentes. Agora ele surge entre os escalões mais baixos do Partido Comunista, que está elegendo seus líderes pelo voto secreto e nomeações relativamente abertas — uma surpreendente ruptura com a prática do Partido. A terceira fase poderia ser a mais perigosa, especialmente se levar a uma revolta contra a liderança no congresso do Partido, no mês de julho. Se a estrutura partidária ruir, enquanto a economia entra em colapso, os soviéticos podem intervir, e os acontecimentos de agosto a julho terão sido uma pré-revolução ou um prelúdio para uma guerra sangrenta.

Encontrei poucos poloneses que creem na ocorrência de uma tal tragédia. Para eles, o rumor sobre uma intervenção é uma forma de histeria que chega em relatórios de Washington, e é algo negativo. Pode ser utilizado para impor moderação ao Solidariedade ou poderia se converter numa profecia que acaba se realizando por ela mesma. Uma escritora em Varsóvia disse que, com esse rumor, sua pele começou a pipocar com o que diagnosticou como "uma erupção Weinberger" referindo-se ao secretário de Defesa dos Estados Unidos. Mas não houve nenhum acesso de pânico. Apesar da história de suas relações com a Rússia, ou talvez por causa dela, os poloneses prosseguem em seus assuntos sem procurar Migs pelo céu.

Se fossem solicitados a mencionar o acontecimento mais dramático nos últimos meses, a maioria dos poloneses citaria o atentado contra o papa, em 14 de maio de 1981. João Paulo II sobressai a todas as figuras públicas na Polônia. Depois do disparo, o país inteiro parecia inundar as igrejas. Na missa à uma hora do dia 14 de maio, na catedral de São João, em Varsóvia, a multidão ocupava cada centímetro do chão. Saía pelas portas e estendia-se, compacta, por um quarteirão de cada lado, para fora do alcance do sistema de alto-falantes que estava transmitindo o ofício do lado de fora. Quando a hóstia foi erguida, a multidão na catedral se ajoelhou, e a genuflexão se transferiu em ondas sucessivas pela nave até a rua, até onde alcançava a vista. A morte do cardeal Wyszynski provocou uma mesma manifestação de devoção — mais de 250 mil enlutados assistiram a uma missa pela sua alma na praça Vitória, em Varsóvia, no dia 31 de maio.

O fervor do catolicismo na Polônia funciona como uma censura ao regime. Tal como no século XIX, quando a Igreja representava quase tudo o que havia restado da cultura nacional, o catolicismo polonês expressa uma mentalidade determinada pela partilha, uma transferência de lealdade do Estado para a Igreja. Essa migração interna das disposições espirituais eclodiu abertamente durante a visita do papa em 1979, amiúde descrita pelos poloneses como o ponto de partida de sua "revolução". Agora ela se tornou institucionalizada no Solidariedade.

O Solidariedade é indissociável da Igreja. Suas bandeiras foram desfraldadas nas missas para o papa, assim como carregaram-se cruzes em todos os comícios pelo sindicato. Quando os tribunais declararam a legalidade do Solidariedade rural, o primeiro gesto de seus líderes foi cair de joelhos e beijar um crucifixo. Quando os grevistas de Gdansk enfrentaram o governo, os padres ouviram confissões e rezaram missa no estaleiro. A Igreja, dirigida por Wyszynski, geralmente aconselhava a moderação, mas legitimou o movimento no exato instante em que o governo havia perdido sua legitimidade aos olhos do povo.

O Solidariedade e a Igreja agora parecem ser as únicas instituições que detêm as lealdades de toda a nação. Entre os 35 milhões de habitantes da Polônia, 95% são católicos praticantes. Dez milhões haviam se filiado ao Solidariedade na época da última contagem, quando o Solidariedade rural estava apenas começando a se organizar. No final do verão, quando realizará seu primeiro congresso geral, o sindicato abrangerá praticamente toda a força de trabalho do país, incluindo muitos membros do Partido Comunista.

Essa retirada maciça da fidelidade ao Estado e sua transferência para um movimento de início ilegal é o que têm em mente os poloneses quando se referem à "revolução". Mas não têm uma ideia clara sobre o próprio Solidariedade. Apesar da influência do KOR e de outros grupos dissidentes, o sindicato não tem uma ideologia coerente, uma visão clara de uma ordem social alternativa, nem mesmo um programa geral de reformas. A única coisa que o mantém unido é um ódio profundo e disseminado pelo regime. Ninguém pode prever por quanto tempo poderá continuar dessa maneira. No momento, porém, ele representa uma situação extraordinária: a separação completa da sociedade em relação ao Estado.

Talvez seja por isso que a história tem tanta importância para o movimento. Omaciej Szamowski, editor da *Gazeta Krakowska*, disse que seu jornal estava publicando sua série sobre "Espaços em branco na história da Polônia" em "prol da coesão nacional". "Estamos resgatando a história da manipulação política", explicou ele. Os poloneses precisam readquirir seu passado para que a Polônia seja a Polônia. Por isso, querem se desfazer da história oficial e descobrir o que "realmente aconteceu".

A fórmula rankiana parece adequada e premente na Polônia de hoje. Ela tem uma ressonância arcaica na Europa ocidental, onde os historiadores de vanguarda há muito tempo abandonaram-na para estudar o jogo da "estrutura" e da "conjuntura" na *longue durée* (longa duração). Essas fórmulas derivam da escola dos *Annales*, que declarou a morte da "história fatual", a *histoire événementielle* — "um cadáver que ainda precisamos matar", nas palavras de Jacques Le Goff, ex-presidente da VIe Section da École Pratique des Hautes Études em Paris.

Tentem dizer a um polonês que os fatos não importam, que a diplomacia e a política são epifenômenos, que é possível deixar de lado as datas para estudar estruturas. Ele responderá que a diferença entre 1940 e 1941 é uma questão de vida e morte, que nada poderia ser mais importante do que as cláusulas secretas do Pacto Ribbentrop-Molotov, que todo o sentido da Polônia pode ser enfileirado em datas: 1772, 1793, 1795, 1830, 1863, 1919-20, 1939, 1944-5, 1956, 1968, 1970 e 1980. Os acontecimentos de agosto transformaram o mundo para ele. Para nós outros, eles sugerem que a história pode pregar peças em si mesma, e que pode voltar atrás para trabalhar em sua antiga tarefa, ensinando lições e modelando uma consciência nacional. Na Polônia, essa consciência determinará tanto o futuro quanto o passado.

Parte II
MEIOS DE COMUNICAÇÃO

3. CINEMA: DANTON E O DUPLO SENTIDO

No início do ano político, em setembro de 1983, quando os franceses voltaram de suas férias para encontrar o franco em baixa, uma escalada na corrida armamentista, uma crise no Oriente Médio e problemas em toda a frente do país, François Mitterrand convocou seus ministros no palácio Elysée e censurou-os pelo lamentável estado da história — não o rumo atual dos acontecimentos, mas a história que as crianças francesas estavam deixando de aprender na escola. O presidente sem dúvida tinha outras preocupações. Mas a crise que ocupava o primeiro lugar em sua agenda era a incapacidade do eleitorado em discernir os temas de seu passado. O que seria de uma coletividade de cidadãos que já não soubesse distinguir entre Louis XIII e Louis XIV, entre a Segunda e a Terceira República ou (e este parecia ser o grande problema) entre Robespierre e Danton?

Mitterrand pode não ter mencionado a controvérsia suscitada pelo filme de Andrzej Wajda, mas provavelmente estava pensando em *Danton*. Ao assistir ao filme numa sessão privada antes de sua liberação em janeiro de 1983, não o aprovara. Seus aliados da esquerda socialista-comunista tinham ficado chocados com o filme, quando ele foi exibido na Assembleia Nacional. E, no semestre que se seguiu, ele deu aos intelectuais de esquerda uma oportunidade de lavrar tentos na imprensa popular, ao mostrarem sua capacidade de corrigir os registros históricos e sua determinação de retificar o currículo das escolas secundárias.

Enquanto a oposição se regozijava — "Obrigado, Monsieur Wajda", exultou Michel Poniatowski dos gaullistas —, a esquerda esbravejava de indignação. "Que história que nada!", exclamou Pierre Joxe, líder dos deputados socialistas na Assembleia Nacional. E o pior era que aquilo podia ser tomado como verdade pelos escolares franceses. Vítimas de reformas curriculares que haviam lhes "amputado a história", os alunos "não poderão saber quem era Danton depois de vê-lo retratado dessa maneira". Louis Mermaz, o presidente socialista da assembleia, fez a mesma advertência:

> O ensino da história se tornou tão ruim [...] que os jovens de hoje não têm o conhecimento cronológico que os homens de minha geração tiveram a sorte de adquirir desde a escola primária. O filme é enganador. [...] Ele me faz querer lançar um apelo à retomada do ensino de história, coisa essencial para uma nação, para uma civilização.

Tal veemência pode parecer enigmática para os americanos que assistiram a *Danton*. Sabemos que os franceses levam sua história a sério e que não se pode mexer em sua Revolução. Mas por que os socialistas desmentem uma versão da rixa entre Danton e Robespierre que coloca o primeiro numa luz favorável? O empenho de Danton em deter o Terror não pode ser visto como um prenúncio heroico da resistência ao stalinismo? Wajda não é um herói do Solidariedade? E não seria de esperar que *Danton* de Wajda interessasse à esquerda moderada na França, aos paladinos do socialismo com face humana, ao partido que cobriu os painéis, durante a campanha de Mitterrand, com a figura de um punho estendendo uma rosa?

Agora que *Danton* atravessou o oceano, parece oportuno abordar essas questões, pois elas nos introduzem no estranho mundo simbólico da esquerda europeia, um mundo onde os intelectuais se enredaram nos mitos por eles criados e onde as linhas facilmente se cruzam, mesmo quando se estendem entre os *bien pensants* de Paris e Varsóvia na melhor das intenções possíveis.

Danton surgiu das duas capitais, como uma história simultânea de duas cidades. Sobrevivendo à repressão contra o Solidariedade, Wajda dedicou seu filme seguinte a um tema histórico, situado a salvo em Paris, dois séculos antes que os *zomos* estampassem os últimos remanescentes da livre expressão nas ruas de Varsóvia. O filme começa com algumas cenas sinistras nas ruas de Paris, no final de 1793. Danton chega de sua propriedade rural para fazer recuar o Terror que ele próprio ajudara a instaurar, depois da derrubada da monarquia em agosto de 1792. Logo se envolve numa luta desesperada sobre o curso da Revolução, que lança os moderados ou "Indulgentes" contra a linha dura em torno de Robespierre, no Comitê de Salvação Pública. O filme explora a impotência de Danton em suspender o recurso à guilhotina e termina com sua própria execução em 5 de abril de 1794.

Para que uma história tão complexa coubesse num filme, Wajda teve de cortar os fatos e reduzir seu texto. Ele trabalhou a partir de uma peça polonesa de Stanislawa Przybyszewska, que enaltecia Robespierre como paladino do povo e que servira como ponto de convergência para a esquerda polonesa nos anos 1930. Para a adaptação da peça para o cinema, Wajda recorreu a um roteirista francês, Jean-Claude Carrière, e o Ministério da Cultura da França contribuiu com 3 milhões para o orçamento de 24 milhões do filme. Os atores, equitativamente divididos entre poloneses e franceses, falavam suas línguas maternas, deixando aos dubladores a tarefa de criar a ilusão de um diálogo inteligível entre as duas partes. (Na versão exibida nos Estados Unidos, o filme é falado em francês e traz legendas em inglês, enquanto os lábios dos atores poloneses seguem o ritmo de seu próprio idioma.) Em virtude disso, *Danton* ficou intensamente polonês e intensamente francês. Também apareceu como uma produção de ar oficial do governo Mitterrand, como se os socialistas quisessem vincular a tradição revolucionária francesa ao movimento como que revolucionário do Solidariedade. A composição de ingredientes era perfeitamente talhada para misturar os significados e confundir os críticos.

Wajda descarta rapidamente a versão mais simples do que poderia significar o filme para os poloneses. "Não é uma alegoria", foi o que ele repetiu incessantemente nas entrevistas para a imprensa francesa. "Que uma coisa fique bem clara", disse ele ao *Le Monde*, "Danton não é Lech Walesa e Robespierre não é Jaruzelski!" "Se você quer encontrar analogias históricas, terá de procurá-las num período totalmente diverso", disse ao *Le Matin*. "Aqueles dois anos do Solidariedade não foram uma revolução, ou, em todo caso, não da mesma natureza da Revolução Francesa."

É verdade que é possível imaginar paralelos entre os dois pares de rivais políticos. A meticulosidade pessoal e o inflexível dogmatismo de Robespierre fazem lembrar a rigidez empertigada do general polonês, e a sociabilidade mundana de Danton sugere a conduta popular do herói dos estaleiros de Gdansk. Mas Wajda não permite que sua história se reduza a uma fórmula simples — o *apparatchik versus* o homem do povo — e apresenta inúmeros indícios incriminadores contra Danton. Se Gérard Depardieu estivesse encenando uma defesa de Walesa, seria tolo insistir sobre a corrupção de Danton no exato momento em que o governo polonês estava tentando denegrir a reputação de Walesa, acusando-o de embolsar fundos do Solidariedade.

Mas permanece o fato de que Danton e Robespierre encarnam dois tipos de revolução e que o filme inclina a balança para o lado de Danton. "Robespierre é o mundo do Leste, Danton é o mundo ocidental", declarou Wajda ao *Le Matin*. "A atitude e os argumentos [de Danton] estão muito próximos de nós. O choque entre esses dois homens é exatamente o momento pelo qual estamos passando hoje." O vigoroso desempenho de Depardieu faz de Danton a figura mais simpática e dominante, mas sua insistência sobre o gosto de Danton pelos prazeres pode ser vista como uma decadência burguesa. Quando vai jantar com Robespierre para discutir suas diferenças, ele se embebeda de uma maneira piegas. Sua incapacidade de empreender uma ação decisiva contra o Reinado do Terror, na crise de março e abril de 1794, pode inclusive insinuar o malogro do Ocidente em salvar o Solidariedade em 1981.

Contudo, o filme é ambíguo demais para oferecer uma

moral definida para o presente. Nem dá para avaliar o quanto Wajda se pôs ao lado do dantonismo, porque não se têm à disposição os textos do roteiro e da peça polonesa original para compará-los. Mesmo assim, é possível indicar os pontos em que o filme se afastou dos registros históricos. Três deles provavelmente se destacariam com clareza para um público polonês.

Logo depois do início do filme, um garoto, o próprio retrato da inocência, fica de pé numa tina, nu, tentando recitar a Declaração dos Direitos do Homem e do Cidadão, enquanto sua irmã mais velha lhe dá banho. Sempre que lhe faltam as palavras, ele estende a mão e ela lhe bate nos nós dos dedos. Mais do que lavar o menino, ela está lavando o seu cérebro para cair nas graças do distinto hóspede de seu pai, o Cidadão Robespierre. Logo a seguir, Robespierre dá ordens a alguns rufiões da polícia secreta, para que destruam a loja onde Camille Desmoulins estava imprimindo *Le Vieux Cordelier*, o jornal que popularizou as tentativas dos dantonistas em deter o Terror. Tendo se demorado sobre a dor estampada no rosto do menino, a câmera toma todos os detalhes da destruição dos prelos. Nenhum dos dois episódios ocorreu de fato — e, até onde se pode dizer, não ocorriam na peça de Przybyszewska. Mas o espectador polonês não precisa saber que são inventados por Wajda para vê-los como uma crítica ao controle sobre a liberdade de pensamento dentro do país.

O terceiro episódio faz uma denúncia ainda mais clara do doutrinamento stalinista. Robespierre, envolto nos mantos de um César, está posando para seu retrato no estúdio de David. Ele se interrompe para repreender o promotor do Tribunal Revolucionário, que está tendo dificuldades para manipular o julgamento de Danton. Então ele nota uma tela gigantesca, onde David começou a pintar sua famosa versão do Juramento do Jeu de Paume, de 20 de junho de 1789. Entre o grupo de patriotas, Robespierre vê a cabeça recém-pintada de Fabre d'Eglantine, que no momento está sendo julgado junto com Danton. "Apague-a" ordena ele. "Mas ele estava lá", objeta David. No entanto, Robespierre insiste, e assim Fabre desaparece como todas as vítimas da historiografia stalinista. Essa cena, porém, nunca aconteceu. Fabre não participou do Juramento do Jeu de Paume, pois não era deputado para os Estados-Gerais em 1789. Pelo visto, Wajda estava tão decidido a desmascarar a falsificação histórica dos stalinistas que se dispunha a falsificar pessoalmente.

Não se poderia esperar que os espectadores poloneses de Wajda conhecessem muito bem a biografia de um personagem obscuro como Fabre d'Eglantine, mas na certa podia-se contar que tivessem concepções sólidas sobre a história, pois a consciência nacional na Polônia é apaixonadamente histórica. Desde os primeiros momentos de sua existência, o Solidariedade tentou libertar tanto o passado quanto o presente. Tendo sido criados na ideologia histórica utilizada pelo regime para sua autolegitimação — principalmente a linha que liga o robespierrismo ao bolchevismo —, os operários dos estaleiros de Gdansk reivindicavam o direito de despir os dogmas de sua história e de confrontar os fatos, em especial os incômodos fatos que se estendem do massacre soviético dos oficiais poloneses em Katyn, em 1940, às partilhas da Polônia no século XVIII.

Wajda montou uma produção de *Danton* nos estaleiros em 1981. Seus filmes anteriores mostravam que ele compartilhava a paixão de seus conterrâneos pelo passado. *Cenário após a batalha* (1970) ligava um levante popular a uma peça-dentro-de-uma-peça, comemorando a vitória polonesa sobre os cavaleiros teutônicos na Batalha de Tannenberg, em 1410, e *O homem de mármore* (1977) relatava a tentativa de um cineasta em recuperar a verdadeira história de um herói proletário entre o lixo da propaganda stalinista. Um público familiarizado com esse tema poderia ver uma mensagem semelhante na dissecação de Wajda da mitologia robespierrista.

É claro que ninguém tem como saber o que veem os poloneses em *Danton*, a não ser que se entrevistasse um grande número deles a uma distância segura da polícia. Mas parece provável que muitos episódios do filme assumem um significado especial nas condições que se seguiram à proscrição do

Solidariedade. Os parisienses nas filas de pão resmungando contra o Comitê de Salvação Pública podiam estar maldizendo a ditadura militar em Varsóvia, Danton lançando desafios no Tribunal Revolucionário podia ser Walesa nos estaleiros de Gdansk: "O povo tem apenas um inimigo: o governo". A justificativa de Robespierre para o Terror — a necessidade da tirania a serviço da democracia — podia ser a de Jaruzelski. Como informou Bernard Guetta, o ex-correspondente do *Le Monde* em Varsóvia, depois de ter visto o filme:

> Uma centena de coisas nele têm uma ressonância que os poloneses, ou quem quer que tenha vivido entre eles nos últimos anos, não deixariam de captar.

Captar essa ressonância não é uma questão de apontar alegorias ou descobrir um código secreto. Os poloneses aprenderam a conviver com significados ocultos e protestos ambíguos. O detestadíssimo noticiário polonês das seis horas ensinou-os a reagir de maneira experiente às imagens nas telas, e pode-se confiar que eles notam os pesos dados às imagens em *Danton*. Elas constituem uma denúncia arrasadora da opressão do governo.

Embora o filme conceda alguns momentos de triunfo a Robespierre na tribuna, o trabalho de camera desfaz o efeito de suas palavras. Enquanto ele intimida os deputados da Convenção com a linha oficial do Terror e da Virtude, a tela é ocupada por um *close-up* de seus requintados sapatos. Ele chega aos momentos de clímax no discurso erguendo-se na ponta dos pés, mais parecendo um mestre de danças do que um protetor do povo, em contraste com Danton, que ruge para a multidão na sala do tribunal como um leão enjaulado.

Se Robespierre chega a marcar alguns pontos nos debates, eles são anulados no final pela guilhotina. A lâmina desce sobre a garganta de Danton com uma inexorabilidade revoltante. O sangue jorra na palha sob o cadafalso. O carrasco segura a cabeça cortada diante da multidão, e a câmera se detém nela numa sequência de tomadas excessivamente expostas, tiradas de baixo e voltadas para o sol, que dão ao espectador uma sensação de vertigem e náusea. Então a cena passa para Robespierre, suando como um louco na cama, enquanto o menino, que finalmente aprendeu seu catecismo, recita a Declaração dos Direitos do Homem e do Cidadão. À medida que ele vai papagueando as palavras, sua voz é afogada pela música dissonante de fundo, e com essa nota estridente termina o filme.

Apesar da pequena publicidade e poucas críticas, *Danton* tem sido exibido para salas lotadas em toda a Polônia. Só se pode arriscar palpites quanto à sua acolhida, mas é difícil imaginar que a plateia deixe a sala sem um sentimento de ódio renovado contra o governo polonês. Na França, tudo parecia preparado para fazer de *Danton* um grande sucesso. Wajda era uma celebridade, o Solidariedade tinha conquistado o coração do público, e o governo socialista recém-eleito estava ansioso em apresentar o filme como sua abertura para o bicentenário da Revolução Francesa em 1989.

Mas *Danton* gerou um escândalo, principalmente na esquerda, onde a difícil aliança entre socialistas e comunistas deixa algumas incertezas sobre quem há de representar a tradição revolucionária. Os comunistas tentaram assestar a maior denúncia contra o filme: "É contrarrevolucionário", escreveu um crítico no *L'Humanité*. Para não ficarem para trás, os socialistas responderam na mesma moeda. "Desfigura tudo o que há de mais belo [na Revolução]", declarou Philippe Boucher ao *Le Monde*. E Pierre Joxe acrescentou: "A história [de Wajda] não é a nossa".

A "nossa" história era a da esquerda, uma grande tradição desenvolvida por uma sucessão de grandes historiadores — Michelet, Jaurès, Mathiez, Lefebvre — e ensinada a muitas gerações de escolares, desde a Vitória da *école laïque* no século XIX.[1] Para fazer de seus alunos cidadãos, os professores da velha escola inculcavam em seus cérebros uma quantidade enorme de fatos. As crianças recebiam uma primeira apresentação da cronologia na escola primária, frequentemente utilizando os pequenos manuais da coleção "Petit Lavisse", que fornecia as obras dos grandes historiadores em porções facilmente digeríveis. Depois, no *lycée*, dedicavam-se a estudos sistemáticos.

No final da *cinquième*, uma turma composta basicamente de alunos na faixa dos treze anos, eles tinham passado pelas invasões bárbaras. Entravam na Idade "Moderna" do século XVI ao século XVIII, na *troisième*. Então, na *seconde*, aos dezesseis anos, passavam um ano inteiro estudando a Revolução e o império — e muitas vezes voltavam a eles na *terminale* (aos dezoito anos). A Revolução servia como ponto central de toda a sequência. Quando os estudantes saíam para enfrentar o *baccalauréat* ou os *boches*, sabiam o que tinha ocorrido entre 1789 e 1799, e principalmente na crise máxima de 1793-4. Embora os manuais variassem, a mensagem permanecia a mesma: no ano do Terror, uma França republicana tinha se erguido contra as forças conjugadas de uma Europa feudal e as derrotara.

Danton ocupava um lugar importante nessa visão — não o Danton dos Massacres de Setembro, mas o Danton de "*Il nous faut de l'audace*" [Precisamos de ousadia] que ainda desafia as forças estrangeiras a invadirem a França do alto de um pedestal no Boulevard Saint-Germain. Ele foi posto no pedestal por Alphonse Aulard, o primeiro historiador a ocupar a cátedra da Revolução Francesa, criada em 1891 na Universidade de Paris. O aluno e sucessor de Aulard, Albert Mathiez, voltou-se contra o mestre e tentou tirar Danton de suas alturas provando que ele tinha se vendido à contrarrevolução. Em lugar dele, Mathiez alçou Robespierre, o estrategista ideológico que formou uma aliança com o populacho para, segundo Mathiez, obrigar a França a seguir o caminho da revolução social.

O Robespierre de Mathiez cabia perfeitamente no leninismo e na ideia de uma ditadura do proletariado, e os sucessores de Mathiez, George Lefebvre e Albert Soboul, um marxista e o outro marxista-comunista, garantiram que Robespierre mantivesse sua posição naquilo que logo se cristalizou numa versão ortodoxa da Revolução Francesa e das revoluções em geral, as quais a partir daí supostamente teriam de seguir um curso que levava da guerra de classes ao Terror e ao socialismo, a menos que fossem desviadas por uma reação termidoriana como a que se seguiu à derrubada de Robespierre em julho de 1794.

Essa ortodoxia ainda dá os moldes para a história ensinada na Europa oriental: daí a ousadia da reabilitação de Danton a que procedeu Wajda. Mas ela nunca eliminou outras interpretações concorrentes na França. Hoje em dia, a maioria dos historiadores franceses provavelmente admitiria que as finanças de Danton não resistem a um exame detalhado. Em 1789, como advogado, ele não estava propriamente numa situação próspera, atolado em dívidas de pelo menos 43 mil libras francesas. Em 1791, ele pagou seus credores e comprou uma herdade no valor de 80 mil libras francesas, sem nenhuma melhora sensível na prática de sua profissão nem a aquisição de qualquer outra fonte legítima de rendimentos. Provavelmente tirou dinheiro da corte. Mas um político pode rechear sua bolsa sem trair seu país, e Danton certamente liderou a resistência aos exércitos invasores, após a derrubada da monarquia em 10 de agosto de 1792. Sua estátua ainda continua na Place Danton como a encarnação do patriotismo. Podia ser o Homem de Ferro de Wajda.

Robespierre não ocupa um lugar comparável na imaginação de seus conterrâneos, embora ainda domine a historiografia francesa. "Apesar do considerável papel histórico desempenhado por Robespierre, ele não conquistou grande aceitação como personalidade na França", explicou Louis Mermaz ao *Le Monde*. "É de se notar que não existe nenhuma Rue Robespierre em Paris." Como que em resposta, Jean Marcenac apresentou a posição comunista aos leitores do *L'Humanité*:

> Eu moro em Saint-Denis, a única cidade na França onde há uma estátua de Robespierre. [...] Vou comprar três rosas vermelhas e depô-las na base de seu busto na praça Robespierre. Faz parte de minha conduta. Esta sempre foi minha conduta. Wajda perdeu o rumo.

O intenso simbolismo dessas declarações mostra até que ponto a Revolução guarda sua força mítica na França. Controlar o mito é exercer poder político, é marcar posição como o autêntico representante da esquerda. A Revolução assentou as categorias básicas da política francesa, começando pela distinção entre esquerda e direita, que deriva da distribuição dos lugares na Assembleia Constituinte. Os políticos que hoje sentam na Assembleia Nacional sabem que podem aparar as objeções manipulando as categorias. Como Robespierre, eles tentam falar em nome do povo soberano e contornar seus inimigos à esquerda.

A ala esquerda dos socialistas parecia vulnerável quando *Danton* estreou em janeiro de 1983. O governo tinha mudado de rumo e adotara políticas econômicas mais próximas às de Raymond Barre ou Margaret Thatcher do que do programa radical com que Mitterrand se elegera. Sua contemporização cheirava a dantonismo, e os comunistas começaram a criticá-la da esquerda, tal como fizera Robespierre ao atacar os moderados na Convenção, alinhando-se com as reivindicações populares dos *sans-culottes*. Os socialistas precisavam provar sua pureza ideológica. Assim, correram em defesa da visão ortodoxa da Revolução Francesa, Concorriam entre si na disputa para denunciar as heresias em *Danton*. Foi um espetáculo extraordinário, os partidários convictos dissertando sobre história uns para os outros como se fossem professores dando aula. Cada ponto lavrado contra Wajda podia ser contabilizado como um avanço rumo à vitória contra a oposição e como uma demonstração da maior fidelidade pessoal à verdadeira tradição revolucionária.

Todos podiam participar desse jogo — isto é, todos que tivessem uma boa educação ao velho estilo. Wajda foi acusado de ter dado ao Terror uma aparência de gratuidade ao eliminar todas as referências ao seu contexto: a guerra civil na Vendeia, as revoltas federalistas nas províncias, as intrigas contrarrevolucionárias em Paris e a invasão prestes a transpor as fronteiras. Wajda tinha ignorado a campanha de Robespierre contra a extrema-esquerda liderada por Jacques Renée Hébert, assim transformando em tolice a oposição de esquerda a Robespierre no Comitê de Salvação Pública e obscurecendo as razões políticas do golpe de Robespierre contra os dantonistas: a necessidade de conservar o apoio dos *sans-culottes* e impedir que a Revolução desse uma guinada para a direita, após o expurgo da esquerda hebertista. Wajda tinha chegado a cortar os próprios *sans-culottes*. O populacho mal aparece no filme, embora a Revolução Francesa tivesse sido um levante das massas, e não um duelo parlamentar entre alguns oradores burgueses. (Na verdade, Wajda tinha planejado filmar algumas cenas de multidões em Cracóvia, mas o governo polonês, que tinha suas próprias multidões para apoquentá-lo, não o autorizou.)

Finalmente, os críticos esquadrinharam o filme atrás de anacronismos. Saint-Just usava um brinco e ficava cabriolando para cima e para baixo como um *hippie* moderno, ao invés do sinistro "Anjo da Morte" da história ortodoxa. Ele atirou o chapéu no fogo no quarto de Robespierre, ao passo que esse acesso de raiva tinha acontecido de fato durante um debate dramático no Comitê de Salvação Pública. Robespierre e Danton eram chamados de Maxime e Georges pelos seus adeptos, enquanto na verdade os revolucionários raramente usavam os primeiros nomes, mesmo depois de terem adotado o *tu* democrático.

Esses detalhes chocaram os críticos não por causa de sua imprecisão, mas por darem aos líderes da Revolução um ar mais familiar e menos heroico do que as figuras dos livros de história. Billaud-Varenne estava barbudo demais, Desmoulins fraco demais, Danton bêbado demais. O retrato de um Robespierre gélido, neurótico, desumano, de Wojciech Pszoniak, era particularmente ofensivo, pois Robespierre era a pedra de toque da ortodoxia nas interpretações da Revolução. Igualmente importante, ele era o modelo do intelectual moderno. Personificava o *engagement*. Teórico que virou homem de ação, ele estabeleceu as linhas do partido e elaborou uma estratégia no interesse das massas.

Os líderes socialistas se consideram intelectuais desse feitio. Mitterrand gosta de ser visto como um homem de letras e torna público que tem à cabeceira um exemplar da história da

Revolução de Michelet. Numa de suas primeiras nomeações importantes, ele indicou Claude Manceron, o historiador da Revolução, como seu *attaché culturel* encarregado da missão especial de preparar uma comemoração espetacular do bicentenário, que também pudesse celebrar a vitória dos socialistas na eleição presidencial de 1988. Max Gallo, o porta-voz do governo, é um ex-professor de história que escreveu uma biografia de Robespierre na linha de um Mathiez com pitadas de Freud.

Estes e muitos outros da cúpula do Partido Socialista acham natural que os intelectuais exerçam o poder. Na verdade, eles creem que o poder é intelectual, pelo menos em parte, como argumentou Michel Foucault em vários livros de influência.[2] Assim, Jack Lang, ex-diretor teatral, agora ministro da Cultura, que esteve por trás do patrocínio francês de *Danton*, decidiu que uma maneira de enfrentar a recessão seria convocar uma reunião gigantesca de intelectuais em Paris. Eles discursaram uns para os outros durante dois dias, neste último inverno, e se dissolveram na esperança de terem erguido o moral do país, senão mesmo seu PNB. Mas os ânimos esmoreceram, e no verão o governo lançou um outro apelo geral pelo apoio da esquerda intelectual. Mesmo assim, as coisas não melhoraram, e no último congresso do Partido um delegado se pôs de pé, apontou com o dedo para os líderes e citou Robespierre quanto às cabeças que precisavam rolar.

Esse tipo de comentário faz sentido numa cultura política que ainda traz a marca de 1794. Assim, o debate sobre Danton, embora parecesse girar sobre questões fatuais que podiam ser decididas desde as cartilhas da Terceira República, na verdade dizia respeito ao poder simbólico. Ao apelarem aos fatos, porém, os políticos se expuseram a algumas dificuldades levantadas por seus companheiros de percurso da intelectualidade. As cartilhas estavam ultrapassadas. Pior, a própria fatualidade fora relegada pela vanguarda à sucata das ideias antiquadas, como o liberalismo e o positivismo. Foucault e uma legião de críticos literários tinham dissolvido os fatos em "discurso", e os historiadores mais na moda, isto é, os identificados com a escola dos *Annales* e sediados na École des Hautes Études en Sciences Sociales, tinham dado as costas para a política e os acontecimentos, indo estudar as estruturas e *mentalités*.

Muito antes da estreia de *Danton*, a cisão entre a velha e a nova história fora agudizada por uma briga entre dois dos principais historiadores da Revolução, Albert Soboul e François Furet. Soboul, comunista e professor na Sorbonne, pertencia à linha direta de descendência de Mathiez. Furet, ex-comunista e importante membro dos *Annales* na École des Hautes Études, atacou toda a tradição de Mathiez a Lefebvre como um mito perpetrado em favor do stalinismo.

A polêmica abalou a Rive Gauche durante vários anos da década de 1970. Mas ela se acalmara na época em que os socialistas e comunistas se puseram em cooperação para eleger Mitterrand. No outono de 1982, Soboul morreu. Seu funeral foi uma coisa triste, uma grave massa comunista com rosas vermelhas e trajes negros no Mur des Fédérés, o território mais sagrado da esquerda no Cimetière du Père-Lachaise. Parecia marcar o fim de uma visão da Revolução que inspirara os franceses por mais de cem anos.

Se há agora alguma outra visão predominante, é a que deriva da École des Hautes Études. Furet, atual presidente da École, tem se dedicado a repensar a Revolução como uma luta pelo controle do discurso político.[3] Num dos poucos artigos favoráveis sobre *Danton*, ele elogiou Wajda por fazer uma punção do mito do robespierrismo e expor seus vínculos com o stalinismo.

Ao mesmo tempo, enquanto os profissionais faziam suas contagens de pontos, os alunos tinham de fazer seus trabalhos de casa e enfrentar os exames do *baccalauréat*. E isso sem suarem sobre os textos que haviam deturpado as lembranças de seus pais, porque a história tinha sumido do currículo. Depois de uma série arrasadora de reformas, ela fora engolida pelas *sciences humaines*, modernizadas pela existência. As crianças francesas já não atravessam cronologicamente o passado completo do país. Elas estudam temas como a sociedade urbana, campesinatos comparados e sistemas ecológicos. Boas no discurso e fraquinhas nos fatos, não sabem dizer a diferença entre Robespierre e Danton.

Assim, ao discutirem *Danton*, os políticos ficaram presos num duplo nó. Apelaram para um tipo de história antiquada que já não parecia sustentável para a sua vanguarda intelectual e não mais existia para seus filhos ou netos. Eles próprios tinham criado o problema, pois haviam encarregado um herói da esquerda, um intelectual do mais puro antistalinismo, para celebrar a sua Revolução, e ele a denegrira. Aonde o mundo iria parar? Os socialistas só podiam abanar a cabeça e discorrer entre si sobre as heresias de Wajda, sem se darem conta de que sua indignação mostrava o quanto se mantinham prisioneiros de sua própria mitologia.

Em busca de uma saída para o dilema, eles tomaram o rumo previsível: uma outra reforma do ensino. Um "Estado-Geral" de historiadores já se reuniu e propôs novas mudanças curriculares. Revigorado por suas leituras de Michelet, o presidente da República quer que a história ocupe o centro do novo sistema — uma história com os fatos bem direitinhos e os heróis encaixados nas categorias certas.

No entanto, resta um problema: como endireitar os fatos. Tendo se apegado de maneira tão convincente à velha ortodoxia e sofrido tanto com as últimas séries de revisionismo, eles podem resistir a uma nova modernização. Mas uma coisa parece clara no debate sobre *Danton*: os fatos não falam por si sós. O filme poderia ser visto de maneiras completamente diferentes. Não foi o mesmo em Varsóvia e Paris. Sua capacidade de gerar um duplo sentido sugere que o próprio significado é modelado pelo contexto e que a significação da Revolução Francesa nunca se esgotará. O debate pode parecer uma inofensiva luta de sombras, mas ainda assim há vida nas sombras. Os fantasmas de Robespierre e Danton continuam a assombrar a esquerda europeia, e talvez todos nós tenhamos de nos entender com o terror entre essas datas simbólicas, 1984 e 1989.

4. TELEVISÃO: UMA CARTA ABERTA A UM PRODUTOR DE TV

PREZADO SENHOR:

Reconheço que sou um professor da Ivy League,* mas não creio ser um esnobe. Quando o senhor me pediu para rever o roteiro de televisão sobre Napoleão e Josefina, concordei com satisfação. Pensei que seria fascinante ver uma versão hollywoodiana do período que eu estudo. Meus estudos também abrangem a história da cultura popular, e dessa forma o senhor me oferecia uma possibilidade de modelar a cultura que seria transmitida para milhões de americanos. Seu telefonema foi como uma intimação para deixar de lado minhas monografias: era uma oportunidade de fazer algo, do meu cantinho profissional, pela qualidade da história que chega ao público em geral. E, como os professores são tão gananciosos como qualquer outra pessoa, pensei que poderia ganhar algum dinheiro.

Como o senhor me avisou que o roteiro seria para uma dramatização histórica, eu esperava encontrar alguns diálogos fictícios, e tentei abandonar o detalhismo até onde um professor é capaz. Eu estava preparado para o pior. E bem na primeira página encontrei o seguinte:

> *Close — Cabeça cortada.*
>
> Boquiaberta de surpresa. Veias e tendões bem cortados saem ensanguentados da cabeça. As pálpebras se contraem.

* Ivy League: termo que designa o circuito de faculdades e universidades americanas de alto nível, no nordeste dos EUA, particularmente Yale, Harvard, Princeton, Cornell, Columbia, Pensilvânia, Dartmouth e Brown. (N. T.)

Aumenta o clamor da multidão fora de cena.

Bem, eu não negaria que a Revolução Francesa foi sangrenta. As pessoas realmente foram guilhotinadas, embora em sua maioria fossem contrarrevolucionários apanhados com armas nas mãos por trás das linhas francesas, durante uma guerra desesperada que lançou a nova República contra as forças somadas dos antigos regimes da Europa. Mas seu roteirista enche a tela de sangue. Quando não encontra sangue suficiente nas histórias usuais, se é que leu alguma, ele inventa.

Tome-se, por exemplo, a famosa fuga de Josefina numa carruagem, escapando do fogo austríaco junto ao lago de Garda, durante sua visita a Napoleão no meio da primeira campanha da Itália. Foi por pouco, e eu imaginei que o roteirista exploraria isso ao máximo. Mas ele foi longe demais. Em vez de encenar os tiros austríacos como bem próximos, a ponto de matar um cavalo e um dos guardas de Josefina, ele põe os austríacos tomando a carruagem de assalto:

> Josefina fica petrificada quando o austríaco escancara a porta da carruagem. Ele para, surpreendido com a visão de uma mulher. Marchand (guarda de Josefina) atravessa-lhe a garganta com sua baioneta. Vira-se. Contorce-se. E o austríaco cai para dentro da carruagem. Jorra sangue de sua jugular sobre as roupas de Josefina.

Achando, pelo jeito, que conseguiu despertar o apetite de um público que, do contrário, estaria cochilando na frente de alguma história-como-realmente-aconteceu, seu roteirista arranca Josefina da carruagem e a atira num campo de batalha juncado de cadáveres. Cai a noite. Ela se aconchega a Marchand, um substituto fictício do general Junot, que foi quem de fato salvou Josefina — com arrojo, mas infelizmente sem nenhum derramamento de sangue. Eles ouvem alguns rufiões, que estão saqueando os cadáveres e matando os feridos, aparentemente para se divertir. A câmera se detém sobre um valentão esmagando uma cabeça e outro mergulhando uma lâmina num soldado desamparado. Josefina está prestes a gritar, e cai ao chão:

Ponto de vista de Josefina — Ângulo sobre o cadáver

A essas alturas, provavelmente, as mamães e papais de todo o país já despertaram, e as crianças estão grudadas na tela. A história não era assim na escola.

Não quero insinuar que o roteiro só tem violência. Ele também traz bastante sexo. Eu esperava isso, porque o período termidoriano, quando Josefina se tornou amante de Napoleão, foi uma época de reação contra o puritanismo republicano. As mulheres realmente rodopiavam nos bailes em longas túnicas transparentes, catando amantes e fortunas. Isto é, as mulheres da alta sociedade, porque as pobres sofriam terrivelmente com a inflação e a fome, embora o roteiro não se incomode com elas, exceto nas primeiras cenas, quando dão vivas "orgásmicos" para a guilhotina. Mas fiquei assombrado com a habilidade de seu roteirista em inventar pretextos para despir Josefina ou apresentá-la a nós "num estado amarfanhado *postcoital* mais alegre do que *triste*". (Ele parece sentir necessidade do francês quando trata de sexo, e escreve certo. Palavras não libidinais como "*victoire*" e "*Tuileries*" estão fora do alcance de sua grafia, mas é claro que a televisão não precisa se preocupar com esses detalhes tão miúdos.)

O sexo de maior crueza é reservado para os papéis secundários, talvez porque o talento de seu roteirista para os diálogos decaia quando ele pega os personagens principais entre os lençóis:

Bonaparte: Te amo. Te amo. Te amo. Você me ama?

Quando faltam as palavras, temos imagens, embora às vezes apenas um relance, como nessa inteligente tomada:

A empregada está junto a uma porta aberta. Em roupas íntimas, e muito poucas.

Mas o melhor de tudo são as momices de Pauline, irmã de Napoleão, de dezesseis anos de idade. Ela tem uma queda por um dos generais bonapartistas, Charles-Victor Leclerc, durante a campanha da Itália. Primeiro nós a vemos:

> [...] quase violando-o em público. Desabotoando a camisa de seu uniforme, passando a mão de cima a baixo pela sua espada embainhada enquanto revira os olhos, mordendo o lóbulo de sua orelha.

Então ela o arrasta para trás de uma cortina que se encontra inexplicavelmente diante de uma enorme aglomeração de convivas num salão de banquetes em Milão. Em sua paixão, eles derrubam a cortina, e a câmera revela tudo:

> *Ângulo em Pauline e Leclerc*
>
> Estão em *flagrante delicto.* Os seios de Pauline estão expostos. As calças de Leclerc estão arriadas até os joelhos. Estão visivelmente transando.

Por que a história não haveria de roubar uma página da *Penthouse*? Podia alegrar a sala de estar e despertar na meninada um novo gosto pelos estudos. Por que se incomodar com detalhes fatuais? Tem alguma importância que seu roteirista faça Robespierre alto (melhor para um contraste com o tampinha do Napoleão, que fica sempre assumindo a pose da mão dentro da túnica, como nos anúncios de conhaque), quando sabemos que ele era baixo? Que diferença faz se nos dizem que Bonaparte era capitão, quando na verdade era general de brigada; ou que Robespierre mandou prendê-lo por ter recusado um posto na Vendeia, quando na verdade foi preso depois da queda de Robespierre e só mais tarde declinou a indicação para a Vendeia; ou que o próprio Robespierre seja apresentado como uma espécie de Hitler, fonte de todos os males e todas as decapitações na guilhotina, quando de fato ele era apenas um entre os doze membros do Comitê de Salvação Pública, entidade que tratava das questões de guerra e política, deixando a maioria das execuções a cargo do Comitê de Segurança Geral e do Tribunal Revolucionário?

Os historiadores de vanguarda vêm ridicularizando nos últimos quarenta anos a superficialidade da "história fatual". Tendo dado as costas para a "fatualidade" como iriam se queixar de que a televisão dá as coisas erradas? Mesmo assim, eu sinto uma fisgada quando vejo os Bonaparte, que eram membros bastante prósperos da nobreza corsa, apresentados como campônios sujos e desbocados. Dando um relance em sua vida doméstica, a câmera mostra Louis Bonaparte arrastando um saco de nabos e Jerome perseguindo um galo em volta do casebre deles. A mãe, a tremenda Mme. Mére, então agarra a ave e quebra seu pescoço, exclamando:

> É assim que a mãe do grande general Nabouglione Buonaparte, o orgulho do sangue, torce um pescoço.

É uma cena forte. Por que se preocupar se ela nunca existiu, como tampouco nunca existiram as cenas de confrontação entre Bonaparte e Robespierre, Bonaparte e Talleyrand, Talleyrand e Mme. de Staël? O que importa, considerando que estamos no reino imaginário da dramatização histórica?

Mas, seja como for, quando os não fatos e os não acontecimentos giram em torno de mim, descubro que realmente começo a me preocupar. Uma voz por dentro, algum resíduo de consciência profissional e cultura pré-televisão, ou um sussurro distante de Leopold von Ranke, diz que a Revolução Francesa "como realmente aconteceu" de fato importa, que o público americano merece uma visão precisa da era napoleônica, que a história deveria ser poupada da dramatização televisiva.

Sem uma certa consideração pela precisão, a história perde suas amarras e, como mostra seu roteiro, qualquer coisa vale.

Considere o tratamento que seu roteirista deu à política revolucionária. Ele não quer enredar o espectador numa explicação complicada sobre golpes e partidos, e então relega a política para o segundo plano. Posso entender isso. Ele está escrevendo uma história de amor, e não dando uma aula. Mas por que o segundo plano não pode estar correto? Nem estremeço, pelo menos não muito, quando o roteiro faz Napoleão pronunciar a famosa expressão "estourinho de metralha", na tentativa de golpe de 13 Vendémiaire (5 de outubro de 1795) — e depois repete, para o caso de termos perdido na primeira vez. É uma expressão inglesa, inventada no auge da época vitoriana por Thomas Carlyle. Mas não importa. O que importa *mesmo* é que a metralha de canhão do roteiro destrói uma turba de "incorrigíveis adoradores de Robespierre". Na verdade, Bonaparte aponta o fogo de seu canhão contra revoltosos do extremo oposto do espectro político: eram monarquistas, e ele estava protegendo a Convenção, ainda largamente jacobina, contra uma sublevação da direita, e não da esquerda, quando a Revolução estava saindo da fase conhecida como Reação termidoriana e passando para um período de governo republicano sob o Diretório. O roteiro sugere que o Diretório veio imediatamente após a derrubada de Robespierre em 9 Termidor (27 de julho de 1794). Ele faz uma apresentação absurdamente incorreta de Termidor: Barras simplesmente puxa uma arma contra Robespierre, com um sorriso malévolo, e Robespierre entende que está tudo perdido. Então o roteiro esvazia as prisões e mostra Barras como o homem forte do Diretório, como se o interlúdio termidoriano nunca tivesse acontecido. Como a guilhotina já despachou Robespierre, o jacobinismo deixa de existir e podemos nos divertir com as classes superiores em suas calças justas e túnicas transparentes.

Espero não parecer demagógico ao sugerir que a Revolução envolveu toda a nação francesa. Foi um levante do povo comum contra uma aristocracia exploradora, uma monarquia absolutista e uma igreja obscurantista. Ela lançou os pobres contra os ricos, os camponeses contra os senhores, os burgueses contra os nobres. Essas linhas de oposição foram percorridas por divisões e contradições. Mas os revolucionários estavam unidos num compromisso comum pelos direitos do homem e o ideal de liberdade, igualdade e fraternidade. De minha parte, acho essas aspirações válidas e comoventes, parte essencial da história "como realmente aconteceu".

Seu roteirista nunca as menciona. Em vez de se incomodar com distinções entre esquerda e direita, revolução e contrarrevolução — questões de vida ou morte para os revolucionários —, ele torna tudo indistinto no segundo plano. A Revolução aparece como nada mais que uma "tomada descritiva, ângulo inclinado" e um "clamor da multidão, fora de cena". É a revolução que ele deve ter lido em *A tale of two cities* [*Um conto de duas cidades*] e achou que podia transpor para o idioma de *Dallas* e *Animal House*. É uma revolução de novela de rádio, cheia de sexo e violência, sem significar nada.

Apesar de todo o empenho em tirar meu paletó de *tweed*, vejo que afinal estou parecendo professoral. Como historiador, estou com aqueles que veem a história como uma construção imaginativa, algo que precisa ser pensado e retrabalhado interminavelmente. Mas não acho que ela possa ser convertida em qualquer coisa que impressione nossa fantasia. Não podemos ignorar os fatos nem nos poupar ao trabalho de desenterrá-los, só porque ouvimos falar que tudo é "discurso". A história pode ser piorada em vez de melhorada, e a pior versão de todas, pelo menos para uma nação de telespectadores, talvez seja a história como dramatização.

Atenciosamente,
Robert Darnton

5. JORNALISMO: TODA NOTÍCIA QUE COUBER, A GENTE PUBLICA

Todos os que se debatem com a história social das ideias têm necessariamente de procurar inspiração, ou pelo menos alguns recursos, nas ciências sociais. Quanto a mim, quando me vejo atolado na pesquisa sobre as origens ideológicas da Revolução Francesa, frequentemente me volto para a sociologia, a antropologia e a ciência política, e me esforço em vislumbrar alguma espécie de Passagem Noroeste para o passado. Mas nunca consegui atravessá-la.

Sei que o problema reside na minha parca compreensão, embora às vezes eu desconfie que os cientistas sociais vivem num mundo fora do alcance dos comuns mortais, um mundo ordenado segundo modelos perfeitos de comportamento, povoado por tipos ideais e governado por coeficientes de correlação que excluem qualquer coisa que não seja o desvio padrão mais normal. Nunca se consegue vincular esse mundo ao amontoado heterogêneo da história. Ele não consegue sequer lançar amarras no presente — ou foi o que me pareceu depois de tentar percorrer a literatura de uma das ciências sociais mais importantes, a teoria da comunicação. Empaquei lendo "Newsmen's fantasies, audiences, and newswriting" [Fantasias, públicos e redação de notícias dos jornalistas], de Ithiel de Sola Pool e Irwin Shulman, em *Public Opinion Quarterly* (verão de 1959). O artigo despertou em mim algumas reflexões sobre minha experiência anterior como repórter de jornal, que apresento na esperança de fornecer uma certa perspectiva sobre o que atualmente vem se consolidando como uma disciplina específica, a sociologia dos meios de comunicação de massa.

Os autores do artigo se propuseram a entender o processo de comunicação tal como ele se dá na redação das notícias.

Apresentaram a quatro grupos de estudantes de jornalismo fatos selecionados a partir de matérias publicadas em jornal, algumas dando boas, e outras más notícias. Cada estudante montou os fatos segundo sua versão pessoal das matérias, e a seguir relacionou as pessoas que lhe vinham à mente enquanto avaliava o que tinha escrito. O resultado foi uma lista de "imagens de pessoas", que poderiam ser tomadas como representativas do público leitor mentalmente concebido pelos redatores-estudantes. A seguir, os encarregados da experiência entrevistaram os estudantes, para classificar esses leitores imaginários em dois grupos, os "críticos" e os "favoráveis". Finalmente, eles procederam à verificação da acurácia das matérias, e surgiu uma correlação bastante segura: os estudantes com "imagens de pessoas" favoráveis expuseram as boas notícias com uma precisão maior do que no caso das más notícias, ao passo que os estudantes com "imagens de pessoas" críticas expuseram as más notícias com maior exatidão.

Pool e Shulman lançaram mão de uma fórmula para medir o fator de distorção nas reportagens. Pareciam ter descoberto leis governantes, passíveis de serem expressas com precisão matemática, por trás do misterioso processo de converter os acontecimentos do dia em matérias jornalísticas. E o trabalho de ambos se ajustava magnificamente no crescente debate sobre a "retroalimentação", o "ruído" e outras variáveis que agora são centrais na teoria da comunicação, desde que uma nova geração abandonou o modelo predominante na época da inocência, quando a comunicação era entendida como um processo unilateral de inculcar mensagens nos receptores. Agora avançamos para "imagens".

A lógica parecia irrefutável. Mas, pensando em meu emprego no *The New York Times*, lembrei que a única "imagem de pessoa" com que eu me deparara tinha sido uma garota de doze anos de idade. Os jornalistas na sala de redação achavam que os editores esperavam que eles escrevessem suas matérias pensando nessa criatura imaginária. Alguns julgavam que ela constava do *The style book of The New York Times* [*O manual de redação do*

The New York Times], embora a garota só existisse em nossas cabeças. Por que doze anos?, eu costumava me perguntar. Por que uma menina? Quais são as ideias dela sobre a erradicação das favelas no sul do Bronx? Mas eu sabia que ela não passava de uma figura no folclore da 43ª Street e funcionava simplesmente como uma advertência para que nossas matérias ficassem claras e legíveis.

Nunca escrevemos para as "imagens de pessoas" invocadas pela ciência social. Escrevíamos uns para os outros. Nosso principal "grupo de referência" como se poderia dizer na teoria da comunicação, encontrava-se espalhado em torno de nós na sala de redação, ou "buraco da cobra" como dizíamos. Sabíamos que os primeiros a cair em cima de nós seriam nossos colegas, pois os repórteres são os leitores mais vorazes, e precisam conquistar seu *status* diariamente, ao se exporem a seus colegas de profissão.

A ESTRUTURA DA SALA DE REDAÇÃO

Existem elementos estruturais no sistema hierárquico dentro da sala de redação, como é indicado pela sua disposição. O editor-chefe exerce seu comando num escritório, e os editores assistentes dirigem grupos de "editorias" (a editoria de Exterior, a editoria de Nacional, a editoria de Cidades ou "metropolitana") numa extremidade da sala, que se destaca pela disposição diferente dos móveis e fica encerrada atrás de uma divisória de pequena altura. Na outra extremidade, mesas e mais mesas enfileiradas de repórteres ficam de frente para os editores atrás da divisória. Eles se distribuem em quatro setores. Primeiro, algumas filas de grandes jornalistas liderados por sumidades como Homer Bigart, Peter Kihss e McCandlish Phillips. A seguir, três filas de redatores e preparadores de texto, que se sentam ao lado das sumidades na frente da sala, de modo que podem ficar perto dos postos de comando na hora do fechamento. Em seguida, uma sequência de veteranos de meia-idade, que fizeram nome e são de confiança para qualquer reportagem. Por fim, um bando de jovens redatores em início de carreira, no fundo da sala, os mais jovens geralmente ocupando os lugares mais afastados. A função determina alguns lugares: os esportes, os portos e marinha mercante, a "cultura" e a "sociedade" têm seus cantos próprios, e os preparadores ocupam lugares acessíveis logo ao lado. Mas, aos olhos do iniciado, as linhas gerais do sistema hierárquico se destacam com a mesma nitidez de um lema de bandeira.[1]

O olho mais especializado na editoria de Cidades pertence ao editor de Cidades. Em sua posição de visibilidade máxima, ele pode supervisionar toda a sua equipe e pôr cada qual em seu lugar, pois só ele conhece a posição exata de todos. O "membro da equipe" sabe apenas que ocupa uma posição indeterminada num dos quatro setores. Assim, ele tenta acompanhar a trajetória de sua carreira observando a variável fundamental no funcionamento da seção de Cidades: a distribuição de tarefas. Um repórter que continua a receber boas coberturas durante várias semanas está destinado a se mudar para uma mesa mais próxima da extremidade da sala, onde fica o editor, ao passo que o jornalista que faz constantemente matérias ruins ficará estagnado em sua atual posição ou será exilado para o Brooklyn, para a "sociedade" ou o "barraco de West Side" (uma divisão policial agora extinta e substituída em suas funções por Nova Jersey). O jornal de cada dia mostra quem ficou com as melhores tarefas. É um mapa, que os jornalistas aprendem a ler e a comparar com seus mapas mentais da seção de Cidades, num esforço de saberem onde se situam e para onde estão indo.

Mas, depois de aprender a ler o sistema hierárquico, é preciso aprender a escrever. Como saber quando se fez um bom serviço numa matéria? Quando eu era um novato no *The Times*, numa semana comecei com um "perfil" ou "homem-que-é-notícia", que me valeu um elogio do editor-assistente de Cidades e a designação para uma cobiçada cobertura no dia seguinte. Metade da força policial de uma cidadezinha fora presa por desviar objetos roubados, e encontrei um tira disposto a falar, e assim a matéria foi para a "segunda frente", a primeira página do segundo caderno, que chama muito a atenção. No terceiro dia, cobri as comemorações do centenário em Cornell. Elas agradaram meu ego (voltei para Nova York no avião particular que normalmente servia ao reitor da universidade), mas não meu editor: alinhavei 750 palavras, que foram cortadas para quinhentas. A seguir, fui para uma convenção de dois dias de planejadores urbanos em West Point. Mais uma vez, meu ego cresceu enquanto os planejadores disputavam entre si para serem citados no *The Times*, porém não consegui achar nada de interessante para falar sobre eles. Ajuntei quinhentas palavras, que nem foram publicadas. Na semana seguinte só escrevi necrológios.

Assim, as designações, os cortes e a distribuição ou "jogo" das matérias fazem parte de um sistema de reforço positivo e negativo. Ao contrário do que acontece em muitos jornais, é frequente que o *The Times* dê os créditos de quem fez a matéria, de modo que os repórteres ficam satisfeitos que suas matérias passem pelo copidesque sem sofrerem alterações, e saiam num bom lugar do jornal, isto é, perto do começo do caderno e na metade superior da página. Todos os dias, cada correspondente no exterior ganha seu reforço sob a forma de "primeira página", e é avisado por cabo sobre as matérias que foram para a frente e as que "ficaram dentro". Os elogios também têm peso, principalmente quando são feitos por gente de prestígio, como o editor noturno de Cidades, as sumidades ou os jornalistas de maior talento na área da pessoa em questão. O editor de Cidades e o editor-chefe distribuem tapinhas nas costas, almoços e ocasionais notas de congratulações, e mensalmente a empresa oferece prêmios em dinheiro para as melhores reportagens. À medida que os reforços aumentam, sobe o *status* da pessoa. Um novato pode acabar virando veterano ou entrando por canais de ascensão mais exóticos ao receber uma indicação para a seção de Nacional ou de Exterior. Entre os veteranos, há também um grupo melancólico de jornalistas decadentes, correspondentes internacionais que foram mandados de volta para casa, ou ambiciosos amargurados que não conseguiram chegar à editoria. Muitas vezes ouvi dizer que a reportagem era coisa de gente jovem, que aos quarenta anos perdia-se a energia, e quando se envelhecia todas as matérias começavam a parecer iguais.

Os repórteres naturalmente escrevem para agradar aos editores que controlam o sistema de recompensas do outro lado da sala, mas não existe nenhuma maneira direta de receber um reforço redigindo a melhor matéria possível. Na distribuição rotineira, uma voz pelo circuito interno de convocação pelo microfone — "Jones, seção de Cidades" — chama o repórter até o editor que distribui as matérias, o qual explica a cobertura que deverá ser feita:

> O Clube Kiwanis do Brooklyn está realizando seu almoço anual, em que vai anunciar os resultados da campanha de caridade deste ano e o ganhador de seu Prêmio Homem do Ano. Provavelmente vale uma boa meia coluna, porque ultimamente não temos publicado nada sobre o Brooklyn e a campanha é uma grande coisa por lá.

O editor tenta conseguir o máximo empenho de Jones, ressaltando a importância da cobertura, e dá algumas pistas sobre o que lhe parece ser "a matéria". De fato, enquanto toma o metrô para o Brooklyn, Jones pode ficar com uma ideia martelando na cabeça, sobre um possível início da matéria: "A campanha de caridade deste ano no Brooklyn atingiu um recorde de $......., anunciou ontem o Clube Kiwanis em seu almoço de encontro anual". Jones chega, entrevista o presidente do clube, senta-se entre um prato de frango e vários discursos, e fica sabendo que a campanha alcançou o total decepcionante de $ 300 000, e que o clube escolheu como homem do ano um floricultor de ideias cívicas. "E cadê a matéria?", pergunta-lhe o editor noturno de Cidades quando ele volta ao jornal. Jones sabe muito bem como explicar ao editor noturno de Cidades que aquele foi um não acontecimento, porém também precisa de alguma coisa para mostrar o trabalho do dia; assim, ele expõe a trivialidade da campanha, acrescentando que o floricultor parecia ser uma figura interessante. "Então é melhor começar por ele. Duzentas palavras", diz o editor noturno de Cidades. Jones se retira, vai até o fundo da sala e inicia a matéria:

> Anthony Izzo, um floricultor que há uma década vem cultivando árvores no Brooklyn, recebeu ontem o Prêmio Homem do Ano pelo Clube Kiwanis do Brooklyn, pelo seu empenho em embelezar as ruas da cidade. O clube também anunciou que sua campanha anual de caridade rendeu $ 300 000, uma pequena fração do total do ano passado, que Michael Calise, presidente do clube, atribuiu ao alto índice de desemprego na área.

A matéria ocupa apenas um quarto de coluna, bem no fim do segundo caderno do jornal. No dia seguinte, ninguém a comenta com Jones. Não recebe nenhuma carta do Brooklyn. E ele se sente bastante insatisfeito com toda a experiência, principalmente porque Smith, que se senta ao lado dele na lateral afastada da seção de Cidades, fez a primeira página do segundo caderno, com uma matéria em cores sobre descarregamento de lixo. Mas Jones se consola com a esperança de hoje pegar uma tarefa melhor, e com a ponderação de que a passagem sobre o cultivo de árvores no Brooklyn foi um bom toque, que talvez tenha sido notado pelo editor de Cidades e certamente agradou a Smith. Entretanto, Jones também sabe que a matéria não fez sua posição melhorar junto ao editor que distribui as coberturas, o qual tinha pensado numa coisa diferente do que saiu, nem junto ao editor noturno de Cidades, que não tivera tempo de lhe dedicar mais do que dois ou três minutos de atenção, nem junto aos outros editores, que devem ter achado o trabalho sem graça, como de fato era.

No caso de uma tarefa importante, como um destaque em várias colunas, o editor de Cidades pode ir até a mesa de Jones e discutir a matéria com ele, numa espécie de confabulação conspiratória diante de um mar de olhos. Jones contata dez fontes diversas e escreve uma matéria que é bem diferente da ideia do editor. Este, que tem uma cópia em carbono de tudo o que é submetido ao copidesque, desaprova o texto e chama Jones pelo microfone. Depois de confabular em território estrangeiro, Jones empreende seu caminho de volta à mesa sob o mar de olhos e tenta uma outra vez. Finalmente, chega a uma versão que representa uma conciliação entre as ideias prévias do editor e suas próprias impressões — mas ele sabe que teria conseguido mais pontos se, desde o início, suas impressões tivessem se aproximado mais da meta imaginada pelo editor. E não gostou nada de andar pela corda bamba entre sua mesa e o editor de Cidades, na frente da legião de repórteres esperando pela sua queda de *status*.

Como todo mundo, os repórteres têm sensibilidades variadas em relação à pressão exercida por seu grupo de iguais, mas duvido que sejam muitos — especialmente entre os novatos — os que gostam de ser chamados à editoria de Cidades. Eles aprendem a fugir para o banheiro ou a se curvar atrás dos bebedouros de água, no momento em que o olhar faminto do editor percorre a área. Quando vem a chamada fatal pelo microfone — "Jones, seção de Cidades" —, Jones, passando pelos colegas, pode sentir que eles estão pensando: "Tomara que ele pegue um abacaxi, ou alguma coisa que preste e dê cabo dela". O resultado vai estar lá no dia seguinte, no jornal, para todo mundo ver. Os editores às vezes tentam conseguir o melhor de seus auxiliares, jogando-os uns contra os outros e defendendo valores como a competitividade e o "batalho". "Você viu como Smith tratou a matéria do lixo?", vai dizer o editor de Cidades para Jones. "É o tipo de trabalho que precisamos do cara que vai ocupar a próxima vaga na sucursal de Chicago. Você devia batalhar mais". Dois dias depois, Jones pode ter passado na frente de Smith. O imediatismo e a irregularidade dos reforços no processo de cobertura-publicação significam que ninguém, salvo alguns luminares, pode ficar seguro em relação a seu *status* na sala de redação.

A insegurança crônica alimenta o ressentimento. Enquanto brigam entre si pela aprovação dos editores, os repórteres desenvolvem uma grande hostilidade em relação aos outros que ficam do lado oposto da sala, e cria-se uma certa solidariedade de grupo como força para contrabalançar a competitividade. Os repórteres se sentem unidos por um sentimento de "eles" contra "nós" que expressam em brincadeiras e gozações. (Lembro uma reunião clandestina no banheiro masculino, quando um repórter fez uma paródia das técnicas de urinar entre "eles".) Muitos repórteres, principalmente entre os veteranos amargurados, ridicularizam os editores, que geralmente são ex-repórteres, por terem se vendido à direção da empresa e perdido o contato com a realidade concreta, que só pode ser apreciada pelos bons "caras rijos". Essa ideologia antidireção cria uma barreira contra as tentativas de agradar abertamente aos editores, e faz alguns repórteres acharem que escrevem apenas para agradar a si mesmos e a seus iguais.

O sentimento de solidariedade contra "eles" se expressa com mais intensidade no tabu dos repórteres em "canalizar" ou distorcer uma matéria para que ela se ajuste às ideias prévias de um editor. Os editores parecem se considerar "homens de ideias", que põem o repórter no rastro de uma matéria e esperam que ele a localize e traga-a de volta sob uma forma publicável. Os repórteres veem os editores como manipuladores tanto da realidade quanto dos homens. Para eles, um editor é uma pessoa que, mais do que qualquer outra coisa, tenta melhorar sua posição dentro de sua própria hierarquia à parte, subindo com ideias brilhantes e fazendo com que sua equipe escreva de acordo com elas. O poder do editor sobre o repórter, assim como o do diretor sobre o editor, realmente gera uma tendência na maneira de redigir as notícias, como assinalam os estudos sobre "o controle social na sala de redação". Mas o horror dos repórteres em "canalizar" atua como uma influência em sentido contrário. Certa vez, por exemplo, um editor-assistente de Cidades do *The Times*, numa matéria sobre poluição, inspirou-se em seu filho, que se queixou de que uma casquinha de sorvete tinha ficado tão lambuzada, enquanto ele descia a rua, que teve de jogá-la fora numa lata de lixo. O repórter montou conscienciosamente a matéria em cima do episódio, acrescentando como enfeite o detalhe de que o garotinho anônimo errou a lata e foi embora. O editor manteve esse toque final. Ele adorou a matéria, a qual provavelmente melhorou sua situação junto aos outros editores e a situação do repórter junto a ele. Mas a reputação do repórter despencou entre seus pares e funcionou como fator preventivo contra outras "canalizadas" para o outro lado da divisória.

Os critérios próprios de qualidade entre o grupo de iguais também lançam os repórteres contra os preparadores de texto. Os preparadores tendem a constituir uma casta à parte entre os jornalistas. Calados, intensos, talvez mais excêntricos e mais cultos do que a maioria dos repórteres, ocupam o papel de defensores da língua. Seguem o manual — *The style book of The New York Times* do *The Times* —, e possuem sua hierarquia própria, que vai dos membros mais humildes do setor ao "distribuidor", que divide o material entre eles, ao redator responsável pela preparação final de cada edição, e finalmente a um editor-assistente da direção, que na minha época era Theodore Bernstein, homem de grande poder e prestígio. Aparentemente, os preparadores se consideram cidadãos de segunda categoria na sala de redação: eles acham que salvam diariamente os repórteres de dezenas de erros fatuais e gramaticais, e, no entanto, os repórteres os tratam por baixo. "O legal é conseguir passar alguma cor ou graça por aquela fila de zumbis sem humor", explicou-me um repórter. Os preparadores parecem ver as matérias como segmentos de um fluxo ininterrupto de "material" que clama por uma padronização, ao passo que os repórteres consideram cada texto como uma coisa de sua propriedade. Os toques pessoais — observações ou citações inteligentes — satisfazem ao senso de habilidade do repórter e açulam o instinto de preparador em passar a caneta. A abertura da matéria é o que provoca os ferimentos mais graves na interminável batalha do repórter contra seus editores e preparadores; ele pode atribuir os cortes e o pequeno destaque dado às suas matérias a uma pressão das circunstâncias, mas uma modificação em seu primeiro parágrafo é uma provocação a seu discernimento jornalístico, a qualidade inefável que o faz um "profissional". Inverter a ordem dos dois primeiros parágrafos de um repórter é ferir sua identidade profissional. Ele pode chegar a se ofender com ligeiras alterações na construção de suas primeiras linhas que nem teria percebido na continuação do texto. E um início realmente ruim pode estragar a carreira do sujeito. Certa vez, um amigo meu começou uma matéria com um comentário sobre um bebê que tinha se queimado "enrugando-se a um ponto quase irreconhecível". Foi o *quase* que mais chocou os editores. Esse começo lhe valeu, ou pelo menos era o que achávamos, dez anos na posição mais baixa na sala de redação.

Os repórteres se mantêm ligados em subgrupos, que também atenuam a competitividade e a insegurança, e influem sobre a maneira de redigir. Formam-se conjuntos de repórteres por idade, estilo de vida ou formação cultural (City College × Harvard, no *The Times* no começo dos anos 1960). Alguns almoçam juntos, pagam bebidas uns para os outros em determinados bares ou trocam visitas familiares. Um repórter desenvolve confiança em seu subgrupo. Ele vai consultá-lo quando trabalha nas matérias e dá atenção a seus comentários profissionais. Uma vez, um repórter do meu grupo teve de fazer às pressas uma matéria sobre uma alteração confusa nos incompreensíveis programas de assistência social da cidade. Quatro ou cinco de nós examinamos detalhadamente o material dele, tentando extrair algum sentido daquilo, até que alguém finalmente declarou: "É uma operação de ações". Ficou sendo o começo da matéria e a ideia que organizava o artigo inteiro. Quase todos os artigos se desenrolam em torno de uma concepção central sobre o que constituiu "a matéria", que pode surgir dos contatos do repórter com aliados na seção de Cidades ou de sua conversa com os editores. Assim como as mensagens passam por um processo de comunicação em duas ou mais fases até o extremo receptor, elas passam por diversos estágios em sua formação. Se o emissor da mensagem é um repórter de Cidades, ele filtra suas ideias entre os grupos de referência e função na seção de Cidades, antes de entregá-las ao "público".

A adaptação do repórter ao meio conta ainda com um último fator complicador: a história institucional. As alterações profundas na estrutura de poder de um jornal afetam o estilo de redação dos repórteres, muito embora o pessoal em posição mais baixa não saiba exatamente o que se passa entre os editores e os executivos. Muitos jornais estão divididos em ducados semiautônomos, dirigidos pelos editores de Cidades, pelo editor de Exterior e pelo editor de Nacional. Cada um deles comanda grupos de editores-assistentes e deve lealdade ao editor-chefe, que por sua vez partilha o poder com outros executivos, como o gerente de negócios, e se submete ao soberano supremo, o diretor do jornal. No *The Times*, cada editor domina uma determinada parcela do jornal, de modo que, num número com *n* colunas, o editor de Cidades pode esperar um controle sobre *x* colunas, o editor de Exterior um controle sobre *y* colunas, e assim por diante. É claro que as proporções variam diariamente, de acordo com a importância dos acontecimentos, mas a longo prazo elas são determinadas pela capacidade de cada potentado em defender e ampliar seu domínio. As mudanças na territorialidade ocorrem frequentemente na "conferência das quatro" no escritório do editor-chefe, onde o jornal do dia toma sua forma. Aqui, cada editor resume o que fez sua equipe e, dia após dia, firma sua defesa da cobertura de sua área. Um editor de Cidades enérgico é capaz de conseguir mais espaço para os repórteres da seção de Cidades e inspirar-lhes uma sensação renovada da importância jornalística de seus temas.

As notícias da cidade passaram por uma revalorização no período em que estive no *The Times*, devido à influência de um novo editor de Cidades, A. M. Rosenthal. Antes da editoria de Rosenthal, as matérias sobre Nova York costumavam ser meticulosas, confiáveis, convencionais e enfadonhas. Rosenthal queria um material mais vivo, mais original, e pretendia que sua equipe fosse "batalhadora". Portanto, dava as melhores coberturas para os repórteres que mais se aproximavam de seus critérios, independentemente da posição deles na editoria. Essa política enfurecia os veteranos, que tinham aprendido a escrever de acordo com as velhas regras e acreditavam no princípio estabelecido de que o direito às melhores coberturas cabia a quem tivesse anos de sólido serviço. Reclamavam da tendenciosidade, bagunça, superficialidade e inexperiência. Alguns desistiram, alguns conseguiram avivar seus textos e muitos se recolheram a um mundo de amargura pessoal ou de grupos. Os novatos, em sua maioria, reagiram com uma exuberante dedicação. Desenvolveu-se uma aliança entre eles e Rosenthal, um garoto pobre do Bronx e do City College que abrira seu caminho até o topo do *The Times*. As qualidades que o fizeram vencer — talento, energia, entusiasmo — agora contribuíam para o sucesso na editoria de Cidades. É claro que essas qualidades foram reconhecidas sob o velho sistema de tempo de serviço (de outra forma o próprio Rosenthal nunca teria feito uma carreira tão espetacular), mas o novo editor alterou o equilíbrio entre as normas: a ênfase sobre a dedicação em detrimento do critério de antiguidade significava que, para a determinação do *status*, a realização valia mais que a atribuição.

A institucionalização desse novo sistema de valores criou mais confusão e mágoa do que é possível exprimir numa terminologia sociológica. Ao alterar as vias estabelecidas da mobilidade, Rosenthal não se separou totalmente dos veteranos. Não mexeu nos grandes nomes, e nem ganhou todos os novatos. Pelo contrário, ele gerou uma ansiedade de *status* por toda parte, e talvez até em si mesmo; pois parecia se surpreender com a hostilidade que suscitava entre pessoas que tinham sido amigas suas, e provavelmente ele também se preocupava com sua própria posição entre os outros editores e executivos. Os primeiros meses de sua editoria constituíram um período difícil de transição em Cidades. Enquanto as regras do jogo mudavam, ninguém sabia em que pé estava, pois a posição parecia flutuar de maneira tão casual quanto a distribuição das tarefas. Um repórter podia manter uma sequência de boas tarefas durante uma semana, enquanto corria uma enxurrada de necrológios em torno dele, mas também podia ser expulso da noite para o dia para a página de óbitos ou para a "traseira" (o último caderno de notícias do jornal de domingo). Daí o caráter assustador das chamadas pelo microfone. Ainda assim, finalmente acabou por se firmar um novo sistema de *status* de acordo com as novas normas. Animados por aumentos e promoções, os jovens brilhantes e agressivos davam o tom na sala de redação e passavam para cargos de maior prestígio. Agora, vários deles tinham se tornado sumidades. Também ocorreram mudanças em todas as fileiras de executivos. O jornal adquiriu um novo editor de Exterior, um novo editor de Cidades, um novo editor de Nacional, um chefe para a sucursal de Washington e, finalmente, um novo editor-chefe — A. M. Rosenthal. Os mexericos atribuíam essas mudanças a maquinações pessoais, mas, à sua maneira tosca e desajeitada, o *The Times* estava realmente se renovando, colocando o poder nas mãos da geração que estava preparada e ansiosa em suceder aos que tinham chegado ao seu apogeu durante a Segunda Guerra Mundial. A evolução institucional — a redistribuição do poder, a alteração dos quadros funcionais e a modificação das normas — teve uma grande importância na maneira de redigirmos as notícias, embora tivéssemos apenas uma ideia imperfeita das forças em funcionamento.

GRUPOS SECUNDÁRIOS DE REFERÊNCIA E O PÚBLICO

Quaisquer que sejam suas "imagens" e "fantasias" subliminares, os jornalistas têm pouco contato com o público em geral e não recebem quase nenhum retorno dele. A comunicação pelos jornais é muito menos íntima do que pelos periódicos especializados, cujos redatores e leitores pertencem ao mesmo grupo profissional. Recebi uma quantidade muito maior de respostas a artigos em revistas acadêmicas, com um pequeno número de leitores, do que a reportagens de primeira página no *The Times*, que devem ser lidas por meio milhão de pessoas. Mesmo os jornalistas conhecidos não recebem mais do que uma ou duas cartas por semana de seus leitores, e pouquíssimos jornalistas são realmente conhecidos. O público raramente lê o nome de quem escreveu a matéria, e não tem como saber que Smith tirou de Jones a área da Prefeitura.

Talvez seja equivocado falar em "o público" como se fosse uma entidade dotada de sentido, assim como não cabe, segundo os estudos de divulgação, pensar numa audiência de "massa" composta por indivíduos atomizados e indiferenciados. A direção do *The Times* admite que seus leitores constituem grupos heterogêneos: donas de casa, advogados, professores, judeus, suburbanos e assim por diante. Ela calcula que determinados grupos lerão determinadas partes do jornal, e não que um hipotético leitor geral vá ler tudo. Assim, ela estimula a especialização entre jornalistas. Contrata um médico para cobrir a área médica, envia um futuro repórter do Supremo Tribunal para a faculdade de direito pelo período de um ano, e abre constantemente novas áreas, como publicidade, arquitetura e música popular. Uma sociologia séria do jornalismo deveria traçar a evolução das áreas e o aumento das especializações. Ela também poderia aproveitar a pesquisa de mercado feita pelos próprios jornais, que contratam especialistas para elaborar estratégias sofisticadas para aumentar a circulação.

A tendência de especialização nos jornais incentiva os repórteres a escrever para públicos específicos. A Prefeitura percebeu quando Smith substituiu Jones, e Smith esperava da Prefeitura uma leitura cuidadosa de suas matérias. Quando Tom Wicker cobria a Casa Branca de Kennedy, ele sabia que o presidente lia atentamente suas matérias, e não só: também sabia exatamente onde e quando Kennedy as lia. Disseram-me que o correspondente do Pentágono sabia que MacNamara lia diariamente as reportagens sobre a defesa entre as sete e as oito da manhã, enquanto era levado de carro até seu gabinete. Esses repórteres deviam ter imagens bem claras de Kennedy e

MacNamara sorrindo ou franzindo o cenho em determinadas horas e determinadas passagens de seus textos, e essas imagens provavelmente tinham um efeito maior sobre as matérias do que qualquer visão nebulosa do público em geral. Para um repórter encarregado de uma área, "a manhã seguinte" começa psicologicamente a existir no começo da tarde anterior, ao entregar um resumo da matéria que vai redigir, pois ele sabe que no dia seguinte terá de encarar suas fontes de informação e, se não as respeitar nesta reportagem, elas poderão prejudicar sua tentativa de cobrir matérias futuras. Um repórter de Assuntos Gerais não sofre tanto essa retaliação por antecipação, porque não desenvolve tantas relações estáveis com os objetos de suas reportagens.

Eu tinha a impressão de que os jornalistas eram muito sensíveis ao risco de virarem prisioneiros de seus informantes e escorregarem para a autocensura. As fontes de informação convencionais, principalmente no governo, pareciam-me calejadas nesse toma lá dá cá com os repórteres. Os assessores de imprensa e os encarregados das relações públicas são muitas vezes ex-repórteres, que adotam um tom de "estamos todos no mesmo barco" e tentam parecer francos ou até irreverentes em seus comentários oficiosos. Desse modo, podem influenciar o "ângulo" ou o "ponto de vista" de uma reportagem — a maneira como é tratada e a impressão geral criada por ela —, embora não seu conteúdo, que de modo geral ultrapassa o controle deles. Tentam influenciar o repórter na fase anterior à consolidação da "matéria" em seu espírito, quando ele ainda está buscando uma ideia central ordenadora. Se o texto começa com "A redução do desemprego..." ao invés de "O aumento da inflação..." é sinal de que eles se saíram bem. Alguns porta-vozes para a imprensa reservam as grandes matérias e entregam-nas aos jornalistas que redigem reportagens favoráveis, mas essa estratégia pode sair pela culatra, pois os repórteres são suscetíveis ao favoritismo e, pela minha experiência, tendem mais a ser solidários do que competitivos. A manipulação aberta pode ter menos eficácia do que o cultivo de uma certa familiaridade amistosa durante um longo período de contato diário. Depois de mais ou menos um ano na mesma área, os repórteres tendem imperceptivelmente a adotar o ponto de vista das pessoas sobre as quais escrevem. Passam a compreender as complexidades da tarefa do prefeito, as pressões sobre os comissários de polícia e a falta de um espaço de manobra na área do bem-estar social. O diretor da sucursal londrina do *The Times*, quando eu trabalhei lá, era veementemente favorável aos ingleses, ao passo que o diretor da sucursal de Paris era favorável aos franceses. Ao noticiarem as negociações da Inglaterra para entrar no Mercado Comum, escreviam um contra o outro. O *The Times* desconfia tanto da tendência de que seus correspondentes estrangeiros desenvolvam uma propensão favorável ao país onde moram que os transfere de três em três anos. Em um nível mais modesto, os repórteres policiais veteranos que dominam as salas de imprensa na maioria das delegacias desenvolvem uma relação de simbiose com a polícia. Em Newark, havia quatro velhos e rijos repórteres que tinham mais tempo de delegacia do que a maioria dos policiais. Conheciam todos os figurões da polícia: bebiam com os tiras, jogavam pôquer com os tiras, adotavam a concepção de crime dos tiras. Nunca escreviam sobre a brutalidade policial.

Uma sociologia do jornalismo deveria analisar a simbiose, além dos antagonismos que crescem entre um repórter e suas fontes, e deveria ainda levar em consideração que essas fontes constituem um elemento importante de seu "público". O noticiário corre em circuitos fechados: é escrito sobre e para as mesmas pessoas, e às vezes em código privado. Depois de ler uma matéria de James Reston, mencionando uma "preocupação" sobre a situação do Oriente Médio entre "as fontes mais altas", o iniciado sabe que o presidente confiou suas apreensões a "Scotty" no decorrer de uma entrevista. Costumava-se dizer que o correspondente da Defesa do *Manchester Guardian* escrevia num código que só era entendido pelo ministro da Defesa e seu círculo, enquanto a mensagem aparente dos artigos se destinava ao público em geral. O sentimento de pertencer a um grupo interno, junto com as pessoas que aparecem em suas reportagens — a tendência à simpatia e à simbiose —, cria uma espécie de conservadorismo entre os repórteres. É comum escutar que os jornalistas tendem a ser liberais ou democratas, e como eleitores podem realmente ser de esquerda. Mas como repórteres geralmente me pareciam hostis a ideologias, desconfiando das abstrações, céticos quanto aos princípios, sensíveis ao concreto e ao complexo, e, portanto, capazes de entender, se não de aceitar, o *status quo*. Pareciam desdenhar pregadores e professores, empregando com facilidade termos pejorativos como *bom-mocismo* e *intelectualismo*. Enquanto algum psicólogo social não descobrir uma maneira de fazer um levantamento do sistema de valores dos jornalistas sinto-me inclinado a discordar da afirmação corrente de que o jornalismo apresenta uma tendência liberal ou de esquerda. Daí não se segue, porém, que a imprensa favoreça conscientemente o "sistema estabelecido". O "cara rijo" e o "tira", o correspondente diplomático e o ministro das Relações Exteriores, estão unidos pela natureza de suas tarefas e desenvolvem inevitavelmente alguns pontos de vista em comum.

Entre os produtores-consumidores de noticiais que formam o círculo íntimo do público de um repórter, incluem-se também repórteres de outros jornais, que constituem seu grupo de referência profissional mais amplo. Ele sabe que a concorrência vai examinar minuciosamente suas reportagens, embora, paradoxalmente, não exista nada menos competitivo do que um grupo de repórteres sobre a mesma matéria. O novato pode chegar em cena tendo nos ouvidos a ordem de seu editor para ir à luta, mas logo vai aprender que o maior pecado é conseguir um furo antes que o outro lado o faça, e o castigo pode ser o ostracismo na próxima distribuição de tarefas. Se ele trabalha numa sala de imprensa fora de seu jornal, pode ficar totalmente absorvido num grupo de colegas de diversos jornais. Então, "eles" passam a ser as seções de Cidades de todos os jornais e serviços de informações da localidade, que invadem o repouso e a segurança das pessoas da área. Nessas condições, a recusa em partilhar as informações constitui um tal crime que alguns repórteres deixam transpirar "notícias exclusivas" para colegas de seus próprios jornais, de modo que a reportagem parece ter vindo "deles" e não perturbará as relações na sala de imprensa. Em algumas salas de imprensa, apenas um faz todo o "serviço de ir atrás", isto é, a pesquisa, enquanto os outros jogam pôquer. Depois de juntar os fatos, ele os dita para o grupo, e cada um escreve sua versão da matéria ou passa-a por telefone para um redator em sua seção de Cidades. Se alguém está sendo pressionado em sua seção, há um acordo tácito de que pode fazer outros telefonemas para conseguir citações exclusivas, "cor" e "ângulos", mas a pessoa sofreria censuras se fizesse isso por iniciativa própria. Um batalhador independente pode levar todos os outros a batalhar, e decerto interromperá o jogo de pôquer, que é uma instituição importante em muitas salas de imprensa. No velho barracão da imprensa (agora destruído) atrás da delegacia em Manhattan, muitas vezes o bolo de apostas chegava a cinquenta dólares, e entre os apostadores havia muitos tiras e ladrões. Em momentos críticos, um tira que tivesse ficado fora da rodada ia atender aos telefonemas das seções de Cidades. Os repórteres bem que deixariam as matérias de lado para não interromper o jogo. A coesão do grupo era suficiente para impedir que "eles" descobrissem a notícia, exceto no caso de grandes furos, que ameaçavam a segurança de todos os repórteres por despertar o apetite dos editores por "ângulos" e "exclusividades". Para se protegerem, os repórteres repartiam os mesmos detalhes e inícios das matérias. Depois de uma consulta sobre a notícia, eles se reuniam, filtrando as impressões e sondando uns aos outros sobre a "matéria", até chegarem a um consenso e poderem alinhar variantes do mesmo começo de reportagem:

— Bom, o que você acha?
— Não sei.
— Não tem muita coisa nova, né?
— Não, aquela passagem de acabar com a corrupção, ele já falou antes.

— Talvez a parte de pôr os policiais à paisana...
— É, pôr à paisana...

A competitividade também se atenuava em função do grau de atrito entre os jornais. Os repórteres de cidades com apenas um jornal precisam se manter apenas à frente da televisão e dos serviços telegráficos, que representam outros tipos de informação e não constituem uma verdadeira concorrência. Mas, se trabalham a partir de uma agência importante, serão necessariamente lidos por repórteres que cobrem as mesmas notíciais para jornais de outras cidades. Eles sabem que a maneira como esses colegas julgarão seu trabalho determinará sua posição na hierarquia da imprensa local. Para muitos jornalistas, a reputação profissional constitui um fim em si mesma, porém ela também leva a ofertas de trabalho. É frequente que a contratação ocorra por intermédio de repórteres que aprendem a se respeitar no trabalho conjunto, assim como as promoções resultam de impressões criadas dentro da empresa a que pertence o repórter. O *The Times* tem um regime de estabilidade: depois que a pessoa passa a fazer parte da equipe, pode ficar lá pelo resto da vida, mas muitos vitalícios nunca conseguem sair do nível de veteranos na seção de Cidades. O profissionalismo, por conseguinte, é um componente importante na reportagem: as matérias firmam o *status*, e os jornalistas escrevem para causar impressão em seus pares.

Eles também recebem algum retorno dos amigos e parentes, que procuram os créditos no final das matérias e fazem comentários como: "Foi um bom texto sobre Kew Gardens. Eu estive lá na semana passada, e o lugar está mesmo se desfazendo", ou "Joe Namath é mesmo tão chato como parece?". Essas observações têm menos peso do que a reação dos colegas de profissão e no entanto dão aos jornalistas a sensação reconfortante de que a mensagem passou. "Mamãe" pode não ser uma leitora crítica, mas é tranquilizadora. Sem ela, a publicação de uma matéria pode ser como atirar uma pedra num poço sem fundo; você espera, espera, e nunca escuta o "chape" na água.

Os repórteres também podem esperar alguma reação de setores específicos do público — alguns leitores em Kew Gardens ou alguns jogadores de futebol. Esse retorno tende a ser em boa parte negativo, mas os jornalistas aprendem a dar um desconto pela insatisfação entre grupos de interesses específicos. O que lhes é difícil imaginar é o efeito de suas matérias sobre o público de "massa", que provavelmente não é massa nenhuma, e sim um conjunto heterogêneo de grupos e indivíduos.

Em suma, acho que Pool e Shulman estão errados ao supor que a reportagem é determinada pela imagem do público em geral que tem o repórter. Os jornalistas podem ter alguma imagem assim, embora eu duvide disso, mas eles escrevem pensando em toda uma série de grupos de referência: seus preparadores, seus diversos editores, seus diferentes grupos de colegas na seção de Cidades, as fontes e objetos de seus artigos, os repórteres de outros jornais, seus amigos e parentes e grupos de interesses específicos. A prioridade desses leitores pode variar de repórter para repórter e de matéria para matéria. Eles podem exercer demandas rivais e contrárias sobre o jornalista. Este pode até achar impossível reconciliar a concepção da "matéria" que recebe do editor que distribui as tarefas, o editor de Cidades, o editor noturno de Cidades, o preparador do texto e seus colegas. Durante a maior parte do tempo, ele tenta minimizar o "ruído" e percorrer todo esse emaranhado.

SOCIALIZAÇÃO OCUPACIONAL

Embora alguns repórteres possam aprender a redigir em escolas de jornalismo, onde Pool e Shulman selecionaram os objetos para o grupo de estudantes de suas experiências, a maioria deles (incluindo muitos jornalistas formados) pega o jeito na prática de aprendizagem. Adquirem atitudes, valores e um espírito profissional enquanto trabalham como mensageiros na seção de Cidades, e aprendem a perceber e comunicar a notícia quando estão sendo "treinados" como repórteres principiantes.

Observando a máquina de escrever de Homer Bigart a soltar fumacinhas quase na hora do fechamento, levando o material saído do forno para os editores e lendo-o no dia seguinte na letra fria da imprensa, o mensageiro interioriza as normas do ofício. Ouvindo, ele pega o tom da sala de redação. Aos poucos, aprende a parecer mais um nova-iorquino, a falar mais alto, a usar a gíria dos jornalistas e a aumentar a proporção de palavrões em sua linguagem. Essas técnicas facilitam a comunicação com os colegas e as fontes de informação. Por exemplo, é difícil conseguir grande coisa de uma conversa pelo telefone com um tenente de polícia, a menos que você saiba pôr a boca bem perto do aparelho e gritar obscenidades. Enquanto vai aprendendo esses maneirismos, o mensageiro vai insensivelmente acumulando valores em seu espírito. Lembro claramente o ar de repugnância na cara de um mensageiro ao ler um despacho de um correspondente no Congo que trazia algumas expressões histéricas sobre as balas que atravessavam zunindo o quarto de hotel. Não era o caso para perder a calma. Um outro correspondente, que tinha visto alguns combates duros na Revolução Argelina, me impressionou com uma matéria sobre um lagarto que tinha ficado preso na pá de seu ar refrigerado, no escritório de Argel. Ele não mencionou a matança dos argelinos, mas falou muito sobre a dificuldade de escrever sendo borrifado por pedacinhos de lagarto picado. Não é preciso se intrometer muito para pegar o cerne da fala dos repórteres. Eles falam sobre si mesmos, e não sobre os personagens de suas matérias — assim como os professores de história falam sobre professores de história, e não sobre Frederico II. Bastam algumas semanas carregando textos para saber como Mike Berger entrevistou Clare Booth Luce, como Abe Rosenthal dissecou a Polônia e como Dave Halberstam marcou contra os Diems no Vietnã do Sul. De fato, a conversa do *The Times* é institucionalizada e aparece como *Times Talk*, uma publicação da empresa onde os repórteres descrevem seu trabalho. Assim, mesmo que você sinta timidez em se aproximar de Tom Wicker, você pode ler a própria versão dele sobre a cobertura que fez do assassinato do presidente Kennedy.

Como outros ofícios, o jornalismo tem sua mitologia própria. Ouvi muitas vezes a história de como Jamie MacDonald cobriu um reide sobre a Alemanha da torre de um Bombardeiro RAF, e como sua mulher Kitty, a maior telefonista de todos os tempos, pôs Mike Berger, o maior repórter de Cidades, em contato com o governador de Nova York, fazendo uma ligação de rádio com um iate no meio do Atlântico, onde o governador estava tentando se manter incomunicável. A sala de redação não esquecerá tão cedo o dia em que Edwin L. James assumiu suas tarefas como editor-chefe. Ele chegou em seu casaco imitando pele, sentou-se junto ao jogo de pôquer que sempre corria por trás das mesas dos preparadores, limpou os bolsos de todos e depois foi se juntar a "eles" no outro lado da sala, onde a partir de então reinou com autoridade suprema. Os repórteres sentem uma obrigação de "se medirem" com os padrões estabelecidos no passado, embora saibam que devem parecer pequenos ao lado de seus míticos titãs. Não importa que Gay Talese nunca consiga escrever sobre Nova York com a maestria de Mike Berger, ou que Abe Rosenthal nunca consiga comandar a editoria chefe com a inteligência e a habilidade de Edwin L. James. O culto aos mortos alimenta os vivos. Escrevíamos para Berger e James, assim como para os membros vivos da sala de Cidades.

A conversa dos repórteres também se refere às condições de seu trabalho: os problemas de comunicação por telefone e telégrafo nos países subdesenvolvidos, a censura em Israel e na URSS, as notas de despesas. (Eu era tão obtuso em registrar as despesas em Londres que nem sequer entendia os casos clássicos do correspondente canadense que incluiu um trenó de cães, ou do correspondente africano que convidava os repórteres para passarem os fins de semana em sua casa de campo, e depois os presenteava com notas falsas de hotel, para serem registradas em suas despesas. Tiveram de me dizer que minhas despesas insignificantes estavam baixando o padrão de vida de todo o escritório.) Um repórter da editoria de Cidades me disse que seu momento de maior orgulho foi quando ele foi enviado para cobrir um incêndio, descobriu que era um alarme falso e voltou com uma matéria sobre alarmes falsos. Ele sentiu que tinha transformado a rotina em "notícia", ao encontrar um novo "ângulo". Um outro repórter disse que sentiu que tinha atravessado a linha divisória entre novatos e veteranos num dia em que estava cobrindo a guerra civil no Congo. Ele conseguiu uma linha com Londres numa hora inesperadamente adiantada, quando mal tinha acabado de ler suas anotações. Sabendo que não podia adiar a ligação e que cada minuto era caríssimo, ele escreveu a matéria a toda velocidade diretamente no teletipo. Alguns repórteres observavam que não se sentiam plenamente profissionais enquanto não tivessem completado um ano reescrevendo as matérias no turno da noite, função que exige grande velocidade e clareza no escrever. Outros diziam que tinham obtido confiança total depois de conseguirem cobrir uma grande matéria que surgia bem na hora do fechamento.

Os repórteres desenvolvem gradualmente um senso de domínio sobre seu ofício — ser capaz de escrever uma coluna em uma hora, sobre qualquer coisa, por mais difíceis que sejam as condições. A equipe em Londres tinha grande respeito pela capacidade de Drew Middleton em ditar um novo começo para uma matéria, imediatamente depois de ser acordado no meio da noite e informado sobre um novo desenvolvimento importante dos fatos. Não cumprir o prazo de fechamento é considerado absolutamente não profissional. Um cara do meu lado na sala de Cidades tinha perdido vários prazos de fechamento. Lá pelas quatro da tarde, quando ele tinha uma matéria, ia engolir sorrateiramente um copo de metal cheio de *bourbon*, de uma garrafa que escondia na última gaveta de sua escrivaninha. Os mensageiros sabiam tudo sobre ele. Com um passar de olhos, podiam ver na hora do fechamento a agonia de dezenas de pessoas. O trabalho que desenvolvem praticamente obriga a uma socialização antecipada com eles, pois não ocupam uma posição fixa, mas percorrem toda a editoria de Cidades, trabalhando com editores, preparadores e repórteres. Aprendem depressa a ler o sistema de *status* e não têm dificuldades em escolher modelos de identidade positivos e negativos. Ao ouvirem as conversas profissionais e observando os modelos de comportamento, eles assimilam princípios: imperturbabilidade, precisão, velocidade, esperteza, firmeza, pragmatismo e energia. Os jornalistas parecem meio céticos quanto aos objetos de suas matérias, e sentimentais a seu próprio respeito. Falam do "cara rijo" como se fosse a única pessoa inteligente e honesta num mundo de patifes e idiotas. Enquanto todo mundo em volta manipula e falseia a realidade, ele fica de lado e a registra. Lembro como um repórter introduziu a figura do jornalista numa anedota sobre políticos, publicitários e relações-públicas: "[...] e aí tinha esse cara com um impermeável". Eu nunca vi nenhum impermeável em lugar algum do *The Times*. Os repórteres costumavam se vestir no Brooks Brothers, o que podia ser um sinal de ambivalência em relação a um "sistema estabelecido" que eles aparentavam desprezar. Mas tinham uma imagem de si mesmos com impermeáveis. Na verdade, tinham um repertório inteiro de imagens estilizadas, que moldavam a maneira de informar as notícias, e eles adquiriam esse quadro mental específico em sua formação na prática.

PADRONIZAÇÃO E ESTEREOTIPAGEM

Embora o mensageiro possa virar repórter, através de diferentes ritos de passagem, normalmente ele passa por um período de treinamento na delegacia. Depois do "período de prova", como dizem no *The Times*, supõe-se que ele seja capaz de lidar com qualquer coisa, pois a matéria policial passa como uma forma arquetípica da "notícia" e, se ele sobreviveu à delegacia, está preparado para a Casa Branca — um paralelo, diga-se de passagem, que dá uma ideia do espírito com que os repórteres tratam seus materiais.

Fui introduzido na delegacia de Newark, Nova Jersey, no verão de 1959, quando trabalhava para o *Newark Star Ledger*. Em meu primeiro dia de trabalho, um repórter veterano deu um giro comigo pelo lugar, chegando ao clímax na seção fotográfica. Como um fotógrafo policial tira retratos de todos os cadáveres encontrados em Newark, a polícia juntou uma coleção notável de fotos de corpos dilacerados e decompostos (os cadáveres dos afogados são os mais impressionantes), e se divertem em mostrá-la a novatos da imprensa. Os fotógrafos de jornais montam suas próprias coleções, às vezes com a ajuda da polícia, que pega prostitutas presas para posar para eles. Quando voltei para a sala de redação, um fotógrafo do *Mirror* me deu uma de suas fotos obscenas de criminosos e me mostrou sua coleção doméstica de belos retratos, onde se destacava sua noiva. Uma repórter então me perguntou se eu era virgem, o que provocou gargalhadas entre os jogadores de pôquer. Ela estava inclinada para trás na cadeira, com os pés na mesa e a saia em volta dos quadris, e meu rosto passou instantaneamente do verde para o vermelho. Findo o convite, o jogo de pôquer foi retomado, e para mim sobrou o trabalho de "ir atrás das notícias" para todo mundo. Isso significava recolher os "boletins de ocorrência" ou informações resumidas de todas as ações da polícia, num escritório no andar de cima. Os repórteres ficam na dependência do rádio da polícia e de toques secretos de amigos policiais para ficarem sabendo dos grandes furos, mas usavam os boletins para verificar as ocorrências estranhas, do tipo "homem morde o cachorro" com um potencial valor de notícia. Mais ou menos de hora em hora, eu trazia um lote de boletins para a sala de imprensa e lia-os em voz alta para os jogadores de pôquer, avisando de qualquer coisa que me parecesse ser uma matéria em potencial. Logo descobri que não tinha nascido com faro para notícias, pois, quando eu farejava algo publicável, os veteranos geralmente me diziam que aquilo não dava uma matéria, e muitas vezes recolhiam coisas que me pareciam sem qualquer importância. É claro que eu sabia que nenhuma notícia é boa, e que apenas algo medonho pode resultar numa matéria realmente "boa". Mas levou algum tempo até eu deixar de me abalar com um "m. a. c." (morto ao chegar — anotação que muitas vezes se refere a ataques cardíacos) ou com um "corte" (um esfaqueamento, geralmente ligado a pequenos roubos ou brigas de família, frequentes demais para virarem notícia). Uma vez, achei que tinha encontrado um boletim tão espetacular — creio que incluía assassinato, estupro e incesto — que fui diretamente para o setor de homicídios para conferir. Depois de ler o boletim, o detetive me olhou com um ar de desagrado: "Você não vê que é coisa de preto, menino? Não dá matéria". Ao lado dos nomes da vítima e do suspeito, havia um B [*black*] maiúsculo. Eu não sabia que atrocidades entre negros não constituíam notícia.

Quanto mais alto o *status* da vítima, mais importante a matéria: esse princípio ficou claro quando Newark teve a sorte de ter o maior caso de crime do verão. Uma bela e rica debutante desapareceu misteriosamente do aeroporto de Newark, e a sala de imprensa imediatamente ficou lotada de repórteres de toda a costa leste, atrás de um bom furo, que montavam artigos como "Newark vai à caça da debutante desaparecida", "Noiva desaparece em plena luz do dia" e "Pai chora pela herdeira raptada". Não tínhamos conseguido convencer nossas seções a publicar mais do que um parágrafo sobre os melhores roubos e estupros, mas agora eles aceitavam qualquer coisa sobre a debutante desaparecida. Um colega e eu fizemos uma longa reportagem sobre "Seus últimos passos", que não passava de uma descrição da planta baixa do aeroporto, com algumas especulações sobre onde poderia ter ido a moça, mas acabou-se mostrando que reportagens sobre os últimos passos acompanham frequentemente as matérias sobre sequestros e desaparecimentos. Apenas recorremos ao repertório tradicional dos gêneros. Era como fazer biscoitos com uma velha forminha de bolachas.

As grandes matérias seguem modelos especiais e têm um sabor arcaico, como se fossem metamorfoses de *Ur*-matérias que se perderam na profundeza dos tempos. A primeira coisa que um repórter de Cidades faz depois de receber uma tarefa é procurar material pertinente entre casos anteriores arquivados na "morgue". A mão morta do passado, portanto, modela sua percepção do presente. Depois de passar pela morgue, ele faz alguns telefonemas e talvez algumas entrevistas ou observações fora do escritório. (Descobri que os repórteres gastavam pouco as solas e acumulavam enormes contas telefônicas.) Mas a nova informação que ele adquire precisa se adequar a categorias herdadas de seus predecessores. Assim, muitas matérias apresentam formas consideravelmente parecidas, refiram-se elas a "notícias cruas" ou a "traços" mais estilizados. Os historiadores do jornalismo americano — à exceção de Helen MacGill Hughes, socióloga — parecem subestimar os determinantes culturais profundos da "notícia". Os historiadores franceses, porém, têm observado alguns casos notáveis de continuidade em suas tradições jornalísticas. Uma matéria se refere a um caso de erro de identificação, em que os pais mataram o próprio filho. Ela foi publicada pela primeira vez numa primitiva folha de notícias de Paris, em 1618. A seguir, passou por uma série de reencarnações, aparecendo em Toulouse em 1848, em Angoulême em 1881, e finalmente num jornal argelino moderno, de onde foi recolhida e retrabalhada por Albert Camus, num estilo existencialista, em *L'Étranger* e *Malentendu*.[2] Embora os nomes, as datas e os locais variem, a forma da história é inequivocamente a mesma ao longo desses três séculos.

Evidentemente, seria absurdo sugerir que as fantasias dos jornalistas são assombradas por mitos primitivos como os imaginados por Jung e Lévi-Strauss, mas a redação de notícias é fortemente influenciada por estereótipos e concepções prévias sobre o que deve ser "a matéria". Sem categorias preestabelecidas do que constitui a "notícia", é impossível classificar a experiência. Há uma epistemologia do *fait divers*. Converter um boletim policial num artigo requer uma percepção treinada e um domínio do manejo de imagens padronizadas, clichês, "ângulos", "pontos de vista" e enredos, que vão despertar uma reação convencional no espírito dos editores e leitores. Um redator perspicaz impõe uma velha forma sobre um assunto novo, de uma maneira que cria uma certa tensão — o sujeito vai se adequar ao predicado? —, e a seguir dá-lhe uma solução voltando ao familiar. Daí a satisfação de Jones com o começo de sua matéria. Jones começou invocando uma imagem padronizada, a árvore cultivada no Brooklyn, e bem no momento em que o leitor começava a sentir um desconforto sobre o que podia estar se passando, Jones agarrou o "pé da coisa", isto é, o fato do dia: o prêmio ao homem do ano. "Um florista ganha um prêmio por cultivar árvores no Brooklyn", vai pensar o leitor. "Está certo." É esse ajuste certo que dá a sensação de satisfação, como o alívio que se segue depois da luta em calçar uma bota apertada. O truque não vai funcionar se o redator se afastar muito do repertório conceitual que partilha com seu público e das técnicas de prepará-lo, que aprendeu com seus predecessores.

A tendência de estereotipagem não significava que a meia dúzia de repórteres na delegacia de Newark escrevia exatamente a mesma coisa, embora nosso texto fosse bastante parecido e dividíssemos todas as nossas informações. Alguns repórteres privilegiavam determinados aspectos. Uma das duas repórteres regulares na sala de imprensa telefonava frequentemente para os postos policiais do distrito, perguntando: "Alguma suruba de adolescente ultimamente?". Como a especialista reconhecida em seu campo, ela fazia matérias sobre sexo adolescente em que nenhum de nós punha o dedo. Da mesma forma, um fã de incêndios entre os repórteres de Manhattan — um cara estranho com uma perna de madeira, que usava um revólver no peito — era quem mais noticiava incêndios. Permanecer como um "regular" numa sala de imprensa da polícia provavelmente requer uma certa compatibilidade de temperamento e assunto de interesse, além de um certo calejamento. Eu aprendi a não me chocar com "cortes" e até "puladores" (suicidas que saltam de prédios), mas nunca superei minha surpresa com a capacidade dos repórteres em conseguir "reações" informando os pais da morte de seus filhos: "'Ele sempre foi um menino tão bom', exclamou a sra. MacNaughton, com o corpo sacudido por soluços". Quando eu precisava dessas citações, costumava inventá-las, como alguns outros — o que também contribuía para uma padronização, pois sabíamos o que "a mãe consternada" e "o pai de luto" teriam dito, e possivelmente até ouviríamos dizerem o que estava em nossa cabeça, e não na deles. As matérias com "vivacidade" ou características davam mais espaço para a improvisação, mas também entravam em modelos convencionais. As matérias sobre animais, por exemplo, calhavam muito bem com a editoria de Cidades. Fiz uma sobre os cavalos da polícia e soube, depois da publicação, que meu jornal tinha publicado mais ou menos o mesmo artigo pelo menos duas vezes nos últimos dez anos.

No final do meu verão em Newark, eu tinha redigido muitas matérias, mas sem que meu nome aparecesse em nenhuma delas. Certo dia, quando eu não tinha nada melhor para fazer, conferi um boletim de ocorrência sobre um menino cuja bicicleta tinha sido roubada num parque. Eu sabia que minha editoria não publicaria, mas de qualquer forma escrevi quatro parágrafos sobre o caso, para exercitar a redação, e mostrei para um dos regulares durante uma pausa no jogo de pôquer. Ele explicou: você não pode escrever esse tipo de matéria direto como se fosse um *press-release*. E num minuto ele datilografou uma versão totalmente diferente, inventando detalhes à medida que ia precisando. Saiu algo assim:

> Todas as semanas, Billy guardava sua mesada de 25 centavos em seu porquinho. Ele queria comprar uma bicicleta. O grande dia finalmente chegou. Ele escolheu uma brilhante Schwinn vermelha, e saiu com ela para dar uma volta pelo parque. Durante uma semana, todos os dias ele pedalava orgulhosamente pelo mesmo caminho. Mas ontem três desordeiros caíram sobre ele no meio do parque. Arrancaram-no da bicicleta e fugiram com ela. Machucado e sangrando, Billy se arrastou para casa, até o pai, George F. Wagner, 43 Elm Street. "Não se preocupe, filho", disse seu pai. "Vou lhe comprar uma nova bicicleta, e você pode usá-la para distribuir jornais e ganhar o dinheiro para me reembolsar." Billy espera começar o trabalho logo. Mas nunca mais irá pedalar de novo pelo parque.

Voltei para o telefone, com uma nova série de perguntas para o sr. Wagner: Billy ganhava mesadas? Ele a poupava num porquinho? Qual era a cor da bicicleta? O que o sr. Wagner lhe disse depois do roubo? Logo eu tinha detalhes suficientes para preencher o novo modelo da matéria. Eu a reescrevi segundo o novo estilo, e no dia seguinte ela foi publicada num *box* especial, na parte superior da primeira página, trazendo meu nome. A matéria teve efeito, principalmente na Elm Street, onde os vizinhos dos Wagner fizeram uma vaquinha para uma nova bicicleta, pelo que o sr. Wagner me contou mais tarde. O encarregado dos parques ficou transtornado e telefonou para explicar como eram feitas as patrulhas dos parques e que estavam sendo tomadas novas medidas para proteger os cidadãos na área da Elm Street. Fiquei surpreso ao descobrir que tinha tocado em várias cordas ao recorrer a sentimentos e figuras corriqueiras: o menino e sua bicicleta, as economias no porquinho, os valentões sem coração, o pai consolador. A história parecia estranhamente antiquada. Exceto pela bicicleta, ela podia ter saído da metade do século XIX.

Muitos anos depois, quando eu estava fazendo algumas pesquisas sobre a cultura popular na França e Inglaterra, nos inícios da Idade Moderna, passei por relatos que guardavam uma extraordinária semelhança com as matérias que tínhamos escrito na sala de imprensa da delegacia de Newark. Livrinhos populares, baladas impressas em volantes e contos de terror a um pêni na Inglaterra, *canards*, *images d'Epinal* e a *bibliothèque bleue* na França exploram, todos eles, os mesmos motivos, que também aparecem na literatura infantil e provavelmente derivam de antigas tradições orais. Um verso infantil ou uma ilustração da Mamãe Ganso podiam estar pairando em algum canto semiconsciente de meu espírito enquanto eu escrevia a história de Billy e os valentões.

Eu tinha uma bonequinha
Que guardava na bolsinha
E lhe dava feno e trigo;

Veio um arrogante mendigo
E disse que a queria agora,
E com minha bonequinha deu o fora.

Em sua versão original, os versos infantis muitas vezes eram destinados aos adultos. Quando os jornalistas começaram a dirigir suas matérias a um público "popular", escreviam como se estivessem falando com crianças, "*le peuple, ce grand enfant*" [o povo, essa grande criança], como dizem os franceses. Daí o caráter sentimental, moralista, com ares de superioridade, do jornalismo popular. Entretanto seria um equívoco conceber a difusão cultural apenas como um processo de "passagem gota a gota", pois as correntes não só descem a partir das elites, como também sobem a partir do povo simples. Os *Contos* de Perrault, *A flauta mágica* de Mozart e *O enterro em Ornans* ilustram o jogo dialético entre a "alta" e a "baixa" cultura em três gêneros, ao longo de três séculos. É claro que não desconfiávamos que nossa maneira de redigir notícias sobre crimes em Newark era modelada por determinações culturais, mas por outro lado não sentávamos à máquina de escrever tendo o espírito como uma tábula rasa. Devido à nossa tendência de enxergar os fatos imediatos, ao invés dos processos de longa duração, éramos cegos ao elemento arcaico no jornalismo. Porém nossa própria concepção sobre a "notícia" resultava de antigas formas de contar "histórias".

As reportagens sobre crimes e as matérias de tabloides podem ser mais estilizadas do que o noticiário que entra no *The New York Times*, mas encontrei um alto índice de padronização e estereotipagem nas matérias da sucursal do *The Times* em Londres, quando trabalhei lá entre 1963 e 1964. Tendo passado mais tempo na Inglaterra do que os outros correspondentes da agência, eu achava que podia dar um quadro mais verdadeiro do país, porém meu texto era tão estilizado quanto o deles. Tínhamos de trabalhar dentro das convenções do ofício. Quando cobríamos notícias diplomáticas, o porta-voz do Ministério das Relações Exteriores dava uma declaração oficial, uma explicação oficiosa e uma análise de fundo para qualquer coisa que precisássemos saber. A informação vinha empacotada com tanto cuidado que era difícil desembrulhá-la e ajeitá-la de outra forma; em decorrência disso, as matérias diplomáticas pareciam todas muito semelhantes. Ao escrever matérias "vivas" era quase impossível fugir a clichês americanos sobre a Inglaterra. A seção de Exterior devorava tudo sobre a família real, Sir Winston Churchill, *cockneys*, *pubs*, Ascots e Oxford. Quando Churchill adoeceu, eu escrevi uma reportagem sobre as multidões que se apinhavam na frente de sua janela, e citei um homem que, ao vê-lo de relance, disse: "Caramba, como ele é bonito". A combinação entre Churchill e o linguajar *cockney* era irresistível. O *The Times* publicou na primeira página, e foi adotada por dezenas de outros jornais, telégrafos e revistas de notícias. Poucos correspondentes estrangeiros falam a língua do país que cobrem. Mas essa desvantagem não os prejudica porque, se têm faro para as notícias, não precisam de língua nem de ouvidos: extraem menos e acrescentam mais aos fatos que estão cobrindo. Assim, nós escrevíamos sobre a Inglaterra de Dickens, e nossos colegas em Paris retratavam a França de Victor Hugo, com um pouco de Maurice Chevalier no meio.

Deixando Londres, voltei à sala de redação do *The Times*. Uma de minhas primeiras matérias foi sobre um "maníaco homicida" que tinha espalhado os membros de suas vítimas em várias soleiras de casas do West Side. Redigi o artigo como se estivesse compondo um antigo *canard*: "*Un homme de 60 ans coupé en morceaux.* [...] *Détails horribles!!!*" [Um homem de sessenta anos cortado em pedaços. [...] Detalhes horríveis!!!]. Quando concluí o artigo, vi um dos grafites rabiscados nas paredes da sala de imprensa na delegacia de Manhattan: "Toda notícia que couber, a gente publica". O grafiteiro queria dizer que os artigos só são publicados no jornal se tiver espaço, mas ele também podia estar expressando uma verdade mais profunda: as matérias jornalísticas precisam caber em concepções culturais prévias relacionadas com a notícia. Mas 8 milhões de pessoas vivem todos os dias de suas vidas na cidade de Nova York, e eu me senti assoberbado pela distância entre suas experiências, quaisquer que fossem, e as histórias que liam no *The Times*.

O contato de uma pessoa com dois jornais dificilmente fornece um material suficiente para elaborar uma sociologia da reportagem. Não tenho a pretensão de me pronunciar sobre o sentido da experiência de outros repórteres, porque nunca passei do estágio de principiante e não trabalhei em jornais que encarnassem seja a imprensa "marrom" ou a imprensa de "qualidade". Os estilos de reportagem variam com o tempo, o lugar e o caráter de cada jornal. O modo americano de redigir notícias é diferente do modo europeu, e tem se diferenciado ao longo de toda a história americana. Benjamin Franklin provavelmente não se preocupava com o espírito profissional enquanto escrevia o texto, arrumava os tipos, tirava as folhas, distribuía os números e recebia o dinheiro da *The Pennsylvania Gazette*. Mas, desde a época de Franklin, os jornalistas passaram a se envolver cada vez mais em relações profissionais complexas, na sala de redação, no escritório e na área de seus assuntos. Com a especialização e a profissionalização, eles vêm reagindo cada vez mais à influência do grupo de colegas, que supera em muito a influência de qualquer imagem que possam ter de um público em geral.

Ao ressaltar essa influência, não tenho a intenção de minimizar outras. Sociólogos, cientistas políticos e especialistas em comunicação têm produzido uma vasta literatura sobre os efeitos dos interesses econômicos e tendências políticas no jornalismo. No entanto, parece-me que eles não têm conseguido entender a maneira como trabalham os repórteres. O contexto do trabalho modela o conteúdo da notícia, e as matérias também adquirem forma sob a influência de técnicas herdadas de contar histórias. Esses dois elementos na redação da notícia podem parecer contraditórios, mas estão juntos no "treinamento" de um repórter, quando ele é mais vulnerável e maleável. À medida que passa por essa fase de formação, ele se familiariza com a notícia, tanto como uma mercadoria que é produzida na sala de redação quanto como uma maneira de ver o mundo que chegou, de alguma maneira, da *Mamãe Ganso* até *The New York Times*.

6. PUBLICAÇÃO: UMA ESTRATÉGIA DE SOBREVIVÊNCIA PARA AUTORES ACADÊMICOS

VOCÊ NÃO TEM NADA PUBLICADO, é desconhecido e acabou de concluir uma tese de doutorado sobre política urbana no Midwest. Ou obteve o título nos anos 1960, mas ainda não publicou a tese, embora seus amigos lhe garantam que seu manuscrito sobre a estrutura da metáfora em Jane Austen será sofregamente agarrado por uma editora universitária. Ou você é um veterano na sala de aula e quer remodelar seu curso sobre "Bizâncio entre o Oriente e o Ocidente", e dar-lhe forma de livro. O que você faz? Certamente enfrenta obstáculos, porque os tempos difíceis no ensino superior e no setor editorial dificultam mais do que nunca a aceitação de obras acadêmicas em editoras universitárias.

Sou capaz de avaliar o grau de dificuldade, pois recentemente concluí um mandato de quatro anos no conselho editorial da Princeton University Press. Tendo esvaziado meus arquivos — não "arquivos" de fato, mas sete caixas de papelão abarrotadas de pareceres de leitores e atas de reuniões do conselho —, posso apresentar uma explanação do processo editorial para a pessoa mais atingida por ele, e que, no entanto, menos sabe a respeito — a saber, o autor acadêmico. Princeton segue alguns procedimentos que não existem em outras editoras, mas sua experiência é bastante típica das melhores editoras universitárias. Assim, uma explicação sobre a forma de aceitação de manuscritos em Princeton pode ter alguma utilidade para os autores que tratam com as editoras de publicações acadêmicas em todo o mundo.

Em primeiro lugar, caro autor, você deve saber que as probabilidades estão contra. Imagino que sejam de nove ou dez para um, calculando o número de manuscritos apresentados em relação com o número aceitado. Apesar dos tempos difíceis que vêm se abatendo sobre a vida acadêmica — ou justamente por causa deles —, o encaminhamento de obras aumenta quase todos os anos. No ano fiscal de 1972, o primeiro para o qual dispomos de números, a Princeton University Press recebeu 740 manuscritos. Em 1981, recebeu 1129 — um aumento de 52%. Em 1971, ela aceitou 83 manuscritos. Em 1981, aceitou 118 — um aumento de 42%. Retrospectivamente, o perfil parece claro: a pressão dos textos encaminhados à editora aumentou de maneira constante ao longo dos anos 1970, deu um salto em 1976 e 1977, e atravessou a marca dos mil em 1980. A editora reagiu à torrente de manuscritos aumentando o fluxo de livros publicados, de modo que agora ela está pensando em aceitar cerca de 120 manuscritos por ano, desde que as condições financeiras o permitam.

É um trabalho enorme tanto para o conselho editorial, que a cada reunião enfrenta decisões mais duras, quanto para os editores, que precisam resistir a ondas e ondas de manuscritos e transmitir um número crescente de "nãos" a uma população crescente de autores desapontados. Visto da perspectiva do autor, o processo parece ainda mais duro. Num determinado ano, seu manuscrito será um entre cerca de 1100 avaliados pela editora, e você espera que ele se inclua entre os 120 aceitos para publicação. Para tanto, ele precisa passar por uma série de obstáculos. Precisa chamar a atenção de um editor, granjear o favor de dois ou às vezes três consultores, conseguir uma passagem preliminar numa reunião pré-editorial e sobreviver à seleção final numa reunião mensal do quadro editorial, quando quatro professores escolhem uns doze entre quinze ou dezenove manuscritos. Não existe uma cota rígida, mas sempre há os perdedores — e em número cada vez maior a cada ano, à medida que a concorrência se torna mais acirrada. Então, como vencer? Depois de percorrer minhas caixas de papelão, apareceu-me a resposta: uma estratégia de sobrevivência infalível para os autores, usando seis estratagemas simples.

1. Não apresente um livro. Apresente uma coleção. Em Princeton, rejeitamos livros às centenas, mas até onde sei nunca rejeitamos uma coleção, e aceitamos uma meia dúzia em meus quatro anos no conselho. Outras editoras fazem a mesma coisa, principalmente no campo das ciências naturais, em que a moda das coleções é mais forte. Se você é simplesmente um humanista, pode propor uma coleção sobre a condição humana, e aí empurrar como primeiro volume sua monografia sobre Jane Austen ou a política urbana no Midwest.

2. Se você tem de propor um livro, que seja sobre pássaros. Nunca recusamos guias práticos, e temos aceitado livros sobre pássaros de todos os cantos do mundo — Colômbia, África ocidental, Rússia, China, Austrália... Você não tem como perder, pelo menos em Princeton. Outras editoras acham outros temas irresistíveis. Você podia tentar casas de campo em Yale e culinária em Harvard.

3. Se você não pode aparecer com um guia prático de pássaros, escolha um dos seguintes temas: William Blake, Samuel Beckett, a nobreza de praticamente qualquer província francesa entre os séculos XVI e XVIII, uma nova teoria da justiça, uma tradução de qualquer coisa em japonês, mas de preferência poesia, que deve estar "ligada" e situada em qualquer ponto entre 2000 a.C. e 1960, embora qualquer outro período também sirva.

4. Tática. Não basta escolher o tema certo. Você terá de tratá-lo da maneira certa, e as táticas variam de acordo com a área. Por exemplo:

Política. O leitor da editora deverá dizer em seu parecer: "Este estudo combina um árduo levantamento de dados empíricos e uma contribuição significativa para a teoria". Recomendo particularmente o setor mineiro no Peru e a teoria da dependência, ou o cobre boliviano e a modernização, numa versão convenientemente revisionista.

Inglês. Você precisa provar que conhece tudo sobre a mais recente teoria crítica de Paris e New Haven, e que não acredita nela.

História da arte. Que seja esotérica. Vitrais do século XIII servem, mas têm de ser de Burgundy, não de Paris nem de Chartres. Você sempre pode apresentar um catálogo comentado de alguma coleção, embora tenhamos esgotado o Metropolitan Museum of Art.

História. Diga que é antropologia.

Antropologia. Diga que é história.

História e antropologia. Use o recurso do microcosmo-macrocosmo. Em história, é preciso conseguir enxergar o universo num grão de areia — digamos Springfield, Massachusetts, no século XVIII. Em antropologia, é preciso conseguir construir um universo simbólico a partir de um rito de passagem — digamos, um funeral javanês.

5. Aqui se seguem alguns princípios táticos aos quais se deve obedecer, independentemente da área:

Seja interdisciplinar. Misture os campos; isso o faz parecer mais inovador. Você pode até misturar metáforas que mostram que você está na fronteira mais avançada do conhecimento. Siga o exemplo da mulher do professor de Princeton que comentou com um visitante de alto nível numa recepção da universidade para membros do Instituto de Estudos Avançados: "É tão simpático da parte de vocês do Instituto virem até aqui e fazerem uma fecundação cruzada conosco".

Seja arriscado ou, pelo menos, aparente ser. Diga energicamente: "Este é um livro de vanguarda. Desafio-os a publicarem". E então escreva algo medíocre. Quando eu fazia parte do conselho editorial, sentia-me oprimido pelo monografismo rasteiro, a tendência a escrever cada vez mais sobre cada vez menos, a sufocar os temas com a erudição, a reduzir a proporção entre ideia e nota de rodapé ao limite do desaparecimento. Assim, propus uma cota de risco. Incluiríamos o risco em nosso programa regular de publicações reservando meia dúzia de brechas para livros não ortodoxos. Eu achava que podíamos até repartir um ou dois livros de risco para cada editor, com um mínimo de veto por parte do conselho editorial, de modo que os editores tivessem um pouco de liberdade. Como resultado, continuou a chegar o mesmo tipo de monografia, mas com um novo comentário: "É um livro arriscado; atrairá algumas críticas, mas vai agitar as coisas". Isso fazia com que nos sentíssemos melhor.

Seja revisionista. Sempre é bom derrubar alguma tese "clássica". Mas cuide para abordar o momento certo, porque uma revisão de uma revisão pode dar a impressão de que você voltou a uma tese antiquada.

Seja atrevido, mas só um pouquinho. Um manuscrito que, além de arriscado, é malicioso representa uma possibilidade de se destacar entre os outros 1119. Esse estratagema é especialmente recomendado para os índices dos assuntos, que de qualquer forma são a única coisa que a maioria dos membros do conselho conseguirá ler. Um exemplo recente: "Reversão sexual sequencial", "Situações de conflito para a proporção entre os sexos", "Hermafroditas por cruzamento de variedades". Aceitamos este manuscrito para nossa coleção de biologia das populações sem qualquer enrubescimento. Trata inteiramente de aves e abelhas, embora também tenha uma seção sobre cracas. Antes de fazer parte do conselho, eu nunca tinha pensado na vida sexual das cracas.

6. *Escolha o título certo.* Aqui prevalecem dois princípios: a aliteração e os dois-pontos. A aliteração geralmente aparece no título principal. Deve ser curto, sugestivo, se possível poético, e tão literário que o leitor só consiga formar a ideia mais nebulosa do conteúdo do livro. A seguir vêm os dois-pontos, e depois um subtítulo dizendo do que trata o livro. Eis alguns exemplos, extraídos das listas de "Manuscritos apresentados", que a editora recebe quase todas as semanas (devo admitir que escolhemos pouquíssimos deles para publicar):

A causa do pêndulo: Portugal entre a revolução e a contrarrevolução.

Note-se o predomínio do *p* e a passagem da aliteração do título principal para o subtítulo. É o que eu chamo de Princípio Pedro Pipa. Assim temos:

Perigo, pestilência e perfídia: a formação da Lucknow colonial, 1856-1877
Paxás, peregrinos e grupos provinciais: o domínio otomano em Damasco, 1807-1858
A promessa de punição: prisões na França do século XIX
Pintura e punição: a arte a serviço dos processos penais durante a Renascença florentina

Por que esse predomínio da letra *p*? Não sei, a menos que o Pedro Pipa tenha invadido o subconsciente coletivo desde a infância. Mas as variações são permitidas. Você pode aliterar no subtítulo:

Mulheres na agricultura: produção e proletarização camponesa nas três regiões andinas

E pode usar outras letras. O *m* é muito bom; anima o leitor:

A musa mediada: traduções inglesas de Ovídio, 1560-1700
Medidas e homens: sátira política visual e verbal nos inícios da Inglaterra georgiana, de Pope a Churchill
Metáforas da masculinidade: sexo e status no folclore andaluz

O *l* pode ter um efeito lírico e rítmico:

Vidas, amantes e poemas: as biografias dos trovadores [Lives, lovers, and lyrics: the biographies of the troubadours]

O *r* também é recomendado. Ele acelera o leitor:

Retórica, Royce e Romantismo: o impacto do idealismo nas teorias do discurso do século XIX

Este último título ilustra um ditame: passe do grande para o pequeno. Um título deve funcionar como um funil. Absorva o leitor anunciando algo grandioso no título principal, e a seguir aperte-o passando pelo subtítulo, numa monografia:

Reforma, repressão e revolução: radicalismo e legalismo no noroeste da Inglaterra, 1789-1803
Classe, conflito e controle: cultura e ideologia em duas zonas de Kingston, Jamaica
Personalidade e política: padrões ocultos no mecenato artístico do final do período Medici
Bebida e bagunça: a reforma pela sobriedade em Cincinatti desde o ressurgimento washingtoniano até a ATCM (Associação da Temperança Cristã da Mulher).
Terra e trabalho: dependência econômica e ordem social em Springfield, Massachusetts, 1636-1703
O círculo interno irlandês: juízos críticos na Illinois de Daley
Nem granizo, nem neve, nem descanso: a controvérsia do Sunday Mail, *1810-1830 [Neither sleet, nor snow, nor sabbath: the* Sunday Mail *controversy, 1810-1830]*
Moda e fetichismo: uma história do espartilho e outras formas de modelagem física no Ocidente [Fashion and fetishism: a history of tigh-lacing and other forms of body sculpture in the West]

Como um refinamento, você pode acrescentar uma construção gramatical do tipo "de ... a". Ela transmite um sentido de direção e parece ter uma eficácia toda especial quando aliterado com a letra *c*:

Das concessões ao confronto: a política da comunidade Mahar em Maharashtra
Do costume ao capital: o romance inglês e a Revolução Industrial

Do clã à classe: a relação entre a estrutura social e a oportunidade econômica e demográfica em São Paulo, Brasil, 1554-1850

Ocasionalmente, mas apenas com o máximo de cuidado, é permitido dispensar a aliteração. Porém, você precisa ter razões muito fortes, como a necessidade de arrasar o leitor com uma explosão poética:

Ramagens divididas: traduções medievais inéditas de Ezra Pound
A eterna manhã bonançosa: o simbolismo primitivo arquetípico na poesia de Theodore Roethke

O toque poético naturalmente cabe melhor em temas literários:

Estranhas cordas, luminoso verdor: maestria e loucura em John Ruskin

Mas também pode ser empregado na história da arte:

O arnês da luz: vitrais na França ocidental, 1250-1325

E cai muito bem em qualquer assunto que seja suficientemente profundo:

O segredo do crisântemo negro: Charles Olson e o uso dos textos de C. G. Jung

Também se pode alcançar um efeito poético com o emprego evocativo do artigo indefinido:

Uma tessitura complexa: a composição "Uma semana nos rios Concord e Merrimack" de Thoreau, com o texto da primeira versão

Uma crítica jocosa: sátira e sociedade na Alemanha guilhermina

Se você prefere o artigo definido, é melhor ficar com a aliteração:

Os servos do sultão: a transformação da administração provincial otomana, 1550-1650
O lutador libertino: um estudo da convenção teatral isabelina e o declínio da representação de figuras

Mas uma imagem com vivacidade suficiente pode dispensá-lo da necessidade de aliterar. Com efeito, ela pode invocar toda uma civilização, principalmente se se refere a territórios no hemisfério oriental:

Borboletas e patos-mandarins: a ficção popular nas cidades chinesas do começo do século XX
O urso nas Terras da Paz Matinal: a política soviética em relação à Coreia, 1964-1968
O pagode, a caveira e o samurai

O último título é um raro exemplo da poesia que triunfa sobre os dois-pontos. Mas você nunca deve dispensar o subtítulo, a menos que tenha absoluta certeza quanto à força de sua poesia. Por exemplo:

Soam trombetas na noite vazia

Ainda não sei do que tratava esse livro, nem qual é o assunto de um outro manuscrito sem subtítulo que recebemos há pouco tempo: *Mormente caos*. Parece ter algo a ver com física.

Um último grupo de exceções se refere a lances pouco ortodoxos com os quais você pega o leitor de surpresa, ao invés de cativá-lo pelos sons e imagens. Com o estratagema do título totalmente abrangente, você irá necessariamente atraí-lo em algum ponto, e aí pode abandonar a aliteração:

Marxismo e dominação: uma teoria psicanalítica feminista neo-hegeliana das liberações sexuais, políticas e tecnológicas

Ou mantê-la:

Psicoestética, psicologismo, psicologia: um exame fenomenológico de suas relações

Você pode até tentar mexer na veia humorística do leitor:

On the rocks: uma geologia da Grã-Bretanha
Tear com paisagem: "A son métier", Vincent van Gogh
La vie en prose: versões dos primeiros romances franceses

E, finalmente, você pode tentar atingi-lo frontalmente:

O imperativo fálico: uma análise e crítica das prioridades sexuais masculinas
Certamente: uma refutação do ceticismo

Eu devia terminar com essa nota positiva. Mas, ao rever as estratégias acessíveis aos autores acadêmicos, devo reconhecer um certo ceticismo em relação a qualquer tipo de certeza nessa questão editorial — e confessar uma admiração secreta por dois professores: o primeiro é um físico que deu a seus livros o nome de *Notas de leitura em ciências astrofísicas 522*, e o segundo um biólogo que escolheu o título *O comportamento nidificador dos besouros de estrume*. Nenhum dos dois, lamento dizer, foi publicado.

Parte III

A PALAVRA IMPRESSA

7. O QUE É A HISTÓRIA DOS LIVROS?

Histoire du livre na França, *Geschichte des Buchwesens* na Alemanha, *history of books* ou *of the book* nos países de língua inglesa — o nome varia de lugar para lugar, mas por toda parte ela está sendo reconhecida como uma nova disciplina importante. Até se poderia chamar de história social e cultural da comunicação impressa, se não fosse um nome tão comprido, pois sua finalidade é entender como as ideias eram transmitidas por vias impressas e como o contato com a palavra impressa afetou o pensamento e comportamento da humanidade nos últimos quinhentos anos. Alguns historiadores do livro buscam seu objeto no período anterior à invenção do tipo móvel. Alguns estudiosos da imprensa se concentram em jornais, folhetos e outras formas além do livro. Pode-se estender e ampliar o campo de muitas maneiras, mas de modo geral ele trata de livros desde a época de Gutenberg, sendo uma área de pesquisa que se desenvolveu com tanta rapidez nos últimos anos que é provável que conquiste um lugar ao lado de campos como a história da ciência e a história da arte, no elenco das disciplinas acadêmicas.

Qualquer que seja o futuro da história dos livros, seu passado mostra como um campo de conhecimento pode assumir uma identidade acadêmica distinta. Ela surgiu da convergência de diversas disciplinas num conjunto comum de problemas, todos relacionados com o processo de comunicação. Inicialmente, os problemas tomaram a forma de questões concretas em ramos do conhecimento sem relação entre si: quais foram os textos originais de Shakespeare? O que causou a Revolução Francesa? Qual é a ligação entre a cultura e a estratificação social? Ao trabalharem nessas questões, os estudiosos viram que estavam se cruzando nos mesmos caminhos, numa terra de ninguém situada na intersecção de meia dúzia de campos de estudo. Decidiram constituir um campo próprio e convidar historiadores, estudiosos da literatura, sociólogos, bibliotecários e todos os que quisessem entender o livro como uma força na história. A história dos livros começou a ter seus próprios periódicos, centros de pesquisa, conferências e circuitos de palestras. Congregou tanto os mais velhos do clã quanto os jovens radicais. E, embora ainda não tenha criado senhas, códigos secretos para o aperto de mãos ou uma população própria de doutores, seus adeptos podem se identificar pelo brilho nos olhos. Pertencem à mesma causa, um dos poucos setores nas ciências humanas com espírito extrovertido e uma lufada de ideias novas.

Naturalmente, a história da história dos livros não começou ontem. Ela se estende até a cultura da Renascença, se não antes; e começou a sério no século XIX, quando o estudo dos livros como objetos materiais levou ao crescimento da bibliografia analítica na Inglaterra. Mas o trabalho contemporâneo representa um desvio das correntes estabelecidas de estudos na área, cujas origens podem ser remontadas ao século XIX, passando pelos antigos números de *The Library* e *Börsenblatt für den Deutschen Buchhandel* ou pelas teses na École des Chartes. A nova corrente se desenvolveu nos anos 1960 na França, onde se enraizou em instituições como a École Pratique des Hautes Études, sendo divulgada em publicações como *L'apparition du livre* (1958), de Lucien Febvre e Henri-Jean Martin, e *Livre et société dans la France du XVIII*e *siècle* (2 v., 1965 e 1970), de um grupo ligado à VIe Section da École Pratique des Hautes Études.

Os novos historiadores do livro inseriram o tema dentro do leque de assuntos estudados pela escola dos *Annales* de história socioeconômica. Ao invés de se deterem em detalhes da bibliografia, tentaram descobrir o modelo geral da produção e consumo do livro ao longo de grandes períodos de tempo. Compilaram estatísticas a partir de solicitações de *privilèges* (uma espécie de direito de publicação), analisaram o conteúdo de bibliotecas particulares e mapearam correntes ideológicas através de gêneros pouco lembrados, como a *bibliothèque bleue* (brochuras primitivas). Não se interessavam por livros raros e edições de luxo; pelo contrário, concentraram-se no tipo mais comum de livros, porque queriam descobrir a experiência literária dos leitores comuns. Colocaram fenômenos conhecidos como a Contrarreforma e o Iluminismo sob um ângulo pouco conhecido, mostrando o quanto a cultura tradicional ultrapassava a cultura de vanguarda no consumo literário de toda a sociedade. Embora não apresentassem um conjunto sólido de conclusões, eles demonstraram a importância de levantar novas questões, de usar novos métodos e acrescentar novas fontes.[1]

O exemplo deles se difundiu por toda a Europa e Estados Unidos fortalecendo tradições locais, como os estudos da recepção na Alemanha e a história da imprensa na Grã-Bretanha. Reunidos pela sua participação num mesmo empreendimento e animados pelo entusiasmo por novas ideias, os historiadores do livro começaram a se encontrar, primeiro em cafés, depois em conferências. Criaram novos periódicos — *Publishing History*, *Bibliography Newsletter*, *Nouvelles du livre ancien*, *Revue française d'histoire du livre* (nova série), *Buchhandelsgeschichte* e *Wolfenbütteler Notizen zur Buchgeschichte*. Fundaram novos centros — o Institut d'Étude du Livre em Paris, o Arbeitskreis für Geschichte des Buchwesens em Wolfenbüttel, o Center for the Book na Biblioteca do Congresso. Colóquios especiais — em Genebra, Paris, Boston, Worcester, Wolfenbüttel e Atenas, para citar apenas alguns que se realizaram no final dos anos 1970 — divulgaram suas pesquisas em escala internacional. No curto período de vinte anos, a história dos livros se tornou um campo de estudo rico e diversificado.

Tão rico, de fato, que agora, mais do que um campo, parece uma exuberante floresta tropical. O explorador mal consegue atravessá-la. A cada passo, ele se vê emaranhado numa densa vegetação de artigos de revistas, e fica desorientado com o entrecruzamento de disciplinas — a bibliografia analítica apontando nesta direção, a sociologia do conhecimento naquela outra, enquanto a história, a literatura inglesa e a literatura comparada delimitam territórios que se sobrepõem. Ele é assediado por pretensões a novidade — "*la nouvelle bibliographie matérielle*", "*the new literary history*" — e se vê desconcertado com metodologias rivais, que lhe dizem para cotejar edições, compilar estatísticas, decodificar a lei dos direitos autorais, percorrer milhões de manuscritos, arfando junto à barra de uma imprensa comum reconstruída, psicanalisar os processos mentais dos leitores. A história dos livros ficou tão povoada de disciplinas auxiliares que já não é possível distinguir seus contornos gerais. Como o historiador do livro poderia negligenciar a história das bibliotecas, das edições, do papel, dos tipos e da leitura? Mas como ele pode dominar suas tecnologias, principalmente quando aparecem em imponentes formulações estrangeiras, como *Geschichte der Appellstruktur* e *Bibliométrie bibliologique*? É o que basta para que a pessoa sinta vontade de se recolher a uma sala de livros raros, para ficar contando as marcas-d'água.

Para conseguir uma certa distância dessa correria interdisciplinar e enxergar o objeto como um todo, talvez caiba propor um modelo geral para analisar como os livros surgem e se difundem entre a sociedade. Evidentemente, as condições variaram tanto de lugar para lugar e de época para época, desde a invenção do tipo móvel, que seria tolo esperar que todas as biografias dos livros se encaixassem num mesmo modelo. Mas, de modo geral, os livros impressos passam aproximadamente pelo mesmo ciclo de vida. Este pode ser descrito como um circuito de comunicação que vai do autor ao editor (se não é o livreiro que assume esse papel), ao impressor, ao distribuidor, ao vendedor, e chega ao leitor. O leitor encerra o circuito porque ele influencia o autor tanto antes quanto depois do ato de composição. Os próprios autores são leitores. Lendo e se associando a outros leitores e escritores, eles formam noções de gênero e estilo, além de uma ideia geral do empreendimento literário, que afetam seus textos, quer estejam escrevendo sonetos shakespearianos ou instruções para montar um *kit* de rádio. Um escritor, em seu texto, pode responder a críticas a seu trabalho anterior ou antecipar reações que serão provocadas por esse texto. Ele se dirige a leitores implícitos e ouve a resposta de resenhistas explícitos. Assim o circuito percorre um ciclo completo. Ele transmite mensagens, transformando-as durante o percurso, conforme passam do pensamento para o texto, para a letra impressa e de novo para o pensamento. A história do livro se interessa por cada fase desse processo e pelo processo como um todo, em todas as suas variações no tempo e no espaço, e em todas as suas relações com outros sistemas, econômico, social, político e cultural, no meio circundante.

É uma grande empreita. Para manter suas tarefas dentro de proporções exequíveis, os historiadores do livro geralmente recortam um segmento do circuito de comunicações e analisam-no segundo os procedimentos de uma única disciplina — a impressão, por exemplo, que estudam através da bibliografia analítica. Mas as partes não adquirem seu significado completo enquanto não são relacionadas com o todo, e, se a história do livro não pretende se fragmentar em especializações esotéricas isoladas entre si por técnicas misteriosas e incompreensões mútuas, parece necessária alguma visão holística do livro como meio de comunicação. O modelo mostrado na figura 1 apresenta uma maneira de visualizar o processo completo de comunicação. Com pequenas adaptações, ele se aplicaria a todos os períodos da história do livro impresso (os manuscritos e as ilustrações de livros terão de ser considerados em outra ocasião), mas eu gostaria de discuti-lo em relação ao período que conheço melhor, o século XVIII, e abordá-lo fase por fase, mostrando como cada fase está ligada a: (1) outras atividades que uma determinada pessoa desenvolve num determinado ponto do circuito; (2) outras pessoas no momento temporal em outros circuitos; (3) outras pessoas em outros pontos no mesmo circuito; (4) outros elementos na sociedade. As três primeiras considerações se referem diretamente à transmissão do texto, ao passo que a última diz respeito a influências externas, que podem variar ao infinito. Por uma questão de simplicidade, reduzi-as às três categorias gerais no centro do diagrama.

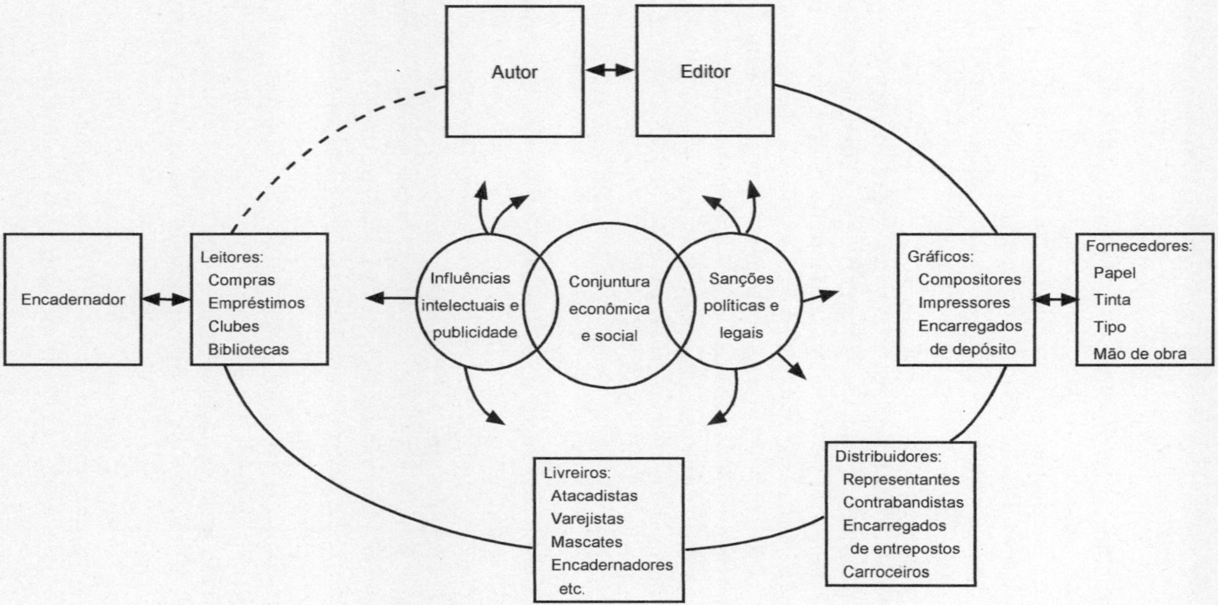

Figura 1: *O circuito das comunicações.*

Os modelos têm uma tendência a congelar os seres humanos fora da história. Para dar um pouco de vida a este modelo e mostrar como ele pode explicar um exemplo real, vou aplicá-lo à história editorial das *Questions sur l'Encyclopédie*, de Voltaire, uma obra importante do Iluminismo que afetou a vida de muitos livreiros do século XVIII. Pode-se estudar o circuito de sua transmissão em qualquer ponto — por exemplo, no estágio de composição, quando Voltaire deu forma ao texto e orquestrou sua divulgação para promover sua campanha contra a intolerância religiosa, conforme mostraram seus biógrafos; no estágio de impressão, em que a análise bibliográfica contribui para estabelecer o número de edições; ou no ponto de sua penetração nas bibliotecas, onde, segundo estudos estatísticos de historiadores literários, as obras de Voltaire ocupavam uma parcela impressionante do espaço nas estantes.[2] Mas eu gostaria de considerar o elo menos familiar no processo de difusão, o papel do vendedor de livros, tomando como exemplo Isaac-Pierre Rigaud de Montpellier, e passando pelas quatro considerações acima mencionadas.[3]

1. Em 16 de agosto de 1770, Rigaud encomendou trinta exemplares da edição *in-octavo* das *Questions*, em nove volumes, que a Société Typographique de Neuchâtel (STN) começara a imprimir no principado prussiano de Neuchâtel no lado suíço da fronteira entre a França e a Suíça. Normalmente, Rigaud preferia ler pelo menos algumas páginas de um livro novo, antes de tê-lo em estoque, mas, no caso das *Questions*, ele achava que era um negócio tão seguro que se arriscou a fazer uma encomenda bastante grande, mesmo sem tê-las visto. Ele não nutria nenhuma simpatia pessoal por Voltaire. Pelo contrário, deplorava a tendência do filósofo em brincar com seus livros, acrescentando e corrigindo passagens, enquanto cooperava com edições pirateadas pelas costas dos editores originais. Essa prática gerava reclamações dos clientes, que se queixavam de receber textos inferiores (ou não suficientemente audaciosos). "É espantoso que no final de sua carreira

M. de Voltaire não consiga se abster de enganar os livreiros" protestou Rigaud à STN.

> Não teria importância se todas essas pequenas astúcias, fraudes e trapaças fossem atribuídas ao autor. Mas, infelizmente, são os editores e ainda mais os vendedores a varejo que geralmente são considerados como os responsáveis.[4]

Voltaire dificultava a vida para os livreiros, mas vendia bem.

Não havia nada de voltairiano na maioria dos outros livros na loja de Rigaud. Seus catálogos de vendas mostram que ele se especializou bastante em livros médicos, que sempre tinham demanda em Montpellier, graças à famosa faculdade de medicina. Rigaud também mantinha uma linha discreta de obras protestantes, pois Montpellier ficava em território huguenote. E, quando as autoridades estavam ocupadas em outras coisas, ele trazia alguns carregamentos de livros proibidos.[5] Mas, de modo geral, atendia aos clientes com todos os tipos de livros, tirados de uma relação que valia pelo menos 45 mil libras francesas, a maior de Montepellier e provavelmente de todo o Languedoc, segundo um relatório do *subdélégué* do intendente.[6]

A encomenda de Rigaud à STN ilustra o feitio de seu negócio. Ao contrário de outros grandes comerciantes do interior, que, ao farejarem um best-seller, especulavam com cem ou mais exemplares do livro, raramente ele encomendava mais do que meia dúzia de exemplares de uma mesma obra. Lia muito, consultava seus clientes, fazia sondagens em sua correspondência comercial e estudava os catálogos que a STN e seus outros fornecedores lhe enviavam (em 1785, o catálogo da STN arrolava 750 títulos). Então escolhia cerca de dez títulos e encomendava apenas o número de exemplares suficientes para formarem uma carga de 50 libras, peso mínimo do frete ao preço mais barato cobrado pelos carroceiros. Se os livros vendiam bem, ele os encomendava de novo, mas geralmente mantinha encomendas bastante modestas, fazendo seus pedidos quatro ou cinco vezes por ano. Dessa forma, ele conservava o capital, minimizava os riscos e montou um estoque tão grande e diversificado que sua livraria se tornou um centro de atendimento de todos os tipos de demandas literárias na região.

O modelo de encomendas de Rigaud, que se patenteia claramente nos livros de contas da STN, mostra que ele oferecia aos seus clientes um pouco de tudo — livros de viagens, histórias, romances, obras religiosas e os ocasionais tratados científicos ou filosóficos. Ao invés de seguir suas preferências pessoais, ele parecia refletir a demanda com uma grande precisão e viver de acordo com a sabedoria reconhecida do comércio de livros, resumida por um outro cliente da STN da seguinte maneira: "O melhor livro para um livreiro é o que vende bem".[7] Em vista de seu estilo prudente de negócio, a decisão de Rigaud em encomendar antecipadamente trinta conjuntos de nove volumes das *Questions sur l'Encyclopédie* se afigura especialmente significativa. Ele não teria aplicado tanto dinheiro numa única obra se não tivesse certeza quanto à demanda — e suas encomendas posteriores mostram que seus cálculos estavam corretos. Em 19 de junho de 1772, logo depois de receber a última entrega do último volume, Rigaud encomendou mais doze conjuntos, e dois anos depois encomendou mais duas coleções, embora nessa época a STN já tivesse esgotado seus estoques. Ela havia publicado uma edição enorme, 2500 exemplares, mais ou menos o dobro de sua tiragem normal, e os livreiros tinham se atropelado na correria para comprá-los. Assim, a compra de Rigaud não foi uma aberração. Expressava uma corrente de voltairianismo que se difundira largamente entre o público leitor do Antigo Regime.

2. Como se afigura a compra das *Questions*, vista da perspectiva das relações entre Rigaud e os outros livreiros de Montpellier? Um almanaque do comércio de livros, em 1777, arrolava nove deles:[8]

Editores-Livreiros: Aug. Franç. Rochard
Jean Martel

Livreiros : Isaac-Pierre Rigaud
J. B. Faure
Albert Pons
Tournel
Bascon
Cézary
Fontanel

Mas, de acordo com um relatório de um vendedor ambulante da STN, havia apenas sete.[9] Rigaud e Pons tinham se unido e dominado completamente o comércio local; Cézary e Faure iam vivendo nos níveis intermediários, e os demais oscilavam à beira da falência em lojinhas precárias. O ocasional encadernador e mascate disfarçado também distribuía alguns livros, em sua maioria ilegais, para os leitores mais aventureiros da cidade. Por exemplo, a *demoiselle* Bringand, conhecida como "a mãe dos estudantes", guardava alguns frutos proibidos "debaixo da cama à direita, no segundo andar" conforme o relatório de uma batida engenhada pelos livreiros estabelecidos.[10] O comércio na maioria das cidades do interior obedecia ao mesmo modelo, que pode ser visto como uma série de círculos concêntricos: no centro, uma ou duas firmas tentavam monopolizar o mercado; na periferia, alguns pequenos comerciantes sobreviviam especializando-se em brochuras populares e livros usados, montando clubes de leitura (*cabinets littéraires*) e encadernadoras ou mascateando suas mercadorias pelas regiões mais interiores; fora da fímbria da legalidade, os aventureiros entravam e saíam do mercado, vendendo literatura proibida.

Quando fez sua encomenda das *Questions*, Rigaud estava consolidando sua posição no centro do comércio local. Sua fusão com Pons, em 1770, deu-lhe capital e ativos suficientes para resistir a imprevistos — atraso nas entregas, devedores omissos, crises de liquidez — que muitas vezes transtornavam negócios menores. E ele também jogava duro. Quando Cézary, um dos comerciantes de nível médio, deixou de atender a alguns pagamentos seus em 1781, Rigaud conseguiu tirá-lo do ramo organizando um conluio de seus credores. Eles se negaram a dar novos prazos de pagamento, levaram-no a ser preso por dívidas e obrigaram-no a liquidar seu estoque em hasta pública, onde mantiveram os preços baixos e arremataram os livros. Fornecendo clientela, Rigaud controlava a maioria das oficinas de encadernação de Montpellier, e exercendo pressão sobre os encadernadores, ele criava atrasos e obstáculos nos serviços para os outros livreiros. Em 1789, restava apenas um, Abraham Fontanel, que só permanecia solvente por manter um *cabinet littéraire*, "que provoca terríveis acessos de inveja no *sieur* Rigaud, que quer ficar como o único e todos os dias manifesta seu ódio por mim",[11] conforme confidenciou Fontanel à STN.

Rigaud não eliminou seus concorrentes simplesmente vencendo no estilo competitivo feroz do capitalismo comercial nos primeiros tempos da França moderna. As cartas dele, de seus concorrentes e a correspondência de muitos outros livreiros mostram que o comércio de livros sofreu uma retração entre o final dos anos 1770 e nos anos 1780. Em tempos difíceis, os grandes livreiros eliminavam os pequenos, e os duros sobreviviam aos brandos. Rigaud era um cliente duro desde o começo de suas relações com a STN. Ele encomendou seus exemplares das *Questions* a Neuchâtel, onde a STN estava imprimindo uma edição pirata, e não a Genebra, onde Gabriel Cramer, o editor regular de Voltaire, estava imprimindo a edição original, e isso porque havia arrancado termos melhores em Neuchâtel. Ele também exigiu serviços melhores, principalmente quando os outros livreiros de Montpellier, que haviam tratado com Cramer, receberam antes seus exemplares. O atraso provocou uma saraivada de cartas de Rigaud para a STN. Por que a STN não trabalhava mais rápido? Ela não sabia que estava fazendo com que ele perdesse clientes para seus concorrentes? Se ela não fornecesse entregas mais rápidas a preço mais baixo, no futuro ele teria de fazer suas encomendas a Cramer. Finalmente, quando os volumes 1 a 3 chegaram de Neuchâtel, os volumes 4 a 6 de Genebra já estavam à venda nas outras livrarias. Rigaud comparou os textos, palavra por palavra, e descobriu que a edição da

STN não trazia nenhum dos materiais adicionais que ela dissera receber à socapa de Voltaire. Assim, como ele ia poder introduzir o tema dos "acréscimos e correções" em seu discurso de venda? As recriminações se amontoavam velozmente no correio entre Montpellier e Neuchâtel, e mostravam que Rigaud queria explorar cada centímetro de todas as vantagens que conseguisse lograr sobre seus concorrentes. E, mais importante, elas também revelavam que as *Questions* estavam sendo vendidas por toda a extensão de Montpellier, embora em princípio não pudessem circular legalmente na França. Longe de estar restrita ao comércio clandestino de personagens marginais como "a mãe dos estudantes", a obra de Voltaire revelava-se como um artigo concorrido na disputa por lucros, no próprio cerne do comércio livreiro estabelecido. Quando comerciantes como Rigaud se arranhavam e dilaceravam pela entrega de suas encomendas da obra, Voltaire podia ter certeza de que estava conseguindo impulsionar suas ideias pelas principais linhas do sistema de comunicações da França.

3. O papel de Voltaire e Cramer no processo de difusão levanta um outro problema: como a operação de Rigaud se encaixava nos outros estágios do ciclo de vida das *Questions*. Rigaud sabia que não estava comprando uma primeira edição; a STN enviara uma circular a ele e a seus outros principais clientes, explicando que ela reproduziria o texto de Cramer, mas com correções e acréscimos feitos pelo próprio autor, de modo que essa sua versão seria superior à versão original. Um dos diretores da STN tinha visitado Voltaire em Ferney, em abril de 1770, e voltara com a promessa de que Voltaire retocaria as páginas impressas que iria receber de Cramer, e então as passaria para Neuchâtel, para uma edição pirata.[12] Voltaire fazia essas brincadeiras com muita frequência. Eram uma maneira de melhorar a qualidade e aumentar a quantidade de seus livros, e assim serviam ao seu objetivo principal — que não consistia em ganhar dinheiro, pois não vendia seus textos aos editores, e sim em difundir o Iluminismo. No entanto, a questão do

lucro movia as outras partes do sistema. Assim, quando Cramer soube da tentativa da STN em atacar seu mercado, ele protestou junto a Voltaire. Voltaire voltou atrás em sua promessa à STN, e esta teve de se contentar com uma versão atrasada do texto, que ela recebeu de Ferney, mas apenas com um mínimo de acréscimos e correções.[13] Na verdade, esse recuo não afetou suas vendas, porque o mercado tinha muito espaço para absorver as edições, não só da STN, como também de Marc Michel Rey em Amsterdã, e provavelmente outras mais. Os livreiros podiam escolher seus fornecedores, e escolheram de acordo com as vantagens marginais que conseguissem obter, em matéria de preço, qualidade, rapidez e garantia na entrega. Rigaud tratava regularmente com editores em Paris, Lyon, Rouen, Avignon e Genebra. Jogava-os uns contra os outros, e às vezes encomendava o mesmo livro a dois ou três, para ter certeza de recebê-lo antes de seus concorrentes. Mas, no caso das *Questions*, ele ficou para trás e teve de receber sua mercadoria pela rota tortuosa Voltaire-Cramer-Voltaire-STN.

Essa rota simplesmente levava o livro do autor até o editor. Para que as páginas impressas seguissem das oficinas da STN em Neuchâtel para a loja de Rigaud em Montpellier, elas tinham de serpentear por um dos estágios mais complexos no circuito do livro. Podiam seguir duas rotas principais. Uma ia de Neuchâtel para Genebra, Turim, Nice (que ainda não era francesa) e Marselha. Ela possuía a vantagem de contornar o território francês — e, portanto, o perigo do confisco —, mas envolvia enormes desvios e despesas. Os livros tinham de ser arrastados pelos Alpes e passar por uma legião de intermediários — agentes de expedição, bateleiros, carroceiros, encarregados de entrepostos, capitães de navios e portuários —, antes de chegarem ao depósito de Rigaud. Os melhores expedidores suíços anunciavam que podiam entregar uma encomenda em Nice num prazo de trinta dias, a treze libras francesas e oito vinténs por cem quilos de peso, mas seus cálculos se mostraram irreais. A rota direta de Neuchâtel a Lyon e Ródano abaixo era rápida, fácil e barata — mas perigosa. As caixas tinham de receber uma chancela no momento de sua entrada na França, eram inspecionadas pela corporação dos livreiros e pelo inspetor real de livros em Lyon, sendo a seguir reexpedidas e novamente inspecionadas em Montpellier.[14]

Sempre cauteloso, Rigaud pediu à STN que expedisse os primeiros volumes das *Questions* pela rota indireta, pois sabia que podia confiar em seu agente Joseph Colomb em Marselha, que colocaria os livros na França sem maiores percalços. A encomenda saiu em 9 de dezembro de 1771, mas só chegou depois de março, quando os três primeiros volumes da edição de Cramer já estavam sendo vendidos pelos concorrentes de Rigaud. O segundo e o terceiro volumes chegaram em julho, porém carregados de taxas de expedição e danificados pelo manejo grosseiro. "Parece que estamos a uma distância de cinco ou seis léguas" reclamou Rigaud, acrescentado que lamentava não ter feito negócio com Cramer, cujas entregas já tinham chegado ao sexto volume.[15] A essas alturas, a STN já estava bastante preocupada com a possibilidade de perder clientes em todo o sul da França, e montou uma operação de contrabando em Lyon. O encarregado, um vendedor marginal de livros chamado Joseph-Louis Berthoud, conseguiu passar o quarto e o quinto volumes pelos inspetores da corporação, mas logo a seguir foi à falência; para piorar ainda mais as coisas, o governo francês impôs uma taxa de sessenta libras por cem quilos em todas as importações de livros. A STN voltou à rota alpina, oferecendo-se para levar seus despachos até Nice por quinze libras/cem quilos, se Rigaud pagasse as demais despesas, inclusive o imposto de importação. No entanto, Rigaud achou que essa taxa era um golpe tão forte no comércio internacional que suspendeu todas as suas encomendas junto aos fornecedores internacionais. Com a nova política tarifária, a operação de disfarçar os livros clandestinos como obras permitidas e passá-los pelos canais comerciais normais tornou-se proibitivamente onerosa.

Em dezembro, Jacques Deandreis, o agente da STN em Nice, conseguiu de alguma maneira despachar um carregamento do sexto volume das *Questions* para Rigaud, pelo porto de Sète, supostamente fechado a importações de livros. A seguir, o governo francês, percebendo que quase tinha destruído o comércio de livros estrangeiros, reduziu a tarifa para 25 libras/cem quilos. Rigaud propôs dividir os custos com os fornecedores: ele pagaria 1/3, e eles 2/3. Essa proposta foi aceita pela STN, mas na primavera de 1772 Rigaud decidiu que a rota de Nice era cara demais, sob quaisquer condições. Tendo ouvido tantas reclamações de seus outros clientes, a STN chegou à mesma conclusão e enviou um de seus diretores a Lyon, e ele convenceu J.-M. Barret, um comerciante lionês mais confiável, a fazer passar as encomendas pela corporação local e encaminhá-las até seus clientes das províncias. Graças a esse acordo, os três últimos volumes das *Questions* de Rigaud chegaram a salvo no verão.

A entrega da coleção inteira em Montpellier custara um esforço constante e despesas consideráveis, e, finda essa transação, Rigaud e a STN continuaram a redefinir suas rotas de fornecimento. Como as pressões políticas e econômicas continuavam a mudar, eles precisavam recombinar a todo momento seus acordos dentro do mundo complexo dos intermediários, que ligavam as editoras às livrarias e, em última análise, frequentemente determinavam a literatura que chegaria aos leitores franceses.

Não é possível definir como os leitores assimilavam seus livros. Uma análise bibliográfica de todos os exemplares localizáveis mostraria as variantes disponíveis de um texto. Um estudo dos arquivos de cartório de Montpellier poderia indicar quantos exemplares apareciam nas heranças, e as estatísticas extraídas dos catálogos de leilões permitiriam calcular o número deles em vultosas bibliotecas particulares. Mas, em vista do atual estado da documentação, não é possível saber quem eram os leitores de Voltaire nem como respondiam a seus textos. A leitura continua a ser o estágio no circuito dos livros que oferece maiores dificuldades de estudo.

4. Todos os estágios eram afetados pelas condições sociais, econômicas, políticas e intelectuais da época; mas, para Rigaud, essas influências gerais se faziam sentir num contex-

to local. Ele vendia livros numa cidade de 31 mil habitantes. Apesar de importante setor têxtil, Montpellier era essencialmente um antigo centro religioso administrativo, largamente dotado de instituições culturais, entre elas uma universidade, uma academia de ciências, doze lojas maçônicas e dezesseis comunidades monásticas. E, por ser uma intendência e sede das propriedades provinciais do Languedoc, além de contar com vários tribunais, a cidade tinha um grande número de advogados e funcionários do rei. Se estes guardavam alguma semelhança com seus equivalentes em outros centros de província,[16] provavelmente correspondiam a uma boa parcela dos clientes de Rigaud e provavelmente apreciavam a literatura iluminista. Ele não discutia a base social dos clientes em sua correspondência, mas comentava que eles insistiam em ter as obras de Voltaire, Rousseau e Raynal. Assinavam em peso a *Encyclopédie*, e até chegavam a pedir tratados ateístas como *Système de la nature* e *Philosophie de la nature*. Montpellier não era um centro intelectualmente atrasado, e constituía um bom território de livros. "O comércio de livros é muito amplo nesta cidade", comentou um observador em 1768. "Os livreiros têm mantido bons estoques em suas livrarias desde que os habitantes desenvolveram um gosto por bibliotecas."[17]

Eram essas condições propícias que predominavam quando Rigaud encomendou suas *Questions*. Mas no começo dos anos 1770 chegaram tempos difíceis, e nos anos 1780 Rigaud, como a maioria dos livreiros, queixava-se de um grande declínio em seu comércio. Toda a economia francesa sofreu uma retração nesses anos, segundo a versão corrente de C. E. Labrousse.[18] As finanças do Estado certamente despencaram: por isso a catastrófica tarifa de 1771 sobre os livros, que fazia parte da tentativa malograda de Terray em diminuir o déficit acumulado durante a Guerra dos Sete Anos. O governo também tentou acabar com os livros proibidos e pirateados, primeiramente com um policiamento mais rigoroso em 1771-4, e a seguir com uma reforma geral do comércio de livros em 1777. Essas medidas acabaram arruinando o comércio de Rigaud com a STN e as outras editoras que haviam crescido em volta das fronteiras francesas nos anos prósperos da metade do século. Os editores estrangeiros publicavam edições originais de livros que não passariam pela censura em Paris e edições pirateadas de livros lançados pelos editores parisienses. Como os parisienses tinham adquirido quase um monopólio no setor editorial legal, seus rivais nas províncias fizeram alianças com as editoras estrangeiras, e fechavam os olhos quando chegavam despachos do exterior, para serem inspecionados nas câmaras das corporações locais (*chambres syndicales*). Com Louis XIV, o governo havia utilizado a corporação parisiense como instrumento para eliminar o comércio ilícito; mas com Louis XV ela se tornou cada vez mais frouxa, até o advento de uma nova era de rigor com a queda do ministério de Choiseul (dezembro de 1770). Assim, as relações de Rigaud com a STN ajustavam-se perfeitamente a uma configuração econômica e política que predominava no comércio livreiro desde o começo do século XVIII, e começava a se desfazer justamente quando as primeiras caixas das *Questions* estavam a caminho de Neuchâtel para Montpellier.

Uma outra pesquisa poderia mostrar outras configurações, pois o modelo não precisa ser aplicado dessa maneira, e na verdade pode ser inteiramente dispensado. Não estou afirmando que a história do livro deva ser escrita de acordo com uma fórmula padrão, e sim tentando mostrar como seus segmentos díspares podem ser reunidos dentro de um único esquema conceitual. Outros historiadores do livro podem preferir outros esquemas. Podem se concentrar sobre o comércio livreiro de todo o Languedoc, como fez Madeleine Ventre; sobre a bibliografia geral de Voltaire, como Giles Barber, Jeroom Vercruysse e outros estão fazendo; ou ainda sobre o modelo geral da produção de livros na França setecentista, à maneira de François Furet e Robert Estivale.[19] Mas, como quer que definam seus temas, eles não conseguirão extrair seu significado pleno a menos que o relacionem com todos os elementos que operavam em conjunto, como um circuito para a transmissão dos textos.

Para esclarecer melhor este ponto, passarei uma vez mais pelo circuito modelo, levantando questões que têm sido investigadas com êxito ou que parecem maduras para maiores pesquisas.

1. *Autores*. Apesar da proliferação de biografias de grandes escritores, as condições básicas da autoria continuam obscuras para inúmeros períodos da história. Em que ponto os escritores se libertaram do patronato dos nobres ricos e do Estado, para viverem de suas penas? Qual era a natureza de uma carreira literária, e como se a seguia? Como os escritores tratavam com os editores, os impressores, os livreiros, os resenhistas, e entre si? Enquanto essas perguntas não forem respondidas, não entenderemos plenamente a transmissão dos textos. Voltaire podia fazer alianças secretas com editores piratas porque não precisava viver do que escrevia. Um século mais tarde, Zola proclamou que a independência de um escritor consistia em vender sua prosa ao lance mais elevado.[20] Como se deu essa transformação? O trabalho de John Lough começa a nos fornecer uma resposta, mas é possível fazer uma pesquisa mais sistemática sobre a evolução da república das letras na França a partir dos registros policiais, almanaques literários e bibliografias (*La France littéraire* dá os nomes e publicações de 1187 escritores em 1757 e 3089 em 1784). A situação na Alemanha é mais obscura, devido à fragmentação dos estados germânicos antes de 1871. Mas os estudiosos alemães estão começando a recorrer a fontes como *Das gelehrte Teutschland*, que relaciona 4 mil escritores em 1779, e a rastrear os laços entre autores, editores e leitores em estudos monográficos e regionais.[21] Marino Berengo tem mostrado o quanto é possível descobrir acerca das relações autor-editor na Itália.[22] E o trabalho de A. S. Collins ainda oferece uma exposição excelente da questão da autoria na Inglaterra, embora precise ser atualizado e ampliado para além do século XVIII.[23]

2. *Editores*. Agora o papel fundamental dos editores vem se tornando mais claro, graças a artigos publicados no *Journal*

of Publishing History e a monografias como *The world of Aldus Manutius* [*O mundo de Aldus Manutius*], de Martin Lowry, *Charles Dickens and his publishers* [*Charles Dickens e seus editores*], de Robert Patten, e *Entrepreneurs of ideology: neoconservative publishers in Germany, 1890-1933* [*Empresários da ideologia: editores neoconservadores na Alemanha, 1890-1933*], de Gary Stark. Mas a evolução do editor, como figura específica diferenciada do mestre livreiro e do impressor, ainda demanda um estudo sistemático. Os historiadores mal começaram a utilizar os documentos dos editores, embora sejam as fontes mais ricas dentre todas para a história dos livros. Os arquivos da Cotta Verlag em Marbach, por exemplo, contêm no mínimo 150 mil documentos, mas só foram examinados superficialmente, em busca de referências a Goethe, Schiller e outros escritores famosos. Uma pesquisa mais aprofundada quase certamente revelaria uma grande quantidade de informações sobre o livro como uma forte influência na Alemanha oitocentista. Como os editores firmavam contratos com autores, faziam alianças com livreiros, negociavam com autoridades políticas, tratavam as finanças, os fornecimentos, as remessas e a publicidade? As respostas a essas perguntas levariam a história dos livros a penetrar no território da história social, econômica e política, com benefícios mútuos.

O Projeto de Biobibliografia Histórica em Newcastle-up-on-Tyne e o Institut de Littérature et de Techniques Artistiques de Masse em Bordeaux exemplificaram as direções já tomadas por esse trabalho interdisciplinar. O grupo de Bordeaux tem tentado rastrear os livros através de diversos sistemas de distribuição, para descobrir a experiência literária de diferentes grupos na França contemporânea.[24] Os pesquisadores de Newcastle têm estudado o processo de difusão pela análise das relações de assinantes, que foram largamente utilizadas nas campanhas de venda dos editores ingleses desde o começo do século XVII até o começo do século XIX.[25] Seria possível fazer um trabalho semelhante com os catálogos e prospectos dos editores, que se encontram reunidos em centros de pesquisa, como a biblioteca de Newberry. Toda a questão da propaganda do livro requer exame. Muito se aprenderia sobre as atitudes em relação aos livros e o contexto de sua utilização estudando a maneira como eram apresentados — a estratégia do apelo, os valores invocados pelo discurso empregado — em todos os tipos de publicidade, das notícias dos jornais aos cartazes de muro. Os historiadores americanos têm utilizado os anúncios de jornal para mapear a penetração da palavra impressa em áreas afastadas da sociedade colonial.[26] Consultando os documentos dos editores, poderiam fazer incursões mais profundas nos séculos XIX e XX.[27] Mas, infelizmente, os editores costumam tratar seus arquivos como lixo. Ainda que poupem uma eventual carta de um autor famoso, eles jogam fora os livros de contas e a correspondência comercial, que geralmente são as fontes de informações mais importantes para o historiador do livro. O Centro do Livro na biblioteca do Congresso está no momento compilando um guia para os arquivos de editores. Se forem preservados e estudados, poderão oferecer uma perspectiva diferente sobre todo o curso da história americana.

3. *Impressores*. A oficina gráfica é muito mais bem conhecida do que os outros estágios da produção e difusão de livros, por ser um tema de estudos muito valorizado no campo da bibliografia analítica, cujo objetivo, tal como foi definido por R. B. McKerrow e Philip Gaskell, é "elucidar a transmissão de textos explicando os processos da produção do livro".[28] Os bibliógrafos têm dado contribuições importantes à crítica de textos, principalmente na área de estudos shakespearianos, tirando inferências que remontam da estrutura de um livro para o processo de sua impressão e, portanto, para um texto original, como os manuscritos desaparecidos de Shakespeare. Essa linha de raciocínio foi recentemente destacada por D. F. McKenzie.[29] Mas, mesmo que nunca consigam reconstruir um *Ur*-Shakespeare, os bibliógrafos podem demonstrar a existência de diferentes edições de um texto e diferentes estados de uma edição, o que é uma especialização necessária nos

estudos de difusão. Suas técnicas também permitem decifrar os arquivos dos impressores, e assim inauguraram uma nova fase arquivística na história da impressão. Graças ao trabalho de McKenzie, Leon Voet, Raymond de Roover e Jacques Rychner, agora temos uma visão clara do funcionamento das oficinas gráficas ao longo de todo o período do prelo manual (aproximadamente 1500-1800).[30] São necessárias outras pesquisas para períodos posteriores, e poder-se-iam colocar novas questões: como os impressores calculavam os custos e organizavam a produção, principalmente após a expansão do jornalismo e da impressão de materiais volantes? Quais as alterações sofridas nos orçamentos dos livros com a introdução do papel feito a máquina, na primeira década do século XIX, e do linotipo nos anos 1880? De que maneira as transformações tecnológicas afetaram a condução do trabalho? E que papel desempenharam os oficiais gráficos, um setor excepcionalmente expressivo e militante do operariado, na história do trabalho? Vista de fora, a bibliografia analítica pode parecer um mistério, mas ela é capaz de dar grandes contribuições tanto para a história social quanto para a história literária, especialmente se vier acompanhada de alguma leitura dos manuais e autobiografias de impressores, a começar pelos de Thomas Platter, Thomas Gent, N. E. Restif de la Bretonne, Benjamin Franklin e Charles Manby Smith.

4. *Expedidores.* Pouco se sabe sobre a maneira como os livros saíam das gráficas e chegavam aos depósitos. A influência do carreto, da barcaça, do navio mercante, do correio e da estrada de ferro sobre a história da literatura pode ter sido maior do que se imagina. Embora tenha sido provavelmente pequeno o efeito das facilidades de transporte sobre o comércio nos grandes centros editoriais, como Londres e Paris, algumas vezes elas determinaram o ritmo dos negócios em áreas distantes. Antes do século XIX, os livros eram geralmente enviados em folhas soltas, de modo que o comprador podia encarderná-los de acordo com seu gosto e seu bolso. Eles eram transportados em grandes fardos embrulhados em bastante papel, e facilmente

sofriam estragos com a chuva e o atrito das cordas. Em comparação a mercadorias como tecidos, seu valor intrínseco era pequeno, mas as despesas do frete eram elevadas, devido ao tamanho e peso das folhas. Assim, frequentemente a expedição respondia por uma larga parcela do custo total do livro e ocupava um grande espaço na estratégia de *marketing* dos editores. Em muitas partes da Europa, os impressores não podiam contar com a remessa dos livros para os livreiros nos meses de agosto e setembro, porque os carroceiros largavam os carretos para trabalhar na colheita. O comércio báltico frequentemente amargava uma interrupção após outubro, pois o gelo bloqueava os portos. As rotas se abriam e fechavam por toda parte, em resposta às pressões da guerra, da política e mesmo das taxas de seguro. Desde o século XVI até nossos dias, a literatura não ortodoxa tem sido transportada clandestinamente em enormes quantidades, de modo que sua influência varia conforme a eficiência do contrabando. E outros gêneros, como brochuras populares e publicações baratas de terror e mistério, circulavam por sistemas especiais de distribuição, que demandam um estudo muito maior, ainda que os historiadores do livro estejam agora começando a abrir o terreno.[31]

5. *Livreiros*. Graças a alguns estudos clássicos — H. W. Bennett sobre o início da era moderna na Inglaterra, L. C. Wroth sobre os Estados Unidos no período colonial, H.-J. Martin sobre a França seiscentista e Johann Goldfriedrich sobre a Alemanha —, é possível montar um quadro geral da evolução do comércio de livros.[32] Mas é preciso estudar melhor o livreiro enquanto agente cultural, o intermediário entre a oferta e a demanda em seu principal ponto de conexão. Ainda não conhecemos muito o mundo social e intelectual de homens como Rigaud, seus gostos e valores, a inserção deles em suas comunidades. Eles também operavam dentro de redes comerciais, que se ampliavam e se desfaziam como as alianças no mundo diplomático. Quais as leis que governavam a ascensão e a queda dos impérios comerciais na área editorial?

Um estudo comparativo das histórias nacionais poderia revelar algumas tendências gerais, como a força centrípeta de grandes centros como Londres, Paris, Frankfurt e Leipzig, que atraíam as editoras do interior para suas órbitas, e a tendência contrabalanceadora da integração entre fornecedores e comerciantes provinciais em enclaves independentes como Liège, Couillon, Neuchâtel, Genebra e Avignon. Mas é difícil fazer comparações porque o comércio funcionava através de diferentes instituições em diferentes países, gerando diferentes tipos de arquivos. Os registros da London Stationers' Company, da Communauté des Libraires et Imprimeurs de Paris e das feiras de livros de Leipzig e Frankfurt guardam uma profunda relação com o curso tomado pela história do livro na Inglaterra, França e Alemanha.[33]

Não obstante, os livros eram vendidos como mercadorias por todas as partes. Um estudo econômico mais ousado abriria uma nova perspectiva para a história da literatura. James Barnes, John Tebbel e Frédéric Barbier mostraram a importância do elemento econômico no comércio de livros durante o século XIX, na Inglaterra, Estados Unidos e França.[34] Mas é possível ampliar os estudos — por exemplo, sobre os mecanismos de crédito, as técnicas de negociar as letras de câmbio, de se defender contra as suspensões de pagamento, e de trocar folhas impressas ao invés de pagamentos em espécie. O comércio livreiro, como outros negócios na Renascença e nos inícios da Idade Moderna, era em larga medida um jogo de confiança, mas ainda não sabemos como ele era jogado.

6. *Leitores*. Apesar de uma volumosa literatura sobre sua psicologia, fenomenologia, textologia e sociologia, a leitura continua a ser misteriosa. Como os leitores entendem os sinais na página impressa? Quais são os efeitos sociais dessa experiência? E como ela sofre variações? Estudiosos da literatura como Wayne Booth, Stanley Fish, Wolfgang Iser, Walter Ong e Jonathan Culler tomam a leitura como interesse central da crítica de textos por entenderem a literatura como atividade,

construção de sentido dentro de um sistema de comunicação, e não como um cânon de textos.[35] O historiador do livro pode empregar suas noções de "públicos fictícios", "leitores implícitos" e "comunidades interpretativas". Mas ele também pode achar que suas considerações são um pouco estáticas no tempo. Embora os críticos saibam percorrer a história literária (e são muito fortes no século XVII inglês), eles parecem presumir que os textos sempre afetaram a sensibilidade dos leitores de uma mesma maneira. Mas um habitante seiscentista de Londres vivia num universo mental diferente do de um professor americano do século XX. A própria leitura se transformou ao longo do tempo. Ela era frequentemente feita em grupo e em voz alta, ou em segredo e com uma intensidade que hoje talvez nem consigamos imaginar. Cario Ginzburg mostrou quanto sentido um moleiro quinhentista podia infundir a um texto, e Margaret Spufford demonstrou que trabalhadores ainda mais humildes lutavam para ter um domínio da palavra impressa na época de *Areopagitica*.[36] No início da era moderna, por todas as partes da Europa, das camadas sociais de Montaigne às camadas sociais de Menocchio, os leitores não se limitavam a decifrar os livros, mas extraíam um significado deles. A leitura já era uma paixão muito antes do *Lesewut* e do *Wertherfieber* da era romântica; e ela ainda tem em si *o Sturm und Drang*, apesar da moda da leitura dinâmica e da visão mecanicista da literatura como codificação e decodificação de mensagens.

Mas os textos moldam a recepção dos leitores, por mais ativos que possam ser. Como observou Walter Ong, as páginas iniciais de *The Canterbury tales* [*Os contos da Cantuária*] e *A farewell to arms* [*Adeus às armas*] criam um arcabouço e dão um papel ao leitor ao qual ele não pode se esquivar, independentemente do que pense sobre peregrinações e guerras civis.[37] Com efeito, a tipografia, o estilo e a sintaxe determinam como os textos transmitem os sentidos. McKenzie mostrou que o Congreve obsceno e desregrado das primeiras edições *in-quarto* assentou-se como o pudico neoclassicista das *Works* [*Obras*] de 1709 não tanto devido a um expurgo, mas por causa do formato do livro.[38] A história da leitura terá de levar em conta a coerção do texto sobre o leitor, bem como a liberdade do leitor com o texto. A tensão entre essas tendências existe sempre que as pessoas estão diante de livros, e gerou alguns resultados extraordinários, tal como a leitura dos Salmos por Lutero, a leitura de *Le misanthrope* por Rousseau, a leitura do sacrifício de Isaac por Kierkegaard.

Se é possível retomar as grandes releituras do passado, por outro lado a experiência íntima dos leitores comuns sempre pode se esquivar de nós. Mas deveríamos ao menos conseguir reconstruir boa parte do contexto social da leitura. O debate sobre a leitura em silêncio na Idade Média resultou em algumas indicações impressionantes sobre os hábitos de leitura,[39] e os estudos na Alemanha, onde proliferaram extraordinariamente nos séculos XVIII e XIX, mostram a importância da leitura para o desenvolvimento de um estilo cultural próprio da burguesia.[40] Os estudiosos alemães também têm contribuído muito para a história das bibliotecas e para todos os tipos de estudos sobre a recepção.[41] Seguindo uma noção de Rolf Engelsing, eles defendem amiúde a ideia de que os hábitos de leitura se transformaram no final do século XVIII. Antes dessa *Leserevolution*, os leitores tinham a tendência de percorrer repetida e laboriosamente um pequeno número de textos, em especial a Bíblia. Com ela, passaram a se lançar a material de qualquer gênero, atrás de entretenimento e não tanto de edificação. A passagem da leitura intensiva para a leitura extensiva coincidiu com uma dessacralização da palavra impressa. O mundo começou a se confundir com a questão da leitura, e os textos começaram a ser tratados como mercadorias, podendo ser descartados com a mesma indiferença para com o jornal do dia anterior. Essa interpretação foi recentemente questionada por Reinhart Siegert, Martin Welke e outros jovens estudiosos, que descobriram uma leitura "intensiva" na recepção de obras efêmeras como almanaques e jornais, notadamente o *Nothund Hülfsbüchlein*, de Rudolph Zacharias Becker, um sucesso extraordinário da *Goethezeit*.[42] Mas, quer o conceito de uma revolução na leitura prevaleça quer não, ele contribuiu para aproximar a pesquisa sobre a leitura de algumas questões gerais da história social e cultural.[43] Pode-se dizer o mesmo quanto à pesquisa sobre a alfabetização,[44] que possibilitou aos estudiosos a descoberta de um vago perfil de diversos públicos leitores de duzentos e trezentos anos atrás, e a atribuição dos livros a seus respectivos leitores em vários níveis da sociedade. Quanto mais baixo o nível, mais intenso o estudo. A literatura popular tem sido um tema de pesquisa muito concorrido nesses últimos dez anos,[45] apesar da tendência cada vez maior de questionar a ideia de que os livretos baratos, como a *bibliothèque bleue*, tenham representado uma cultura autônoma da gente simples, ou de que seja possível distinguir claramente entre correntes da cultura de "elite" e da cultura "popular". Atualmente, parece descabido conceber a transformação cultural como um movimento linear, ou gradualmente descendente, de influências. As correntes não só desciam, mas também subiam, fundindo-se e misturando-se nesse trânsito. Personagens como Gargântua, Cinderela e Buscon avançavam e recuavam através das tradições orais, das brochuras baratas e da literatura refinada, mudando de nacionalidade e de gênero.[46] Pode-se inclusive rastrear as metamorfoses das figuras correntes dos almanaques. O que a reencarnação de *Poor Richard* como *le Bonhomme Richard* revela acerca da cultura literária nos Estados Unidos e na França? E o que se pode saber a respeito das relações franco-germânicas acompanhando o Mensageiro Manco (*der hinkende Bote*, *le messager boiteux*) através do comércio de almanaques pelo Reno?

As perguntas sobre quem lê o quê, em que condições, em que momento, com que resultados, ligam os estudos da leitura à sociologia. O historiador do livro poderia aprender a seguir tais perguntas com o trabalho de Douglas Waples, Bernard Berelson, Paul Lazarsfeld e Pierre Bourdieu. Poderia se inspirar na pesquisa sobre a leitura que se desenvolveu na Escola de Biblioteconomia da Universidade de Chicago entre 1930 e 1950, e que ainda aparece nos esporádicos relatórios Gallup.[47] E, como exemplo da corrente sociológica na historiografia, ele poderia consultar os estudos da leitura (e não leitura) entre os trabalhadores ingleses nos dois últimos séculos, realizados por Richard Altick, Robert Webb e Richard Hoggart,[48] Todos esses trabalhos se abrem para o problema mais amplo de como o contato com a palavra impressa afeta a maneira de pensar dos homens. A invenção do tipo móvel transformou o universo mental do homem? Não existe uma resposta única satisfatória a essa pergunta, porque, como mostrou Elizabeth Eisenstein, ela abarca inúmeros aspectos diferentes da vida europeia nos inícios da Idade Moderna.[49] Mas há de ser possível chegar a uma ideia mais sólida do sentido dos livros para as pessoas. A presença do livro na prestação de juramentos, na troca de presentes, na concessão de prêmios e na doação de heranças oferece pistas sobre seu significado em diferentes sociedades. A iconografia dos livros poderia indicar o peso de sua autoridade, mesmo para trabalhadores analfabetos que se sentavam nas igrejas diante de pinturas representando as tábuas de Moisés. O lugar dos livros no folclore e dos motivos folclóricos nos livros mostra que, quando a tradição oral entrou em contato com o texto impresso, as influências se deram em ambas as direções, e que os livros têm de ser estudados em relação com os outros meios de comunicação.[50] As linhas de pesquisa podem levar a vários rumos, mas, em última análise, todas devem permitir entender melhor como a palavra impressa moldou as tentativas dos homens de compreender a condição humana.

É fácil perder de vista as dimensões mais amplas desse empreendimento, porque os historiadores do livro muitas vezes se extraviam em atalhos esotéricos e especializações compartimentalizadas. Seus trabalhos podem ficar tão fragmentados, mesmo nos limites da bibliografia sobre um único país, que a concepção da história do livro como um tema único, a ser estudado numa perspectiva comparativa dentro de todo o leque das disciplinas históricas, chega a parecer uma vã esperança. Mas os livros não respeitam limites, sejam linguísticos ou nacionais.

Muitas vezes foram escritos por autores que pertenciam a uma república internacional das letras, compostos por impressores que não trabalhavam em suas línguas maternas, vendidos por livreiros que operavam além das fronteiras nacionais, e lidos num idioma por leitores que falavam em outra língua. Os livros, quando tratados como objetos de estudo, também se recusam a ficar confinados dentro dos limites de uma única disciplina. Nenhuma delas — a história, a literatura, a economia, a sociologia, a bibliografia — é capaz de fazer justiça a todos os aspectos da vida de um livro. Pela sua própria natureza, portanto, a história dos livros deve operar em escala internacional e com método interdisciplinar. Mas não precisa ser privada de coerência conceitual, porque os livros fazem parte de circuitos de comunicação que funcionam segundo modelos homogêneos, por mais complexos que sejam. Exumando esses circuitos, os historiadores podem mostrar que os livros não se limitam a relatar a história: eles a fazem.

8. OS INTERMEDIÁRIOS ESQUECIDOS DA LITERATURA

TENDO SE FARTADO DE TEORIA, os estudiosos da literatura agora se voltam para a história. "O novo historicismo" e "a nova história literária", anunciados numa recente enxurrada de livros e artigos, representam uma tentativa de interromper o trabalho de desconstrução e assentar o estudo da literatura numa reavaliação do passado. Mas qual passado? A velha história literária dividia o tempo em segmentos demarcados pelo surgimento de grandes escritores e grandes livros — *l'homme et l'œuvre*, segundo a clássica fórmula francesa. O historiador de hoje precisa trabalhar com uma concepção mais ampla de literatura, que leve em conta os homens e as mulheres em todas as atividades que tenham contato com as palavras.

O contato popular com a palavra inclui as mães que cantam versinhos, crianças que recitam versos de pular corda, adolescentes que contam piadas sujas e negros que trocam insultos rituais ("xingar os pais"). Os historiadores podem preferir deixar essas pessoas para os antropólogos. Mas, mesmo que restrinjam a literatura à comunicação por meio da palavra impressa, eles poderiam ampliar sua concepção, de modo a incluir algumas figuras pouco familiares — trapeiros, fabricantes de papel, tipógrafos, carroceiros, livreiros, e até leitores. A literatura livresca faz parte de um sistema que produz e distribui livros. Mas a maioria das pessoas que fizeram funcionar esse sistema desapareceu da história literária. Os grandes homens expeliram os homens médios, os intermediários. Vista da perspectiva dos transmissores da obra, a história literária poderia surgir a uma nova luz.

Eu gostaria de apresentar esse ponto de vista discutindo alguns dos personagens que encontrei nos documentos da Société Typographique de Neuchâtel (STN), uma grande editora e distribuidora de livros franceses nas duas últimas décadas do Antigo

Regime. Neuchâtel, um pequeno principado suíço na fronteira oriental da França, era um local ideal para produzir o tipo de livro que não passaria pela censura na França — isto é, qualquer coisa que pudesse ofender a Igreja Católica, o Estado ou a moral convencional. Alguns dos livros da STN — *A vida privada de Louis XV*, por exemplo, ou *A gazeta negra de um homem que não é branco* — conseguiam ofender todos os três, e tornavam-se sucessos de venda, embora também eles tenham caído fora da história literária. Outros eram clássicos do Iluminismo ou obras inofensivas, como livros de viajantes e romances sentimentais, pirateados pela STN. Para os editores suíços e seus clientes no comércio livreiro francês, a literatura era um negócio. Como disse um freguês: "O melhor livro para um livreiro é o que vende".[1]

Como se afigurava o negócio para as pessoas envolvidas nele? Consideremos o editor e suas tentativas de conseguir dos autores material de publicação. Os dois principais sócios da STN, Frédéric-Samuel Ostervald e Abraham Bosset de Luze, fizeram viagens de negócios até Paris no auge do Iluminismo. Pelos seus relatórios para o escritório, podemos acompanhá-los enquanto atravessavam a França de carruagem, encontravam um hotel adequado, recompunham as perucas, contratavam um lacaio e circulavam pelo mundo literário.

Franceses pela cultura, mas interioranos e protestantes no temperamento, de início sentiram-se um pouco oprimidos por "essa cidade imensa e barulhenta". Precisavam de um guia que os conduzisse. Quando foram visitar alguns livreiros, descobriram que os parisienses só faziam seus negócios até as duas da tarde — e nunca estavam em casa quando se tratava de cobrar uma conta. Mas as noites compensavam as frustrações do dia. Ostervald escreveu para casa após um jantar festivo:

> Para lhe dizer a verdade, bebi um pouco de *graves*, um pouco de *champagne*, um pouco de *hermitage*, um pouco de málaga; e sentado como estava entre duas amigáveis senhoras, minhas ideias ficaram um pouco embaralhadas.[2]

Os editores ouviam mexericos literários. D'Alembert lhes contou que pedira licença a Frederico, o Grande, para realizar uma missa pelo descanso da alma de Voltaire, logo após sua morte. "Consinto", respondeu Frederico, "embora eu não acredite muito na eternidade."[3]

Mas falavam principalmente de negócios. Calcularam como enfrentariam os editores parisienses diminuindo custos e lucros, e então decidiram roubar os melhores autores. Logo se viram inundados por propostas de obscuros escrevinhadores. "Um autor pobre como Jó veio ontem de novo, propondo me vender um manuscrito sobre os jesuítas", escreveu Bosset. Mas ele e Ostervald preferiam publicar os nomes mais importantes. Tendo tratado com Voltaire e Rousseau na Suíça, eles sabiam como lidar com filósofos. Entabularam negociações com D'Alembert, Raynal, Beaumarchais, Mably, Marmontel e Morellet. Chegaram a contatar Benjamin Franklin, com um projeto de vender livros franceses no Novo Mundo.[4]

Todas essas conversas não resultaram em muitos contratos, mas elas ilustram a atividade do trabalho editorial. Os editores estavam sempre em negociações. Havia sempre uns doze projetos em andamento, e os que davam certo constituíam exceção — as transações que trouxeram ao mundo uma pequena dose de literatura a partir da nebulosa vastidão da literatura-que-podia-ter-sido.

Uma obra que se consolidou a partir das conversas profissionais em Paris foi *Du gouvernement et des loix de la Pologne* [*Do governo e das leis da Polônia*] (1781), de Gabriel Bonnot de Mably. Como muitos autores, Mably sabia que seu livro seria um sucesso, e estava pedindo apenas cem exemplares em troca de seu manuscrito. Mas foi um fracasso total. A culpa era da STN, queixou-se Mably numa discussão *post-mortem* travada pelo correio. Ao invés de aproveitarem o interesse do público pela partilha da Polônia (1772), os suíços tinham se atolado em seu cronograma de publicações.

Ostervald defendeu a STN com uma rápida exposição sobre sua pesquisa de mercado:

> Tendo imprimido uma grande quantidade de páginas de rosto e índices como amostra, que enviamos para vários bons livreiros de Paris, Versalhes, Lyon e Rouen, não consegui um único que fizesse uma encomenda antecipada. Todos disseram que, embora tivessem certeza quanto ao mérito da obra, o público não estava mais interessado no assunto. Eu tive de recuar para a Alemanha e o norte da Europa, e tão logo pude contar com cem pedidos, pus os prelos a funcionar... *Voilà*, Monsieur, um desagradável objeto de discussão.[5]

Os autores constituíam uma espécie difícil. Ostervald os considerava "vaidosos". "Põem-se inflados de conhecimento, real ou imaginado." Por mais espirituosos que fossem à mesa de jantar, na hora de assinar os contratos eles pareciam governados pela ganância. Mesmo D'Alembert, dono de uma conversa encantadora, pareceu a Bosset uma pessoa que "é grandemente interessada no lado lucrativo de sua escrita".[6]

Não que os editores sofressem de uma atrofia no que diz respeito à motivação do lucro. Eles converteram o Iluminismo num negócio. Escreveram Ostervald e Bosset de Paris:

> Devemos enfatizar uma vez mais que não é difícil encontrar coisas boas, admiráveis, maravilhosas para publicar; a questão crucial, o objetivo supremo a que devemos nos dedicar, é termos certeza, antes de publicar, que poderemos converter o material em dinheiro.

Quando os lucros caíam, os suíços fechavam as máquinas, despediam trabalhadores e viviam de seus estoques. Não tinham ilusões quanto à nobreza da literatura como vocação. "Esse trabalho amarga o fígado mais do que qualquer outro", concluíam eles. Depois de anos de negociações com autores e lutas com os concorrentes, Ostervald resumiu suas ideias sobre a profissão da seguinte maneira:

Não se deve prometer mais manteiga do que pão, nem acreditar em nada que não se possa enxergar com os próprios olhos, nem contar com nada que não se possa segurar na mão, com os quatro dedos e o polegar.[7]

Essas observações apresentam o ponto de vista a partir de uma posição específica dentro do circuito de comunicações. Havia muitas outras. O dossiê de Jean-Nicolas Morel, um prensador de papel da pequena aldeia de Meslières, na cordilheira do Jura do Francocondado, mostra como se afigurava o setor livreiro para alguém que fornecia a matéria-prima. Morel enchia suas cartas de palavrórios, garatujando com uma soberba indiferença pela gramática e ortografia. Ele era particularmente eloquente em dois assuntos: a excelente qualidade de seu papel e sua própria virtude. Garantia à STN que comprava apenas os melhores trapos para seu material (a pasta úmida da qual se fazia o papel). Ele comprava de trapeiros que sabiam ficar com a nata da coleta, cortejando as criadinhas com palavras doces, agulhas e alfinetes de presente. A água de Morel era a mais pura de toda a cordilheira. Ele era o rei do setor no Francocondado. E, ao contrário dos concorrentes, ele nunca trapaceava misturando trapos inferiores em seus tanques, ou pondo folhas com defeito nas resmas para dar o peso certo. Não, garantia aos clientes de Neuchâtel, que julgava serem piedosos calvinistas, ele dirigia seu negócio segundo os preceitos de são Paulo e o Sermão da Montanha.

Agora, se eles quisessem abater alguns centavos do preço, ele podia acrescentar um pouco de cal à pasta. As folhas iam parecer brancas como o papel de qualidade superior, mas havia um infeliz efeito colateral: depois de algum tempo, a tinta nas páginas iria amarelar. Era por isso que o governo francês tinha proibido o uso de cal virgem na fabricação do papel, e punia os contraventores com uma multa de 300 libras francesas. Mas Morel não temia ser apanhado, porque não tinha posto seu nome e a marca d'agua nas matrizes que montara — o que, aliás, também violava a lei.

Os suíços não cederam a essa tentação, mas deixaram que Morel os engabelasse com resmas de peso ligeiramente inferior (a qualidade no papel era determinada basicamente pelo peso e pela brancura) — e então revidaram pagando-o com letras de câmbio de companhias relativamente fracas, com prazos de vencimento excepcionalmente dilatados.

Morel respondeu com um apelo ao lado sentimental dos editores. Seu filho caíra de cama com uma doença estranha. Os médicos insistiam em que havia apenas um único tratamento: o vinho de Neuchâtel. Morel tinha experimentado todos os tipos de remédios e todos os tipos de bebidas: "*burgundies*, málagas, *côte roti*, *hermitage*, moscatel, tinto, alsaciano... e até os bons vinhos do condado". Nada, a não ser o excelente Neuchâtel, branco ou tinto, daria certo. Morel aceitaria dois barris em lugar das letras de câmbio, levando-os quando fosse entregar a próxima remessa de papel.[8]

E assim continuavam carta após carta, cada lado barganhando por todas as vantagens que pudesse arrancar do outro. Esse tipo de regatear, esse regatear constante e minucioso, feito com humor e paixão, acompanhava cada livro na era da imprensa comum. Mas permanecia invisível a nós porque não tínhamos acesso aos arquivos dos editores. A redução no preço do papel tinha uma importância toda especial, pois o papel representava de 50% a 75% dos custos de produção dos primeiros livros modernos. E os primeiros leitores modernos eram muito atentos ao papel. Geralmente compravam livros sem encadernação e inspecionavam cuidadosamente as folhas, esfregando-as entre os dedos, segurando-as contra a luz, verificando a textura, a cor e os defeitos.

Os leitores também davam grande atenção à impressão. Depois de publicar o volume 15 da edição *in-quarto* da *Encyclopédie* de Diderot, a STN recebeu reclamações de clientes que tinham comprado exemplares manchados com a marca dos dedos dos impressores. Ao examinar um exemplar na biblioteca municipal de Neuchâtel, eu encontrei a marca bem viva de um polegar na página 635. O livro de salários do chefe da oficina indicava que aquela página (folha 4L) tinha sido impressa por um certo Bonnemain. Ele também aparecia na correspondência da STN, com os agentes de empregos que lhe forneciam trabalhadores que iam passando de oficina em oficina, no giro tipográfico pela França. Assim, pude conhecer um pouco de sua vida.

Bonnemain — como muitos gráficos, ele viajava com um apelido — tinha cabelos pretos e era normando. Aprendera as manhas do ofício nas oficinas gráficas de Paris, e então começou a perambular. Em Lyon, ele se encontrou com a família Kindelem — pai, mãe e filho —, que também viviam na estrada nos intervalos entre os empregos irregulares. Juntos, marcharam rumo ao norte, passando por Bresse e o Francocondado até a cidade de Dôle, onde encontraram serviço com um mestre impressor chamado Tonnet. O jovem Kindelem seduziu a vendedora da loja, enquanto os outros se envolviam em brigas com Tonnet. Um dia, depois de receberem o salário da semana, jogaram algumas folhas semi-impressas no chão da oficina, e partiram para a Suíça, levando a moça com eles.

Apareceram em Neuchâtel alguns dias depois. Todos trabalharam na *Encyclopédie*, mas os Kindelem tiveram problemas com o chefe da seção e pegaram a estrada de novo. Bonnemain ficou na gráfica por vinte meses, um dos prazos mais longos de permanência de todos os impressores da STN no emprego. Mas ele não se esforçava demais. A STN descobriu que ele espalhava tinta demais nos tipos, para não precisar de muita força na hora de comprimir o prelo e ter a impressão: daí a origem da marca do polegar.

Ao remontar da marca do dedo até suas origens, podemos ver as vidas que estavam por trás do maior livro do Iluminismo. A *Encyclopédie* foi uma obra intensamente humana, produzida por artesãos como Bonnemain, da mesma maneira que por filósofos como Diderot. Ela merece ser estudada não só como texto, mas também como um objeto físico, com falhas e tudo.[9]

Também se pode estudar a campanha para vender o livro. A STN divulgou a *Encyclopédie* com anúncios e prospectos; mas confiou basicamente em sua correspondência comercial, porque os varejistas davam atenção especial a informações que chegassem pelas vias internas do setor. Também davam ouvidos à lenga-lenga dos representantes de vendas. Assim, em 1778 a STN enviou um de seus empregados, Jean-François Favarger, para uma viagem de vendas.

Ele viajava a cavalo, maltratando durante seis meses enciclopédias e tudo o mais que tivesse no estoque do editor, num itinerário que passava por praticamente todas as cidades mais importantes do sul e centro da França. Era duro. Favarger carregava um par de pistolas, para o caso de se deparar com algum dos salteadores que pilhavam as estradas no vale do Ródano. Em Aix-en-Provence, ele soube de emboscadas feitas por trabalhadores desempregados do setor de sedas; por isso, mudou a rota e seguiu a salvo até Toulon. Mas em Nîmes ele teve de enfrentar um outro problema: feridas causadas pela sela. A dor era tanta que ele temia ficar de cama, apesar dos melhores remédios que a medicina da época podia oferecer: "Tenho de fazer sangrias num dia e purgas no outro".[10]

Em Montpellier, o cavalo começou a mancar. Pôs-se a vomitar e caiu por terra quando iam para Toulouse. O mau tempo veio com o início de outubro, e em La Rochelle ambos, homem e animal, estavam molhados até os ossos com duas semanas de chuva constante:

> Os caminhos estavam tão ruins que eu mal conseguia fazer sete léguas por dia, principalmente porque o pobre animal encontrava-se tão fraco que estava prestes a desmoronar a qualquer momento.

Favarger finalmente se livrou do cavalo em Loudun. Tendo ficado com inchaços e gretas em todos os membros, ele foi vendido por apenas quatro luíses, e Favarger teve de pagar o dobro por um animal mais resistente, que aparece em sua lista de despesas junto com os tratamentos para as chagas provocadas pela sela e ocasionais aparições em tavernas. Uma vez montado num cavalo capaz de aguentar o tempo e carregar o fardo de catálogos, prospectos e materiais de amostra dos livros, Favarger deu meia-volta para subir o vale do Loire e atravessar a cordilheira do Jura, sem maiores percalços. Voltou para o escritório no começo de dezembro, coberto de lama e caindo de cansaço.[11]

Foi uma viagem difícil, mas muito instrutiva, pois Favarger voltou com um conhecimento íntimo do mundo provincial dos livros. Aprendeu a evitar o inspetor do comércio livreiro em Marselha, "homem péssimo, um daqueles que comeriam o irmão para encher o prato". Em Lyon, por sua vez, ele descobriu como remeter caixas enormes de livros proibidos, passando bem pelo meio dos escritórios das autoridades. Dijon era uma outra grande capital do comércio clandestino, porém devia-se evitar Toulouse, "um centro de fanatismo". Apenas um de seus livreiros, La Porte, aceitaria obras protestantes.

> Eles chegam a invadir todas as oficinas de encadernação para confiscar qualquer coisa que não seja perfeitamente ortodoxa. Eles têm a corporação mais rigorosa que se possa imaginar, e os próprios livreiros a fazem assim, denunciando-se mutuamente com uma vingatividade que mal dá para acreditar.

Toulon e Bordeaux também foram decepcionantes, mas por razões antes econômicas do que políticas, pois o comércio local havia sofrido terrivelmente com a guerra americana. A feira de Beaucaire decaíra como centro comercial, e as cidades menores revelaram uma surpreendente carência de livrarias. Carpentras, Viviers e Montélimar não tinham um único livreiro.

> Orange tem apenas um, um peruqueiro chamado Touït, que simplesmente vende umas poucas obras devotas, como atividade secundária. Calamel, que consta do almanaque de livreiros, é um comerciante de tecidos que costumava vender livros, mas não negocia mais com eles.

Dessa forma, cidade por cidade, Favarger anotou o tipo de livro que circulava e o perfil das figuras que lidavam com ele.[12]

Para formar uma ideia mais clara da demanda, ele teve de procurar os comerciantes em suas tocas. Mas teve dificuldades em cercá-los:

> Quando você faz sua oferta, eles dizem que vão examinar o catálogo etc., e que então você volte depois. Você volta três ou quatro vezes, e a cada vez o patrão saiu. Se você o encontra, ele está sem tempo para estudar suas propostas. Aí, você tem que voltar uma outra vez, e para quê? Na maioria das vezes, para nada. Quase todos são assim. Fazem o forasteiro correr de uma ponta a outra da cidade, e tratar de todos os seus assuntos pela manhã, pois é raro encontrar algum desses cavalheiros em suas lojas depois do almoço. Bem que eu gostaria de ir mais rápido, mas as pessoas com quem tenho de tratar adoram levar na maciota, embora seus negócios não sejam quase nada. Nunca têm tempo para facilitar as coisas para um forasteiro.[13]

Os intermediários culturais de toda parte operavam em cenários como este, avaliando a oferta e a demanda, filtrando o fluxo de literatura antes de assumir a forma de livro, que seria transportado em carreto para os leitores, no ponto final do sistema de distribuição. Os caixeiros-viajantes mantinham o sistema em funcionamento, mas o funcionamento ficava mais difícil à medida que iam mais adiante. Favarger descobriu que a eficiência suíça não conseguia avançar muito contra o estilo mediterrânico de bazar de trocas. Contudo, mesmo quando não conseguia vender seus artigos a Buchet em Nîmes nem a Mossy em Marselha, ele saía de suas lojas com um melhor conhecimento do mercado. Muitas vezes pegava palpites secretos sobre o que seria melhor para piratear. Em Bourg-en-Bresse, por exemplo, Vernarel insistiu com ele para que recomendasse uma nova edição de "*Lois et constitutions de Pensilvanie*, *traduit de l'anglais*, *dédié au docteur* Franklin, *chez* Jombert *et* Cellot" [*Leis e constituições da Pensilvânia*, traduzido do inglês, dedicado ao dr. Franklin, ed. Jombert e Cellot]. Vernarel prometeu ficar com cinquenta exemplares se a STN publicasse a edição. Chegando à sua próxima parada, Lyon, Favarger lançou a proposta com um outro projeto de reedição das obras de Condillac. Mas nenhum livreiro mordeu a isca:

> Ninguém aqui acha que o Condillac seria uma boa obra para ser reeditada. Eles dizem que Barret ainda tem exemplares de sua edição. Eles preferem as obras de Riccoboni. Uma nova edição venderia com certeza, se fosse copiada da edição de Paris. Nunca parou a demanda por esse artigo. Quanto ao livro proposto por Vernarel, ninguém aqui ouviu falar e ninguém está interessado nele.

Favarger recebeu a mesma resposta mais adiante, na livraria de Brette, em Grenoble:

> Vi as *Leis da Pensilvânia* na loja dele; ele diz que aqui ninguém se importa com o livro. É apenas uma compilação de dispositivos e quejandos... o tipo de coisa que só vende quando aparece pela primeira vez. O que ele acha que devíamos reeditar é o *Dicionário de Química*.[14]

As opiniões variavam, e a demanda parecia diferente nos diferentes lugares. Mas algumas obras pareciam destinadas ao sucesso em qualquer parte — principalmente as *Confissões*, de Rousseau. Ainda não haviam sido lançadas, mas todos os livreiros tinham absoluta certeza de que os editores estavam tentando arrematar secretamente o manuscrito e todos faziam o maior estardalhaço para receber os exemplares. Tendo consultado os canais internos em Lyon, Valence, Orange, Avignon, Nîmes e Marselha, Favarger informou:

> Todo mundo me pede as memórias de J. J. Rousseau, e todo mundo acredita piamente que elas existem, se não em Paris,

muito provavelmente na Holanda. Seria um livro para tirar 3 mil exemplares, se conseguíssemos pegá-lo logo.

O diálogo continuou do mesmo jeito por uma vasta extensão do reino. De volta a Neuchâtel, Favarger tinha aprendido mais sobre as condições sociais da literatura setecentista do que jamais poderá pretender qualquer historiador.[15]

Depois de impressos por trabalhadores como Bonnemain e vendidos por agentes como Favarger, os livros tinham de chegar aos compradores espalhados por toda a Europa. Cerca de metade dos clientes da STN eram livreiros varejistas da França, e uma grande proporção de suas encomendas eram livros ilegais, edições pirateadas de obras inofensivas publicadas na França ou obras proibidas que não podiam ser vendidas abertamente e só eram remetidas com medidas de precaução — contrabando, diríamos nós; "seguro", como se dizia no comércio clandestino dos livros do século XVIII.

Os empreiteiros ("seguradores") firmavam com a STN que levariam os livros pela fronteira francesa. Contratavam equipes de "portadores", davam-lhes uma bebida forte numa estalagem no lado suíço da fronteira e enviavam-nos pelas trilhas das montanhas, com mochilas de livros, que eram entregues em entrepostos secretos no lado francês. Um agente francês então transferia-os para caixas, e mandava-as como mercadorias nacionais com notas falsas de transporte, para as livrarias de todas as partes do reino. Esquadrões móveis da inspetoria alfandegária patrulhavam a fronteira. Se apanhassem um portador, confiscavam os livros, e o segurador tinha de pagar uma indenização à STN. O portador podia ser marcado com as letras GAL, de *galérien*, e enviado a ferros para remar nas galés, por alguns anos ou, se fosse reincidente, pelo resto da vida.

O seguro, portanto, era um negócio duro, e o empreiteiro que assumia a tarefa conduzia uma negociação cerrada, calculando com precisão a margem de lucro e de risco. Guillon *l'aîné*, um contrabandista de Clairvaux, cobrava 16% do valor da mercadoria para atravessar a fronteira. Seus homens carregavam os livros nas costas em cargas de quarenta quilos, ou 35 se a camada de neve fosse alta. Em março de 1773, dois deles, inclusive o "chefe", foram apanhados. Guillon temia que jamais conseguisse tirá-los da cadeia, porque o bispo de Saint-Claude se tomou de um interesse especial pelo caso e entre os livros estava o romance utópico de Mercier, *O ano 2440*, que não apresentava a Igreja de uma maneira muito simpática. Guillon pagou tudo, a um custo de 240 libras (cerca de seis meses de salário de um trabalhador da STN) e discorreu para a STN sobre sua boa-fé como profissional: "Professo ser honesto e correto. [...] Ficaria transtornado se os fizesse perder nem que fosse um vintém". E aí subiu seus honorários para 20% do valor da mercadoria. O que aconteceu com os portadores, não é possível determinar.[16]

As dificuldades não terminavam com a chegada dos livros aos depósitos varejistas, porque os livreiros tinham de vendê-los e pagar suas contas à STN, que por sua vez empregava o dinheiro para remunerar os impressores, os fabricantes de papel e os autores das próximas obras na linha de produção. O livreiro podia ser considerado o intermediário mais importante de todo o sistema, pois operava na área crucial em que a oferta se cruzava com a demanda.

Os livreiros se distribuíam em muitas variedades. Alguns eram pilares cívicos da sociedade, alguns viviam de expedientes no limite extremo da lei. Tenho uma certa queda por estes últimos, cuja maneira de fazer negócios pode ser avaliada a partir do caso de Nicholas Gerlache.

Gerlache começou a vida como curtidor. O curtume levou à encadernação, a encadernação à venda ambulante de livros, a venda ambulante ao contrabando, e o contrabando à prisão. Em seu relatório policial, Gerlache aparece como o chefe de um grupo de contrabandistas que operava na fronteira nordeste da França: "Ele habita nos esgotos do Parnaso, vive de suas imundícies e anima o enxame de insetos que cobre a área de fronteira e ameaça se espalhar por todo o reino". (A polícia do Antigo Regime apreciava um modo de expressão mais literário do que o de seus sucessores no século XX.)[17]

Libertado em 1767, Gerlache prometeu se emendar. Voltou a trabalhar como curtidor em Metz, e os relatórios dos espiões de polícia indicavam que ele estava se mantendo afastado dos "maus livros", como dizia a polícia. (Para os profissionais do ramo, eram "livros filosóficos".) Em 1770, as coisas estavam melhorando. Gerlache tinha cortejado e conquistado uma moça que lhe trouxe um dote de 2400 libras francesas — uma boa soma para uma noiva dos estratos superiores das classes baixas — e uma sogra compreensiva.[18]

O jovem casal decidiu montar uma pequena livraria e oficina de encadernação. A mãe da noiva deu um adiantamento de 800 libras para o couro, e o dote se foi nos móveis, aluguel e equipamento de encadernação. O estoque veio de J. L. Boubers, um editor e distribuidor de Bruxelas especializado em "livros filosóficos" que então estava colaborando com a STN numa edição do famoso *Sistema da natureza*, de D'Holbach.

Nesse ponto, Gerlache aflora na correspondência de Neuchâtel. Ele aparece em suas cartas como um rapaz sério e trabalhador, decidido a começar um negócio próprio e fazer algo na vida.

> Sou de uma família que decaiu em tempos difíceis e agora não tem nada. Fui obrigado a aprender o ofício de curtidor; mas sentindo um grande entusiasmo pelo comércio, de bom grado deixei minha profissão para aceitar a oferta que M. Bourbers fez a mim. [...] E agora coloquei em meu negócio os cem luíses que recebi ao casar com a pessoa que tenho a felicidade de possuir e que parece ter nascido para o trabalho e o comércio.[19]

Há de se dar um desconto pelo fato de que Gerlache estava tentando causar boa impressão num fornecedor e conseguir algum crédito. Mas a STN interrogou negociantes locais, e eles o descreveram como "um rapaz que trabalha duro e é muito correto em sua conduta". Gerlache comprou uma *lettre de maîtrise* por 803 libras, que lhe dava o direito de participar no setor livreiro sob a supervisão da corporação em Nancy, cidade vizinha. Ele firmou uma linha de fornecimento com a STN e a Société Typographique de Sarrebruck, além de Boubers em Bruxelas. Comprou um cavalo e uma carroça, e vendia livros no campo enquanto sua mulher cuidava da loja em Metz. E ele fundou um clube de leitura (*cabinet littéraire*), onde os moradores da cidade, principalmente os soldados da guarnição local, podiam ler qualquer coisa em sua loja por três libras mensais — um pouco mais do que o soldo diário de um carpinteiro qualificado.[20]

Gerlache tinha um sortimento variado de livros, mas aparentemente especializou-se na variedade "má" ou "filosófica" que, cinco anos antes, criara-lhe problemas com a polícia. Suas cartas indicam que seus fregueses cobiçavam os frutos mais proibidos: ateísmo (*Sistema da natureza*, *Os três impostores*), pornografia (*Teresa, a filósofa*) e escândalo político (*O jornalista de armadura*).

A correspondência de Gerlache permite acompanhar mês a mês o destino de seu pequeno negócio. O primeiro ano foi particularmente difícil devido à demora em formar uma clientela. Mas o clube de leitura garantiu um fluxo promissor de clientes no segundo ano, embora Gerlache tivesse de se manter afastado de casa, em longas e árduas expedições de caixeiro-viajante. Também fez algum contrabando para Boubers, o qual, como veio a se revelar, preferia empregá-lo para esse comércio ilícito do que para a venda a varejo. As relações com Bruxelas se deterioraram, e o fornecimento do noroeste findou. Mas Gerlache fortaleceu sua aliança com a Société Typographique de Sarrebruck. Em junho de 1772, seu gabinete de leitura tinha aumentado para 150 membros, e ele calculava que a loja estava rendendo 2400 libras por ano, o suficiente para alimentar uma família.

Os Gerlache estavam se preparando para acomodar um bebê nos aposentos em cima da loja. Mas, quando Mme. Gerlache se aproximava do final da gravidez, sua mãe ficou gravemente enferma. "Estou num momento crítico", escreveu Gerlache à STN. "Minha sogra está para morrer e minha mulher para dar à luz, e receio que a morte da mãe lhe fará muito mal." A mulher e o bebê sobreviveram, mas a sogra morreu. Ela deixou 6 mil libras, e Gerlache começou a fazer encomendas maiores, pagando com letras de câmbio com vencimento de doze a dezoito meses.[21]

Logo foi além de suas forças. Em 1773, quando houve a transferência de uma guarnição militar, da qual faziam parte alguns de seus melhores fregueses, ele viu que não conseguiria saldar algumas contas. Implorou um adiamento, protestando que "preferia morrer a deixar de pagar qualquer conta minha".[22]

Mas, poucos meses depois, viu-se acuado e tinha de lutar pela sua vida. O tom das cartas mudou. Se algum credor tentava pressioná-lo, ele advertia: "Vou atear fogo em tudo o que tenho para impedir que a lei confisque". Ele implorou à STN que lhe remetesse obras mais ousadas, "no gênero do *Sistema social*" (um opúsculo radical do barão D'Holbach), para aproveitar a demanda por livros proibidos. Mas, quando a STN viu que ele estava assumindo riscos maiores, ela se negou a conceder qualquer outro crédito. Em outubro de 1774, seu fornecedor em Saarbrücken foi à falência — uma catástrofe, informou Gerlache, que "me afunda numa situação desesperadora". Ele conseguiu se separar legalmente da esposa, de modo que as propriedades dela não pudessem ser reivindicadas pelos credores. E em novembro ele sumiu, deixando para trás mulher e filho.[23]

Não há um livreiro que possa representar tipicamente o ramo, mas encontrei inúmeras carreiras que terminaram como a de Gerlache: Pascot de Bordeaux "safou-se"; Brotes de Anduze, "fugitivo"; Boyer de Marselha "não está mais aqui, escapou para os Estados Unidos"; Planquais de Saint-Maixant, "dizem que se alistou no exército"; Blondel de Bolbec "fugiu, foi intimado à justiça pelo apregoador da cidade batendo um tambor"; a viúva Reguilliat de Lyon, "falência" mantendo-se escondida para "manter minha pessoa num local seguro para evitar os horrores da prisão"; o escrivão de Boisserand em Roanne, desaparecido com a caixa de dinheiro, "de tal modo que me é impossível mandar prendê-lo"; a seguir, o próprio Boisserand:

> saído da cidade, visto que não podia fazer frente a suas dívidas. [...] Sua pobre mulher me pede que eu solicite sua piedade [...] porque ele trabalhou duro e viveu miseravelmente toda a sua vida e deixou vários filhos sem condições de se defenderem sozinhos.

Jarfaut de Melun:

> Há três anos, esse livreiro desapareceu, dizem que alistado para as colônias. Sua mulher e filhos, que estão vivendo aqui de caridade, não têm recebido nenhuma notícia dele. Talvez tenha morrido. [...] A única coisa certa é que a mulher de Jarfaut e seus cinco filhos estão vivendo na mais horrível miséria.[24]

Evidentemente, muitos livreiros permaneciam "sólidos", para empregar um de seus termos favoritos. Mas fiquei assombrado com o número dos que soçobraram. Antes do passivo limitado e da Revolução Industrial, o capitalismo sofria de um alto índice de perdas entre os empreendedores. Grandes negociantes e pequenos comerciantes muitas vezes arriscavam tudo o que tinham; e, quando perdiam, perdiam tudo. A última carta em vários dossiês de Neuchâtel é escrita por uma mulher abandonada ou um amigo da família, e termina com uma expressão que, no século XVIII, significava o fim das esperanças: "Ele deixou suas chaves debaixo da porta".[25]

Será que esses rápidos relances na vida dos intermediários literários modificam nosso quadro da literatura? Não posso pretender que as obras de Voltaire e Rousseau assumam um novo sentido se soubermos quem as vendia. Mas, procurando conhecer Ostervald, Bosset, Morel, Bonnemain, Favarger, Guillon e Gerlache, podemos ter a sensação do século XVIII dos livros como artefatos. É claro que é fundamental estudar as edições originais. Tomando-os em toda a sua existência física, pode-se captar algo da experiência literária de dois séculos atrás.

Talvez isso soe como misticismo, mas também pode dissolver um pouco da mistificação que se instalou com a concepção da história literária como o grande homem e o grande livro. Os grandes livros fazem parte de um conjunto canônico de clássicos selecionados retrospectivamente, ao longo dos anos, pelos profissionais que se encarregaram da literatura — isto é, pelos críticos e professores universitários cujos sucessores agora deconstroem-na. Esse tipo de literatura talvez nunca tenha sequer existido fora da imaginação dos profissionais e seus estudantes.

Para os franceses do século XVIII, a literatura — ou a República das Letras, como diriam eles — certamente incluía Voltaire e Rousseau. Mas também incluía Pidansat de Mairobert, Moufle d'Angerville e uma legião de outros escritores que desapareceram da história literária. Suas obras se alinhavam nas estantes setecentistas ao lado de *Candide* e *O contrato social*. Uma lista de sucessos editoriais do Antigo Regime teria de incluir *O ano 2440*, *Teresa, a filósofa* e inúmeros outros "maus livros". Até que ponto eram ruins? São de leitura muito agradável hoje em dia. E, mais importante, eles abrem a possibilidade de reler a história literária. E, se forem estudados em ligação com o sistema de produção e difusão da palavra impressa, poderão nos levar a repensar nossa ideia sobre a própria literatura.

9. PRIMEIROS PASSOS PARA UMA HISTÓRIA DA LEITURA

Ovídio dá um conselho sobre como ler uma carta de amor:

> Se o teu amante te fizer propostas por meio de algumas palavras inscritas em tabuinhas enviadas a ti através de um serviçal engenhoso, medita cuidadosamente sobre elas, pesa as frases dele e tenta adivinhar se o seu amor é apenas fingido ou se suas súplicas na verdade vêm de um coração sinceramente apaixonado.

O poeta romano podia ser qualquer um de nós. Ele fala de um problema que poderia surgir em qualquer época, que parece existir fora do tempo. Ao ler sobre a leitura em *A arte de amar*, é como se ouvíssemos uma voz falando-nos diretamente a uma distância de 2 mil anos.

Mas, se continuamos a ouvir, a voz soa de maneira mais estranha. Ovídio prossegue e prescreve técnicas para se comunicar com uma amante pelas costas do marido:

> Que a mulher casada tema o marido; que sua vigilância seja bem assegurada; [...] Se for firme tua vontade, saberás enganar, ainda que os que te guardem sejam tão numerosos quanto os olhos de Argos. Com efeito, poderia um guardião impedir de escreveres quando tens tempo enquanto te preparas no toucador, quando as tabuinhas escritas podem ser levadas por uma cúmplice, que as esconderá sobre o tépido peito, sob a ampla faixa ou bem apertado de encontro à barriga da perna e levará as doces mensagens sob os pés atados? Se o guardião desconfiar disso, que a cúmplice ofereça as costas e leve as palavras escritas na pele.[1]

Supõe-se que a amante vá despir a criada e ler seu corpo — o que não é propriamente o tipo de comunicação que, hoje, associamos à redação de cartas. Apesar de sua aparência de enganosa contemporaneidade, *A arte de amar* nos lança a um mundo que mal podemos imaginar. Para entender a mensagem, temos de conhecer um pouco da mitologia romana, das técnicas de escrita e da vida doméstica. Temos de conseguir nos imaginar como a mulher de um patrício romano e avaliar o contraste entre a moral formal e os costumes de um mundo entregue ao refinamento e ao ceticismo, numa época em que o Sermão da Montanha estava sendo pregado numa língua bárbara, a uma grande distância do campo auditivo dos romanos.

Ler Ovídio é enfrentar o próprio mistério da leitura. Ao mesmo tempo familiar e estranha, é uma atividade que partilhamos com nossos ancestrais, mas nunca poderá ser igual ao que eles vivenciavam. Podemos alimentar a ilusão de sair do tempo para estabelecer contato com autores que viveram séculos atrás. No entanto, mesmo que seus textos tenham chegado até nós sem nenhuma alteração — o que é praticamente impossível, considerando-se a evolução do formato e dos livros como objetos físicos —, nossa relação com tais textos não pode ser a mesma dos leitores do passado. A leitura tem uma história. Mas como recuperá-la?

Poderíamos começar procurando leitores nos arquivos. Carlo Ginzburg encontrou um entre os documentos da Inquisição: um humilde moleiro do século XVI no Friuli. Em suas sondagens para descobrir alguma heresia, o inquisidor perguntou à vítima sobre suas leituras. Menocchio respondeu com uma enfiada de títulos e comentários elaborados sobre cada um deles. Ao comparar os textos e os comentários, Ginzburg descobriu que Menocchio tinha lido uma grande quantidade de histórias bíblicas, crônicas e livros de viajantes, do gênero existente em muitas bibliotecas nobres. Menocchio não estava simplesmente recebendo mensagens transmitidas de cima para baixo na ordem social. Ele lia agressivamente, transformando o conteúdo do material à sua disposição numa concepção radicalmente não cristã do mundo. Se se pode remontar essa concepção a uma antiga tradição popular, como alega Ginzburg, é uma questão discutível, mas ele certamente demonstrou que é possível estudar a leitura como uma atividade entre as pessoas simples de quatro séculos atrás.[2]

Em minha pesquisa sobre a França setecentista, passei por um leitor de sólido perfil de classe média. Era um comerciante de La Rochelle chamado Jean Ranson, um rousseauniano apaixonado. Ranson não se limitava a ler Rousseau e lacrimejar: ele incorporou as ideias de Rousseau ao tecido de sua vida, conforme ia montando seu negócio, apaixonando-se, casando e criando os filhos. A leitura e a vida são *leitmotifs* que correm paralelamente numa preciosa série de cartas que Ranson escreveu entre 1774 e 1785, e mostram como o rousseaunismo foi absorvido no estilo de vida da burguesia interiorana sob o Antigo Regime. Rousseau, depois da publicação de *La nouvelle Héloïse*, tinha recebido uma enxurrada de cartas de leitores como Ranson. Creio que foi a primeira onda de cartas de fãs na história da literatura, embora Richardson já tivesse provocado algumas ondulações impressionantes na Inglaterra. O correio revela que os leitores de toda parte da França reagiam como Ranson e, além do mais, essas reações condiziam com as que tinham sido invocadas por Rousseau, nos dois prefácios a seu romance. Ele dera aos leitores as instruções para lê-lo. Atribuíra-lhes papéis e lhes oferecera uma estratégia para entender o romance. A nova maneira de ler deu tão certo que *La nouvelle Héloïse* se tornou o maior sucesso de vendas do século, a fonte individual mais importante da sensibilidade romântica. Essa sensibilidade agora está extinta. Nenhum leitor moderno há de chorar ao longo dos seis volumes de *La nouvelle Héloïse*, como fizeram seus predecessores há duzentos anos. Mas, na sua época, Rousseau cativou uma geração inteira de leitores revolucionando a própria leitura.[3]

Os exemplos de Menocchio e Ranson sugerem que a leitura e a vida, a interpretação dos textos e a compreensão da vida, relacionavam-se de uma maneira muito mais íntima no início do período moderno do que na atualidade. Mas, antes de saltarmos para as conclusões, precisamos percorrer um maior número de arquivos, comparando o relato dos leitores sobre suas experiências com as anotações de leitura em seus livros e, quando possível, com seus comportamentos. Acreditava-se que *Die Leiden des jugen Werthers* [*Os sofrimentos do jovem Werther*] havia desencadeado uma onda de suicídios na Alemanha. Não estará a *Wertherfieber* madura para um novo exame? Os pré-rafaelitas na Inglaterra oferecem exemplos semelhantes da vida que imita a arte, tema que pode ser percorrido de *Don Quixote* a *Madame Bovary* e *Miss Lonely Hearts* [*Miss Corações Solitários*]. Em cada caso, a ficção poderia ser destacada e comparada com documentos — bilhetes reais de suicídio, diários e cartas ao editor. A correspondência dos autores e os documentos dos editores são fontes ideais de informações sobre leitores de carne e osso. Existem dúzias de cartas de leitores na correspondência publicada de Voltaire e Rousseau, e nos papéis inéditos de Balzac e Zola.[4]

Em suma, há de ser possível desenvolver uma história, bem como uma teoria da reação do leitor. Possível, mas não fácil, pois os documentos raramente mostram os leitores em atividade, modelando o sentido a partir dos textos, e os próprios documentos também são textos, o que requer interpretação. Poucos têm uma riqueza tal que possa fornecer um acesso, mesmo que indireto, aos elementos cognitivos e afetivos da leitura, e um ou outro caso excepcional talvez não seja suficiente para se reconstruírem as dimensões internas dessa vivência. Mas os historiadores do livro já trouxeram à luz grandes quantidades de informações sobre a história externa da leitura. Tendo-a estudado como um fenômeno social, eles podem responder a muitas perguntas sobre "quem", "o quê", "onde" e "quando", o que pode ser de grande auxílio para tratar as perguntas mais difíceis sobre os "comos" e os "porquês".

Os estudos sobre quem lê o quê em diferentes épocas se dividem em dois tipos principais, o macro e o microanalítico. A macroanálise se desenvolveu principalmente na França, onde ela se alimenta de uma vigorosa tradição de história social quantitativa. Henri-Jean Martin, François Furet, Robert Estivals e Frédéric Barbier traçaram a evolução dos hábitos de leitura desde o século XVI até o presente, utilizando séries de longa duração elaboradas a partir do *dépôt légal*, registros dos direitos do livro, e a *Bibliographie de la France*, anual. É possível ver muitos fenômenos intrigantes nas ondulações de seus gráficos: o declínio do latim, a ascensão do romance, o fascínio geral pelo mundo imediato da natureza e pelos mundos distantes dos países exóticos que se difundiu entre o público culto entre a época de Descartes e Bougainville. Os alemães montaram uma série ainda mais longa de estatísticas, graças a uma fonte especialmente rica: os catálogos das feiras de livros de Frankfurt e Leipzig, que vão de meados do século XVI a meados do século XIX. (O catálogo de Frankfurt foi publicado sem interrupções de 1564 a 1749, e o catálogo de Leipzig, que é publicado desde 1594, pode ser substituído pelo *Hinrichssche Verzeichnisse*, para o período posterior a 1797.) Embora tenham seus inconvenientes, os catálogos oferecem um índice aproximado para a leitura alemã desde a Renascença, e têm sido garimpados por uma sucessão de historiadores alemães do livro, desde que Johann Goldfriedrich publicou sua monumental *Geschichte des deutschen Buchhandels* em 1908-9. O mundo de leitores de língua inglesa não tem nenhuma fonte que se compare, mas para o período posterior a 1557, quando Londres começou a dominar o setor gráfico, os documentos da London Stationers' Company têm oferecido a H. S. Bennett, W. W. Greg e outros uma grande quantidade de material para traçar a evolução do setor de livros na Inglaterra. Embora a tradição britânica de bibliografia não privilegie a compilação de estatísticas, existem muitas informações quantitativas nos catálogos de títulos abreviados que foram publicados desde 1475. Giles Barber montou alguns gráficos de tipo francês a partir dos registros alfandegários. E Robert Winans e G. Thomas Tanselle avaliaram as leituras americanas em seus primeiros tempos, retrabalhando a enorme *American bibliography* de Charles Evans (18 mil entradas para o período 1638-1783, incluindo, infelizmente, uma população indeterminada de "fantasmas").[5]

Toda essa compilação e contagem oferece algumas linhas de orientação para os hábitos de leitura, mas às vezes as generalizações parecem genéricas demais para serem satisfatórias. O romance, como a burguesia, parece estar sempre em ascensão, e os gráficos caem nos pontos esperados — muito particularmente durante a Guerra dos Trinta Anos na feira de Leipzig, e durante a Primeira Guerra Mundial na França. Os quantitativistas, em sua maioria, dividem suas estatísticas em categorias vagas como "artes e ciências" e "*belles lettres*", impróprias para identificar fenômenos específicos como a Controvérsia da Sucessão, o jansenismo, o Iluminismo ou o Ressurgimento Gótico — os mesmos temas que têm atraído a maior atenção entre estudiosos da literatura e historiadores da cultura. A história quantitativa dos livros terá de refinar suas categorias e definir melhor seu foco para que possa ter um impacto considerável sobre as correntes de estudo tradicionais.

Mas os quantitativistas desvendaram algumas configurações estatísticas significativas, e seus resultados seriam ainda mais impressionantes se houvesse um maior empenho em estabelecer comparações entre um e outro país. Por exemplo, as estatísticas sugerem que o ressurgimento cultural da Alemanha no final do século XVIII estava ligado a uma febre quase epidêmica de leitura, a chamada *Lesewut* ou *Lesesucht*. O catálogo de Leipzig só voltou a atingir o nível que alcançara antes da Guerra dos Trinta Anos em 1764, quando incluiu 1200 títulos de livros recém-publicados. Com o início do *Sturm und Drang*, ele aumentou para 1600 títulos em 1770, depois para 2600 em 1780 e 5 mil em 1800. Os franceses seguiram um outro modelo. A produção de livros aumentou gradualmente durante um século desde a paz de Westfália (1648) — um século de grande literatura, de Corneille à *Encyclopédie*, que coincidiu com o declínio na Alemanha. Porém, nos cinquenta anos seguintes, quando os números alemães subiram, o aumento na França parece relativamente modesto. De acordo com Robert Estivals, os pedidos de autorização para publicar novos livros (*privilèges* e *permissions tacites*) chegaram a 729 em 1764, 896 em 1770 e apenas 527 em 1780, e os novos títulos submetidos ao *dépôt légal* em 1800 totalizavam setecentos. É claro que diferentes tipos de documentos e critérios de mensuração podem gerar diferentes resultados, e as fontes oficiais excluem a enorme produção de livros franceses ilegais. Mas, quaisquer que sejam suas falhas, os números indicam um grande salto na vida literária alemã após um século de domínio francês. A Alemanha também contava com um maior número de escritores, embora a população das áreas francófonas e germanófonas fosse aproximadamente a mesma. Um almanaque literário alemão, *Das gelehrte Teutschland*, relacionou 3 mil autores vivos em 1772 e 4300 em 1776. Uma publicação francesa análoga, *La France littéraire*, incluiu 1187 autores em 1757 e 2367 em 1769. Enquanto Voltaire e Rousseau afundavam na velhice, Goethe e Schiller nadavam numa onda de criatividade literária, muito mais poderosa do que se imaginaria se se considerassem apenas as histórias convencionais da literatura.[6]

As comparações estatísticas cruzadas também auxiliam no mapeamento das correntes culturais. Depois de tabular os privilégios de livros ao longo de todo o século XVIII, François Furet descobriu um declínio acentuado nos ramos mais antigos do saber, principalmente a literatura latina humanista e clássica que, segundo as estatísticas de Henri-Jean Martin, havia prosperado no século anterior. Após 1750, passaram a prevalecer gêneros mais novos, como os livros classificados sob a rubrica "artes e ciências". Daniel Roche e Michel Marion observaram uma tendência semelhante, ao levantarem os arquivos notariais de Paris. Romances, livros de viajantes e obras de história natural tendiam a desalojar os clássicos nas bibliotecas de nobres e burgueses abastados. Todos os estudos apontam para uma queda significativa na literatura religiosa durante o século XVIII. Eles confirmam a pesquisa quantitativa em outras áreas de história social — a de Michel Vovelle sobre os rituais fúnebres, por exemplo, e o exame de Dominique Julia sobre as práticas de ensino e ordenações clericais.[7]

Os levantamentos temáticos da leitura alemã complementam os da leitura francesa. Rudolf Jentzsch e Albert Ward descobriram uma queda vertical nos livros latinos e um aumento correspondente nos romances nos catálogos das feiras de Leipzig e Frankfurt. No final do século XIX, segundo Eduard Reyer e Rudolf Schenda, os perfis de empréstimos em bibliotecas alemãs, inglesas e americanas tinham passado a compartilhar um modelo extraordinariamente parecido: 70-80% dos livros pertenciam à categoria de ficção leve (basicamente romances), 10% correspondiam a história, biografias e viagens, e menos de 1% pertencia à religião. Em pouco mais de duzentos anos, o mundo da leitura havia se transformado. A ascensão do romance contrabalançava um declínio na literatura religiosa, e em quase todos os casos poder-se-ia situar a virada na segunda metade do século XVIII, especialmente nos anos 1770, os anos da *Wertherfieber*. *Die Leiden des jungen Werthers* suscitou uma reação ainda mais espetacular na Alemanha do que *La nouvelle Héloïse* na França ou *Pamela* na Inglaterra. Os três romances marcavam o triunfo de uma nova sensibilidade literária, e as últimas frases de *Werther* pareciam anunciar o advento de um novo público leitor, simultâneo à morte de uma cultura cristã tradicional: "Trabalhadores carregaram [o corpo]. Nenhum padre o acompanhou".[8]

Assim, apesar de todas as suas variedades e contradições ocasionais, os estudos macroanalíticos sugerem algumas conclusões gerais, algo de parecido com o "desencantamento do mundo" de Max Weber. Isso, porém, pode parecer abrangente demais para ser de grande ajuda. Os que preferem a precisão podem recorrer à microanálise, embora geralmente ela passe para o extremo oposto — o detalhismo excessivo. Temos centenas de listas de livros em bibliotecas, desde a Idade Média até o presente, numa quantidade que ninguém conseguiria ler. Mas a maioria de nós concordaria que o catálogo de uma biblioteca particular pode servir como perfil de um leitor, mesmo que não leiamos todos os livros que possuímos e leiamos muitos livros que nunca compraremos. Examinar o catálogo da biblioteca em Monticello é inspecionar os materiais do cérebro de Jefferson.[9] E o estudo das bibliotecas particulares tem a vantagem de ligar o "quê" com o "quem" da leitura.

Também nessa área, os franceses tomaram a dianteira. O ensaio de Mornet, "Les enseignements des bibliothèques privées", de 1910, comprovou que o estudo dos catálogos de bibliotecas poderia gerar conclusões que questionavam alguns lugares-comuns da história literária. Depois de tabular títulos de quinhentos catálogos setecentistas, ele descobriu apenas um exemplar do livro que devia ser a Bíblia da Revolução Francesa, *O contrato social* de Rousseau. As bibliotecas estavam cheias de obras de autores que foram completamente esquecidos, e não davam nenhuma base para vincular determinados tipos de literatura (a obra dos filósofos, por exemplo) a determinadas classes de leitores (a burguesia). Depois de setenta anos e várias contestações, o trabalho de Mornet ainda impressiona. Mas surgiu uma vasta literatura em torno dele. Agora temos estatísticas sobre as bibliotecas de nobres, magistrados, padres, acadêmicos, burgueses, artesãos e até alguns criados domésticos. Os estudiosos franceses têm analisado a leitura entre as camadas sociais de certas cidades — a Caen de Jean-Claude Perrot, a Paris de Michel Marion — e em regiões inteiras — a Normandia de Jean Quéniart, o Languedoc de Madeleine Ventre. Em sua maioria, eles se baseiam em *inventaires après décès*, registros notariais de livros nos patrimônios dos falecidos. Assim, são afetados pelo viés embutido nos documentos, que geralmente deixam de lado os livros de pequeno valor comercial ou se limitam a afirmações vagas como "uma pilha de livros". Ainda assim, a atenção dada aos registros de notários captou muitas coisas na França, muito mais do que na Alemanha, onde Rudolf Schenda considera os inventários lamentavelmente impróprios como guias para os hábitos de leitura da gente simples. O estudo germânico mais completo é, provavelmente, o levantamento de Walter Wittmann sobre os inventários desde o final do século XVIII em Frankfurt am Main. O estudo apontou que 100% dos funcionários mais graduados, 51% dos comerciantes, 35% dos mestres artesãos e 26% dos artesãos com grau de oficial possuíam livros. Daniel Roche descobriu uma configuração semelhante entre o povo comum de Paris: apenas 35% dos trabalhadores assalariados e criados domésticos que aparecem nos arquivos notariais por volta de 1780 tinham livros. Mas Roche também descobriu muitas indicações de familiaridade com a palavra escrita. Em 1789, quase todos os criados domésticos sabiam assinar seus nomes nos inventários. Um grande número possuía escrivaninhas, totalmente equipadas com materiais de escrita e cheias de papéis de família. Muitíssimos artesãos e lojistas passavam vários anos da infância na escola. Antes de 1789, Paris contava com quinhentas escolas primárias, uma para cada mil habitantes, na sua maioria gratuitas. Os parisienses eram leitores, conclui Roche, porém a leitura não assumia a forma dos livros que aparecem nos inventários. Ela se referia a brochuras baratas, folhetos, cartazes, cartas pessoais e mesmo os sinais nas ruas. Os parisienses liam em seu percurso pelas ruas e pela vida, mas o percurso de sua leitura não deixou rastros suficientes nos arquivos que permitissem ao historiador segui-la de perto em seu encalço.[10]

É necessário, pois, que ele busque outras fontes. As listas de assinaturas constituem uma fonte muito procurada, embora normalmente elas cubram apenas leitores de preferência abastados. Do final do século XVII ao começo do século XIX, na Inglaterra, muitos livros eram publicados por subscrição e traziam as listas dos assinantes. Os pesquisadores do Projeto de Biobibliografia Histórica em Newcastle-upon-Tyne têm utilizado essas listas para trabalhar na direção de uma sociologia histórica do leitor. Na Alemanha, estão sendo empreendidas iniciativas semelhantes, principalmente entre os estudiosos de Klopstock e Wieland. Talvez 1/6 de livros alemães novos tenha sido publicado pelo sistema de subscrição entre 1770 e 1810, quando essa prática atingiu seu ápice. Mas, mesmo em seu *Blütezeit*, as listas de assinantes não oferecem uma visão acurada do público leitor. Deixaram de fora o nome de muitos assinantes, incluíram outros que funcionavam como patronos e não como leitores, e geralmente representavam mais o talento de venda de alguns empresários do que os hábitos de leitura do público culto, segundo algumas críticas demolidoras de Reinhard Wittmann contra a pesquisa de listas de assinantes. O trabalho de Wallace Kirsop sugere que esse tipo de pesquisa tem melhores probabilidades de êxito na França, onde a publicação por assinatura também prosperou no final do século XVIII. Mas as listas francesas, assim como as outras, geralmente favorecem os leitores mais ricos e os livros mais luxuosos.[11]

Os arquivos das bibliotecas circulantes oferecem uma melhor oportunidade de estabelecer conexões entre os gêneros literários e as classes sociais, mas são poucos os que restaram. Os mais notáveis são os registros de empréstimos da biblioteca ducal de Wolfenbüttel, que vão de 1666 a 1928. De acordo com Wolfgang Milde, Paul Raabe e John McCarthy, eles mostram uma "democratização" significativa da leitura nos anos 1760: o número de livros emprestados duplicou, os usuários pertenciam a camadas sociais mais baixas (incluindo alguns carregadores, lacaios e oficiais de baixa patente no exército), e a matéria de leitura passou a ser mais leve, indo de volumes eruditos para romances sentimentais (as imitações de *Robinson Crusoé* eram particularmente preferidas). Curiosamente, os registros da Bibliothèque du Roi em Paris mostram que ela tinha o mesmo número de usuários na época — cerca de cinquenta por ano, incluindo um Denis Diderot. Os parisienses não podiam levar o livro para casa, mas desfrutavam da hospitalidade de uma era mais ociosa. Embora o bibliotecário só lhes abrisse as portas duas manhãs por semana, ele lhes oferecia uma refeição antes de despedi-los. Hoje, na Biblioteca Nacional, as condições são outras. Os bibliotecários tiveram de aceitar uma lei básica da economia: não existe essa história de almoço grátis.[12]

Os microanalistas apareceram com muitas outras descobertas — tantas, de fato, que estão com o mesmo problema dos macroquantificadores: como reunir tudo isso? A disparidade da documentação — catálogos de leilão, registros de tabelião, listas de assinantes, registros de bibliotecas — não facilita em nada a tarefa. Podem-se atribuir as divergências nas conclusões mais às peculiaridades das fontes do que ao comportamento dos leitores. E muitas vezes as monografias se anulam mutuamente: aqui os artesãos parecem letrados e ali iletrados, a literatura de viagens parece ter popularidade entre alguns grupos de alguns lugares e impopularidade entre outros alhures. Uma comparação sistemática entre os gêneros, meios, épocas e locais haveria de ter um ar de conspiração das exceções, tentando infirmar as regras.

Até agora, apenas um historiador do livro teve coragem suficiente de propor um modelo geral. Rolf Engelsing afirma que, no final do século XVIII, ocorreu uma "revolução da leitura" (*Leserevolution*). Segundo ele, da Idade Média até algum momento após 1750, as pessoas liam "intensivamente". Tinham apenas alguns livros — a Bíblia, um almanaque, uma ou duas obras religiosas — e liam-nos inúmeras vezes, geralmente em voz alta e em grupos, de forma que se imprimiu profundamente em suas consciências um estreito leque de literatura tradicional. Em 1800, as pessoas estavam lendo "extensivamente". Liam de tudo, em especial jornais e periódicos, e apenas uma vez, passando a seguir para o próximo artigo. Engelsing não apresenta muitas provas em favor de sua hipótese. Na verdade, a maior parte de sua pesquisa diz respeito apenas a uma pequena amostragem de moradores urbanos de Bremen. Mas ela tem uma atraente simplicidade de antes-e-depois, e oferece uma fórmula prática para modalidades contrárias de leitura em períodos muito distanciados da história europeia. Sua principal falha, a meu ver, é seu caráter unilinear. A leitura não evoluiu numa direção única, a da extensividade. Ela assumiu muitas formas diferentes entre diferentes grupos sociais em épocas diversas. As pessoas liam para salvar suas almas, refinar suas maneiras, consertar suas máquinas, seduzir os namorados, informar-se sobre as atualidades e simplesmente para se entreter. Em muitos casos, principalmente entre o público de Richardson, Rousseau e Goethe, a leitura tornou-se mais e não menos intensiva. Todavia o final do século XVIII realmente parece representar uma virada, um momento em que passou a existir uma maior quantidade de material de leitura disponível para um público mais amplo, um momento em que se pode ver o surgimento de uma massa de leitores que chegaria a proporções gigantescas no século XIX, com o desenvolvimento do papel feito a máquina, os prelos movidos a vapor, o linotipo e a alfabetização praticamente universal. Todas essas transformações abriram novas possibilidades, não por diminuir a intensidade, mas por aumentar a variedade.[13]

Assim, devo confessar um certo ceticismo em relação à "revolução da leitura". Mas um historiador americano do livro, David Hall, descreveu uma transformação nos hábitos de leitura dos habitantes da Nova Inglaterra, entre 1600 e 1850, em termos quase idênticos aos de Engelsing. Antes de 1800, os habitantes da Nova Inglaterra liam um pequeno corpo de respeitáveis "vendas constantes" — a Bíblia, almanaques, o *New England primer* [*Devocionário da Nova Inglaterra*], *Rise and progress of religion* [*Surgimento e progresso da religião*], de Philip Doddridge, *Call to the unconverted* [*Apelo aos não conversos*], de Richard Baxter —, e liam-nos repetidamente, em voz alta, em grupos, e com uma intensidade excepcional. Depois de 1800, viram-se inundados por novos tipos de livros — romances, jornais, variedades frescas e alegres de literatura infantil —, e liam-nos avidamente, descartando um tão logo encontravam outro. Mesmo sem terem nunca ouvido falar um do outro, Hall e Engelsing descobriram uma configuração semelhante em duas áreas totalmente diferentes do mundo ocidental. Talvez tenha ocorrido uma guinada fundamental na natureza da leitura, no final do século XVIII. Pode não ter sido uma revolução, mas marcou o término de um Antigo Regime — o reinado de Thomas Kempis, Johann Arndt e John Bunyan.[14]

O "onde" da leitura é mais importante do que se pode pensar, porque a contextualização do leitor em seu espaço pode fornecer indícios sobre a natureza de sua experiência. Na Universidade de Leyden, há uma estampa da sua biblioteca, com a data de 1610. Ela mostra os livros, pesados volumes *in foliu*, comprimidos em altas prateleiras que se destacam das paredes, numa sequência determinada pelas rubricas da bibliografia clássica: *Jurisconsulti*, *Medici*, *Historici*, e assim por diante. Os estudiosos estão espalhados pelo aposento, lendo os livros em balcões erguidos à altura do ombro, sob as prateleiras. Eles leem de pé, protegidos do frio por chapéus e capas grossas, com um pé apoiado numa barra para aliviar a pressão do corpo. A leitura não havia de ser cômoda na era do humanismo clássico. Em quadros feitos 150 anos depois, por exemplo, *La lecture* e *La liseuse*, de Fragonard, os leitores se estendem em *chaises longues* ou em poltronas bem acolchoadas, com as pernas apoiadas em banquetas. Muitas vezes são mulheres, trajando batas soltas, conhecidas na época como *liseuses*. Geralmente estão segurando um elegante volume *in-duodecimo*, com uma expressão distante nos olhos. De Fragonard a Monet, que também pintou uma *liseuse*, a leitura sai do *boudoir* para o ar livre. O leitor leva livros para o campo e o alto da montanha, onde pode, como Rousseau e Heine, comungar com a natureza. Poucas gerações depois, a natureza devia parecer deslocada nas trincheiras da Primeira Guerra Mundial, onde os jovens tenentes de Göttingen e Oxford conseguiam de alguma maneira encontrar espaço para um ou outro livrinho fino de poesias. Um dos livros mais preciosos em minha pequena coleção pessoal é uma edição de *Hymnen an Ideale der Menschheit*, de Hölderlin, com a anotação "Adolf Noelle, Januar 1916, nord-Frankreich" — presente de um amigo alemão que estava tentando explicar o alemão. Ainda não tenho certeza de que consiga entender, mas acho que a compreensão geral da leitura avançaria se pensássemos mais sobre sua iconografia e equipamentos, inclusive o mobiliário e as roupas.[15]

É claro que não se podem levar as pinturas ao pé da letra, como uma descrição de como as pessoas liam realmente. Mas elas podem revelar alguns pressupostos ocultos sobre o que as pessoas julgavam que deveria ser a leitura ou qual a atmosfera em que se devia ler. Greuze, em seu quadro *Um pai lendo a Bíblia para seus filhos*, certamente sentimentalizou o caráter coletivo da leitura. Provavelmente, foi também o que fez Restif de la Bretonne, nas leituras bíblicas em família descritas em *La vie de mon père*:

> Não posso recordar sem ternura a enlevada atenção com que se ouvia aquela leitura e a forma como ela difundia uma sensação de sincera fraternidade entre a família numerosa (e na família eu incluo os criados domésticos). Meu pai começava com essas palavras: "Preparem suas almas, meus filhos; o Espírito Santo está prestes a falar".

Mas, apesar de toda a sua sentimentalidade, essas descrições partem de um mesmo pressuposto: para o povo simples no início da Idade Moderna na Europa, a leitura constituía uma atividade social. Ela ocorria nas oficinas, celeiros e tavernas. Era quase sempre oral, mas não necessariamente edificante. Tal como o camponês na estalagem rural descrito por Christian Schubart, em 1786, com alguns toques róseos em volta:

> *Und bricht die Abendzeit herein,*
> *So trink ich halt mein Schöpple Wein;*
> *Da liest der Herr Schulmeister mir*
> *Was Neues aus der Zeitung für.**[16]

A instituição mais importante da leitura popular sob o Antigo Regime era uma reunião ao pé do fogo, conhecida como *veillée* na França e *Spinnstube* na Alemanha. Enquanto as crianças brincavam, as mulheres costuravam e os homens consertavam as ferramentas, alguém do grupo que soubesse decifrar um texto iria regalá-los com as aventuras de *Les quatre fils Aymon*, *Till Eulenspiegel* ou alguma outra história apreciada dentre o

* "E chega o fim da tarde,/ assim bebo pois meu copo de vinho;/ então o senhor professor lê para mim/ a notícia que tiver no jornal." (N. T.)

repertório corrente dos livretos populares baratos. Algumas dessas brochuras primitivas indicavam que se destinavam aos ouvidos, começando com expressões como: "O que vocês vão ouvir...". No século XIX, grupos de artesãos, particularmente os charuteiros e os alfaiates, revezavam-se para ler ou contratavam um leitor que os entretivesse enquanto estavam trabalhando. Mesmo hoje, muita gente se mantém informada com as notícias lidas pela televisão. A televisão talvez não seja tanto uma ruptura com o passado, como geralmente se supõe. De qualquer forma, para a maioria das pessoas ao longo de grande parte da história, os livros contavam mais com ouvintes do que com leitores. Eram mais ouvidos do que vistos.[17]

A leitura constituía uma experiência mais privada para o pequeno número de pessoas cultas que podiam se dar ao luxo de comprar livros. Mas muitas delas faziam parte de clubes de leitura, *cabinets littéraires* ou *Lesegesellschaften*, onde podiam ler quase tudo que quisessem, numa atmosfera social, por um pequeno pagamento mensal. Françoise Parent-Lardeur reconstituiu a proliferação desses clubes em Paris sob a Restauração, mas eles remontavam a uma boa parte do século XVIII. Os livreiros das províncias frequentemente transformavam suas livrarias em bibliotecas, e cobravam uma taxa pelo direito de frequentá-las. Uma boa iluminação, algumas cadeiras confortáveis, uns quadros nas paredes e a assinatura de meia-dúzia de jornais bastavam para converter praticamente qualquer livraria num gabinete de leitura. Tal era o *cabinet littéraire* anunciado por P. J. Bernard, um pequeno livreiro de Lunéville:

> Uma casa ampla, confortável, bem iluminada e bem aquecida, que estará aberta diariamente das nove da manhã até o meio-dia e da uma da tarde às dez da noite, oferecerá aos membros 2 mil volumes; e o estoque será aumentado anualmente com quatrocentos. [...] Uma sala no térreo e uma outra no andar de cima ficarão reservadas para conversas; todas as outras serão colocadas à disposição de leitores de jornais e livros.

Em novembro de 1779, o clube contava com duzentos membros, em sua maioria oficiais da *gendarmerie* local. Pela modesta quantia de 3 libras anuais, eles tinham acesso a 5 mil livros, treze jornais e salas especiais destinadas à socialização.[18]

Os clubes de leitura alemães, segundo Otto Dann, forneceram as bases sociais para uma variedade distinta de cultura burguesa no século XVIII. Cresceram a uma velocidade espantosa, principalmente nas cidades do norte. Martin Welke calcula que, entre cada quinhentos alemães adultos, em 1800, talvez um pertencia a uma *Lesegesellschaft*. Marlies Prüsener conseguiu identificar bem mais de quatrocentos clubes e pôde formar uma certa ideia sobre seus materiais de leitura. Todos possuíam um suprimento básico de periódicos, complementado por séries irregulares de livros, geralmente sobre temas bastante pesados, como história e política. Aparentam ter sido uma versão mais séria da cafeteria, ela própria uma instituição de leitura importante, que se difundiu pela Alemanha desde o final do século XVII. Em 1760, Viena tinha no mínimo sessenta cafeterias. Ofereciam jornais, revistas e ocasiões sem fim para discussões políticas, tal como se deu em Londres e Amsterdã por mais de um século.[19]

Assim, já conhecemos bastante coisa sobre as bases institucionais da leitura. Temos algumas respostas às perguntas sobre "quem", "o quê", "onde" e "quando". Mas os "comos" e os "porquês" se esquivam de nós. Ainda não criamos uma estratégia para compreender o processo interno pelo qual os leitores entendiam as palavras. Nem sequer compreendemos como nós próprios lemos, apesar dos esforços de psicólogos e neurologistas em acompanhar os movimentos dos olhos e mapear os hemisférios do cérebro. Será que o processo cognitivo é diferente para os chineses, que leem ideogramas, e para os ocidentais, que escandem as linhas? Para os israelenses, que leem palavras sem vogais, da direita para a esquerda, e para os cegos, que transmitem os estímulos pelos dedos? Para os asiáticos do sudeste, cujas línguas não dispõem de tempos verbais e ordenam a realidade em termos espaciais, e para os índios americanos, cujas línguas apenas recentemente foram transcritas por estudiosos estrangeiros? Para o devoto perante a Palavra de Deus e para o consumidor estudando os rótulos num supermercado? As diferenças parecem infinitas, pois a leitura não é simplesmente uma habilidade, e sim uma maneira de fazer sentido, que deve variar de cultura para cultura. Seria absurdo pretender encontrar uma fórmula capaz de explicar todas essas variações. Mas há de ser possível desenvolver uma forma de estudar as transformações na leitura dentro de nossa própria cultura. Eu gostaria de sugerir cinco abordagens do problema.

Em primeiro lugar, creio que é possível conhecer melhor os ideais e pressupostos por detrás da leitura no passado. Poderíamos estudar descrições de época sobre a leitura na ficção, em autobiografias, textos polêmicos, cartas, quadros e gravuras, com o objetivo de desvendar algumas noções básicas sobre o que as pessoas achavam que ocorria ao lerem. Consideremos, por exemplo, o grande debate sobre a febre de leitura no final do século XVIII na Alemanha. Os que deploravam a *Lesewut* não estavam simplesmente condenando seus efeitos sobre a moral e a política. Eles temiam que ela prejudicasse a saúde pública. Numa apostila de 1795, J. G. Heinzmann arrolou as consequências físicas do excesso de leitura:

> [...] suscetibilidade a resfriados, dores de cabeça, enfraquecimento da vista, acessos de febre, gota, artrite, hemorroidas, asma, apoplexia, doenças pulmonares, indigestão, obstrução intestinal; distúrbios nervosos, enxaquecas, epilepsia, hipocondria e melancolia.

Do lado positivo do debate, Johann Adam Bergk aceitava as premissas dos adversários, mas discordava das conclusões. Tomava por certo que nunca se devia ler logo após comer, nem quando se estivesse de pé. Mas, com uma disposição correta do corpo, podia-se fazer da leitura uma força benéfica. A "arte de ler" incluía lavar o rosto com água fria e fazer caminhadas ao ar livre, bem como a concentração e a meditação.

Ninguém questionava a ideia de que havia um elemento físico na leitura, porque ninguém traçava uma distinção nítida entre o mundo físico e o mundo moral. Nos séculos XVIII e XIX, os leitores tentavam "digerir" os livros, absorvê-los em sua totalidade, corpo e alma. Alguns extremistas interpretavam a leitura-como-digestão de maneira literal: era o caso de uma mulher em Hampshire, Inglaterra, que "comeu um Novo Testamento, dia a dia e folha por folha, entre duas fatias de pão com manteiga, como remédio para convulsões". Mais frequentemente, a ingestão de livros assumia a forma de um exercício espiritual, cujo caráter físico ainda se mostra nas páginas remanescentes. Os volumes da biblioteca de Samuel Johnson, agora de propriedade da sra. Donald F. Hyde, trazem suas folhas dobradas e amassadas, como se ele as tivesse percorrido à força.[20]

A leitura como exercício espiritual predominou nos séculos XVI e XVII. Mas como era feita? Pode-se procurar uma orientação nos manuais de jesuítas e nos tratados hermenêuticos dos protestantes. As leituras bíblicas em família ocorriam de ambos os lados da grande divisão religiosa. E, como indicava o exemplo de Restif de la Bretonne, tratava-se a Bíblia com um temor reverente, mesmo entre alguns camponeses católicos. É claro que Boccaccio, Castiglione, Cervantes, Erasmo e Rabelais tinham criado outros usos da leitura para a elite. Mas, para a grande parte das pessoas, a leitura continuava a ser uma atividade sagrada. Ela colocava a pessoa em presença do Verbo e revelava mistérios divinos. Como hipótese de trabalho, é válido afirmar que, quanto mais recuamos no tempo, tanto mais nos afastamos da leitura instrumental. Não só escasseiam os livros sobre "como fazer..." e aumentam os livros religiosos, como também a própria leitura é outra. Na época de Lutero e Loyola, ela dava acesso à verdade absoluta.

Em nível mais terreno, poder-se-iam rastrear pressupostos sobre a leitura em anúncios e prospectos de livros. Eis algumas observações típicas de um prospecto setecentista retirado ao acaso da rica coleção da Biblioteca de Newberry: um livreiro está oferecendo uma edição *in-quarto* dos *Commentaires sur la coutume d'Angoumois*, uma obra excelente, insiste ele, tanto pela tipografia como pelo conteúdo:

> O texto do *Coutume* vem impresso em tipo *gros-romain*; os sumários que precedem os comentários estão impressos em *cicéro*, e os comentários estão impressos em *Saint-Augustin*. A obra como um todo é feita num papel muito bonito, manufaturado em Angoulême.[21]

Hoje em dia, nenhum editor sonharia em mencionar o papel e o tipo ao anunciar um livro de direito. No século XVIII, os anunciantes pressupunham que seus clientes se importavam com a qualidade material dos livros. Compradores e vendedores partilhavam igualmente de uma consciência tipográfica que agora se encontra praticamente extinta.

Os relatórios dos censores também podem ser reveladores, pelo menos no caso dos livros franceses no início do período moderno, quando a censura, se não tinha uma imensa eficácia, era ao menos altamente desenvolvida. Um típico livro de viajante, *Nouveau voyage aux isles del'Amérique* [*Nova viagem às ilhas da América*] (Paris, 1722), de J.-B. Labat, traz quatro "aprovações" impressas na íntegra, junto com o *privilège*. Um dos censores explica que o manuscrito espicaçou sua curiosidade: "É difícil começar a lê-lo sem sentir aquela branda, mas ávida curiosidade que nos impele a ir adiante". Outro recomenda o livro pelo seu "estilo simples e conciso", e também por sua utilidade: "Em minha opinião, nada é tão útil para os viajantes, para os habitantes daquela região, para os comerciantes e para os que estudam história natural". E um terceiro simplesmente considerou-o uma boa leitura: "Tive grande prazer em lê-lo. Ele contém uma grande quantidade de coisas curiosas". Os censores não se restringiam a caçar heréticos e revolucionários, como temos a tendência de supor ao recuarmos no tempo até a Inquisição e o Iluminismo. Eles davam o selo real de aprovação a uma obra, e com isso indicavam pistas sobre a possível maneira de lê-la. Seus valores constituem um critério oficial contra o qual se poderiam medir as leituras comuns.

Mas como liam os leitores comuns? Minha segunda sugestão para enfrentar esse problema se refere aos modos de aprendizagem da leitura. Ao estudar a alfabetização na Inglaterra seiscentista, Margaret Spufford descobriu que grande parte do aprendizado se dava fora da sala de aula, nos campos e nas oficinas, onde os trabalhadores aprendiam sozinhos e ensinavam uns aos outros. Na escola, as crianças inglesas aprendiam a ler antes de escrever, ao invés de aprender as duas coisas juntas no início de sua instrução, como fazem hoje. Muitas vezes ingressavam na força de trabalho antes dos sete anos de idade, quando se iniciava o ensino da escrita. Desse modo, as estimativas de alfabetismo baseadas no domínio da escrita podem ser excessivamente baixas, e é possível que entre o público leitor houvesse inúmeras pessoas que não sabiam assinar o nome. A disparidade entre ler e escrever se destaca de maneira ainda mais aguda na Suécia, onde os arquivos são ricos o suficiente para fornecerem estatísticas confiáveis. Em 1770, de acordo com Egil Johansson, a sociedade sueca era quase toda alfabetizada. Os arquivos da Igreja mostram que entre a população 80-95% sabiam ler e eram capazes de responder satisfatoriamente, quando indagados sobre o significado de textos religiosos. Mas apenas 20% sabiam escrever, e apenas uma minúscula parcela frequentara algum dia a escola. Havia ocorrido nos lares uma enorme campanha de alfabetização, sem o auxílio de professores profissionais, em resposta a uma lei eclesiástica de 1686, que exigia que todos, e em especial as crianças, os trabalhadores rurais e os criados domésticos, deviam "aprender a ler e ver com seus próprios olhos (i.e., serem capazes de entender) o que Deus anuncia e ordena em Sua Sagrada Escritura".[22]

É claro que a "leitura" para essas pessoas queria dizer algo totalmente diferente do que significa hoje em dia, e no norte protestante diferenciava-se da forma que assumira no sul católico. Na França, no início do período moderno, as crianças aprendiam os elementos básicos em sequência: primeiro a leitura, depois a escrita, e então a aritmética. Suas cartilhas — ABCs como a *Croix de Jésus* e a *Croix de par Dieu*, da mesma forma que os manuais modernos, começavam pelo alfabeto. Mas as letras tinham outros sons. O aluno pronunciava uma vogal sonora antes de cada consoante, de modo que a letra *p* saía como "ê-p", e não "pê", como é atualmente. Pronunciadas em voz alta, as letras não se ligavam foneticamente em combinações que o ouvido pudesse reconhecer como sílabas de uma palavra. Assim, o *p-a-t* de *pater* era soletrado como "êp-a-êt". Todavia, a imprecisão fonética não importava de fato, porque as letras eram entendidas como um estímulo visual para acionar a lembrança de um texto que já havia sido decorado — e o texto sempre era em latim. Todo o sistema se erguia sobre a premissa de que as crianças francesas não começariam a ler em francês. Elas passavam diretamente do alfabeto para sílabas simples, e a seguir para o *Pater Noster*, *Ave Maria*, *Credo* e *Benedicite*. Tendo aprendido a reconhecer essas orações comuns, elas continuavam pelas respostas litúrgicas, editadas em brochuras correntes. Nesse ponto, muitas deixavam a escola. Tinham adquirido um domínio da palavra impressa suficiente para preencher as funções que delas esperava a Igreja — isto é, participar em seus rituais. Mas nunca tinham lido um texto numa língua que entendessem.

Algumas crianças — não sabemos quantas, talvez uma minoria no século XVII e uma maioria no século XVIII — continuavam na escola o tempo suficiente para aprender a ler em francês. Mesmo então, porém, a leitura era muitas vezes uma questão de reconhecer algo já conhecido, e não tanto um processo de adquirir novos conhecimentos. Praticamente todas as escolas eram dirigidas pela Igreja, e praticamente todos os livros escolares eram religiosos, em geral catecismos e manuais piedosos como a *Escole paroissiale*, de Jacques de Batencour. No começo do século XVIII, os Frères des Écoles Chrétiennes começaram a dar o mesmo texto para diversos alunos e a ensiná-los em grupo — um primeiro passo para o ensino padronizado, que cem anos depois se tornaria a regra. Ao mesmo tempo, alguns tutores em casas aristocráticas começavam a ensinar a ler diretamente em francês. Desenvolveram técnicas fonéticas e apoios audiovisuais, como os cartões ilustrados do *abbé* Berthaud e o *bureau typographique* de Louis Dumas. Em 1789, o exemplo de ambos tinha chegado a algumas escolas primárias progressistas. Mas a maior parte das crianças ainda aprendia a ler ficando de pé na frente do mestre e recitando passagens de qualquer texto em que pudessem pôr as mãos, enquanto seus colegas de sala se debatiam com uma coleção variada de livrinhos nos bancos de trás. Alguns desses "livros escolares" ressurgiam à noite, na *veillée*, pois eram sucessos populares da *bibliothèque bleue*. Assim, a leitura em volta da lareira tinha algo em comum com a leitura na sala de aula: era uma recitação de um texto já conhecido por todos. Ao invés de abrir panoramas ilimitados de novas ideias, ela provavelmente permanecia dentro de um circuito fechado, exatamente onde queria mantê-la a Igreja pós-tridentina. *Provavelmente*, porém, é a palavra central dessa afirmação. Podemos fazer apenas suposições sobre a natureza da pedagogia moderna em seus primórdios, lendo as raras cartilhas e as memórias ainda mais raras que sobreviveram desde aquela época. Não sabemos o que de fato acontecia na sala de aula. E, o que quer que acontecesse, é possível que os ouvintes-leitores camponeses interpretassem o catecismo, assim como as histórias de aventuras, segundo maneiras que nos escapam inteiramente.[23]

Se a experiência da grande massa de leitores está fora do alcance da pesquisa histórica, os historiadores deveriam ao menos conseguir captar alguma coisa do significado que tinha a leitura para os poucos que deixaram registros a respeito. Uma terceira abordagem se iniciaria pelos relatos autobiográficos mais conhecidos — os de santo Agostinho, santa Teresa d'Ávila, Montaigne, Rousseau e Stendhal, por exemplo — e seguiria para fontes menos familiares. J.-M. Goulemot utilizou a autobiografia de Jamerey-Duval para mostrar como um camponês podia ler e escrever e ascender nas camadas do Antigo

Regime, e Daniel Roche descobriu um vidraceiro setecentista, Jacques-Louis Ménétra, que ia lendo enquanto fazia um típico *tour de France*. Embora não levasse muitos livros no saco pendurado às costas, Ménétra trocava cartas constantes com namoradas e companheiros de viagem. Esbanjava alguns vinténs em folhetos durante as execuções públicas, e até compunha versos burlescos para as cerimônias e farsas que encenava com outros trabalhadores. Ao narrar a história de sua vida, ele organizou a narrativa de maneira picaresca, combinando a tradição oral (contos populares e a fanfarronice estilizada das touradas) e gêneros da literatura popular (as noveletas da *bibliothèque bleue*). Ao contrário de outros autores plebeus — Restif, Mercier, Rousseau, Diderot e Marmontel —, Ménétra nunca conquistou um lugar na República das Letras. Ele mostrou que as letras tinham um lugar na cultura do homem comum.[24]

Esse lugar podia ser marginal, mas as próprias margens oferecem pistas para a experiência dos leitores comuns. No século XVI, as notas marginais eram publicadas como glosas, que guiavam o leitor por entre os textos humanistas. No século XVIII, a glosa deu lugar à nota de rodapé. Como o leitor acompanhava o jogo entre o texto e o paratexto no pé ou ao lado da página? Gibbon criava uma distância irônica pela disposição magistral de notas de rodapé. Um estudo cuidadoso dos exemplares anotados de *The decline and fall of the Roman Empire* [*Declínio e queda do Império Romano*], do século XVIII, poderia revelar a maneira pela qual essa distância era percebida pelos contemporâneos de Gibbon. John Adams cobria seus livros de rabiscos. Acompanhando-o pelo seu exemplar do *Discurso sobre a origem da desigualdade*, de Rousseau, pode-se ver como se afigurava a filosofia iluminista radical para um revolucionário aposentado no clima sóbrio de Quincy, Massachusetts. Eis Rousseau, na primeira edição em inglês:

> Não existia nenhuma espécie de relação moral entre os homens neste estado [o estado de natureza]; não podiam ser bons nem maus, e não tinham vícios nem virtudes.

> Portanto, é adequado suspender o juízo sobre a situação deles [...] até que tenhamos examinado se existem mais virtudes ou vícios entre os homens civilizados.

E Adams, à margem:

> Surpresas sobre surpresas. Paradoxo sobre paradoxo. Que assombrosa sagacidade tinha o sr. Rousseau! E no entanto esse janota eloquente, com sua pretensão de singularidade, tornou os homens descontentes com a superstição e a tirania.

Christiane Berkvens-Stevelinck descobriu um local excelente para mapear a República das Letras na marginália de Prosper Marchand, o bibliófilo de Leyden no século XVIII. Outros estudiosos mapearam as correntes da história literária tentando reler os grandes livros da maneira como tinham sido lidos pelos grandes escritores, usando as anotações em artigos de colecionadores, como o exemplar da *Encyclopédie* pertencente a Diderot e o exemplar dos ensaios de Emerson pertencente a Melville. Mas a investigação não precisa se limitar aos grandes livros, ou nem mesmo aos próprios livros. Peter Burke está estudando atualmente os grafites na Itália renascentista. Rabiscados na porta de um inimigo, muitas vezes funcionavam como insultos rituais, que definiam as linhas de conflito social dividindo os vizinhos e os clãs. Feitos na famosa estátua de Pasquino em Roma, esses grafites públicos davam o tom a uma cultura de rua rica e intensamente política. Uma história da leitura haveria de conseguir saltar da Pasquinada e da Commedia dell'Arte para Molière, de Molière para Rousseau, e de Rousseau para Robespierre.[25]

Minha quarta sugestão diz respeito à teoria literária. Concordo que esta pode parecer desalentadora, principalmente para quem está de fora. Ela vem envolta em rótulos imponentes — estruturalismo, deconstrucionismo, hermenêutica, semiótica, fenomenologia —, e some com a mesma rapidez com que surge, pois as correntes se substituem umas às outras numa velocidade estonteante. Por todas elas, porém, passa um interesse que poderia levar a uma colaboração entre os críticos literários e os historiadores do livro — o interesse pela leitura. Quer desencavem estruturas profundas ou desmontem sistemas de signos, os críticos vêm cada vez mais tratando a literatura como uma atividade, e não tanto como um corpo estabelecido de textos. Eles insistem em que o significado de um livro não se encontra imobilizado em suas páginas, mas é construído por seus leitores. Assim, a reação do leitor se tornou o ponto fundamental em torno do qual gira a análise literária.

Na Alemanha, essa abordagem conduziu a um ressurgimento da história literária como *Rezeptionsästhetik* (estética da recepção), sob a liderança de Hans Robert Jauss e Wolfgang Iser. Na França, ela tomou um rumo filosófico na obra de Roland Barthes, Paul Ricoeur, Tzvetan Todorov e Georges Poulet. Nos Estados Unidos, encontra-se ainda na fase do crisol. Wayne Booth, Paul de Man, Jonathan Culler, Geoffrey Hartman, J. Hillis Miller e Stanley Fish forneceram os ingredientes para uma teoria geral, mas não surgiu nenhum consenso a partir de suas discussões. Não obstante, toda essa atividade crítica aponta para uma nova textologia, e todos os críticos compartilham de uma mesma forma de trabalho ao interpretarem textos específicos.[26]

Considere-se, por exemplo, a análise de Walter Ong sobre as primeiras frases de *A farewell to arms*:

> No final do verão daquele ano, vivemos numa casa num povoado que dava vista para além do rio e da planície até as montanhas. No leito do rio havia seixos e pedras, secos e brancos ao sol, e a água era clara e rápida e azul nos canais.

Que ano? Que rio?, pergunta Ong. Hemingway não diz. Pelo emprego pouco ortodoxo do artigo definido — "o rio", ao invés de "um rio" — e a distribuição esparsa dos adjetivos, ele está supondo que o leitor não precisa de uma descrição detalhada da cena. Basta um lembrete, porque se supõe que o leitor já tenha estado lá. Ele é tratado como se fosse um confidente e companheiro de viagens, que precisa apenas ser lembrado para recapturar o brilho forte do sol, o sabor áspero do vinho e o odor fétido dos cadáveres na Itália da Primeira Guerra Mundial. Se o leitor fizer objeções — e podem-se imaginar muitas reações, como: "Sou uma avó de sessenta anos de idade, e não sei nada sobre os rios na Itália" —, ele não vai conseguir "pegar" o livro. Mas, se aceitar o papel que lhe é imposto pela retórica, seu eu ficcionalizado poderá se dilatar até as dimensões do herói de Hemingway, e poderá percorrer a narrativa como o companheiro de armas do autor.[27]

A retórica anterior geralmente funcionava de maneira oposta. Ela supunha que o leitor não sabia nada da história, e precisava ser orientado por ricas passagens descritivas ou observações introdutórias. Eis a abertura de *Pride and prejudice* [*Orgulho e preconceito*]:

> É uma verdade universalmente reconhecida que um homem solteiro em posse de uma boa fortuna deve ter necessidade de uma esposa.
>
> Por menos conhecidos que possam ser os sentimentos ou opiniões de um tal homem ao entrar pela primeira vez em contato com uma vizinhança, esta verdade está tão bem estabelecida nos espíritos das famílias circundantes que ele é considerado como a propriedade de direito de uma ou outra de suas filhas.
>
> "Meu caro senhor Bennett", disse-lhe um dia sua senhora, "soube que finalmente o Netherfield Park foi alugado?"

Esse tipo de narrativa segue do geral para o particular, como uma lente em *zoom* que passa de uma tomada aberta para um *close-up*. Coloca primeiramente o artigo indefinido e ajuda o leitor a ocupar gradualmente sua posição. Mas sempre conserva-o à distância, porque supõe que ele entra na história como um forasteiro, e que está lendo por entretenimento, instrução ou algum outro propósito moral elevado. Como no caso do romance de Hemingway, ele tem de desempenhar seu papel para que a retórica funcione, mas é um papel completamente diferente.

Os escritores criaram muitas outras maneiras de introduzir os leitores nas histórias. Há uma enorme distância entre "Chame-me Ismael" de Melville e o pedido de auxílio de Milton para "justificar os caminhos de Deus aos homens". Mas toda narrativa pressupõe um leitor, e toda leitura começa a partir de um cerimonial inscrito dentro do texto. O texto pode ir contra si mesmo, e o leitor pode ir a contrapelo ou extrair um novo sentido das palavras familiares: daí as infinitas possibilidades de interpretação que propõem os desconstrucionistas e as leituras originais que moldaram a história cultural — a leitura de *Le Misanthrope* feita por Rousseau, por exemplo, ou a leitura do Gênesis 22 por Kierkegaard. Mas, faça-se o que se fizer com ela, a leitura ressurgiu como o fato central da literatura.

Nesse caso, é tempo de estabelecer uma ligação entre a teoria literária e a história dos livros. A teoria pode revelar o leque de reações em potencial a um texto — isto é, às coerções retóricas que orientam a leitura, sem determiná-la. A história pode mostrar quais as leituras que efetivamente ocorreram — isto é, dentro dos limites de um conjunto incompleto de indicações. Prestando atenção à história, os críticos literários podem evitar o risco de anacronismo, pois às vezes eles parecem supor que os ingleses seiscentistas liam Milton e Bunyan como se fossem professores universitários do século XX. Levando em conta a retórica, os historiadores podem encontrar pistas para comportamentos que, de outra forma, seriam desconcertantes, tais como as paixões despertadas desde *Clarissa* a *La nouvelle Héloïse* e de *Werther* a *René*. Portanto, eu defenderia uma estratégia dupla, que combinaria a análise textual e a pesquisa empírica. Dessa forma, seria possível comparar os leitores implícitos dos textos e os leitores efetivos do passado, e a partir dessas comparações desenvolver uma história e uma teoria da reação do leitor.

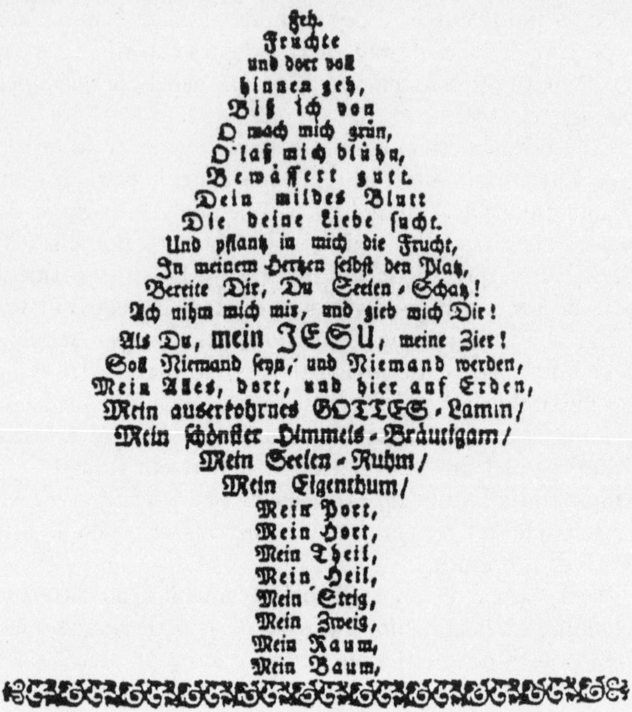

steh.
Früchte
und dort voll
hinnen geh,
Biß ich von
O mach mich grün,
O laß mich blühn,
Bewässert gut.
Dein mildes Blutt
Die deine Liebe sucht.
Und pflantz in mich die Frucht,
In meinem Hertzen selbst den Platz,
Bereite Dir, Du Seelen-Schatz!
Ach nihm mich mir, und gieb mich Dir!
Als Du, mein JESU, meine Zier!
Soll Niemand seyn, und Niemand werden,
Mein Alles, dort, und hier auf Erden,
Mein auserkohrnes GOTTES-Lamm/
Mein schönster Himmels-Bräutigam/
Mein Seelen-Ruhm/
Mein Eigenthum/
Mein Port,
Mein Hort,
Mein Theil,
Mein Heil,
Mein Steig,
Mein Zweig,
Mein Raum,
Mein Baum,

Tal história poderia ser reforçada por uma quinta modalidade de análise, baseada na bibliografia analítica. Ao estudarem os livros como objetos físicos, os bibliógrafos demonstraram que a disposição tipográfica de um texto pode determinar a um grau considerável a forma como era lido. Os exemplos mais notáveis de vinculação entre a tipografia e o sentido ocorrem em poemas barrocos, como o que se segue, de Gottfried Kleiner, em *Garten-Lust im Winter* (1732) (tradução literal):

> Minha árvore, / Meu espaço,/ Meu ramo,/ Meu caminho,/ Minha salvação,/ Meu quinhão,/ Meu refúgio,/ Meu porto,/ Meu bem/ Fama de minha alma/ Meu noivo mais belo,

celestial/ Meu cordeiro eleito de DEUS/ Meu tudo, lá e aqui na terra,/ Que ninguém seja nem venha a ser/ Senão a ti, meu JESUS, meu adorno/ Ó! tira-me de mim e dá-me a ti!/ Tu, tesouro da alma, prepara/ Um lugar para ti em meu coração,/ E planta em mim o fruto,/ Que busca teu amor./ Teu sangue macio/ Irriga bem./ Ó, deixa-me florir,/ Ó, faz-me verdejante,/ Até eu partir/ Deste lugar, / E lá ficar/ Repleta de/ Frutos.

Com sua forma de árvore, o poema convida o leitor a inverter seu jeito normal de correr os olhos e ler de baixo para cima, como se estivesse subindo para os céus. No centro da árvore, o leitor encontra a palavra *Jesus*. A essas alturas, ele está tão absorvido na retórica que a voz do poeta fala por ele, e pode identificar-se com o êxtase do poeta. Na leitura, ele se colocou numa posição em que imagina estar sendo penetrado pelo amor de Cristo. Esse amor cresce dentro dele como uma semente. Faz com que sua vida floresça e frutifique em obras de bem, e ao final ajuda-o a ascender ao paraíso. As metáforas de subir, crescer e fecundar sexualmente reforçam-se mutuamente e são por sua vez reforçadas pelo efeito combinado da métrica, que vai num crescendo até *Jesus* no verso 15, e da gramática, que alça o leitor com uma série de orações que culminam no final da frase nesse mesmo verso crucial, em que o leitor entra em contato com o Verbo e é salvo.[28]

Não é frequente que a poesia se encarne de maneira tão completa na impressão, mas todos os textos têm propriedades tipográficas que guiam a reação do leitor. O formato de um livro pode ser decisivo para seu significado. Num estudo notável de Congreve, D. F. McKenzie mostrou que o despudorado dramaturgo neoisabelino, que conhecemos nas edições *in-quarto* do final do século XVII, passou por um renascimento tipográfico na velhice e surgiu como o pomposo autor neoclássico das *Works in-octavo* em três volumes, publicadas em 1710. As obras individuais raramente mudavam de uma edição para outra, mas a transformação no formato dos livros deu às peças um sabor totalmente novo. Acrescentando divisões de cenas, reunindo personagens, redistribuindo os versos e criando *liaisons de scènes*, Congreve adaptou seus antigos textos ao novo modelo clássico derivado do palco francês. Passar do volume *in-quarto* para o volume *in-octavo* é passar da Inglaterra isabelina para a Inglaterra georgiana.[29]

Roger Chartier descobriu implicações semelhantes, porém mais sociológicas, nas metamorfoses de um clássico espanhol, *Historia de la vida del Buscón*, de Francisco de Quevedo. Originalmente, o romance se destinava a um público refinado, tanto na Espanha, onde foi publicado pela primeira vez em 1626, quanto na França, onde saiu em 1633 numa elegante tradução. Todavia, nos meados do século XVII, as editoras Oudot e Garnier de Troyes começaram a publicar uma coleção de brochuras baratas, que se tornou o elemento principal da literatura popular, conhecido durante duzentos anos como a *bibliothèque bleue*. Os editores populares não hesitavam em mexer no texto, mas concentravam-se basicamente no formato do livro, o que Chartier chama de "*mise en livre*". Dividiam a história em unidades simples, encurtando as frases, subdividindo os parágrafos e multiplicando a quantidade de capítulos. A nova estrutura tipográfica supunha um novo tipo de leitura e um novo público: gente humilde que não tinha facilidade nem tempo para acompanhar trechos extensos de narrativa. Os episódios curtos eram autônomos. Não precisavam ser ligados por subtemas e desenvolvimentos complexos dos personagens, porque ofereciam apenas o material suficiente para ocupar uma *veillée*. Assim, o próprio livro se tornou uma coletânea de fragmentos, ao invés de uma história contínua, e podia ser composto pelo leitor-ouvinte numa unidade à sua própria maneira. O modo como se dava essa "apropriação" continua a ser um mistério, porque Chartier restringe sua análise ao livro enquanto objeto físico. Mas ele mostra como a tipografia se abre para a sociologia, como o leitor implícito do autor se tornou o leitor implícito do editor, descendo a escala social do Antigo Regime e entrando no mundo que, no século XIX, seria identificado como *le grand public*.[30]

Alguns bibliógrafos e historiadores do livro mais ousados começaram a especular sobre tendências de longa duração na evolução do livro. Eles sustentam que os leitores reagem mais diretamente à organização física dos textos do que a seu meio social circundante. Assim, talvez seja possível, empreendendo uma espécie de arqueologia do texto, conhecer alguma coisa sobre a história remota da leitura. Se não podemos saber exatamente como os romanos liam Ovídio, por outro lado podemos supor que, como a maioria das inscrições romanas, o poema não tinha pontuação nem parágrafos ou espaços entre as palavras. As unidades de som e sentido estavam provavelmente mais próximas dos ritmos da fala que das unidades tipográficas — os meios cíceros, as palavras e as linhas — da página impressa. A própria página como unidade do livro data apenas do século III ou IV d.C. Antes disso, para ler um livro, era preciso desenrolá-lo. Depois que as páginas reunidas (o *codex*) substituíram o rolo (*volumen*), os leitores podiam ir e voltar com mais facilidade ao longo dos livros, e os textos passaram a ser divididos em segmentos que podiam ser destacados e postos em índices. Mas, mesmo depois de os livros terem adquirido sua forma moderna, por muito tempo a leitura continuou a ser uma experiência oral, desempenhada em público. Em algum momento indeterminado, talvez em alguns mosteiros no século VII e seguramente nas universidades do século XIII, as pessoas começaram a ler sozinhas em silêncio. É possível que a passagem para a leitura silenciosa tenha implicado uma maior adaptação mental do que a passagem para o texto impresso, pois ela fazia da leitura uma experiência individual e interior.[31]

A impressão fez alguma diferença, é claro, mas provavelmente menos revolucionária do que geralmente se imagina. Alguns livros tinham frontispícios, índices de conteúdo, índices remissivos, paginação e editores que faziam muitas cópias nos *scriptoria* para um grande público leitor, antes da invenção do tipo móvel. Nos primeiros cinquenta anos de sua existência, o livro impresso continuou a ser uma imitação do livro manuscrito. Não há dúvidas de que era lido pelo mesmo público e da mesma maneira. Mas, a partir de 1500, o livro, o panfleto, o folheto, o mapa e o cartaz impressos começaram a atingir novos tipos de leitores e a estimular novos tipos de leitura. Com um formato cada vez mais padronizado, um preço cada vez mais barato e uma distribuição mais ampla, o novo livro transformou o mundo. Não se limitava a fornecer mais informações. Proporcionava um tipo de compreensão, uma metáfora fundamental para entender a vida.

Foi assim que, no século XVI, as pessoas tomaram posse do Verbo, no século XVII começaram a decodificar o "livro da natureza", e no século XVIII aprenderam a ler a si mesmas. Com o auxílio dos livros, Locke e Condillac estudaram a mente como tábula rasa, e Franklin formulou um epitáfio para si próprio:[32]

O Corpo de
B. Franklin, Impressor
Como a capa de um velho Livro,
Seu Conteúdo arrancado,
E despido de sua Inscrição & Douradura
Aqui jaz, Alimento para os Vermes.
Mas a Obra não se perderá;
Pois, conforme foi sua crença,
Ela surgirá uma vez mais
Numa Edição nova e mais elegante
Corrigida e aperfeiçoada
pelo Autor.

Não pretendo me deter muito na metáfora, visto que Franklin já a explorou ao máximo, e sim voltar a um ponto tão simples que pode escapar à nossa atenção. A leitura tem uma história. Não foi sempre a mesma em todos os lugares. Podemos imaginá-la como um processo direto de extrair informação de uma página, mas, considerando-a um pouco mais além, concordaríamos que a informação precisa ser peneirada, classificada e interpretada. Os esquemas interpretativos fazem parte de configurações culturais, que variam imensamente ao longo do tempo. Como nossos antepassados viviam em mundos mentais diferentes, deviam ler de maneira diferente, e a história da leitura pode ser tão complexa quanto a história do pensamento. Na verdade, poderia ser de tal complexidade que os cinco passos aqui sugeridos talvez levassem a direções díspares ou nos fariam girar indefinidamente em torno do problema, sem penetrar em seu cerne. Não existem vias diretas nem atalhos, porque a leitura não é uma coisa distinta, como uma constituição ou uma ordem social, que possa ser rastreada ao longo do tempo. É uma atividade que envolve uma relação específica — de um lado o leitor, de outro o texto. Ainda que os leitores e os textos tenham variado de acordo com as circunstâncias sociais e tecnológicas, a história da leitura não deve ser reduzida a uma cronologia dessas variações. Deve ultrapassá-las, para enfrentar o elemento de relação que se encontra no núcleo da questão: como leitores mutáveis interpretam textos variáveis?

A pergunta tem um ar abstruso, mas muita coisa depende dela. Pense-se na frequência com que a leitura alterou o curso da história — a leitura de Paulo por Lutero, a leitura de Hegel por Marx, a leitura de Marx por Mao. Esses pontos sobressaem num processo mais amplo e mais vasto: o esforço infindável do homem em encontrar sentido no mundo em torno e dentro dele mesmo. Se conseguíssemos compreender como ele lia, poderíamos vir a compreender melhor como ele entendia a vida, e, por essa via — a via histórica —, quem sabe chegaríamos a satisfazer uma parte de nosso próprio anseio por um sentido.

Parte IV

COMO ANDAM AS COISAS

10. HISTÓRIA INTELECTUAL E CULTURAL

ESTÁ-SE DIFUNDINDO um mal-estar entre os historiadores das ideias nos Estados Unidos. Vinte anos atrás, eles consideravam sua disciplina como a rainha das ciências históricas. Hoje ela parece ter sido rebaixada. Não ocorreu nenhum destronamento dramático, mas, após um realinhamento da pesquisa nas duas últimas décadas, ela agora se encontra cercada de novas variedades de história sociocultural e de linguagens desconcertantes — *mentalité*, *epistémè*, paradigma, hermenêutica, semiótica, hegemonia, desconstrução e descrição densa.

Naturalmente, alguns historiadores continuam a se sentir à vontade dentro do quadro intelectual estabelecido por Arthur Lovejoy e Perry Miller, pois ainda encontramos as expressões *unidade de ideias* e *mente* entre a proliferação de termos mais recentes em moda.[1] Mas pode-se ver uma tendência de autoquestionamento e uma agressividade de autoafirmação em qualquer lugar em que os historiadores das ideias estejam discutindo as condições de seu ofício — e as discussões historiográfico-metodológicas vêm se multiplicando nos últimos anos. Murray Murphey começou um artigo recente com um lamento:

> Trinta anos atrás, a história intelectual ocupava um lugar invejado na universidade americana; seus cursos ficavam lotados até transbordar e seus praticantes — pessoas como Merle Curti, Ralph Gabriel e Perry Miller — eram famosos na profissão, e mesmo além dela. Mas trinta anos trouxeram uma grande mudança. Os estudantes já não veem a história intelectual como o lugar "onde as coisas estão acontecendo", e a profissão parece concordar que a "ponta de lança" do estudo histórico se encontra em outra parte.[2]

Ao mesmo tempo, Dominick La Capra soou o alarme ao convocar uma conferência em Cornell sobre o futuro da história intelectual:

> Recentemente, a história intelectual tem sido abalada por uma série de desenvolvimentos importantes. Os historiadores sociais têm colocado questões irrespondíveis pelas técnicas tradicionais de narrar ou analisar ideias. Essas questões dizem respeito à natureza das "mentalidades" coletivas e à gênese ou impacto das ideias. Por vezes, o ímpeto dos historiadores sociais parece imperialista: a redução da história intelectual a uma função da história social e a elevação dos problemas sociais ao estatuto de únicos problemas históricos realmente significativos.[3]

O mesmo tema percorria um conjunto de *papers* apresentados numa conferência sobre a história intelectual americana em Racine, Wisconsin, em dezembro de 1977.[4] Ele tinha surgido sete anos antes, numa conferência sobre o estado dos estudos históricos, realizada em Roma.[5] Tem ressurgido regularmente nas convenções da Associação Histórica Americana.[6] E pode ser percebido por toda parte nas resenhas e artigos, através dos quais os historiadores das ideias tentam avaliar mutuamente suas condições. É claro que muitos deles declaram que nunca se sentiram mais saudáveis, e acolhem a crise atual como uma oportunidade para redirecionar sua disciplina. Mas otimistas e pessimistas concordam que existe uma crise, e que sua solução depende das relações entre a história das ideias e a história social.[7]

Essa ideia deriva em parte de um sentido aguçado quanto à história da história das ideias nos Estados Unidos. John Higham e Robert Stokheim mostraram que a história das ideias e a história social adquiriram sua maioridade juntas, no começo do século XX, como componentes da Nova História de James Harvey Robinson, Charles A. Beard, Frederick Jackson Turner e Carl Becker.[8] Os dois gêneros se afiguravam novos por questionarem uma concepção mais antiga da história como política do passado. Ingressaram nos currículos universitários como aliados, os cursos de "história intelectual e social" que proliferaram nos anos 1920 e 1930. A aliança, porém, se desfez nas duas décadas seguintes, quando Arthur Lovejoy e Perry Miller ergueram o nível da história intelectual, despindo-a de qualquer consideração pelo contexto social. Entre os americanistas, o sucesso de Miller foi um incentivo a seus sucessores para sair em busca de abstrações — mitos, símbolos e imagens. Também se inspiraram nas tentativas de Vernon Parrington, Ralph Gabriel e Merle Curti para determinar o caráter específico do pensamento americano. Nos anos 1960, o Movimento dos Estudos Americanos tinha libertado a história intelectual americana de suas amarras na história social, e guiara-a na busca de um espírito nacional desencarnado. Nesse ponto, as universidades dos professores explodiram sob eles. O conflito racial, as "contraculturas", o radicalismo dos estudantes, a guerra no sudeste asiático, o colapso da presidência destruíram a visão da história americana como um consenso espiritual. Os historiadores sociais acorreram, não para preencher o vazio, mas para esgaravatar nas ruínas da velha Nova História, não para reconstruir um passado único, mas para cavar em diversas direções. História negra, história urbana, história do trabalho, história das mulheres, da criminalidade, da sexualidade, dos oprimidos, dos silenciosos, dos marginais — abriram-se tantas linhas de investigação que a história social parecia dominar a pesquisa em todas as frentes. O aliado abandonado tinha reconquistado o comando da profissão.

É possível que, para alguns historiadores americanos, essa versão de seu passado profissional pareça excessivamente dramática ou incorreta. Alguns sempre depreciaram a história das ideias como algo impraticável, se não absolutamente não americana — "como tentar pregar gelatina na parede", nas palavras de um historiador político de linha dura dos velhos tempos.[9] E de fato as variedades domésticas da história intelectual parecem mirradas em comparação às europeias. Os europeus não falam em história intelectual, como os americanos, mas antes em história das ideias, *histoire des idées*, *Geistesgeschichte*, *storia della filosofia* — nomes diferentes que denotam diferentes tradições. Essas tradições se decalcaram nos estudiosos americanos da história europeia, principalmente os estudantes que fizeram seu curso de doutoramento após 1950, quando as bolsas de estudo, os voos *charter* e o dólar em cotação forte tornaram os cursos no exterior mais acessíveis do que nunca. Os que permaneceram no país aprenderam sua história europeia, em muitos casos, com os refugiados europeus que haviam afluído para as universidades americanas nos anos 1930. E os que, de alguma maneira, escaparam à influência imediata da Europa ainda tratavam de objetos europeus, objetos muitas vezes transpostos em línguas estrangeiras e situados num passado distante, onde não havia dificuldade em definir o caráter ou a cultura americana. As fontes, os professores e os objetos tornavam a história intelectual da Europa intrinsecamente cosmopolita.

Mas a versão americana dessa história chegou a um ponto crítico. Ela coincidiu com a crise nos estudos americanos, embora tenha se desenvolvido por outras vias. Essas vias foram estabelecidas por Arthur Lovejoy e Carl Becker, no período entre-guerras. Lovejoy rastreou a filiação de ideias-mestras ao longo de grandes períodos de tempo, enquanto Becker delineou a atmosfera intelectual de áreas inteiras. Porém, ambos trabalhavam a partir de textos clássicos, que podiam localizar com facilidade em suas próprias bibliotecas. Para a geração seguinte de historiadores das ideias, Crane Brinton demonstrou a importância de procurar as ideias além das bibliotecas, até "seu refúgio último na mente do homem comum".[10] Em 1950, essa abordagem tinha se cristalizado como um curso, a História 134ª de Harvard, "História intelectual da Europa nos séculos XVIII e XIX", e um manual, *Ideas and men*.[11] Nas duas décadas seguintes, H. Stuart Hughes e Peter Gay aprofundaram a tentativa de rastrear as conexões entre homens e ideias em diversos estudos sobre as dimensões sociais do pensamento. De modo geral, organizaram seus livros tal como havia feito

Brinton, dividindo os capítulos por pensadores e unindo-os com fórmulas dialéticas: consciência e sociedade, antiguidade e modernidade.[12] Interesses semelhantes inspiraram um grupo de biógrafos de talento, Arthur Wilson, Frank Manuel e Jacques Barzun.[13] Mas a ênfase sobre "o método dos homens", como dizia Brinton, criava o risco de que a história intelectual se convertesse em história dos intelectuais e perdesse o contato com o "homem comum".

Enquanto isso, os historiadores sociais estavam redescobrindo essa espécie rara na Europa, ou melhor, estavam reconstruindo o solo comum da experiência para diferentes grupos de pessoas, utilizando técnicas tomadas de empréstimo à demografia, à economia e à sociologia. Uma parte do impulso dessa tendência veio não dos cientistas sociais, mas de um grupo cosmopolita de estudiosos reunidos em torno de Georges Lefebvre em Paris que, como ele, estavam reinterpretando a Revolução Francesa do ponto de vista dos camponeses e *sans-culottes*.[14] A "história vinda de baixo" tornou-se uma conclamação para os que queriam estabelecer contato com a massa submersa da humanidade e resgatar a vida das pessoas comuns do esquecimento no passado. Ela se difundiu por toda a Europa, principalmente na Inglaterra, onde revigorou uma forte tradição de história do trabalho. George Rudé, E. J. Hobsbawm e E. P. Thompson escreveram estudos magistrais sobre o protesto popular e os movimentos operários, e a revista *Past and Present* assumiu a defesa de uma concepção da história como o desenvolvimento da sociedade, e não tanto o desdobramento de fatos. Ao mesmo tempo, uma revista-irmã na França, *Annales*: *Economies*, *sociétés*, *civilisations*, vinha empreendendo uma campanha paralela contra *l'histoire événementielle* e em favor de uma versão correspondente da história social — a história como o jogo na longa duração entre estrutura e conjuntura, inércia e inovação, a *histoire totale*. As senhas da chamada escola dos *Annales* às vezes pareciam *slogans*, mas ganharam força com uma série de admiráveis teses de doutorado, notadamente as de C. E. Labrousse, Fernand Braudel, Pierre Goubert e Emmanuel Le Roy Ladurie. Em 1970, era como se a história social girasse em torno do eixo *Past and Present-Annales* e arrebatasse tudo o que estivesse à sua frente.

Ela certamente arrebatou um grande número de historiadores americanos e fortaleceu o ressurgimento local da história social. Os radicais demandavam uma nova abordagem da Revolução Americana, vista "de baixo". Os historiadores do trabalho desenvolveram uma visão thompsoniana da história do labor. E representantes *en mission* dos *Annales* percorriam os *campi* por todo o país, depois de montar baluartes em Princeton, Ann Arbor e Binghamton. A voga parecia se estender por toda parte — exceto pelo campo dos historiadores das ideias. Olhando de baixo para cima, os mitos e imagens dos americanistas praticamente desapareciam de vista, e as ideias e "ismos" dos europeístas podiam ser considerados como ideologias ou *mentalités* — isto é, atitudes coletivas, que precisavam ser estudadas pelos métodos das ciências sociais. Na medida em que essa abordagem deixava algum espaço para o historiador das ideias, era ameaçando convertê-lo em sociólogo ou antropólogo. Robinson, Brinton e Hughes haviam alimentado a esperança de estabelecer uma ligação com a história social. Seus sucessores estavam preocupados em se verem devorados por ela. Como disse Paul K. Conkin, eles sucumbiram à ideia de que "a história intelectual teve um passado breve, mas glorioso, está acuada no presente e não tem futuro".[15]

Antes de tentar avaliar a pertinência dessa ideia, talvez fosse o caso de confrontá-la com alguma indicação sobre o efetivo comportamento dos historiadores americanos, como estudiosos e docentes, desde a Segunda Guerra Mundial. Claro que seria inútil buscar um modelo exato de comportamento entre os professores, que têm fama de serem idiossincráticos e distraídos, e não tanto de serem guiados por um instinto de rebanho. Mas seria possível situar áreas de maior ênfase na profissão, fazendo sondagens em três fontes: catálogos de grupos, resumos de teses e revistas especializadas.

Ainda que não transmitam o sabor das salas de aula, os catálogos descrevem o tema dos cursos de uma maneira que basta para permitir classificá-los por gêneros. Naturalmente, inúmeros cursos incluem diversos gêneros. Mais do que temas, eles cobrem períodos — tem-se "História americana, 1865-1945", e não "História intelectual americana desde a Guerra Civil" —, de modo que não podem ser classificados sob uma rubrica única. Mas é possível classificar inequivocamente uma minoria significativa de cursos — de 17,1% na amostragem de 1948 a 24,6% na de 1978 — em uma das sete categorias das tabelas 1 e 2. Esses cursos oferecem um indicador bastante acurado quanto aos variáveis destaques atribuídos aos tipos de história ensinados aos universitários americanos. A tabela 1 mostra sua importância relativa em oito grandes universidades, em intervalos de dez anos entre 1948 e 1978. A tabela 2 apresenta suas proporções nos currículos das oito universidades em conjunto, durante os mesmos anos.

O quadro variava um tanto de *campus* para *campus*. Wisconsin deu maior peso à história econômica nos anos 1940, enquanto Harvard se tornava um bastião da história intelectual. Mas por quase toda parte prevalecia uma tendência geral. As oito universidades ofereceram dezoito cursos (3,4% do total oferecido em História) dedicados especificamente à história intelectual em 1948-9, e 72 (6,4%) em 1978-9. Assim, a história intelectual não surgiu de repente, e não decaiu com o arranque da história social. É verdade que a história social deu mesmo uma arrancada nos anos 1970. De uma posição insignificante nos anos 1940 (sete cursos, 1,3% do total), ela se tornou a especialização mais importante em 1978-9 (95 cursos, 8,5% do total). Porém, incluía tantas subespecializações — a história das cidades, dos negros, dos trabalhadores, das mulheres — que reforçou uma tendência prévia de expansão e fragmentação dos currículos. A expansão se deu nos anos 1960, quando universidades como Yale e Indiana dobraram a oferta de cursos em História. Muitos departamentos multiplicaram seus cursos, aliviaram os requisitos e estimularam os professores a aproximarem mais o ensino e a pesquisa. A dieta educacional se enriqueceu, mas era uma educação *à la carte*, que deve ter sido de difícil digestão para os graduandos inexperientes, os quais tinham de montar um programa a partir de um catálogo desnorteante. (Wisconsin ofereceu 227 cursos de história em 1968; Princeton tinha oferecido 21 em 1948.) No final, podiam conhecer alguma coisa sobre o surgimento do gueto negro em Detroit, e nada sobre o declínio do Império Romano.

A história intelectual aparenta ter resistido à tendência de fragmentação, e se manteve nos anos 1970, quando cessou a expansão. Um grande número de historiadores das ideias continuava a dar cursos. Apenas com maiores pesquisas é que poderemos saber se deram espaço para alguns elementos de história social, reescrevendo as aulas e reorganizando as indicações de leitura, mas parece improvável que tenham sido muitos os que jogariam fora grandes quantidades de anotações de curso. Alguns chegam a repetir suas velhas perguntas de exame. ("Se as perguntas mudam, as respostas continuam as mesmas", diz um provérbio docente.) A mudança no ensino se afigura lenta.[16]

As tendências se movem mais depressa na pesquisa, onde a história social realmente conquistou terreno em detrimento da história intelectual. A tabela 3 mostra que a porcentagem de teses em história social quadruplicou entre 1958 e 1978, ao passo que a porcentagem de teses em história intelectual diminuiu ligeiramente. Em 1978, havia o triplo de teses de doutorado tanto em história social como em história intelectual. A história social chegou a ultrapassar a história política, como a área de pesquisa de maior importância. Na verdade, a história política sofreu uma diminuição significativa nos anos 1960 e 1970 — indicação de que a história "fatual" anda em baixa na pesquisa, mesmo que continue a ser importante na docência. Além disso, é provável que a tendência se acelere, devido a um descompasso de tempo. A maioria dos estudantes de doutorado que concluíram suas teses em 1978 tinham escolhido suas áreas de estudo cinco ou dez anos antes, quando a febre de história social ainda estava crescendo. Os que escolheram suas áreas

TABELA 1

CURSOS DE HISTÓRIA ESPECIALIZADA OFERECIDOS
EM OITO UNIVERSIDADES AMERICANAS, 1948-78

Universidade	História política	História constitucional	Relações internacionais	História intelectual	História cultural	História econômica	História social	Total de cursos de história oferecidos
HARVARD								
1948-9	2	2	4	5	0	1	3	82
1958-9	3	3	2	12	0	1	2	115
1968-9	4	3	7	14	0	3	4	131
1978-9	6	1	6	19	3	5	13	177
YALE								
1948-9	2	2	3	3	2	0	1	43
1958-9	2	0	4	4	2	0	2	67
1968-9	7	2	10	11	3	5	1	133
1978-9	4	1	8	12	1	2	13	133
PRINCETON								
1948-9	1	1	1	1	0	0	0	21
1958-9	0	1	3	1	0	2	1	27
1968-9	1	1	0	3	1	2	1	52
1978-9	1	1	1	5	2	2	6	62
INDIANA								
1948-9	1	1	2	1	0	0	0	41
1958-9	0	2	2	0	0	0	0	63
1968-9	0	4	7	4	0	3	6	135
1978-9	0	4	6	2	0	4	4	116

TABELA 1
(CONTINUAÇÃO)

Universidade	História política	História constitucional	Relações internacionais	História intelectual	História cultural	História econômica	História social	Total de cursos de história oferecidos
MICHIGAN								
1948-9	0	4	3	3	0	4	0	82
1958-9	0	4	5	3	3	6	0	132
1968-9	0	4	5	14	1	7	9	200
1978-9	0	2	3	14	1	7	16	189
WISCONSIN								
1948-9	0	3	1	1	0	6	0	79
1958-9	0	2	2	2	0	8	1	107
1968-9	0	6	10	3	4	13	12	227
1978-9	0	1	5	4	7	4	13	186
BERKELEY								
1948-9	0	5	4	0	3	1	2	97
1958-9	0	4	6	5	3	0	7	130
1968-9	0	6	4	7	1	2	8	146
1978-9	0	0	4	11	0	4	13	148
STANFORD								
1948-9	0	1	5	4	1	0	1	86
1958-9	0	2	5	6	1	1	2	104
1968-9	0	0	7	9	2	1	5	108
1978-9	3	1	3	5	5	1	17	119

TABELA 2

CURSOS DE HISTÓRIA ESPECIALIZADA OFERECIDOS
EM OITO UNIVERSIDADES AMERICANAS, 1948-78

Cursos	1948-9		1958-9		1968-9		1978-9	
	Nº	%	Nº	%	Nº	%	Nº	%
História social								
Imigração — etnicidade	3	—	0	—	2	—	8	—
Trabalho	1	—	1	—	0	—	6	—
Negros	0	—	0	—	5	—	16	—
Cidade	0	—	0	—	8	—	14	—
Mulheres — família	0	—	0	—	1	—	13	—
Geral	3	—	14	—	30	—	38	—
Total de história social	7	1,3	15	2,0	46	4,1	95	8,4
História política	6	1,1	5	0,7	12	1,1	14	1,2
História constitucional	19	3,6	18	2,4	26	2,3	11	1,0
Relações internacionais	23	4,3	29	3,9	50	4,4	36	3,2
História intelectual	18	3,4	33	4,4	65	5,7	72	6,4
História cultural	6	1,1	9	1,2	12	1,1	20	1,8
História econômica	12	2,3	18	2,4	36	3,2	3.2	2,6
Total de histórias especializadas	91	17,1	127	17,0	247	21,9	277	24,6
Outros	440	82,9	618	83,0	885	78,2	853	75,5
Total de história	531	100,0	745	100,0	1132	100,1	1130	100,1

TABELA 3

TESES CONCLUÍDAS EM HISTÓRIA; POR SUBÁREA, 1958-78

Cursos	1958 (12 meses)		1968 (6 meses)		1978 (6 meses)	
	Nº	%	Nº	%	Nº	%
História social						
Imigração — etnicidade	3	1,5	7	1,9	12	2,8
Trabalho	1	0,4	7	1,9	13	3,0
Negros	2	1,0	8	2,1	21	4,9
Cidade	1	0,4	2	0,5	12	2,8
Mulheres — família	2	1,0	4	1,1	14	3,2
Geral	5	2,5	11	2,9	45	10,4
Total de história social	14	6,8	39	10,4	117	27,1
História política	69	34,3	126	33,4	102	23,7
História constitucional	3	1,5	2	0,5	1	—
Relações internacionais	21	10,5	48	12,7	40	9,3
História intelectual	21	10,5	36	9,5	38	8,8
História cultural	5	2,5	12	3,2	25	5,8
História econômica	15	7,5	18	4,8	15	3,5
Total de histórias especializadas	148	73,6	281	74.5	338	78,2
Outros	53	26,4	96	25,5	93	21,6
Total de história	201	100,0	377	100,0	431	99,8

TABELA 4

ARTIGOS DE HISTÓRIA PUBLICADOS EM TRÊS REVISTAS ESPECIALIZADAS, POR SUBÁREA, 1946-78

	1946-48					1956-58					1966-68					1976-78				
Subárea	*JMH*	*JAH*	*AHR*	TOTAL	%	*JMH*	*JAH*	*AHR*	TOTAL	%	*JMH*	*JAH*	*AHR*	TOTAL	%	*JMH*	*JAH*	*AHR*	TOTAL	%
História política	12	13	10	35	31,8	24	20	8	52	38,2	20	26	19	65	35,9	36	10	13	59	32,6
Relações internacionais	13	5	6	24	21,8	12	11	4	27	19,9	14	6	4	24	13,3	16	6	3	25	13,8
História intelectual	2	1	4	7	6,4	1	6	6	13	9,6	6	7	6	19	10,5	6	3	10	19	10,5
História cultural	2	2	2	6	5,4	0	2	1	3	2,2	3	2	3	8	4,4	4	3	3	10	5,5
História social	0	4	7	11	10,0	0	5	8	13	9,6	1	10	4	15	8,3	14	16	3	33	18,3
História econômica	3	4	0	7	6,4	1	2	1	4	2,9	0	3	5	8	4,4	1	3	2	6	3,3
Outras	3	10	7	20	18,2	5	11	8	24	17,6	6	20	16	42	23,2	10	9	10	29	16,0
Total	35	39	36	110	100,0	43	57	36	136	100,0	50	74	57	181	100,0	87	50	44	181	100,0

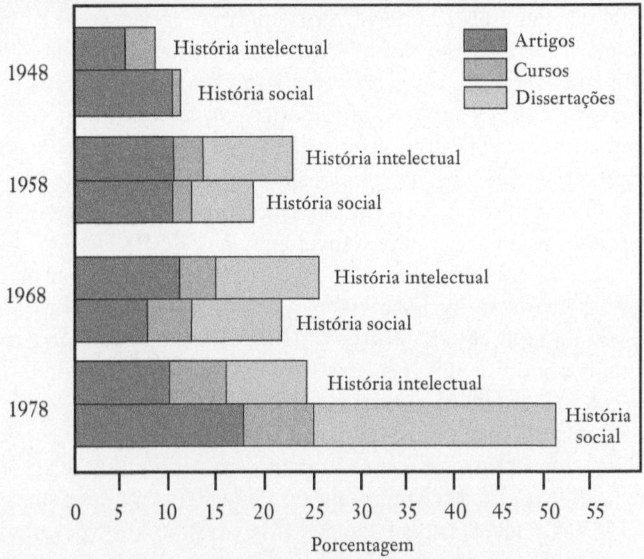

Figura 1: Artigos, cursos e dissertações no campo da história social e intelectual em proporção à produção total de artigos, cursos e dissertações no campo da história, 1948-78.

no final dos anos 1970, no auge da febre, vão prolongá-la, na medida em que concluirão suas teses ao longo dos anos 1980. Mas a probabilidade de que afetem as gerações futuras será limitada, porque muitos deles não conseguirão emprego como professores. As tabelas 2 e 3 confirmam a impressão geral de que existe uma disparidade crítica entre a oferta e a demanda no ensino universitário. O número de cursos em história diminuiu ligeiramente de 1968 a 1978, mas o número de teses aumentou, quadruplicando desde 1958.[17]

Para sondar as correntes de estudos entre os historiadores mais velhos, podemos tomar amostras a partir de três das revistas especializadas mais gerais e respeitáveis: *American Historical Review*, *Journal of Modern History* e *Journal of American History*.

A tabela 4 comprova que a história política conserva sua importância, respondendo por 1/3 dos artigos desde 1946 até 1978. Diminuíram os artigos sobre as relações internacionais, mas, somados com os artigos sobre política, ocuparam regularmente metade das revistas. Enquanto os historiadores na Europa enterravam *l'histoire événementielle*, ela continuava a medrar nos Estados Unidos. A história intelectual continuava firme — na verdade, admiravelmente estável em cerca de 10% da produção acadêmica desde os anos 1940. E a história social disparou, mas apenas nos últimos dez anos.[18]

Uma comparação entre os dados das três fontes (figura 1) sugere o movimento das correntes entre o conjunto da profissão. A origem delas continua a ser um mistério. Mas, uma vez que existem, elas são recolhidas primeiramente pelos estudantes de doutorado, em seguida aparecem nos cursos, e então se difundem pelas revistas mais estabelecidas, tendo penetrado antes nas revistas especializadas e de vanguarda. A pesquisa dá o tom para a docência, pelo menos entre os historiadores mais jovens. Os mais velhos parecem se ater ao tipo de história que assimilaram no doutoramento, talvez por serem menos abertos à inovação ou por não precisarem tanto dela. De qualquer maneira, a profissão parece ser notavelmente conservadora. Todas as três fontes mostram o mesmo modelo de mudança, mas as mudanças são mínimas. A única área que se desenvolveu de modo bastante acentuado desde a Segunda Guerra Mundial é a história social. A importância da história intelectual oscilou muito pouco — tão pouco, na verdade, que sua prática parece desmentir as lamúrias de seus praticantes.

Pode-se chegar ao ponto de concluir que as estatísticas revelam um caso gigantesco de falsa consciência entre os que fazem do estudo da consciência sua especialidade? De fato não, porque a importância da história intelectual declinou em relação à da história social, e, ainda que os historiadores das ideias possam continuar ativos como sempre, alguns talvez tenham uma sensação intuitiva aguda de que o impulso está se enfraquecendo, de que a inovação está passando para outras mãos.

Com efeito, eles poderiam ver este próprio diagnóstico de suas condições como um sintoma de sua gravidade. Que insulto descrever o estudo das ideias com estatísticas e gráficos! Todo o esforço cheira a quantificação da cultura, a intromissão da ciência social em lugares onde não tem nada a fazer, a tentativa de reduzir a vida do espírito à sociologia do conhecimento. Melhor pregar gelatina na parede.

Neste ponto, talvez seja o caso de arriscar uma avaliação mais subjetiva das tendências dentro do campo como um todo. Infelizmente, porém, a história intelectual não é um todo. Ela não tem nenhuma *problématique* norteadora. Seus praticantes não compartilham nenhum sentimento de terem temas, métodos e estratégias conceituais em comum. Num dos extremos, eles analisam os sistemas dos filósofos; no outro, examinam os rituais dos iletrados. Mas suas perspectivas podem ser classificadas de "cima" para "baixo", e poderíamos imaginar um espectro vertical onde os temas se transformam gradualmente entre si, passando por quatro categorias principais: a história das ideias (o estudo do pensamento sistemático, geralmente em tratados filosóficos), a história intelectual propriamente dita (o estudo do pensamento informal, os climas de opinião e os movimentos literários), a história social das ideias (o estudo das ideologias e da difusão das ideias) e a história cultural (o estudo da cultura no sentido antropológico, incluindo concepções de mundo e *mentalités* coletivas).[19]

Não há dúvida de que o nível mais alto das ideias atrairá os estudiosos, enquanto houver quem sinta o desafio de escalar o pensamento de grandes homens como santo Agostinho e Einstein. Mas os filósofos e críticos literários, desde a Segunda Guerra Mundial, vêm mostrando a tendência de deixar de lado o estudo histórico dos grandes livros, preferindo explorar as dimensões linguísticas do sentido e a significação estrutural dos textos. Os historiadores tiveram de ofertar uma boa carga de história da filosofia e história da literatura em seus *campi*, e esse trabalho tem marcado seus estudos. Ao invés de investigar esses campos vizinhos como pessoas de fora, eles têm tentado entendê-los de dentro. Carl Schorske, por exemplo, desenvolveu uma visão "internalista" da filosofia, literatura, arte, música e psicologia em Viena no final do século XIX.[20] Outros historiadores se limitaram a uma disciplina, estudada durante um período mais longo. Mas, tal como Schorske, eles tentam destacar as qualidades intelectuais inerentes a seus objetos e evitar a superficialidade das formas anteriores de abordagem interdisciplinar. Morton White, Bruce Kuklick e Murray Murphy estudaram a história da filosofia americana tanto do ponto de vista dos filósofos quanto do dos historiadores.[21] Edmundo Morgan, Alan Heimert, Sacvan Bercovitch e David Hall levaram o estudo do puritanismo ainda mais além de onde chegara com Perry Miller.[22] E a história interna da ciência estendeu-se mais do que nunca em várias direções diferentes.

Com cada ampliação, as subáreas históricas tornaram-se mais rigorosas, mas também mais esotéricas — uma tendência pelo visto inevitável, porque os historiadores têm de se especializar para acompanhar a especialização no desenvolvimento do conhecimento. Todavia instaurou-se uma tendência em sentido contrário, a qual pode indicar que a história social teve algum impacto no nível superior da história das ideias. Em sua explicação altamente técnica sobre o surgimento do pragmatismo, por exemplo, Kuklick mostra como a filosofia se incrustou na estrutura da universidade moderna, e baseia-se no estudo sociológico de Laurence Veysey sobre a universidade enquanto instituição.[23] Ao rastrear a evolução das ideias "modernistas" na teologia protestante, William Hutchinson tenta acompanhar não só sua difusão, como também sua elaboração filosófica.[24] Bruce Frier mostrou que as abstrações do direito romano tinham conexões importantes com o mercado imobiliário na Roma antiga.[25] E diversos historiadores da ciência, em particular Roger Hahn e Charles Rosenberg, mostraram a importância das instituições e grupos de interesse para o desenvolvimento das teorias científicas.[26] A história da ciência pode se revelar como um campo estratégico para avaliar o jogo entre a história social e a história das ideias, porque vem expressando com muita clareza a tensão entre as abordagens internas e externas do pensamento formal. A dicotomia talvez pareça irreal para alguns especialistas, e a distinção de Thomas entre as fases normais e revolucionárias no desenvolvimento da ciência aparentava dar espaço para as duas abordagens. Mas desde a publicação inicial de *The structure of scientific revolutions* [*A estrutura das revoluções científicas*] (1962), Kuhn tem passado para a posição "internalista" e alterou em certa medida sua ideia de paradigma, tornando-a mais amoldável a noções normativas e menos amoldável a noções sociológicas.[27] Nesse meio-tempo, os "externalistas" mostraram como a cultura e a política da Inglaterra no início do período moderno e a Alemanha do período de Weimar influíram sobre o desenvolvimento do newtonismo e da física quântica.[28] As duas tendências seriam capazes de dividir a história da ciência ao meio, levando-a de um lado para a sociologia e de outro para a filosofia e as ciências naturais. Mas parece mais provável que a tensão continue a ser criativa e que mesmo a atividade científica mais recôndita seja interpretada dentro de um contexto cultural.[29]

A contextualização é o traço mais forte na área da história das ideias que mais avançou na última década: a história do pensamento político. Numa série de artigos programáticos, seguidos por um conjunto de livros de grande importância, Quentin Skinner, John Dunn e John Pocock argumentam que só é possível captar o sentido de um tratado político recriando a linguagem política da época em que foi escrito. Eles deslocam a ênfase do texto para o contexto, mas não para introduzir sub-repticiamente uma concepção reducionista das ideias, seja de inspiração marxista ou namierista. Pelo contrário, eles defendem a autonomia do pensamento invocando a filosofia analítica e tratando o pensamento como "declarações" ou "atos de fala" transmitindo significados particulares. Um significado está preso no tempo e na linguagem, não pode ser intrínseco às "unidades-ideias" imaginadas por Lovejoy, que entram e saem das mentes ao longo dos séculos, e não há como entendê-lo lendo as obras dos grandes teóricos políticos como se falassem diretamente a nós. A filosofia moderna liberou o historiador para trabalhar de maneira histórica, para reconstruir o passado repensando o pensamento segundo a maneira prescrita por Collingwood. Armados desse procedimento, Skinner, Dunn e Pocock criticaram severamente os anacronismos na bibliografia em torno de figuras de relevo como Maquiavel, Hobbes e Locke. Abriram novas trilhas por entre a história do pensamento político do século XIII ao século XIX. E, embora tratando o pensamento em seu nível mais elevado, eles fortaleceram a história social das ideias em sua conexão crucial, onde as ideias se fundem em ideologias.[30]

A preocupação com a especificidade do contexto também tem dominado boa parte do trabalho recente sobre o nível intermediário da história intelectual. O grande quadro do espírito de uma época e o tratado abrangente sobre a mentalidade de uma nação são gêneros que parecem estar agonizando, apesar dos vivos esforços de Ira Wade, Peter Gay e Rush Welter.[31] Principalmente nos estudos americanos, os estudiosos têm passado de uma visão holística para a visão institucional da vida intelectual. O que nos anos 1950 era aceito como caráter nacional atualmente se afigura, para muitos historiadores mais jovens, como a cultura dos brancos de classe média. Eles tendem a considerar o conhecimento como poder, como a fortificação ideológica de grupos sociais específicos; desse modo, têm se concentrado sobre a história intelectual das profissões, profissionais e profissionalização — processo que agora parece tão ubíquo que, como tema histórico, está disputando um segundo lugar apertado junto com a ascensão da classe média.[32] A profissão preferida entre os europeístas parece ser a história. Talvez essa escolha não esteja isenta de uma certa tendenciosidade, mas tem resultado em algumas excelentes biografias intelectuais, notadamente *Macaulay*, de John Clive, e *Ranke*, de Leonard Krieger. E, na obra de Hayden White, Nancy Struever, Maurice Mandelbaum, Donald Kelley e Lionel Gossman, a história da história ultrapassou as preocupações historiográficas mais antigas, encaminhando-se para uma nova consideração a respeito da consciência temporal e da natureza linguística do pensamento no passado.[33] Os europeístas parecem mais sensíveis a correntes filosóficas europeias — a filosofia analítica na Inglaterra, o pensamento pós-estruturalista na França —, ao passo que os americanistas respondem primariamente à tendência americana na sociologia do conhecimento e na antropologia.[34]

Mas seria um engano estabelecer uma distinção nítida demais entre o ramo europeu e o ramo americano da história intelectual. Uma tendência que as unifica e também mostra a continuidade entre a geração mais antiga e a mais nova dos historiadores das ideias é a relevância dada ao pensamento social. A obra de Martin Jay e Stuart Hughes, de David Hollinger e Morton White, de Jonathan Beecher e Frank Manuel mostra uma preocupação com as dimensões sociais do pensamento nos dois lados do Atlântico e do chamado "fosso de gerações".[35] A ênfase sobre os pensadores sociais também se destaca na biografia intelectual, um gênero que floresceu nos Estados Unidos enquanto recuava na Europa, particularmente na França. O que torna a biografia desinteressante para a escola dos *Annales* — o relevo dado aos indivíduos e aos acontecimentos, ao invés das mudanças de longa duração nas estruturas — é o que a faz atraente para os americanos, que têm sede de especificidade e fome de conexões entre a teoria social e o quadro institucional. Assim, Dorothy Rosse vê a história da psicologia através da vida de G. Stanley Hall; Barry Karl e John Diggins veem a emancipação da ciência política e da sociologia nas vidas de Charles Merriam e Thorstein Veblen; Peter Paret e Keith Baker veem uma ciência sociopolítica geral a tomar forma através das vidas de Clausewitz e Condorcet.[36] Apareceram três biografias de Durkheim em 1972; duas obras sobre Vico surgiram em 1975-6; pelo menos uns doze estudos de Marx foram publicados em 1977-8; o bicentenário da morte de Voltaire e Rousseau em 1978 gerou um tal transbordamento de livros e artigos por cima de um conjunto tão grande de trabalhos anteriores que dificilmente um único estudioso conseguiria ler toda a literatura referente aos dois grandes filósofos, principalmente se ele quiser ter um domínio sobre os textos de ambos, que agora vêm surgindo nas magníficas edições de Theodore Besterman e R. S. Leigh.[37] O estudioso do Iluminismo não pode dispensar *Diderot*, de Arthur Wilson, e *Montesquieu*, de Robert Shackleton.[38] E, se ele precisa estudar a dimensão transatlântica da República das Letras, terá de percorrer laboriosamente as vastas edições de Jefferson, Adams e os outros Pais Fundadores. As grandes edições eruditas dos anos 1960 e 1970 estão criando novas possibilidades para o historiador das ideias, se não chegarem a soterrá-lo.

Não adiantará muito se, para aliviar o peso meramente documental do passado, ele procurar se refugiar no nível mais baixo de estudos, que agora vem se tornando conhecido como história social das ideias, pois aqui ele terá de examinar não só as obras dos grandes escritores, mas também a difusão delas, e além disso terá de estudar a produção e difusão da literatura de menor importância. Os historiadores sociais das ideias tentam acompanhar o pensamento entre todo o tecido da sociedade. Querem penetrar no mundo mental dos filósofos e das pessoas comuns, e no entanto continuam a se chocar contra o imenso silêncio em que submergiu a maior parte do pensamento da humanidade. A palavra impressa, porém, oferece uma trilha por esse vazio, pois, ao percorrê-la, o historiador pode ter uma certa ideia da experiência vivida da literatura — pelo menos entre os letrados e após a invenção do tipo móvel. Esse caminho tem sido mais explorado pelos estudiosos na Inglaterra e na França, onde a *histoire du livre* surgiu como uma subdisciplina específica. Mas os americanos também parecem mostrar um interesse crescente pela história da alfabetização, da literatura popular, do setor editorial e do jornalismo.[39]

Foi estudando a literatura do panfleto popular que Bernard Bailyn renovou a história da Revolução Americana.[40] Ele mostrou que a visão dos fatos entre os cidadãos comuns era tão importante quanto os próprios fatos em si — que os americanos percebiam as ações de George III e seus ministros através de uma densa cultura política, herança de seus antepassados seiscentistas, a qual modelou suas formas de conduta ao longo de todo o século XVIII. A obra de Pocock, Skinner e Dunn mostrou que essa cultura podia ser rastreada até a Renascença, desde que fosse entendida como a elaboração de uma linguagem, e não propriamente como um grande encadeamento de ideias. O início desse processo ficou claro a partir da obra dos estudiosos da Renascença — notadamente Hans Baron, Felix Gilbert, William Bouwsma, Gene Brucker, Marvin Becker, Eric Cochrane e Donald Weinstein —, que mostraram como o humanismo cívico brotou, floresceu e feneceu ao longo das histórias tempestuosas de Florença e Veneza. Da Itália, a corrente ideológica passou para a Inglaterra, onde foi transformada pela Reforma e tingida por instituições locais. Apesar das incursões dos namieristas e das disputas internas, os historiadores da Inglaterra, de Christopher Hill a J. H. Hexter, Lawrence Stone, J. H. Plumb, E. P. Thompson e John Brewer, concordam sobre a importância central da ideologia na vida pública inglesa nos séculos XVII e XVIII. Nesse momento, os historiadores americanos — Edmund Morgan, Jack Greene, Gordon Wood e Eric Foner, bem como Bernard Bailyn — puderam pegar o tema da ideologia, dar-lhe alguns retoques finais e mostrar como ele determinou o caráter da nova república. Em cada fase do desenvolvimento dessa rica tendência dentro da historiografia, os historiadores ressaltaram a incrustação do discurso político dentro da vida institucional. No entanto, ao invés de tratarem o pensamento como um epifenômeno da organização social, eles têm tentado mostrar como ele organizava a experiência e transmitia significados por entre o conjunto dos cidadãos. Ao invés de conceberem um espírito transcendente, eles vêm tentando recriar uma linguagem política. E, ao invés de imporem suas próprias categorias a essa linguagem, deixam-na falar por si mesma. Desse modo, evitando de um lado o reducionismo e de outro o anacronismo, eles mostraram que o estudo da ideologia pode servir de terreno experimental para problemas e métodos dentro da história social das ideias como um todo.[41]

Ao passar para a história cultural, desce-se abaixo do nível letrado e entra-se num território onde a história e a antropologia se reúnem. O encontro geralmente ocorre quando ambas convergem para objetos vagamente classificados como cultura popular. Os historiadores parecem à vontade com o termo. Salvo poucas exceções, como Hayden White, eles não perguntam se o termo representa um campo de estudos coerente, mas passam de objeto para objeto, conforme surgem as ocasiões.[42] O entusiasmo é maior nas conferências sobre a história francesa, onde americanos e franceses se dão as mãos numa ciranda de comunicações sobre o carnaval e os charivaris.[43] Em seus melhores aspectos — por exemplo, na obra de Natalie Davis, Robert Mandrou, Marc Soriano e Carlo Ginzburg —, essa efervescência tem estimulado algumas pesquisas originais extraordinárias.[44] Do lado pior, ela se mostra trivial, seguindo a moda. Apesar de seu modismo, a história da cultura popular certamente não é nova. E. K. Chambers demonstrou sua importância na virada do século, e muito antes disso Burckhardt já havia lhe dado um papel central em seu panorama da cultura renascentista. Podem-se avaliar a complexidade e a profundidade da literatura sobre o tema no recente levantamento feito por Peter Burke.[45]

Não obstante, o entusiasmo pela cultura popular é um sintoma de uma mudança dentro da própria história social. Os que deram o exemplo neste campo, historiadores como Emmanuel Le Roy Ladurie e Lawrence Stone, que costumavam encher seus livros de gráficos, estatísticas demográficas e modelos quantitativos de estruturas sociais, têm se baseado inteiramente em evidências qualitativas em seus trabalhos mais recentes, aliando referências literárias a referências à antropologia.[46] Um dos livros mais antropológicos e de maior influência da década, *Religion and the decline of magic* [*A religião e o declínio da magia*], de Keith Thomas, foi criticado por não ser suficientemente antropológico — não só por antropólogos, mas também (pelo menos implicitamente) pelo colega de Thomas, o historiador social E. P. Thompson.[47] O próprio Thompson tipifica a inflexão na direção da história cultural e de uma modalidade interpretativa antropológica entre os historiadores sociais. Depois de tentar relatar minuciosamente o desenvolvimento da consciência operária dentro das categorias do marxismo ortodoxo, ele recuou para a era pré-industrial e se aprofundou no estudo da cultura plebeia.[48] Mas aonde levará todo o trabalho sobre os mastros de maio, a magia, a música rústica, a venda de mulheres, a queima de efígies e as execuções públicas?

A forma mais comum de congregar tudo isso tem sido a de subsumir essa variedade sob a categoria de *mentalité*, um galicismo conveniente que se difundiu para o inglês e o alemão, depois de fazer fortuna na França. Contudo, apesar de uma batelada de prolegômenos e discursos sobre o método, os franceses não desenvolveram uma concepção coerente das *mentalités* como campo de estudo. Tendem a carregar o termo com noções de *représentations collectives* derivadas de Durkheim e o *outillage mental* que Lucien Febvre recolheu da psicologia de sua época.[49] Resta ver se a *mentalité* vai aguentar a carga. Mas provavelmente não sobreviverá à americanização, como tampouco sobreviveu a *Weltanschauung*. As primeiras tentativas de domesticar o termo sugerem que ele se dissolverá no discurso sobre atitudes gerais.[50]

Nesse caso, os historiadores americanos não terão avançado muito além de um estágio de entusiasmo desnorteante, para o estudo do comportamento simbólico entre os "inarticulados" — isto é, os iletrados, os pré-letrados e os semiletrados, que realmente conseguem se expressar muito bem por meio de suas formas culturais próprias. Mas já houve um certo avanço, que se deu de maneira empírica, garimpando fontes difíceis para desenterrar evidências relativas a essas formas culturais. O material mais rico foi descoberto no campo da história negra. Peter Wood utilizou métodos antropológicos para examinar a natureza da linguagem e do trabalho entre os escravos na Carolina do Sul. Lawrence Levine se baseou no folclore para estudar como os negros enfrentavam a adversidade por meio do riso e da linguagem. E Eugene Genovese ressuscitou a religião escrava numa vigorosa interpretação da escravidão como sistema sociocultural.[51] Os historiadores do trabalho, da religião e da família vêm desenvolvendo correntes de pesquisa semelhantes, aliando história social e história cultural.[52] Essa aliança se deu há muito tempo, nos estudos sobre o "Terceiro Mundo", onde os historiadores tiveram de aprender o máximo possível com os antropólogos, e os antropólogos trabalharam amiúde com uma dimensão diacrônica.[53] No estudo sobre os índios americanos, os antropólogos realmente têm sido mais históricos do que os historiadores, pois a obsessão etnocêntrica dos historiadores com a carga de culpa do homem branco tornou-os cegos à importância da guerra e da diplomacia entre as próprias tribos indígenas, ao longo de todo o século XVIII e XIX.[54]

O contato entre a história e a antropologia foi benéfico para ambas, na medida em que oferecem vias complementares de atingir o mesmo objetivo: a interpretação da cultura. Além disso, a antropologia oferece ao historiador algo que o estudo da *mentalité* não conseguiu apresentar: uma concepção coerente da cultura, que foi definida por Clifford Geertz como "um modelo historicamente transmitido de significados encarnados em símbolos".[55] É claro que seria fácil tirar outras definições da literatura antropológica. Os antropólogos divergem como todo mundo. Mas compartilham uma mesma orientação em relação aos problemas de interpretação da cultura. Podem auxiliar o historiador a redirecionar seu empenho de resolver esses problemas, e colocá-lo no caminho em busca de modelos de significado.

A preocupação com o significado atravessa todas as variantes da história intelectual, de "cima" a "baixo". Sugere que todas elas estão se renovando de uma maneira que não pode ser vista nas estatísticas, nem ouvida nos gritos de alarme dos que preferem as vias mais antigas. É claro que seria simplista dividir os historiadores entre inovadores e tradicionalistas, ou entre Polianas e Jeremias. Também seria uma bobagem negar que alguns tipos tradicionais de história intelectual têm sofrido nesta década de 1970. Os historiadores dos anos 1990 provavelmente não escreverão muitos tratados sobre o espírito de uma época, a mentalidade de uma nação ou os elos em grandes correntes de ideias. Parece existir um certo deslocamento dos setores "mais altos" para os setores "mais baixos" do espectro. Mas os historiadores das ideias não precisam temer que desapareçam na maré montante da história social. Mesmo que às vezes possam sentir enjoos, estão firmando o pé, sopra um vento fresco em suas velas e estão rumando para novas direções.

NOTA SOBRE A FIGURA E AS TABELAS

Todas as fontes utilizadas para montar essas tabelas têm suas vantagens e desvantagens. Os catálogos de cursos frequentemente oferecem descrições bastante completas dos cursos, e, se supusermos que há uma relação razoavelmente próxima entre o que é descrito e o que é ensinado, eles provavelmente fornecem uma indicação válida quanto à importância relativa dos vários gêneros históricos. Muitíssimos cursos, porém, não se classificam por gênero. Cobrem períodos temporais, e é impossível saber, a menos que se faça um levantamento meticuloso, se houve alguma mudança de ênfase dentro deles. Mesmo assim, a mudança de ênfase deve se manifestar de maneira bastante precisa na minoria dos cursos (cerca de 25%) dedicados a gêneros especializados. A base estatística é larga, e seria ainda mais larga se tivesse sido possível encontrar coleções de catálogos mais completas. As estatísticas incompletas foram montadas a partir dos catálogos da Universidade Columbia, da Universidade de Chicago e da Universidade da Califórnia, em Los Angeles. Condiziam com a configuração resultante dos outros catálogos, mas tinham lacunas demais para serem utilizadas nas tabelas 1 e 2. As estatísticas incluem cursos de pós-graduação abertos à graduação — por exemplo, os cursos do nível quatrocentos em Harvard — , porém não os seminários de doutoramento destinados exclusivamente aos pós-graduandos, arrolados em separado. Cursos de gênero misto, como os de "história social e intelectual" populares nos anos 1940, não entraram nessas rubricas. Os classificados como "políticos" eram dedicados especificamente à política, de acordo com os catálogos. Mas os cursos gerais decerto deviam enfatizar muito a política, e por isso ela pode estar sendo subestimada.

Graças aos extensos resumos nos *Dissertation Abstracts* [Sumários de teses], a classificação das teses de doutorado não levanta nenhum problema em especial. Mas não foi possível remontar os dados até 1948, porque raríssimas teses foram microfilmadas na época. Em 1958, a grande maioria das teses de história já constava dos *Dissertation Abstracts.* As teses estrangeiras foram excluídas dos dados. E os relatórios mensais foram compilados para todos os doze meses de 1958, de modo a ter um número suficiente de estatísticas para comparar com os seis meses de relatórios cobertos nas estatísticas de 1968 e 1978. (Não havia nenhuma flutuação sazonal significativa nos relatórios.) Assim, o número de doutorados em história aumentou de cerca de duzentos em 1958 para cerca de 860 em 1978, e não sofreu nenhum decréscimo com a retração do mercado de trabalho nos anos 1970.

Os periódicos *Journal of Modern History*, *Journal of American History* e *American Historical Review* foram escolhidos para a compilação dos dados da tabela 4 devido a seu caráter geral e porque remontam aos anos 1940. É possível que as novas correntes apareçam com maior rapidez em revistas especializadas como *Journal of Social History*, *Journal of Interdisciplinary History*, *Journal of the History of Ideas* e *American Quarterly.* Mas o surgimento dos artigos de vanguarda ocorre provavelmente com a mesma velocidade em todos os campos, inclusive os representados pelo *Negro History Bulletin*, *Agricultural History* e *Diplomatic History.* A mudança de editores também afeta a cobertura das revistas, e nos três periódicos estudados ocorreram alterações importantes na editoria. Mas tais mudanças também se sucedem de maneira bastante equivalente em todos os campos. Assim, parece válido utilizar as três revistas mais antigas e estabelecidas para avaliar as correntes nos estudos de historiadores também mais antigos e estabelecidos. Os artigos foram compilados em períodos de três anos, assim permitindo montar uma base estatística adequada.

Por fim, devo acrescentar que fiz sozinho toda a compilação e processamento pelo computador, sem a colaboração de auxiliares de pesquisa, e tentei ler todas as descrições dos cursos, resumos de teses e artigos das revistas com a maior meticulosidade possível. No final, acabei desenvolvendo uma certa intuição das mudanças dentro da profissão. E, se cometi erros, provavelmente têm coerência, ou pelo menos não resultaram de um trabalho apressado.

11. A HISTÓRIA SOCIAL DAS IDEIAS

A HISTÓRIA DO ILUMINISMO sempre foi um caso de grandes alturas — tendência que não há de ser lamentada por quem tiver escalado seus picos com Cassirer, se inspirado em deliciosos haustos de razão pura, examinado a topografia do pensamento setecentista estendido cuidadosamente a seus pés. Mas chegou a hora de ver o Iluminismo com um olhar mais ligado à terra, porque, enquanto os historiadores das ideias mapeavam a vista de cima, os historiadores sociais estavam escavando em profundidade os substratos das sociedades do século XVIII. E, à medida que aumenta a distância entre as duas disciplinas, multiplicam-se e adensam-se os climas de opinião, e de vez em quando o Iluminismo some em nuvens de vaporosas generalizações. A necessidade de situá-lo com maior precisão num contexto social resultou em alguns novos trabalhos importantes, num gênero que vem sendo chamado de "história social das ideias".

Peter Gay, que patrocinou o termo,[1] tentou responder a essa necessidade com o segundo volume de *The Enlightenment: an interpretation* [*O Iluminismo: uma interpretação*] (Nova York, 1969). Seis meses depois do lançamento do livro de Gay, saiu na França o segundo volume de uma outra obra: *Livre et société* (Paris, 1970), continuação de uma coletânea pioneira de ensaios sobre a história sociointelectual, iniciativa de um grupo na VIe Section da École Pratique des Hautes Études em Paris. É fascinante ler esses dois segundos volumes juntos, pois mostram duas tradições historiográficas diferentes convergindo para o mesmo problema. Gay descende de Cassirer, o grupo da VIe Section provém da escola dos *Annales* e das experiências de Daniel Mornet com a história quantitativa. Curiosamente, as duas tradições parecem se ignorar mutuamente. Numa bibliografia que totaliza 261 páginas em ambos os volumes e cobre um imenso leque da história europeia, Gay nunca menciona *Livre et société*. Faz apenas algumas referências irreverentes a Mornet, e parece não ter assimilado muita coisa da história dos *Annales*. O segundo volume de *Livre et société* (lançado pela primeira vez um ano antes do primeiro volume de Gay) não cita Gay nem Cassirer. Com efeito, *A filosofia do Iluminismo*, de Cassirer, só foi traduzida para o francês em 1966, e não deixou muitas marcas no estudo francês do Iluminismo desde sua publicação original em alemão, em 1932, um ano antes do surgimento de *Les origines intellectuelles de la Révolution Française* [*As origens intelectuais da Revolução Francesa*], de Mornet, e catorze anos antes de *La pensée européene au 18e siècle* [*O pensamento europeu no século XVIII*], de Paul Hazard. Portanto, eis uma oportunidade de comparar os métodos e resultados das duas tentativas, expressando duas correntes historiográficas distintas, de resolver um dos problemas mais intricados da história moderna em seus primeiros momentos: o problema de situar o Iluminismo dentro dos acontecimentos correntes da sociedade setecentista.

Gay chegou à história social das ideias num empenho de redefinir o Iluminismo. Ele queria que sua "definição" (como qualifica modestamente seus dois grandes volumes) incorporasse a dimensão social da experiência dos *philosophes* numa interpretação de tipo cassireriana de suas ideias. Essa preocupação atesta a influência crescente da história social na atualidade, mas não determina em última instância o caráter do livro de Gay, que pode ser lido como o tipo de história intelectual que tem prosperado nos Estados Unidos nessas últimas décadas. Lido dessa forma, oferece um agradável percurso pelo Iluminismo, tema por tema, filósofo por filósofo. Gay corta caminho pelos clichês e sopra uma vida nova em figuras que tinham sido embalsamadas e postas em exposição permanente no século XIX. Seus *philosophes* não são racionalistas ressecados, profetas ingênuos do progresso ou estreitos ateístas de aldeia. São indivíduos complexos com problemas complexos, irracionais em seus cálculos de prazer e dor, pessimistas em sua entrega ao avanço da civilização. Gay faz justiça a essas complexidades, especialmente nos dois primeiros capítulos do volume 2, relacionando as ideias dos *philosophes* com suas experiências e evitando rótulos gastos como "A Idade da Razão". Sua rotulação pessoal às vezes confunde, como quando descreve o empirismo setecentista como uma "revolta contra o racionalismo" (Cassirer e mesmo D'Alembert esclareceram esse ponto contrapondo o *esprit de système* do século XVII ao *esprit systématique* do século XVIII). Mas o livro dá vida aos *philosophes*. Sua força reside em sua ênfase sobre a dimensão humana complexa de suas filosofias.

Embora o *Enlightenment* de Gay vá agradar e instruir quem quiser renovar sua percepção do passado, ele merece ser lido como pretendia o autor: não simplesmente como mais um estudo sobre o século XVIII, mas como uma tentativa de fundar um novo gênero histórico. Gay teve de desenvolver uma história social das ideias, para reunir a história filosófica altamente concentrada de Cassirer e as descobertas altamente específicas da história social.[2] Esse entrecruzamento de espécies históricas tão diversas levanta enormes problemas, porque Cassirer lidava com os modos de pensar, como o surgimento do pensamento "crítico" em oposição ao pensamento "mitopoeico", ao passo que os historiadores sociais se interessam por uma outra ordem de fenômenos, como a ascensão da burguesia. Para reconciliar perspectivas tão opostas, Gay adota um recurso hegeliano: ele define o Iluminismo como uma "luta dialética pela autonomia" (*The Enlightenment* I:xi; todas as referências dizem respeito a essa obra, salvo indicação em contrário).

A história da história está tão recoberta de dialéticas mortas que poderia parecer temerário criar uma outra, como arcabouço conceitual para um novo tipo de história. Mas a história social das ideias de Gay não se sustenta sem sua dialética, de modo que a dialética merece ser examinada com cuidado. Ela funciona assim: tese — "O apelo à antiguidade" (livro 1); antítese — "A tensão com o cristianismo" (livro 2); síntese — "A busca da modernidade" (livro 3). Gay explica que está lidando com o Iluminismo em sua acepção restrita, a filosofia dos *philosophes*, e não com o amplo clima de opinião que abrange a "Era do Iluminismo". Ele argumenta de maneira convincente que a filosofia dos *philosophes* pode ser tratada como um fenômeno histórico coerente, apesar de suas disputas e contradições, porque constituía uma unidade coesa, uma "família", e sua dialética deve ser entendida como resultado da experiência efetiva da família no ambiente efetivo da Europa e América setecentistas. Assim, os *philosophes* reagiram à mensagem desmistificadora dos clássicos, voltaram essa mensagem contra a mitologia cristã e então se libertaram de seus libertadores, rejeitando o neoclassicismo e abraçando a modernidade. A modernidade, a autonomia ou "A Ciência da Liberdade" (Gay impinge tantos títulos e subtítulos engenhosos a seu texto que fica difícil tirar suas ideias de seus invólucros) significa o liberalismo humano, crítico, tolerante, realista — uma fé digna da modernidade moderna, sugere Gay, pois não tem nenhuma pretensão de estar escrevendo uma história isenta de valores.

Essa definição dialética levanta o problema de determinar o que destaca o Iluminismo no tempo, enquanto um fenômeno distinto. Se a dialética de Gay não puder ser estabelecida com precisão e sustentada com referências rigorosas às provas históricas, é capaz de sair voando como o mais etéreo hegelianismo, pois nenhuma dialética pode ser estática, mesmo que seja entendida apenas como uma "definição". Portanto, parece melhor acompanhar o desdobramento do Iluminismo de Gay fase por fase, parando para abordar os temas à medida que aparecem — principalmente no caso dos aspectos antirreligiosos, "revolucionários" e psicológicos do Iluminismo — e reservando dois temas especiais para o fim: a relação do Iluminismo com as questões sociopolíticas e a difusão do alfabetismo.

Supondo que o Iluminismo se originou com um apelo à antiguidade, o problema é mostrar o que, no que tange à antiguidade, teve um apelo específico para o Iluminismo incipiente, e não para outras eras. Gay revela uma afinidade entre os *philosophes* e os antigos, mas não prova que os *philosophes* liam seus clássicos de maneira diversa dos escritores "clássicos" do século XVII. Mesmo que se conseguisse provar o argumento de Gay — e isso exigiria uma enorme quantidade de estudos de literatura comparada, tão meticulosos quanto os *Essais sur Diderot et l'antiquité* [*Ensaios sobre Diderot e a antiguidade*], de Jean Seznec, e *Alexander Pope: the poetry of allusion* [*Alexander Pope: a poética da alusão*], de Reuben Brower —, restariam por explicar as diferenças na recepção dos antigos, e a explicação poderia envolver elementos que não se relacionam com a "tese" de Gay. A discussão de Gay sobre a Renascença ilustra essa dificuldade, pois ele afirma que o ressurgimento clássico durante a Renascença gerou uma dialética igual à do Iluminismo. Assim, para evitar um emaranhamento de dialéticas ou uma interpretação do Iluminismo como reprise da Renascença, ele se vê obrigado a enfatizar os elementos que separavam os dois períodos — o redespertar da controvérsia religiosa e o espírito subsequente de tolerância e ceticismo, a revolução científica e as filosofias sistemáticas do século XVII. Todavia não foram justamente esses novos desenvolvimentos que geraram o Iluminismo? E não são estranhos à dialética de Gay? Percebendo o perigo, Gay tenta encaixar Montaigne, Grotius, Bayle, Bacon, Descartes, Newton e Locke num capítulo chamado "Cristianismo pagão", uma daquelas expressões híbridas, como também o "Estoicismo epicureu", que ele parece cunhar quando sua argumentação está muito forçada. É possível que uma mescla de paganismo e cristianismo tenha tingido as ideias desses pensadores, tal como tingiu o pensamento de cristãos-pagãos como Tomás de Aquino e Agostinho, mas a questão que está realmente em jogo é: o que foi fundamental e o que foi acidental para gerar o Iluminismo? Não adianta exibir a dialética cristã-pagã na porta da frente e fazer Montaigne, Grotius, Bayle, Bacon, Descartes, Newton e Locke entrarem sorrateiramente pela porta dos fundos. Tendo dado um passo para dentro, esses pensadores tomarão conta da casa, tornando impossível preservar a dialética, nem mesmo como um enfeite na vitrine.

Os inimigos do Iluminismo apresentam tantos problemas

para a tese de Gay quanto seus precursores, porque, segundo François Bluche, os autores favoritos dos magistrados do Parlement de Paris eram os mesmos dos *philosophes* de Gay — Cícero, Horácio, Ovídio e Virgílio.[3] E, segundo o grupo de *Livre et société*, o público culto em geral, mas não filosófico, partilhava o mesmo gosto pelos clássicos. Para explicar por que os *philosophes* reagiam de maneira específica ao repertório comum de sua cultura, Gay seria obrigado a voltar às versões correntes sobre as origens do Iluminismo, as quais parece evitar. Sua versão pessoal não aborda os estudos clássicos de Paul Hazard e Philippe Sagnac, que argumentam que o Iluminismo francês brotou de uma profunda crise nos últimos anos do reinado de Louis XIV, nem incorpora o trabalho recente sobre o período da *crise de conscience*, de Pierre Goubert e Lionel Rothkrug. Gay mal cita Fénélon, Saint-Simon e Boulainvilliers, e ignora totalmente Vauban, La Bruyère e Boisguillebert.

Enquanto Gay tem dificuldade em sair de sua tese e prosseguir, sua antítese quase o leva embora. Aqui, o tema principal é a radicalização do caráter antirreligioso do Iluminismo. Gay o vê avançar inexoravelmente da tolerância para o ceticismo, o deísmo e o ateísmo pletórico de Hume e Holbach. Os *philosophes* certamente investiram contra as igrejas estabelecidas, mas poucos deles, mesmo no círculo holbachiano, passaram-se para o ateísmo.[4] E algumas correntes intelectuais seguiam na direção oposta — do ateísmo árido de Toland e Woolston na Grã-Bretanha e os poetas templários ateus na França ao Grande Despertar que se espalhou pela Europa a partir de Estocolmo, São Petersburgo e Bavária na década pré-revolucionária. Como mostrou Auguste Viatte, o Iluminismo se extingue numa grande fogueira de iluminações.

Em todo caso, até que ponto o Cristianismo e o Iluminismo eram incompatíveis? Na França, eram inimigos, mas lá a filosofia se alimentava da perseguição e de uma tradição de anticlericalismo inexistentes nos países protestantes. E talvez também sua dívida para com o jansenismo fosse maior do que Voltaire, em seu horror aos *convulsionaires*, gostaria de admitir.

Tal é, pelo menos, a hipótese tentadoramente levantada em "The Enlightenment: free inquiry and the world of ideas" ["O Iluminismo: livre indagação e o mundo das ideias"], um ensaio de Robert Shackleton no novo volume organizado pelo falecido Alfred Cobban. Shackleton detecta "uma aliança *de facto*, sob muitos aspectos surpreendente, entre o jansenismo e o Iluminismo".[5] Em contraste com a irresistível "maré de ateísmo" de Gay (II: 144), Shackleton chega a ver uma certa colaboração entre os *philosophes* e a Igreja Católica, não tanto na França quanto na Espanha, Portugal e Itália, onde o cardeal Passionei e Benedito XIV se correspondiam filosoficamente com Montesquieu e Voltaire. Esse jansenismo mediterrâneo protegeu algumas vezes os *philosophes* atacados pelos jansenistas em Paris, e deu armas para as fustigadas filosóficas ministradas aos jesuítas em toda a Península Ibérica e o Império Habsbúrgico, duas áreas quase totalmente omitidas do livro de Gay. Os próprios jesuítas, ao perseguirem os *philosophes*, buscavam a modernidade, como pode confirmar uma leitura dos perspicazes artigos sobre ciência nas *Memóires de Trévoux*. O josefinismo e o monarquismo eram ambos esclarecidos e católicos, e a interação entre a religião e o Iluminismo nos países protestantes era ainda mais complexa, como alertou Herbert Dieckmann a todos os sintetizadores intrépidos.[6] Havia mais pietismo do que ateísmo nas obras de Kant, menos *Sturm* voltairiano do que *Drang* espiritualista no redespertar literário da Alemanha, e pouquíssimo esmagar *l'infâme* na Inglaterra de Johnson. Gay tem consciência dessas nuances. Ele escreve alguns capítulos magníficos sobre Lessing e Burke, e não tenta figurar Jonathan Edwards como Benjamin Franklin. Mas seu Iluminismo permanece o de David Hume, que recebe o capítulo mais brilhante de todos.

A síntese sofre dos mesmos defeitos de nascença de suas irmãs dialéticas. De acordo com a fórmula de Gay, a "modernidade" ou "autonomia" surgiu em algum momento no final do século XVIII, quando os *philosophes* se sentiram tão livres dos clássicos quanto dos cristãos. Mas era também a época do neoclassicismo, definido recentemente por Hugh Honour como o "estilo do final do século XVIII, da fase culminante e revolucionária da grande eclosão da indagação humana conhecida como Iluminismo".[7] Se Honour está certo, a síntese de Gay é anterior à sua tese, e seu século XVIII anda para trás. Se Gay está certo, fica difícil entender por que certas expressões do classicismo como o Palais Bourbon e *o Juramento dos Horácios* apareceram no final do século XVIII, e por que manifestações de modernidade como a revolução científica[8] e a querela entre os antigos e os modernos (que Gay não menciona) ocorreram no final do século XVII.

Mas a síntese de Gay, mais do que de uma modernidade deslocada, sofre de uma tendência a exagerar o radicalismo do Iluminismo. Pois assim como o segundo estágio da dialética leva ao ateísmo, o terceiro estágio gera a revolução — e abre novamente toda a questão da ligação entre o Iluminismo e a Revolução no século XVIII. Gay considera essa ligação fundamental, pois estabelece os anos de 1688 e 1789 como os limites cronológicos de seu livro. Todavia ele mal se refere às revoluções da Inglaterra e da França, e concentra-se basicamente na Revolução Americana — o "Final" da dialética, embora seja um caso estranhamente não revolucionário. Gay nem sequer menciona a Declaração de Independência, usualmente interpretada como a culminância do Iluminismo radical nos Estados Unidos. Mas entra numa discussão detalhada de *The federalist papers* [*Os documentos federalistas*], onde encontra o onipresente "movimento dialético do cristianismo para a modernidade" (II: 563). Essa ênfase nada ortodoxa cria uma certa confusão, pois o trabalho mais recente de Bernard Bailyn e Alan Heimert torna mais difícil do que nunca imaginar os Pais Fundadores trocando impiedades com Hume e Holbach. Contudo, a abordagem de Gay permite-lhe liquidar o direito natural, que encara como uma metafísica vestigial deixada pelo século XVII e progressivamente eliminada no século XVIII. Evidentemente, ele não nega que os revolucionários americanos, assim como Montesquieu, Voltaire, Diderot e Rousseau, invocavam amiúde as leis da natureza. Mas ele interpreta o ataque "revolucionário" (II: 455) de Hume ao direito natural como um elemento mais fundamental para o Iluminismo do que a defesa "revolucionária" (II: 457) de Diderot. A confusão surge porque quase tudo o que faziam os *philosophes* parece ter sido revolucionário. A ênfase deles sobre a bondade natural do homem era "subversiva, de fato revolucionária" (II: 398), e "revolucionária" era sua "reabilitação das paixões" (II: 192). A "ideologia revolucionária" (I: 27) deles estendeu-se largamente — a uma "revolução" (II: 369) na historiografia e no teatro (*Miss Sara Sampson*, "uma peça revolucionária" (II: 264), para não citar a "maneira profundamente subversiva" (II: 390) com que eles atacaram a religião. Nas artes, a carreira de Reynold foi "revolucionária em suas implicações" (II: 234), embora Diderot e Lessing, como estetas, fossem "revolucionários que nunca perderam o respeito pela tradição" (II: 250). O leitor alarmado pode se tranquilizar ao saber que a aversão dos *philosophes* ao gótico não era "nenhuma marca de radicalismo", senão francamente "reacionária" (II: 217), e que, "como grupos, os *philosophes* eram um clã sólido e respeitável de revolucionários" (I: 9). Mas então ele descobre que, ao contrário dos classicistas do século XVII, os quais tinham "ocultado seu radicalismo", (I: 282), os *philosophes* transformaram o classicismo em "um instrumento de subversão" (I: 264), e o pendor deles pela Grécia antiga "permanecia subversivo" (I: 75), enquanto o próprio Iluminismo estava se encaminhando para um radicalismo aberto e belicoso" (I: 200). O Iluminismo de Gay é algo tão explosivo que a gente fica imaginando como é que o Antigo Regime conseguiu chegar até 1789. Os *philosophes* cercaram o local com arames, espalharam minas e armaram granadas.

Mas a narrativa de Gay também nem chega a 1789: ela para logo depois da Revolução Americana — um anticlímax para o leitor que está vendo aumentar a pressão até a grande explosão. Não obstante, *The federalist* logra seu intento, ainda que de maneira pouco revolucionária, ao dar um basta a toda essa radicalização e solapamento, porque a influência do Iluminismo sobre a Revolução Francesa não só era problemática, como também, segundo afirmara Gay num artigo anterior, tinha sido relativamente pequena.[9] Ele tinha de largar seus explosivos humianos e holbachianos em algum lugar, e, portanto, despejou-os nos Estados Unidos. Mas teria sido mais fácil eliminar o *revolucionário* dos milhares de vezes que aparece no texto e admitir que, afinal, o Iluminismo foi uma coisa bem amena. Em 1778, quando toda a Paris fazia seus salamaleques diante de Voltaire, a última geração de *philosophes* já se tornara subsidiada, amimalhada e totalmente integrada na alta sociedade. Dez anos depois, homens como Morellet e Dupont empenhavam-se corajosamente em impedir o colapso do Antigo Regime, o que era absolutamente natural, pois o Alto Iluminismo era, em potencial, um de seus esteios mais importantes. Quesnay, Turgot e até Voltaire ofereceram um programa de reforma liberal, uma possibilidade de perpetuar a ordem social amortecendo seus conflitos. A ideia de subverter a sociedade, se algum dia chegou a lhes ocorrer, parecer-lhes-ia monstruosa. Não só acreditavam na estrutura básica do Antigo Regime, como também achavam que devia se manter hierárquica, como explicou D'Alembert:

> Será necessário um grande esforço filosófico para entender que na sociedade, e especialmente num grande Estado, é indispensável ter categorias definidas por distinções claras, que se apenas a virtude e o talento podem reivindicar nossa verdadeira homenagem, é a superioridade de berço e eminência que comanda nossa deferência e nosso respeito?[10]

Com exceções como Rousseau, os *philosophes* eram elitistas. Seu iluminismo passava por *noblesse oblige* na companhia dos nobres, e muitas vezes com uma atitude condescendente em relação ao burguês e ao povo comum. No artigo "Goût" de seu *Dictionnaire philosophique*, Voltaire observava: "O gosto, portanto, é como a filosofia; pertence a um número muito pequeno de espíritos privilegiados. [...] É desconhecido nas famílias burguesas, onde a pessoa está constantemente ocupada com os cuidados com sua fortuna". Ultimamente tem se afirmado que, longe de surgir com a classe média, o liberalismo derivou de uma antiga linhagem de aristocratas, e o mesmo em relação ao Iluminismo.[11] Salvo indivíduos como Condorcet, o último dos *philosophes* combinava perfeitamente com a porcelana de Sèvres e a *chinoiserie* dos salões; o Alto Iluminismo era como um glacê para a crosta fina e esfarelada da França.

Se havia algum "radicalismo" entre os *abbés* e *petits marquis* do Iluminismo sintético, era a sua fé no direito natural, a mesma arma que Gay exclui de seu arsenal mais que lotado de filosofia revolucionária. O *abbé* Raynal, que viveu para deplorar o advento da Revolução, polemizava contra a escravidão porque a considerava contrária à lei da natureza — e não era um humanitarismo inócuo, pois da escravidão dependiam interesses poderosos, como viriam a aprender os Amis des Noirs ao se meterem com o Club Massaic durante a Revolução. Os *philosophes* justificavam muitos outros itens de seu "programa", como as denomina Gay ao expor suas campanhas de reforma, referindo-se ao que consideravam como valores eternos e imutáveis. Gay interpreta essas referências como retórica. À semelhança de Alfred Cobban,[12] ele ressalta a tendência utilitarista nos textos de Holbach, Beccaria e Bentham, e trata o ataque de Hume contra a razão normativa como o ponto de inflexão no pensamento setecentista. Mas o que Hume matou com a lógica sobreviveu no coração e na mente de inúmeros *philosophes*; e Hume, apesar da engenhosa interpretação revisionista de Gay, continuou a ser um revolucionário bem *tory*. Por que não admitir que o direito natural, codificado em manuais de influência como *Principes du droit naturel* [*Princípios do direito natural*], de Burlemaqui, sobreviveu ao longo de todo o Iluminismo, em contradição com o empirismo estrito, o utilitarismo e a cirurgia fatal de Hume? A filosofia prospera com as contradições. Na verdade, havia uma contradição interna entre os aspectos descritivos e prescritivos do próprio direito natural. Os *philosophes* estavam tentando incessantemente reunificar o mundo moral e o mundo físico, e buscando uma ascensão espiritual no Vasto Firmamento dos Céus. Essa tensão entre o normativo e o material foi o que deu vida ao Iluminismo. Ela é abordada exaustivamente em estudos clássicos como *A filosofia do Iluminismo*, de Cassirer, *European thought in the eighteenth century* [*O pensamento europeu no século XVIII*], de Hazard, e — apesar de todos os esforços de Gay em expurgá-lo — *The heavenly city of the eighteenth century philosophers* [*A cidade celestial dos filósofos do século XVIII*], de Becker.

A última dimensão da dialética de Gay é psicológica. Ela também inclui uma revolução: o surgimento de um novo tipo de personalidade — o homem autônomo, desmistificado, moderno. Gay sustenta que a modernidade psicológica surgiu através de uma crise de identidade coletiva entre os *philosophes*. Naturalmente, esse tipo de crise no auge de uma dialética cria alguns problemas, mas Gay não se furta a um ataque explicitamente eriksoniano contra eles. Sua bibliografia traz três páginas generosas de referências a obras de psicanálise e sexo que achou úteis, começando por Erikson — ou melhor, começando pelo começo: "Em minha concepção da sexualidade, tanto em seu significado quanto em sua história, fui guiado por Freud" (II: 628). Pode ser que Erikson, hoje em dia, esteja se sentindo citado demais (soube-se que ele resmungou com ar infeliz ao ouvir falar de uma crise de identidade no vestuário masculino), mas Gay não utiliza a fórmula mágica com frivolidade. Ele argumenta que a luta contra o cristianismo provocou uma crise de identidade em toda a família dos *philosophes*, e que conseguiram resolvê-la porque "foi precisamente o aumento do superego na cultura ocidental que possibilitou uma maior liberdade sexual" (II: 204-5). Assim, a dialética dos antigos, dos cristãos e dos *philosophes* pelo visto correspondia, de alguma maneira, a uma luta triangular entre o id, o ego e o superego; e "o Iluminismo é a grande rebelião do ego contra a autoridade irracional" (I: 462). Essa interpretação, porém, levanta alguns problemas para o fiel leitor eriksoniano, a quem o mestre havia assegurado que "a Renascença é a revolução do ego por excelência".[13] Os problemas aumentam com a afirmação de Gay de que "pode-se dizer que o ideal sexual do Iluminismo foi a personalidade genital" (II: 628). Será que alguma subdialética operou a síntese da oralidade e analidade em genitalidade? Se os *philosophes* chegaram a essa modernidade tão avançada no século XVIII, onde fica a "cultura ocidental" de hoje? Provavelmente na perversão polimorfa.

Não seria mais fácil abandonar as subdialéticas, as antíteses invertidas e as sínteses entrelaçadas, e admitir que a única dialética na história é historiográfica: a dialética entre os que a fazem e os que a escrevem? Nesse caso, infelizmente, a versão escrita está errada: o Iluminismo não foi uma luta dialética pela autonomia.

Se se abandonar a dialética de Gay, o que resta de sua história social das ideias? Pode-se avaliar melhor sua viabilidade examinando o tratamento que ele dá a dois problemas finais: a relação do Iluminismo com as questões sociopolíticas e a difusão do alfabetismo. Ambos serão discutidos no contexto da história francesa, de modo que a interpretação de Gay pode ser comparada com as descobertas de *Livre et société*, livro que faz parte da principal corrente da historiografia francesa avançada. O avanço se deu de modo mais espetacular nos estudos sobre a estrutura social do Antigo Regime, e já chegou à fase dos manuais. Os não iniciados, portanto, não precisam ler cada palavra dos enormes volumes de Pierre Goubert, Emmanuel Le Roy Ladurie, Pierre de Saint-Jacob, Roger Dion, René Baehrel, Abel Poitrineau, Paul Bois, François Buche e Jean Meyer. Podem consultar as popularizações sucintas e brilhantes escritas por Pierre Goubert e Robert Mandrou,[14] e lá verão que Gay está errado ao reduzir as principais questões sociopolíticas do século XVIII a um dualismo, lançando a *thèse nobiliaire* (a causa reacionária defendida pelos *parlements* e Montesquieu) contra a *thèse royale* (a causa progressista dos reformadores monarquistas e Voltaire). O Antigo Regime foi complexo demais para ser classificado de maneira tão simples, e a propaganda de Voltaire era simplista demais para ser "uma boa história para sempre e uma boa política por algumas décadas" (II: 483). Ao contrário do que sustenta Gay, as ordens privilegiadas pagavam somas avultadas de impostos, e o privilégio, de qualquer maneira, não era consonante com a "ordem": ele corroía todos os níveis da sociedade, até o próprio campesinato.[15] Ao defender o privilégio, os *parlements* estavam não tanto defendendo a nobreza, mas protegendo uma combinação complexa de interesses investidos, típica das sociedades tradicionais. Tal defesa tinha um apelo suficientemente amplo para que sua retórica "liberal" não se reduzisse a mera hipocrisia. No final do século, eles não eram os corpos fechados e hierarquizados em castas, como os descreve Gay.[16] Na verdade, ao contrário do que sugere Gay, Turgot deu apoio à sua reconvocação em 1774, e a simpatia de Montesquieu por eles não chegava a constituir uma ideologia reacionária. Voltaire era um reformista sincero, mas não um grande inimigo do privilégio: ele era um *annobli* ("enobrecido"), homem da corte, *grand seigneur* e orgulhoso possuidor de um brasão com uma coroa de falso marquês.

O ataque ao privilégio veio não tanto de Ferney, mas de setores não filósoficos como a chancelaria e o Contrôle Général. Considere-se a opinião de Charles François Lebrun, que personifica uma tradição da reforma burocrática que moldou a política durante a investida de Maupeou contra os *parlements*:

> [...] preferia vê-los dedicar suas energias a um outro campo que não o que haviam escolhido [i. e., a campanha contra a Igreja?]. Parecia-me que o governo podia convertê-los em auxiliares úteis nos campos da administração e da política interna, podia dirigir seus ataques contra as barreiras que separavam as províncias, contra os privilégios que colocavam cargas injustas sobre o povo, contra inúmeras leis costumeiras contraditórias, contra a diversidade de sistemas legais, contra tribunais que eram distantes e inacessíveis ao povo para entrar com processos, contra jurisdições usurpadas, contra aquela chusma de corporações que atrasava a indústria e detinha seu progresso. Por toda a França havia reformas a empreender, pessoas a serem esclarecidas.[17]

Até que ponto o movimento de reforma devia ao Iluminismo? Sem dúvida, muito mais do que reconhecia Lebrun, mas muito menos do que sustentam vários historiadores das ideias. É à história administrativa, e não à teoria filosófica, que poderia caber o papel de investigar o verdadeiro impulso por trás do reformismo. Muitas das reformas decretadas pela Revolução foram esboçadas na burocracia barroca de Louis XIV, como ilustra J. F. Bosher em *The single duty project* [*O projeto do imposto único*], um excelente exemplo involuntário da história social das ideias. O Antigo Regime deixou bastante papelada. Por que não ir para os arquivos e mergulhar nela, ao invés de ler Voltaire, caso se queira saber como se dava o entrelaçamento de ideias e política no século XVIII? O que vale para a França aplica-se ainda mais para o resto da Europa, onde o "absolutismo esclarecido", como Gay o caracteriza com perspicácia, mantinha poucas relações com o Iluminismo. Muitos soberanos fizeram reformas para maximizar o poder. Fizeram reformas com membros da Fazenda, não com *philosophes*, baseando-se numa tradição de racionalização burocrática que remonta ao século XVII, e em alguns casos ao século XVI.

Os problemas de avaliar a alfabetização e os hábitos de leitura, que atraíram as pesquisas mais maciças do grupo de *Livre et société*, recebem de Gay um tratamento um tanto sumário: "Na França (a julgar pelas assinaturas nas certidões de casamento), a porcentagem de adultos letrados aumentou de cerca de 4:10 em 1680 para mais de 7:10 um século depois" (II: 58). De onde Gay tirou essa informação, é difícil saber, pois a quantidade de notas de referência no livro é inversamente proporcional ao tamanho da bibliografia. O único estudo histórico do alfabetismo que abrange o país inteiro (o levantamento coordenado por Louis Maggiolo nos anos 1870) calcula que, de todos os adultos franceses, 21% sabiam assinar certidões de casamento em 1686-90, 37% em 1786-90; e 72% em 1871-5.[18]

Dessa aparente confusão entre os séculos XVIII e XIX resultam consequências importantes, pois, como diz Gay: "O primeiro pré-requisito para uma florescente república das letras era um grande público leitor" (II: 58). Julgando que o alfabetismo tinha chegado a 70%, ele conclui que os *philosophes* adquiriram uma "nova audiência" (II: 61), tornaram-se mais prósperos, melhoraram de *status* e obtiveram uma relativa liberdade em relação a seus patronos. Essas condições não só possibilitaram o Iluminismo, como também transformaram-no numa força revolucionária, pois Gay nunca abandona o tema da radicalização:

> [O] radicalismo crescente e a liberdade progressiva do Iluminismo refletiram e produziram transformações irreversíveis, mesmo que muitas vezes subterrâneas, na política, na economia e na sociedade ocidental. Quando os democratas e ateístas tomaram a frente na família dos *philosophes*, os radicais se rebelaram contra a autoridade constituída em todo o mundo ocidental. [II: 83]

Essa declaração está mais próxima de uma descrição da França na época da Comuna que da França de Voltaire.

A França de Voltaire cria enormes problemas para a história social das ideias, porque o mundo mental de seus habitantes não se estendia muito além das fronteiras de seu mundo social — além da corporação de ofício, da assembleia paroquial, das unidades regionais de instituições administrativas, legais, comerciais e religiosas; além das formas locais de pesar, medir e pagar as mercadorias; além das técnicas provinciais de criar os filhos, de vestir e falar. Um grande número de franceses provavelmente nem falava francês na época da infância de Voltaire. Na época de sua morte (1778), a melhoria das estradas e a expansão econômica e demográfica tinham unificado o país. Mas a França só veio a ter uma coesão nacional após o período revolucionário e napoleônico. Entender como o Iluminismo "pegou" numa sociedade tão fragmentada é tão difícil quanto avaliar sua influência em escala europeia. Talvez nunca tenha penetrado além da elite em qualquer área da Europa setecentista.

É a elite que interessa a Gay, de modo que não é o caso de esperar que ele fizesse uma análise sociológica paróquia por paróquia. A elite compartilhava de uma mesma cultura cosmopolita. Não obstante, ser um *philosophe* na Polônia era uma experiência diferente de ser um *philosophe* na Inglaterra. Gay tenta explicar as diferenças relacionando-as com forças externas à "família" filosófica, e nessa tentativa ele tropeça nas complexidades da história social. Para tomar novamente o exemplo da alfabetização, seria possível salvar a interpretação de Gay afirmando que o alfabetismo é importante apenas como pré-requisito para o crescimento de um público leitor de tamanho suficiente para sustentar uma população de escritores vivendo exclusivamente de suas penas. Assim, o fator crucial é que o número total de leitores franceses aumentou, devido ao crescimento populacional, embora o grau de alfabetização continuasse inferior no nível das sociedades "modernas". Além disso, a alfabetização dos adultos do sexo *masculino* cresceu de maneira significativa (de 29% em 1686-90 para 47% em 1786-90, tendo-se como indicador as assinaturas das certidões de casamento), e certas áreas, especialmente no nordeste, atingiram os 80%. De fato, existia uma espécie de barreira de alfabetismo, ou uma linha de Maggiolo, que corria de Mont Saint-Michel a Besançon ou Genebra, separando o norte, onde o alfabetismo sempre foi superior a 25%, e o sul, onde o índice geralmente ficava abaixo dos 25%.[19] Mas, dado esse crescimento regional limitado do público leitor, surge uma outra questão: terão os novos leitores criado um novo mercado alfabetizado, libertando os *philosophes* do mecenato e assim radicalizando o Iluminismo? A se crer na *Lettre sur le commerce de librairie* [*Carta sobre o comércio de livros*], de Diderot, nas *Mémoires sur la librairie* [*Memórias sobre o setor livreiro*], de Malesherbes, e nos éditos reais sobre o setor de livros, a resposta à pergunta é negativa. E, se as listas de pensões nos Arquivos Nacionais indicam correntes do mecenato, o Estado sob Louis XVI ainda subsidiava os escritores à maneira tradicional, e talvez ainda mais do que nos tempos de Louis XIV. O setor editorial só chegou a um ponto de "arrancada" com o desenvolvimento da imprensa a vapor, de técnicas baratas de fabricação do papel e da educação de massa no século XIX. O aumento do alfabetismo não liberou os *philosophes*, da mesma maneira que os *philosophes* não revolucionaram a sociedade.

Na verdade, Gay, no final do livro, volta atrás em algumas de suas afirmações sobre o alfabetismo e a revolucionarização. Assim, o novo fenômeno de alfabetização em massa, que anuncia no começo, vai diminuindo à medida que se desdobra a dialética, até o final, quando "a presença esmagadora das massas iletradas" (II: 492) solapa o ardor revolucionário dos *philosophes*. Movidos por "um sentimento de desespero pela miséria generalizada, pelo analfabetismo e brutalidade dos pobres" (II: 517), os *philosophes* começam a resmungar sobre a *canaille*, a flertar com o absolutismo esclarecido e a alimentar ideias de uma "religião social" repressiva e obscurantista (II: 522). Tudo está bem quando termina bem. Salvos do erro pela incoerência, ficamos num século XVIII que conseguimos reconhecer.

O Iluminismo de Gay permanece reconhecível, apesar da confusão de sua dialética, porque ele cobre um território familiar com um sentido revigorante de redescoberta. Ao invés de avançar para a fronteira, Gay decidiu abrir uma trilha entre a proliferação de monografias na historiografia do século XVIII, e conseguiu se sair bem onde sua dialética falhou. Segui-lo é como viajar com um *Guide Michelin* [*Guia Michelin*]: a pessoa para na ocasional *dégustation*, mas nunca se afasta das rotas de três estrelas. No final, o veredicto é claro: o Iluminismo de Gay "vaut le voyage" [vale a viagem]. Contudo, vale mais como uma súmula de uma pessoa, uma síntese de anos de leitura cuidadosa, que se guarda instintivamente na prateleira ao lado de *The age of the democratic revolution* [*A era da revolução democrática*], de R. R. Palmer. Mas, tomado como uma síntese entre história social e história das ideias, o livro não se sustenta, pois não se mantém sem seus andaimes dialéticos.

Talvez seja enganoso comparar a síntese refinada de Gay com os artigos monográficos publicados em *Livre et société*. Mas as duas obras têm a mesma preocupação por aquilo que o grupo de *Livre et société* às vezes chama de *l'histoire sociale des idées*, e a comparação é instrutiva porque os franceses começam resistindo à tentação de fazer sínteses. Num certo sentido, eles situam o Iluminismo sem procurar por ele: pelo contrário, deixam de lado as concepções prévias sobre a *philosophie des lumières* [filosofia das luzes] e buscam os não esclarecidos, o cotidiano, a média. O objetivo deles é reconstruir a cultura literária tal como realmente era. Por isso, dão ênfase à "inércia" intelectual e tentam avaliar a profundidade da tradição, adotando uma abordagem que fora esquecida depois de ter sido utilizada pela primeira vez por Daniel Mornet, há cinquenta anos.

Enquanto Cassirer explorava a fenomenologia do espírito do Iluminismo, Mornet estudava o Iluminismo como processo social. E, enquanto outros estudiosos literários refletiam sobre os grandes livros do século XVIII, Mornet examinava os meios de difusão das ideias, descendo na escala social. Seu exame revelou que alguns livros, considerados como grandes obras por períodos posteriores, talvez não tivessem sido muito lidos sob o Antigo Regime,[20] e essa revelação levantou uma nova série de questões: o que os franceses do século XVIII liam? E qual era o equilíbrio entre tradição e inovação na cultura moderna do livro em seus primeiros tempos? Mornet deixou essas perguntas para seus descendentes na VIe Section da École Pratique des Hautes Études, e principalmente para a equipe de pesquisa que criou *Livre et société*. Os pesquisadores também herdaram as técnicas e tradições da escola dos *Annales*, que os inclinaram mais para o estudo das *mentalités* do que para ideias filosóficas formais, e tornaram-nos receptivos aos métodos quantitativos desenvolvidos por Mornet.

Devido à complexidade do Antigo Regime e à diversidade de sua cultura, o grupo de *Livre et société* tentou relacionar a vida literária e social da França setecentista, estudando meios específicos: as massas obscuras que "liam" ou ouviam a literatura popular, os provincianos cultos que compravam obras tradicionais, a elite das academias do interior e os parisienses que produziam e consumiam certos periódicos "avançados".

O trabalho realizado sobre o primeiro grupo citado é o de leitura mais instigante, porque nos dá uma sensação de contato com o distante universo mental da aldeia do século XVIII. Robert Mandrou mostrou que tal contato era possível em *De la culture populaire aux 17ᵉ et 18ᵉ siècles* [*Da cultura popular nos séculos XVII e XVIII*] (Paris, 1964), um estudo breve, mas brilhante, das brochuras grosseiras conhecidas como *bibliothèque bleue*, vendidas por camelôs pelo campo, junto com fios de linha e artigos de cutelaria, do século XVII ao século XIX. Impressos num papel barato, com tipos gastos, vendidos por um vintém, lidos até se desmancharem, esses livrinhos contêm pistas para uma cultura popular que, sob outros aspectos, é mais inacessível do que a civilização inscrita na Agulha de Cleópatra. Eles eram lidos em voz alta pelos poucos aldeões que sabiam ler, durante a *veillée*, uma reunião informal no fim da tarde, quando as mulheres costuravam e os homens consertavam as ferramentas. A *bibliothèque bleue* certamente fazia parte de um nível humilde de cultura. Frequentemente as histórias começavam: "Como vocês vão ouvir...". Mas qual a mensagem que era transmitida por esse gênero oral-escrito, e como esses livros se relacionavam com a cultura das camadas superiores? Mandrou os colocou muito abaixo e atrás do Iluminismo. Ele mostrou que, enquanto os *philosophes* enfatizavam a racionalidade e a *sensibilité* da natureza humana, a *bibliothèque bleue* apresentava o homem como escravo das paixões, movido por forças astrológicas e combinações misteriosas dos quatro humores e dos quatro elementos. Enquanto os livres-pensadores naturalizavam a religião, a *bibliothèque bleue* fornecia espiritualismo, hagiografia e milagres. E, enquanto os cientistas esvaziavam o universo de mistérios, a *bibliothèque bleue* enchia a cabeça de seus leitores-ouvintes com visões de forças ocultas e ameaçadoras, que podiam ser apaziguadas com feitiços e decifradas com um receituário — números mágicos, fisiognomonia e rituais primitivos. Como literatura, a *bibliothèque bleue* adaptava e simplificava contos medievais e o humor gaulês, rejeitados pela sociedade elegante do século XVII. Assim, Mandrou concluiu que, comparada à cultura da elite, a cultura popular representada pela *bibliothèque bleue* era ao mesmo tempo distinta e derivativa. A seguir, ele levantou a hipótese de que a literatura popular do Antigo Regime funcionava como um substituto ideológico para a consciência de classe entre as massas. Os camponeses deixavam que seus pensamentos vagueassem por uma terra encantada, habitada por Robert le Diable, Oger le Danois, Pierre de Provence, o gigante Fierabras, e todos os tipos de forças mágicas, ao invés de avaliarem o mundo real de trabalho e exploração.

O estudo de Mandrou, fruto da escola dos *Annales*, mas não do grupo de *Livre et société*, preparou o caminho para a obra de Geneviève Bollème, que fez um levantamento geral da *bibliothèque bleue* para o volume 1 de *Livre et société*, e um estudo detalhado dos almanaques populares, que ficou grande demais para o volume 2 e foi publicado como uma monografia à parte. A análise de Bollème confirmou as linhas principais da de Mandrou, porém dando ênfase mais à mudança do que à continuidade na evolução da literatura popular. Ela descobriu que o escapismo e o sobrenaturalismo do século XVII diminuíram no século XVIII, com o afluxo de novas atitudes: uma postura mais terrena e realista em relação à morte, à natureza humana, às relações sociais e às forças naturais. A antiga astrologia e os velhos contos míticos deram lugar a um novo sentido da ciência e da história. Uma nova *morale sociale*, um novo *esprit critique*"[21] e uma consciência dos fatos correntes indicavam a penetração não só do Iluminismo, mas também de ideias revolucionárias incipientes.[22] Portanto, apesar de suas semelhanças, os estudos de Mandrou e Bollème apontam em direções opostas, o primeiro para a separação entre os mundos culturais e a submissão intelectual das massas, o segundo para um aumento da integração cultural, e a literatura popular agindo como uma força libertadora.

Ainda é cedo demais para dizer qual concepção haverá de prevalecer, pois não existem estudos detalhados suficientes sobre os vários gêneros da literatura popular. O trabalho de Bollème é mais detalhado, na medida em que se concentra num único gênero — o almanaque popular —, cuja evolução pode ser rastreada com alguma precisão entre os séculos XVII e XVIII. Mas o esforço de exatidão no que diz respeito à cosmologia do homem comum levanta problemas metodológicos que não atrapalharam a obra mais geral e impressionista de Mandrou. Pois Bollème não só foi além de impressões gerais, como também tentou entrar diretamente no espirito dos leitores-ouvintes dos almanaques, e lá encontrou não meros feitiços, e sim categorias "kantianas".[23] As categorias — "constantes observações astrais"[24] por exemplo — não invocam a *Crítica da razão pura*. Pelo contrário, despertam ceticismo: os almanaques revelam as atividades da mente popular, ou isso é um Cassirer invertido? Bollème não comprovou o caráter "popular" de seus almanaques. Pelo contrário, ela retirou materiais de alguns almanaques com encadernações trazendo brasões aristocráticos, de outros que manifestavam "desdém pelos preconceitos populares",[25] e de vários outros cujos aforismos não se dirigiam aos analfabetos nem aos indigentes: "Leia muito", "Compre sempre livros", "Não trate os devedores pobres de maneira tirânica";[26] o *Poor Richard* (história muito apreciada na França) em parte pertencia ao mundo aristocrático perdido de Thomas Jefferson. Havia almanaques para todos, mesmo nas camadas superiores do Antigo Regime. Bollème reconheceu as diferenças entre os almanaques, mas agrupou-os todos juntos para fins de análise. E, ao analisar as transformações na concepção de mundo do povo do século XVIII, ela baseou suas conclusões quase exclusivamente em uma amostragem de apenas 27 almanaques indiferenciados. O almanaque em que ela se fundou com maior peso e citou com mais frequência, como indicador de opiniões avançadas em nível popular, foi *Le messager boiteux*, obra impressa em Berna, Bâle, Yverdon, Vevey e Neuchâtel — ou seja, por suíços e, em alguns casos, por protestantes: indicador não confiável para as atitudes dos camponeses católicos franceses.[27]

Mas até que ponto são confiáveis os almanaques mais franceses e mais corriqueiros? Amiúde apresentados como aforismos de um pastor ("Le Grand Berger de la Montagne", "O Grande Pastor da Montanha") a outros, eles se parecem mais com o pastoralismo renascentista do que com um autêntico diálogo entre pastores. É possível que o pastoralismo tenha sido adaptado para o consumo de massa, a partir do almanaque "modelo" *Le grand compost des bergers* [*O grande composto dos pastores*], do século XV, todavia a postura retórica talvez tivesse mais coisas em comum com as mascaradas de Marie-Antoinette do que com o igualitarismo montanhês detectado por Bollème. Os almanaques representam uma popularização da cultura das classes superiores, e não a própria cultura popular, porque eram escritos para o povo, e não pelo povo, e nem eram propriamente "escritos", mas adaptados da maneira mais descuidada, às vezes pelos próprios tipógrafos, a partir da literatura da elite. O grande problema não é extrair sua mensagem, e sim saber se essa mensagem foi integrada à cultura nativa das massas.

Mandrou achava que sim. O verdadeiro diálogo, a seu ver, dava-se não entre os pastores, mas entre os editores e os mascates. Os vendedores ambulantes sabiam o que os camponeses comprariam, e faziam seus estoques de acordo com isso, assim determinando, a longo prazo, o que os editores publicariam. Esse argumento parece convincente, mas aplica-se com maior pertinência à literatura das classes superiores, muito mais sensível a mudanças nos estilos e ideias do que o repertório altamente padronizado da *bibliothèque bleue*. Ao contrário da elite culta, os aldeães podiam ser consumidores passivos da literatura, e talvez comprassem qualquer coisa que estivesse disponível, simplesmente porque queriam algo — não importava muito o que fosse — para apresentar ao leitor da *veillée* ou para eles próprios ficarem olhando. Como colocou Bollème, pode ter existido um elemento de "magia",[28] um respeito místico pela palavra, na leitura primitiva — um obscuro processo psicológico que provavelmente não tinha muito a ver com a leitura sofisticada e o controle do consumidor que se processavam na alta sociedade. Assim, as mudanças na literatura popular podem ter sido impostas de cima, sem serem assimiladas no nível da aldeia. A verdadeira cultura (ou culturas) das massas heterogêneas da França continua perdida num oceano insondável de tradição oral; os livros que chegaram a ela provavelmente desapareceram sem produzir grandes efeitos, como os missionários na Índia.

Embora os trabalhos de Mandrou e Bollème possam não ter conseguido definir a cultura popular da França setecentista, eles enriquecem imensamente a visão convencional da "Idade da Razão". Revelando a existência e o caráter de uma vasta literatura que circulava em níveis muito abaixo dos *philosophes*, eles ajudam a pôr o Iluminismo em perspectiva. Essa tentativa de definir os níveis da experiência cultural e relacionar a leitura com setores sociais específicos também é o ponto forte dos outros ensaios em *Livre et société*, especialmente o estudo da leitura na província de Julien Brancolini e Marie-Thérèse Bouyssy. Depois de examinarem o consumo de livros nas províncias, por gênero e região, Brancolini e Bouyssy concluíram que os provincianos cultos estavam quase tão distanciados do Iluminismo quanto os camponeses iletrados. O peso da cultura tradicional esmagou a inovação tanto na cidade quanto na aldeia.

O estudo de Brancolini e Bouyssy se baseou numa análise quantitativa dos registros de solicitações de editores das províncias para *permissions simples*, uma espécie de autorização para publicar obras que tinham caído em domínio público, em virtude da legislação que reformou o setor livreiro em 1777. Essas solicitações incluíam o número de exemplares pretendido para cada edição, de modo que fornecem uma informação mais precisa do que qualquer outra fonte consultada nas tentativas anteriores de mapear as fronteiras da cultura literária no Antigo Regime. Dessas tentativas, a mais importante foi publicada por François Furet no volume 1 de *Livre et société*. Ela indicava que uma enorme quantidade de obras religiosas e "clássicos" pré-século XVIII quase asfixiou o Iluminismo, embora a produção de livros científicos e ficção secular tenha aumentado em detrimento da literatura religiosa, à medida que avançava o século.

As descobertas de Furet resultaram de uma análise quantitativa das solicitações de privilégios (autorizações estritamente legais para a publicação) e *permissions tacites* (autorizações mais flexíveis e menos formalmente legais). Mas elas não tinham dados sobre o tamanho das edições e os locais onde os livros eram comercializados. Brancolini e Bouyssy forneceram justamente essas informações, assim complementando e confirmando a análise de Furet. Juntos, os dois estudos sugerem que a "inércia" cultural teve um grande peso sobre toda a França e que as incursões da "inovação" não foram muito além de Paris. É uma configuração que não surpreende — a menos que seja confrontada com as conclusões de Geneviève Bollème. Pois, a seus olhos, a modernização estava galopando a toda velocidade por meio dos almanaques grosseiros do final do século XVIII, ao passo que Brancolini e Bouyssy não encontraram senão uma estagnação cultural num nível mais elaborado da literatura. Será que as experiências literárias da elite e das massas de algum modo convergiram entre si, sem passarem pelo terreno intermediário das classes médias?

Esse paradoxo, como tantos problemas na história quantitativa, talvez se deva a insuficiências nos dados. Os pedidos de *permissions simples* não representam a *vie provinciale du livre* [vida provincial do livro], como afirmam Brancolini e Bouyssy, porque as *permissions simples* provavelmente excluíam o elemento mais importante do estoque dos livreiros de província: os livros adquiridos por compra ou, com maior frequência, por trocas medidas por número de páginas com editores de outras regiões ou outros países. As *permissions simples* também excluíam todos os livros publicados na França sob *permissions tacites*, a brecha legal pela qual boa parte do Iluminismo chegou aos leitores franceses.[29] De fato, as *permissions simples* abrangiam basicamente um segmento especializado e não representativo do setor livreiro nas províncias: o mercado relativamente estável de livros escolares e obras religiosas. Com a expiração dos antigos privilégios, os editores provinciais forneceram novas edições de livros velhos aos professores, padres e padres-professores locais. Mas podem ter fornecido a outros leitores um número equivalente de obras "avançadas" que não apareceriam nos dados de Brancolini e Bouyssy.

Embora os dados não consigam provar o atraso da cultura provincial, eles realmente oferecem um quadro muito revelador das variações regionais na leitura francesa. Mostram que a produção livreira correspondia à incidência do alfabetismo, calculada pelo estudo de Maggiolo acima mencionado. A grande maioria dos livros de *permission simple* circulava ao norte da linha de Maggiolo. Além disso, as áreas nortistas de maior índice alfabetizado e maior produção de livros, como Lorraine e Normandia, são também as áreas onde a Contrarreforma teve sua maior eficácia e onde os eleitores dos séculos XIX e XX mostraram maior ligação com a Igreja. Os leitores do norte tendiam a preferir os "clássicos" religiosos do século XVII e mesmo obras jansenistas, ao passo que os sulistas, principalmente em torno de Toulouse, liam uma proporção relativamente alta de literatura secular. Uma série de mapas ilustra detalhadamente esse aspecto. Assim, apesar das limitações impostas pelos dados, o estudo de Brancolini e Bouyssy mostra algumas das complexidades e tendências da longa duração na história cultural da França.

As monografias de Daniel Roche sobre as academias do interior, publicadas nos volumes 1 e 2 de *Livre et société*, analisam o caráter da elite intelectual nas áreas onde Brancolini e Bouyssy tentaram apresentar um levantamento geral da cultura literária. Como todos os estudos da elite, a pesquisa de Roche compensa com a especificidade o que lhe falta de generalidade, mas aqui o específico da análise quantitativa tem implicações gerais importantes, pois define alguns dos meios pelos quais se deu a difusão das *lumières*. Seguindo uma pista de Mornet, que havia ressaltado a importância de estudar as academias provinciais em *Les origines intellectuelles de la Révolution Française*, Roche começou por uma análise da composição social das academias. Adotando um esquema de classificação cuidadosamente matizado, ele reduziu alguns problemas abstratos, como o caráter supostamente "burguês" do Iluminismo, a proporções manejáveis. Ele descobriu que o conjunto de membros das academias de Bordeaux, Dijon e Châlons-sur-Marne correspondia às hierarquias da sociedade provincial. A aristocracia fundiária, a nobreza por serviços e (principalmente nas cidades com *parlements*) os nobres togados dominavam as academias, que constituíam em si mesmas corporações privilegiadas numa sociedade caracterizada pelo privilégio e pelo corporativismo. Os níveis mais baixos das academias (os *correspondants* e *associés*) tornaram-se cada vez mais burgueses à medida que avançava o século — porém não burgueses na acepção marxista. Os acadêmicos dos níveis inferiores eram funcionários públicos e profissionais liberais, incluindo uma altíssima proporção de doutores, e praticamente nenhum financista, industrial ou comerciante, mesmo no centro comercial de Bordeaux, em grande desenvolvimento. Assim, as academias representavam uma elite tradicional de notáveis, abrindo-se gradualmente a homens de talento, mas não a empreendedores capitalistas. Também estavam abertos a novas ideias. Os temas estabelecidos para seus concursos de ensaios mostram interesses relacionados com o Iluminismo: o humanitarismo, uma tendência a passar do pensamento abstrato para o pensamento utilitário, e um interesse crescente pela economia política. Os homens que concederam o primeiro prêmio ao *Discurso sobre as ciências e as artes*, de Rousseau, tinham uma fé muito pouco rousseauísta no avanço simultâneo das ciências e do bem-estar social.

Em seu segundo artigo, Roche elaborou uma análise social comparativa dos acadêmicos e colaboradores da *Encyclopédie*, identificados por Jacques Proust em *Diderot et l'Encyclopédie*. Assim como os acadêmicos, os enciclopedistas contavam com um grande número de profissionais liberais (especialmente os doutores esclarecidos onipresentes), sábios e técnicos, complementado com uma grande dose de nobres e funcionários públicos (20% de cada), mas nem um único comerciante. Assim, a própria *Encyclopédie* parece representar uma tendência das antigas elites de adotarem um novo papel de liderança intelectual, juntamente com a *bourgeoisie de talents* [burguesia de talentos] que então surgia, e não com a burguesia industrial-comercial. Mas essa conclusão deve ser tratada com cuidado, por se assentar numa base estatística frágil de 125 enciclopedistas, cujo *status* social e profissional pôde ser identificado. Como Diderot tinha mais de duzentos colaboradores, Proust e Roche podem não ter trabalhado com estatísticas representativas. Em todo caso, as estatísticas eram reduzidas demais para representar grandes grupos sociais. Pelo fato de se contarem apenas nove *abbés*, oito *parlementaires* e sete advogados entre os enciclopedistas, não se segue que esses três grupos fossem mais imunes ao *encyclopédisme* do que os médicos, que contribuíram com 22 colaboradores. Uma dúzia de homens em qualquer categoria modificaria inteiramente o quadro estatístico. Como assinalou Proust, foi uma comunidade de interesses intelectuais, e não um meio social comum, que uniu os colaboradores da *Encyclopédie*. Não abandonaram os antigos critérios de deferência: de fato, Proust descobriu uma espécie de diferencial de deferência na correspondência de Diderot, que mostra Diderot cortando o assunto com os inferiores sociais, como Rousseau, enquanto tagarelava com escritores mais estabelecidos, como Voltaire, Buffon e Marmontel.[30] Não obstante, havia uma causa intelectual em comum unindo-os no centro do Iluminismo. Quando suas mensagens se difundiram, elas tiveram de descer a escala social, através das hierarquias tradicionais da sociedade provincial. Este era o processo de esclarecimento tal como o concebiam D'Alembert e Voltaire — uma lenta filtragem da *lumière* de cima para baixo na pirâmide social, sem qualquer efeito de nivelamento ou rebaixamento. Assim, os estudos de Proust e Roche se complementam muito bem, mostrando a capacidade da sociedade tradicional de absorver ideias novas, e a capacidade da elite tradicional de adquirir novas funções — mas não uma nova ideologia nascendo com uma nova classe econômica. A história social das ideias parece ter rompido com as velhas categorias da sociologia marxista.[31]

A maioria dos artigos em *Livre et société* dá uma maior ênfase à continuidade do que à mudança. Pela macroanálise da produção do livro e concentrando-se sobre os camponeses e habitantes do interior, eles revelam o peso da tradição na vida cultural da grande maioria dos franceses. Um estudo, porém, o de Jean-Louis e Marie Flandrin, diz respeito ao meio social no centro da inovação cultural: a sociedade de salão de Paris. Aqui, como no trabalho de Proust sobre os enciclopedistas, a história quantitativa entra em contato direto com o Iluminismo. Os Flandrin tentaram calcular a experiência literária da elite parisiense tabulando referências a livros em três publicações: o *Journal* [*Diário*], de Joseph d'Hémery, o inspetor de polícia do setor livreiro; as *Mémoires secrets*, de Bachaumont, e a *Correspondance littéraire*, de Grimm. Todos os três eram escritos para consumo privado, e por isso continham material sobre obras de vanguarda que não seriam comentadas em periódicos correntes, como o *Journal des savants*, submetido a uma escrupulosa censura. Uma análise estatística das resenhas no *Journal des savants* e nas *Mémoires de Trévoux*, jesuítas, que foram publicadas no volume 1 de *Livre et société*, havia desvendado uma propensão "tradicional" quase tão acentuada quanto a que surge nos estudos de Furet e Brancolini-Bouyssy.[32] Mas os parisienses que liam esses periódicos censurados, e mesmo alguns de seus editores, pertenciam aos mesmos círculos literários estudados pelos Flandrin, e, ao analisarem a imprensa clandestina, os Flandrin descobriram um Iluminismo genuíno. Vistos através do *Journal des savants*, os parisienses parecem os provincianos de Brancolini; consumiam uma dieta parca de obras devotas, históricas e jurídicas ao velho estilo, temperadas com pitadas de ciência. Vistos através das *Mémoires secrets*, os parisienses se empanturravam de filosofia, liam pouquíssima história, e nada de livros religiosos, jurídicos ou puramente científicos. Onde quer que esteja a distorção, ela resulta da seleção dos dados, e não de uma imprecisão estatística. As estatísticas dos Flandrin parecem impecáveis, entretanto os periódicos de onde foram extraídas não mencionavam todos os livros lidos na sociedade de salão. Referiam-se apenas aos livros *extraordinários*, controversos, os livros que eram comentados e faziam notícia. Esses periódicos, na verdade, eram jornais primitivos — *nouvelles à la main* —, e não revistas literárias sistemáticas. Dão informações sobre as modas literárias, mas não oferecem nenhum índice quantificável do consumo de livros que se compare às estatísticas de Furet e Brancolini. Assim, ainda está por se calcular a *circulation du livre* em Paris e a distância cultural entre os inovadores parisienses e os seguidores interioranos.

O restante de *Livre et société* constitui uma tentativa de medir um fenômeno ainda mais esquivo: a linguagem. A semântica histórica é, no momento, uma disciplina em franco desenvolvimento na França, que promete enriquecer as visões correntes do Iluminismo desvendando conceitos implícitos, do tipo que escapa a exegeses do pensamento formal.[33] Ao contrário da lexicologia convencional, a semântica histórica não trata as palavras como unidades isoladas, mas sim como partes de um campo semântico, uma estrutura linguística em que cada parte transmite um sentido através de sua função dentro do conjunto. Portanto, para captar o sentido das palavras individuais do século XVIII, é preciso reconstruir a estrutura linguística do francês setecentista, tratando a linguagem como um sistema fluido, socialmente determinado, de comunicação, e não como uma cristalização imóvel do pensamento cujas partes poderiam ser arbitrariamente isoladas. Em termos abstratos, essas formulações parecem bastante razoáveis; a dificuldade é colocá-las na prática desvendando os processos mentais por trás do francês setecentista, tal como chegou até nós sob a forma de palavras imobilizadas no papel. A pesquisa para o volume 1 de *Livre et société* resultou num levantamento específico de exemplares desse sistema de comunicação desaparecido — uma lista de 40 mil títulos de livros registrados para privilégios e *permissions tacites*. Analisando cada título como um campo semântico, computando estatisticamente os resultados e organizando as estatísticas numa série de modelos semânticos, François Furet e Alessandra Fontana tentaram apreender o sentido de duas palavras do século XVIII: *histoire* et *méthode*.

O estudo de Fontana, entre os dois o mais elaborado e ambicioso, é o que melhor representa essa nova disciplina histórica. Após cem páginas de uma análise meticulosa, Fontana montou um "perfil estrutural" da *méthode* setecentista. Em alguns casos, concluiu ele, a *méthode* era fixa, definitiva, transcendental ou matemática; em outros casos, era fragmentada, variável, relativa a disciplinas específicas. Essa variação no emprego do termo *méthode* revelava uma configuração do pensamento, passando do apriorismo seiscentista para o relativismo oitocentista, assim sugerindo uma mudança cosmológica que se poderia comparar à transição do mundo fechado para o universo infinito, vislumbrada por Alexandre Koyré ao estudar a história da ciência.

É difícil dizer se Fontana provou ou não seu argumento, devido às barreiras linguísticas para entender a linguística. Nenhum leitor iniciante deveria enfrentar a monografia de Fontana, a menos que estivesse armado com algo muito mais potente do que um *Petit Larousse*, pois ele se verá num emaranhado semântico impenetrável. Ele pode se orgulhar de dominar os *mots-clés* da escola dos *Annales*: *conjoncture*, *contingence*, *synchronie-diachronie* e *mot-clé*. Mas o que ele vai fazer com *mathésis*, *apax*, *inessif*, *hendiadys*, *ethnosème* e *semiosis*? Correndo o risco de parecer *ubusif*, anti-*sememic* ou um simples *idiolect*, este articulista que lhes fala deve confessar que não consegue acompanhar o argumento de Fontana, e acha a semântica histórica mais interessante em princípio do que na prática.

Mas os dois volumes de *Livre et société* realmente representam uma tentativa notável de resgatar a história intelectual da França setecentista das generalizações vagas e ancorá-las nas realidades da história social. Eles revelam os contornos gerais da cultura literária, tal como foi vivida pela grande massa dos franceses do século XVIII, e não como ela aparece nuns poucos clássicos selecionados postumamente. E eles relacionam essa experiência literária com grupos sociais específicos — os milhões obscuros que participavam da cultura popular, o público leitor mais elevado das províncias, a elite provincial e a vanguarda parisiense. Quaisquer que sejam suas deficiências, esses ensaios experimentais mostram que a história social das ideias pode ser escrita. Eles não têm maior êxito do que Gay em redefinir o Iluminismo, mas ajudam a situá-lo no contexto complexo da sociedade setecentista.

A comparação entre o *Enlightenment* de Gay e *Livre et société* sugere que a história social das ideias precisa sair de sua fase instalada na poltrona e ir para os arquivos, vasculhando novas fontes e desenvolvendo novos métodos. Pois como escrevê-la dentro dos limites de uma biblioteca, mesmo que de primeiríssima qualidade? Tirar um Voltaire da prateleira não é entrar em contato com uma fatia representativa da vida intelectual do século XVIII, porque, como mostram os ensaios de *Livre et société*, a cultura literária do Antigo Regime não pode ser concebida exclusivamente em termos de seus grandes livros. E, no entanto, as bibliotecas carregadas de clássicos não são capazes de ceder espaço para a *bibliothèque bleue*, gênero indigno demais para ser classificado como "livro" ou para caber em nossas concepções predeterminadas da "cultura". E anualmente nossas universidades formam milhares de especialistas diplomados em civilização ocidental que leram *O contrato social* várias vezes e nunca ouviram falar em *Les quatre fils d'Aymon*. No que concerne à história social das ideias, a dificuldade não consiste apenas em reconhecer a "alta" e a "baixa" cultura, porque as técnicas de Gay — uma questão de fichamento e inteligência, mas sem nenhuma pesquisa original — não desvendam sequer a história social da elite intelectual. As finanças, os meios sociais e os leitores dos *philosophes* só podem ser conhecidos vasculhando-se os arquivos.

Lido como uma história das ideias convencional, porém, o *Enlightenment* de Gay tem a grande vantagem de dar uma nova forma a um grande volume de um velho material impraticável. *Livre et société* alimenta poucas esperanças de chegar a uma síntese tão heroica. Pelo contrário, o livro sugere que devemos enfrentar um outro surto de monografias, que nos levarão a inúmeras direções diversas, para onde nos conduzam os dados. Como os dados tendem a ser estatísticos, não cessam de levantar problemas sobre a quantificação de fenômenos culturais. As publicações literárias não podem ser reduzidas significativamente a linhas de gráficos, e a "influência" literária ainda parece intangível demais para ser computadorizada. As estatísticas sobre o consumo de livros nos dão uma impressão geral do terreno cultural, mas não explicam o sentido do que seja "consumir" um livro. Assim, a história social está em busca de uma metodologia. Provavelmente voltará a recair em combinações *ad hoc* de Cassirer e Mornet, até que desenvolva uma disciplina própria. Se ainda não foi possível unir esses dois mestres numa nova definição do Iluminismo, nem por isso devem ser deixados sozinhos. E, vistos através da obra de seus sucessores, suas realizações avultam maiores do que nunca.

12. A HISTÓRIA DAS MENTALIDADES: O CASO DO OLHO ERRANTE

EM *A SECOND IDENTITY*, Richard Cobb relata a história de Marie Besnard, uma camponesa esperta que confundiu um batalhão de advogados, técnicos de laboratório e criminologistas que tentaram condená-la por assassinato numa série de julgamentos espetaculares entre 1952 e 1961. Marie mostrou que seus acusadores tinham misturado as provas circunstanciais em tal desordem em seus frascos e tubos de ensaio que um rim do corpo de uma vítima passou a conviver com a vesícula biliar de uma outra na Prova A, e um olho que tinha sumido de seu respectivo cadáver apareceu no meio de um esqueleto estranho. O olho errante fez o serviço, observa Cobb com satisfação: os cientistas perderam a causa e Marie ganhou sua liberdade. Cobb não chega a dizê-lo, mas a história representa uma parábola que merece reflexão por parte dos historiadores sociológicos.[1]

A sociologia é o vilão dos três últimos livros escritos por Richard Cobb, professor de história na Universidade de Oxford e um dos historiadores mais originais, talentosos e controversos que escrevem na atualidade. Se você quer entender a Revolução Francesa, afirma ele, disponha-se a enfrentar a vastidão inexplorada que constitui a *mentalité* revolucionária. A fronteira historiográfica não se encontra nas tabelas estatísticas, nos modelos econômicos, nas leituras computadorizadas nem nos sistemas sociais, mas no mundo mental perdido de pessoas obscuras como Marie Besnard.

Cobb é a única pessoa que tem explorado esse território. Por um quarto de século, ele vem rastreando os *enragés* revolucionários, os malucos contrarrevolucionários, os militantes de bairro, os anarquistas primitivos e todas as variedades de seres excêntricos que pôde encontrar no labirinto dos arquivos franceses. Seus relatos sobre esses elementos esquecidos da humanidade francesa não só oferecem um panorama da condição humana que transcende os limites convencionais da escrita histórica, como também ilustram as possibilidades e problemas presentes no estudo das *mentalités*.

REVOLUÇÃO

Não fica muito claro como a historiografia convencional poderia abrigar Cobb, porque o ponto de vista deste é agudo e excêntrico, ao passo que os estudos convencionais da Revolução Francesa vêm se tornando cada vez mais sociológicos e confusos. A confusão provém de uma retomada das velhas discussões sobre o sentido de 1789 e 1793. As revistas de direita escolheram a historiografia revolucionária como uma maneira de dar alfinetadas na esquerda, e a esquerda reagiu com uma avalanche de artigos sobre o verdadeiro caráter d'"a Mãe de todos nós", como a Revolução é conhecida entre sua prole legítima.[2] A disputa tem algumas características de uma *guerre dans le cimetière*; é como se os protagonistas estivessem empoleirados nas tumbas, defendendo as heranças: Marx × Tocqueville, Mathiez × Aulard, Lefebvre × Febvre. Mas há aí mais do que um culto aos ancestrais e um tribalismo ideológico.

Na tentativa de despirem a superestrutura política da sociedade francesa e de dissecarem sua anatomia, os historiadores franceses cuidavam de usar os instrumentos afiados do marxismo.[3] Mas os historiadores ingleses e americanos têm descoberto dados que mostram uma resistência crescente em se encaixarem em categorias marxistas. George Taylor mostrou o caráter não capitalista da economia do Antigo Regime; Robert Forster apontou o erro de identificar o feudalismo com a nobreza; C. B. A. Behrens demonstrou como os privilégios atravessavam as fronteiras de classe e propriedade; David Bien e Vivian Gruder calcularam a mobilidade social no exército e nas intendências, e descobriram que a oposição entre burguesia e aristocracia não tinha muita relação com a mobilidade; J. F. Bosher mostrou que se entende melhor a administração monárquica como um jogo complexo de interesses investidos do que como um governo classista da nobreza. A classe se mostra um conceito estreito demais para analisar as complexidades e contradições da sociedade e da política revolucionárias, tal como são destrinchadas na obra de Charles Tilly, M. J. Sydenham, Isser Woloch e Colin Lucas. A ideia marxista fundamental de que a Revolução resultou de uma contradição entre uma burguesia capitalista nascente e uma nobreza feudal foi detonada por Alfred Cobban, que tirou grande parte de sua munição do campo de seus inimigos ideológicos.

É verdade que a história explicitamente antimarxista de Cobban (bem como a de Crane Brinton e R. R. Palmer) teve pouco efeito na França. Albert Soboul, o melhor marxista francês, simplesmente a ignorou enquanto retrabalhava as velhas ortodoxias em *Précis d'histoire de la Révolution Française* [*Compêndio de história da Revolução Francesa*] (1962), ao mesmo tempo que Norman Hampson elaborava um trabalho não marxista admirável em inglês, *A social history of the French Revolution* [*Uma história social da Revolução Francesa*] (1963). A barreira da língua pode ter impedido a deflagração de uma Batalha dos Livros Anglo-Francesa. Mas em 1969 Pierre Goubert publicou o primeiro volume *de L'Ancien Régime*, uma análise não marxista extraordinariamente arguta e sofisticada, que conquistou o mercado de manuais em grande parte da França. Finalmente, François Furet empreendeu um ataque frontal contra a interpretação marxista da Revolução num brilhante artigo polêmico, "Le cathécisme révolutionnaire" (*Annales*, março-abril, 1971), que deu origem ao atual estado de guerra aberta.

Seria um equívoco ver essa guerra como um desafio americano dentro da profissão historiográfica ou como um combate entre o empirismo anglo-saxão e o dogmatismo europeu no qual este último, após anos de desgaste e erosão, estaria fadado a ruir. Não só uma grande parcela dos atacantes são franceses, que se baseiam em suas ricas tradições próprias de história social não marxista, como também o modelo marxista é mais sólido e conta com defesas melhores do que jamais dispôs a Bastilha. Além disso, é tremendamente difícil abandonar a ideia levantada e enaltecida por Soboul na primeira frase de seu *Précis*:

> A Revolução Francesa constitui, ao lado das revoluções inglesas do século XVII, a culminância de uma longa evolução econômica e social que fez da burguesia a senhora do mundo.

Posta em termos tão grandiosos, a formulação parece bem aceitável; no entanto, ela se baseia em pressupostos que não podem ser dispensados sem acarretar um desmoronamento. E se os revisionistas conseguirem desmantelar a interpretação marxista da Revolução, o que vão fazer com os escombros? Eles não possuem nenhuma estrutura conceitual própria.

Onde se situa Richard Cobb nessa confusão generalizada? Seus primeiros trabalhos põem-no em companhia de dois marxistas, Albert Soboul e George Rudé, que redirecionaram o estudo da Revolução abordando-a "de baixo". Essa expressão, hoje em dia, está muito batida, mas nos anos 1950 e início dos anos 1960 ela representava uma tentativa estimulante de examinar os acontecimentos de uma nova perspectiva, a das pessoas comuns, o povo que entrou com os músculos para obrigar a Revolução a ir para a esquerda, na sucessão dos Grandes Saltos à Frente que ficaram conhecidos como *journées* (14 de julho de 1789, 5-6 de outubro de 1789, 10 de agosto de 1792 e 31 de maio-2 de junho de 1793), foi esmagado nos amotinamentos de Germinal e Prairial, Ano III (1795), e se levantou novamente nas Jornadas de Julho de 1830, nas Jornadas de Junho de 1848 e nas Jornadas de Maio de 1871. Estas, por sua vez, foram as ancestrais de agosto de 1944 e maio-junho de 1968.

Para Cobb, o interesse pelo povo comum levou ao estudo da mentalidade (*mentalité*, em francês, transmite uma ideia mais abrangente do que seu equivalente em inglês), isto é, o exame do ponto de vista e da percepção do homem comum quanto aos fatos, e não tanto a análise dos próprios fatos em si. A investigação da mentalidade revolucionária feita por Cobb complementava o trabalho de Soboul e Rudé, que acentuavam os aspectos institucionais, políticos e econômicos do movimento *sans-culotte*, e transmitia o clima do Terror em bairros simples, onde a vontade de terem pão barato e uma igualdade primitiva das *jouissances* tinha mais força do que rousseauísmo, e onde a crença na conspiração contrarrevolucionária foi mais importante do que as conspirações em si mesmas. Mergulhando nos arquivos, com sua imaginação histórica brilhante e um domínio magnífico da prosa em inglês e francês, Cobb conseguiu trazer o povo obscuro da Revolução de volta à vida.

Em *The police and the people* [*A polícia e o povo*] e *Reactions to the French Revolution* [*Reações à Revolução Francesa*], Cobb muda de terreno, passando de baixo para além das fímbrias da Revolução. Aqui ele se concentra sobre o banditismo, a prostituição, a vagabundagem, o homicídio, a loucura e outras formas de desvio. Esses temas podem nos fascinar, mas não ajudam a organizar a confusão nas atuais interpretações da Revolução, porque Cobb faz com que o terrorista e o contraterrorista, o *sans-culotte* e o criminoso, o militante e o lunático pareçam iguais, e ele dá a impressão de estar menos interessado em explicar a relação entre violência e revolução do que em exaltar a excentricidade e o individualismo por si mesmos — uma espécie de moralização às avessas que ele volta contra seus antigos aliados. Pois Cobb nunca perde a oportunidade de cutucar Soboul e dar estocadas em Rudé. Acusa-os de desumanizarem o passado emparedando-o num dogmatismo ressecado. De fato, ele apresenta o governo revolucionário como uma forma de totalitarismo *manqué*, sugerindo que só não chegou ao stalinismo por falta de tecnologia, e não por falta de tentar, e compara-o negativamente ao "pleno florescimento da liberdade anárquica" durante a Reação termidoriana.

Então onde fica Cobb na atual disputa histórica? Contra a ideologia e contra a sociologia. Ele se pôs abertamente numa terra de ninguém, e está travando uma guerra pessoal em duas frentes, em oposição à versão marxista e à versão empirista da história científica. Cobb se tornou o herético total. Sua perspectiva histórica tem um ângulo tão singular que nos leva a ver a Revolução com olhos novos: este é o fascínio de seu trabalho, pois nos questiona a cada momento com sua idiossincrasia — qualidade rara numa profissão que tende para o conformismo.

Considere-se a reavaliação de Cobb sobre o movimento popular *sans-culotte* em *The police and the people*. Soboul mostrou que o sans-culottismo se desenvolvera como uma dialética entre a revolução popular e o governo revolucionário no Ano II (1793-4), isto é, ele explicou como os *sans-culottes* forçaram a Revolução para a esquerda e por que acabaram sendo destruídos pelo Terror ditatorial que haviam criado. Com uma documentação cuidadosa e uma análise detalhada, Soboul revelou uma lógica oculta dos fatos, que ainda se mantém como a melhor explicação da fase de clímax da Revolução.

Nada pode se afastar mais do sentido histórico de Cobb do que a lógica; ele critica a análise de Soboul por excesso de intelectualidade (ela é, segundo ele, um balé histórico com excesso de coreografia) e tenta mostrar que a revolução popular foi não tanto um movimento, mas uma irrupção de anarquia. A visão de Cobb ressalta os defeitos de temperamento dos *sans-culottes* — a fanfarronada, a ingenuidade e a visão curta —, mas nunca chega a atingir realmente o argumento de Soboul, e confunde as questões invertendo a cronologia dos fatos. A exposição de Cobb recua do Império, passando pelo Diretório e pela Reação termidoriana, até o Ano III (1794-5), que é tratado como o ponto de inflexão de toda a Revolução. Não encontrando nenhum sans-culottismo coerente nesses períodos, ele chega à conclusão de que o movimento deve ter sido efêmero mesmo antes — uma interpretação curiosa que parece sustentar que algo não existiu só porque morreu. Como Soboul rastreou a morte da revolução popular no final do Ano II e mostrou como e por que ela ocorreu, o revisionismo invertido de Cobb parece errar o alvo. E, quando Cobb finalmente recua até o Terror, é como se lêssemos um Soboul com temperos.

Mas não quando ele discute as províncias. A tese de Soboul não explica as excentricidades da revolução popular fora de Paris, ao passo que Cobb, mestre na história provincial, revela todas as contradições e entrecruzamentos que impediram que o sans-culottismo se convertesse numa força nacional. Além de demonstrar que os extremistas de Lyon surgiram no lado oposto das questões sob a égide dos *enragés* de Paris, Cobb ainda mostra como os provocadores de Vienne se opunham aos lioneses, e como os múltiplos antagonismos sobrepostos de Paris-Lyon-Vienne se diferenciavam dos de Paris-Rouen-Le Havre. Cobb vai ainda mais longe: ele explora as rivalidades entre os bairros, as rixas entre as famílias, a solidariedade constituída por laços profissionais e os cismas derivados de brigas por mulheres, bebidas ou rinhas de galo. Por toda parte ele vê diversidade, discórdia, individualismo; as linhas gerais de interpretação se apagam e a Revolução se dissolve numa confusão murmurante. Talvez ela não tenha passado disso para os homens nas ruas. Em todo caso, Cobb mostra os limites do modelo parisiense.

Ele já os mostrara em sua obra anterior. Seu último livro, *Reactions to the French Revolution*, abrange anarquistas, bandidos, criminosos, reclusos, loucos e uma variedade fantástica de indivíduos que viviam fora da política, além do alcance do Estado. Como essas pessoas não tinham nada em comum, exceto a recusa em se integrarem à sociedade, e como os indivíduos associais proliferam em toda a história francesa, suas histórias particulares não levam a nenhuma conclusão geral sobre suas vidas ou sua época.

Assim, é como se a própria intemporalidade da anomia, ou *la vie en marge*, atraísse Cobb. Há 25 anos ele vagueia pelos arquivos, procurando qualquer excêntrico que possa descobrir. Ele aparece com uma coleção fantástica de casos de individualismo desviante, reunidos pelo "uso seletivo da 'história de caso' individual como unidade no impressionismo histórico". Esse método condiz com as ideias de Cobb sobre a natureza única das coisas e a tarefa do historiador, que consiste em mostrar como os fenômenos são distintos, e não como eles se relacionam entre si. Por ressaltar constantemente a complexidade do passado, seu trabalho se coloca como uma advertência contra as tentativas de encaixar a história em estruturas sociais pré-fabricadas. Mas a insistência de Cobb sobre esse caráter único tende para o nominalismo ou para o niilismo. Dá a entender que as generalizações são impossíveis e que a história só pode se reduzir a histórias de caso.

Há loucura nesse método, e talvez seja necessária uma ponte de loucura para entender os "canibais" que atacaram às cegas em setembro de 1792, traumatizando a República em seu nascimento. Seria difícil imaginar um encontro mais feliz entre o autor e seu objeto do que a evocação empática de Cobb quanto ao sentido do Terror e do Contraterror para as pessoas que os vivenciaram. Mas, com sua recusa em analisar e generalizar, ele mais parece um luddista intelectual. Não só invectiva contra os historiadores dos *Annales*, os historiadores das ideias e os historiadores sociológicos, como também, ao elaborar sua versão própria dos fatos, ele se recusa a ir além do nível do *fait divers*. Para Cobb, assim como para Restif de la Bretonne e Louis Sébastien Mercier, os *rapporteurs* revolucionários dos quais retira sua máxima inspiração, basta lançar o olhar ao coração do transeunte. A história é a história da alma, e a metodologia é a empatia.

O risco desse impressionismo histórico não é que vá demover as teses maciças de Soboul ou qualquer outra estrutura analítica, mas sim que possa extraviar o desenvolvimento da história das *mentalités*, gênero eleito de Cobb. Embora remonte no mínimo até Burckhardt, o estudo da *mentalité* está passando por um grande ressurgimento na França, e chegou a atravessar, se não o Atlântico, pelo menos o canal da Mancha. É uma espécie de história intelectual de não intelectuais, uma tentativa de reconstruir a cosmologia do homem comum ou, em termos mais modestos, de entender as atitudes, os pressupostos e as ideologias implícitas de grupos sociais específicos (seu *outillage mental*, segundo Lucien Febvre, o grande profeta e praticante desse tipo de história). A mentalidade é antes um objeto do que uma disciplina. Os franceses têm-na discutido em vários prolegômenos e discursos sobre o método,[4] mas ainda não chegaram a nenhuma concepção clara do campo. E nem Cobb. Seus dois últimos livros tratam de uma variedade tão atordoante de objetos — criminalidade, vagabundagem, conflito urbano-rural, suicídio, insanidade, cultura popular, família, repressão das mulheres — que fica difícil encontrar algum tema coerente na correria de capítulos e subcapítulos.

CRIMINALIDADE

Mas, se a obra de Cobb tem algum *leitmotiv*, é o assassinato: e, visto que a maioria de seus desviantes recorreu pelo menos uma vez ao homicídio, ele aí se detém o suficiente para montar algumas estatísticas. Ele contou 846 assassinatos "políticos" no vale do Ródano e áreas adjacentes nos últimos cinco anos do século XVIII. A "contagem" de homicídios de acordo com o momento e o local convenceu-o de que o índice de assassinatos aumentou drasticamente nos anos entre o Terror e o Império. Embora os assassinatos muitas vezes refletissem apenas motivos locais (rixas familiares, *règlements de compte* — na prática, Cobb reconhece a impossibilidade de distinguir entre homicídios políticos e não políticos), ele descobriu que essas mortes mantinham uma relação muito próxima com a temperatura política. Assim ele interpreta o homicídio como uma forma de protesto político, um Contraterror, que tinha o apoio de comunidades que haviam sido transferidas pelos agentes do governo revolucionário em Paris — daí sua relação com a mentalidade popular e o declínio do movimento popular.

Cobb distribui suas estatísticas de uma maneira que dificulta sua avaliação, e tentar correlacioná-las não prova absolutamente nada, porque ele não utiliza nenhuma unidade coerente de medida. Por exemplo, ao invés de dizer ao leitor quantos assassinatos ocorriam anualmente no Departamento do Rhône, ele apresenta a informação da seguinte maneira: no Ano III (1794-5), houve cinquenta assassinatos no Departamento do Rhône e no Departamento de Loire; no Ano IV houve vinte no Rhône e no Haute-Loire; não dá números para o Ano V; no Ano VI houve quatro apenas no Rhône; e não dá números para o Ano VII. A base numérica é trivial, a unidade geográfica nunca é a mesma, e dos cinco anos estudados, não há estatísticas para dois deles. E, no entanto, o Rhône foi a área mais intensamente estudada por Cobb. Para outras regiões, suas estatísticas são ainda mais insuficientes: geralmente cobrem apenas um ou dois anos e se referem a combinações incongruentes de departamentos.

Cobb não apresenta nenhuma estatística para qualquer período anterior ao Ano III, e, no entanto, ele afirma que o índice de assassinatos do Contraterror (a partir do Ano III) era tão elevado quanto o índice sob o Terror (Ano II), e superior ao dos anos não revolucionários. Essa conclusão só poderia ser comprovada por estatísticas que abrangessem os períodos anteriores e posteriores à Revolução, mas Cobb não as fornece. Ele não dá nenhuma ideia de quais sejam os limites temporais de seus dados ou a representatividade de suas estatísticas. Qual a fração do número total de homicídios que ele descobriu? Qual sua relação dos assassinatos com a população das áreas em estudo? Qual é a proporção deles em relação com algum índice padrão de assassinatos por 100 mil pessoas, ao longo de um grande período temporal?

Cobb nunca responde a essas questões: mas, enquanto não o fizer, suas conclusões só podem ser consideradas hipotéticas. Ele minimiza a importância das estatísticas, mas baseia-se largamente nelas e nas observações gerais sobre sua incidência, para explicar uma infinidade de temas: prostituição, deserção, doenças, vagabundagem e todas as formas de crime e violência. Em todo caso, ele vê um salto quantitativo depois de Termidor (27 de julho de 1794), e parece explicá-lo pela mudança no clima político — uma interpretação que parece duvidosa em vista das circunstâncias e é abalada na medida em que Cobb reconhece que grande parte de seus indícios históricos provém de anotações que ele rascunhou *en passant* vinte anos atrás, quando procurava informações sobre os exércitos revolucionários. Essa busca levou-o por milhares de dossiês heterogêneos, impossibilitando-o de montar estatísticas em série, isto é, a partir de uma fonte homogênea, passível de ser quantificada em unidades de mesmo valor.

Será que esse descaso estatístico invalida as conclusões dos últimos livros de Cobb? Certamente não, porque na verdade ele está menos interessado em medir o índice de violência do que em entender a experiência do crime. Numa seção posterior à "contagem" de homicídios em *The police and the people*, ele descreve o isolamento psicológico dos ex-terroristas, quando a Reação termidoriana penetrou o campo. Como uma evocação criativa da crueldade da vida nas aldeias, é um texto profundamente persuasivo, e compensaria um livro cheio de estatísticas falhas. O mesmo vale para algumas magníficas apresentações das atitudes populares em relação à comida e à "carestia", da dignidade do homem que pode dizer que tem "pão em casa" e da linguagem popular, que era manipulada pelos extremistas com o uso de humor negro e de hipérboles escatológicas ("Estou indo comer a cabeça de um burguês, com alho"). Ao tratar desse tipo de tema, Cobb dá liberdade à sua imaginação histórica, e suas observações são convincentes devido ao domínio que tem sobre o material. O problema é como ir além da evocação de episódios anedóticos e avançar a história das *mentalités* além do ponto alcançado por mestres como Lucien Febvre, que também conjugava uma grande sensibilidade histórica, erudição e talento literário.

A criminalidade e a mentalidade, como temas, ajustam-se com tanta naturalidade que sugerem uma forma de solucionar a antítese entre a sociologia e a história das *mentalités*, a qual percorre toda a obra de Cobb. Se, ao invés de levantar barreiras entre a história e as ciências sociais, Cobb tivesse feito algumas incursões em território alheio, ele teria encontrado uma rica literatura à espera de ser explorada. Uma certa familiaridade com a criminologia, por exemplo, poderia levá-lo a questionar sua tese de que a Revolução ou a Contrarrevolução provocou um aumento súbito nos crimes violentos. Os criminologistas históricos descobriram que o inverso é que é verdadeiro, tanto no caso de 1871 quanto no de 1789.[5] Eles também desenvolveram técnicas para eliminar os erros das estatísticas.

Uma olhada em praticamente qualquer manual de criminologia[6] ou mesmo em revistas tão intocáveis como a *Revue française de sociologie* ou os *Annales* teria ajudado Cobb a desemaranhar suas cifras, e poderia tê-lo posto no rastro das *Comptes généraux de l'administration de la justice criminelle*, que apresentam estatísticas de crimes que remontam a 1825. As *Comptes* vêm fornecendo material para a história social desde a época de A. M. Guerry e Adolphe Quételet, primeiros mestres da sociologia, que viveram os acontecimentos descritos por Cobb e estudaram a criminalidade com um refinamento estatístico que faz com que seu trabalho pareça primitivo.[7]

É claro que a criminologia moderna não pode ser aplicada indiscriminadamente ao passado, devido à irregularidade das estatísticas de crime antes do século XIX. Mas a criminologia é capaz de sugerir abordagens, métodos e questões que talvez nunca ocorressem ao historiador associológico. Ela pode lhe mostrar como medir a criminalidade em relação à demografia, como classificar fatores como faixa etária, profissão, sexo e geografia, como ser sensível às atitudes (ou às *mentalités*) envolvidas nas relações entre os que violam e os que executam a lei. Pois o crime oferece uma imagem negativa do sagrado e um reflexo direto do tabu, e, quando é estudado ao longo de grandes períodos temporais, ele pode revelar modificações no sistema de valores de uma sociedade. As análises dos veredictos mostram os momentos sociologicamente significativos em que os juízes deixam de aplicar leis que continuam a existir nos livros, mas foram abandonadas nos costumes.

Robert Mandrou desenvolveu muito bem essa abordagem em seu livro sobre a perseguição à feitiçaria, *Magistrats et sorciers en France au XVII*^e *siècle* [*Magistrados e feiticeiros na França no século XVII*], e os jornais de hoje estão cheios de casos parecidos: processos referentes a abortos, homossexualidade e obscenidade. Da mesma forma, os estudos sobre a incidência dos crimes podem revelar alterações nas atitudes e padrões de comportamento. Assim, Enrico Ferri postula que, à medida que as sociedades ingressam num estágio urbanizado e comercializado de desenvolvimento, elas passam de um padrão de criminalidade instintiva para um padrão de criminalidade calculada, do crime contra a pessoa para o crime contra a propriedade.[8] Embora o "direito" de Ferri possa estar mais do que desgastado, ele foi de proveito para comparar as sociedades tradicionais e modernas, ou rurais e urbanas. O índice de crimes violentos (assassínio e assalto criminoso, por exemplo) tende a ser muito mais elevado em aldeias arcaicas e agrárias, onde as normas comunais regulam a conduta, exceto em seus momentos mais explosivos e impetuosos, ao passo que o crime econômico (roubo e fraude) predomina nas cidades modernas, onde indivíduos ávidos por dinheiro e desenraizados lutam anonimamente para ficarem ricos ou simplesmente para sobreviver.

Essa mudança de uma criminalidade passional para uma criminalidade comercial aparenta ter ocorrido em todo o Ocidente no início do período moderno (a atual onda de assaltos representa uma mudança de tendência), e o mesmo vale para o surgimento do submundo, apesar da subcultura de bandidagem (em grande parte mítica) que cercava Robin Hood e Cartouche. Cobb trata o crime rural, urbano e organizado como expressões da mesma mentalidade desviante, mas a criminologia sugere que os assassinos munidos de forcados, os ladrões de lojas das cidades e os mafiosos pertencem a espécies diversas.

Essas diferenças só podem aparecer com uma análise comparativa, outro gênero não muito apreciado por Cobb e que poderia tê-lo ajudado a dar uma perspectiva a seu material. Será que os quatro homicídios que ele registra para o Departamento do Rhône, no ano Ano VI, representam um nível elevado de violência? Supondo que o Rhône tinha uma população de aproximadamente 200 mil pessoas, isso corresponderia a um índice de assassinatos de 2:100 000, mais ou menos equivalente ao índice atual na França. Da mesma forma, a área em torno de Lyon, que na descrição de Cobb aparece como uma câmara gigantesca de horrores, podia ter ingressado numa fase de criminalidade razoavelmente incruenta em 1789, e o gosto de Cobb pela anedota violenta pode tê-lo levado a desfigurar a realidade. As mortes ritualistas cruéis nas regiões mais distantes estudadas por ele parecem configurar um padrão mais primitivo, semelhante ao que ocorre hoje na Colômbia, em Burma ou na Indonésia.[9]

Pode ser que as comparações culturais cruzadas em escala global tenham pouco valor prático, mas Cobb podia ter cotejado suas descobertas com as de outros historiadores que estudam a criminalidade na França setecentista. Há equipes que vêm consultando minuciosamente os arquivos em Lille, Caen, Bordeaux, Toulouse, Aix e Paris, e já obtiveram resultados significativos, como se pode ver pelos relatórios dos trabalhos em andamento, publicados pelos grupos que estão trabalhando com François Billacois em Paris e com Pierre Deyon em Lille.[10]

O grupo parisiense descobriu que o roubo correspondia a 87% dos crimes registrados entre 1755 e 1785 — uma cifra que coloca a Paris pré-revolucionária na mesma categoria das metrópoles da Europa moderna (99% dos crimes em Paris nos anos 1970 são roubos), em oposição às aldeias francesas do século XVIII, onde o roubo representava apenas cerca de 1/3 dos crimes registrados. O índice de homicídios era baixo (cerca de 1:100 000), e, pelo que sugerem todas as indicações, o submundo do crime ainda não existia. Mesmo que se reconheça a considerável discrepância entre o crime real e o crime registrado, a capital da Revolução haveria de parecer um refúgio de não violência para qualquer um que mora em Nova York no último quartel do século XX.

Mas era um inferno para os criminosos, que de modo geral roubavam para sobreviver. As análises de suas origens, profissões, domicílios e condição social de suas famílias mostram que eles faziam parte da miserável "população flutuante" da França, que vivia na estrada entre serviços temporários e pousava em pensões paupérrimas. Esses "criminosos" eram vítimas da pobreza; as vítimas deles também eram, muitas vezes, semi-indigentes, e seus opressores mostravam uma atitude predominante: proteger a propriedade. Os juízes nos tribunais criminais de Paris, ao longo de todo o período do Iluminismo, fizeram torturar e enforcar os ladrões, mas mostravam indulgência para crimes que lhes pareciam menos ameaçadores: assalto com crime, estupro e adultério.

O mesmo padrão surge nas pesquisas que os historiadores têm feito em Lille. Elas mostram que a violência criminosa diminuiu drasticamente durante toda a década revolucionária, e que o índice de crimes contra a pessoa baixou ao longo do século XVIII, ao passo que os crimes contra a propriedade aumentaram. Os juízes deixaram de impor castigos contra o sacrilégio, mostravam uma maior leniência em relação à imoralidade privada, diminuíram o recurso à tortura (mas continuaram a empregá-la contra os ladrões, se fossem pobres e de nascimento humilde), e reprimiam roubos, mesmo insignificantes, com uma grande severidade — ainda maior no caso de criados, mendigos e trabalhadores rurais. A justiça criminal, tal como era exercida em Paris e Lille, havia abandonado a defesa dos valores tradicionais e tornara-se basicamente um meio de proteger a propriedade contra os despossuídos.

Essa categoria mais baixa de miséria não incluía os *sans-culottes* de Paris. Estes tinham empregos regulares, domicílio fixo, famílias e pão em casa — mesmo que nem sempre bastasse para encher o estômago. A população criminosa era mais numerosa bem no centro de Paris, onde se situavam as hospedarias mais baratas, e não nos *faubourgs* que atendiam aos *sans-culottes*. Assim, pelo visto, a violência criminosa e a violência revolucionária não tinham relação entre si, o impulso de assaltar a

Bastilha e o impulso de arrancar bolsas não tinham muita coisa em comum e, mesmo vista "de baixo", a Revolução ocorreu por cima da cabeça dos criminosos comuns da França.

A criminologia histórica, portanto, desvendou realidades de comportamento e psicologia que não seriam alcançadas pelos métodos de Cobb. A questão não é que ele esteja errado (seu tipo de história é subjetivo demais para ser classificado como certo ou errado), mas que seu impressionismo histórico não leve a parte alguma. A comparação entre seu estudo da criminalidade e o dos cientistas sociais sugere que a história das *mentalités* deve se aliar, e não lutar até a morte com a sociologia.

MORTE

O estudo da morte ilustra o mesmo ponto. A morte é um tema que tem ocupado os sociólogos, os antropólogos, os pintores, os poetas e os agentes funerários — mas não os historiadores. Embora tenha sempre se seguido inexoravelmente à vida, os historiadores julgam que ela não tem história. Em geral, preferem os acontecimentos dramáticos, em vez das grandes constantes da condição humana — o nascimento, a infância, o casamento, a velhice e a morte. No entanto, essas constantes têm mudado, mesmo que de modo lento e imperceptível. Considere-se a diferença entre a arte medieval de morrer e a morte ao jeito americano. Na Alta Idade Média, o moribundo desempenhava o papel central num drama sobrenatural. Encenava e conduzia sua morte de acordo com um rito prescrito, consciente do fato de que atingira o clímax de sua vida, que o céu e o inferno estavam sendo pesados na balança e que ele poderia salvar sua alma tendo uma "boa morte". *L'art de bien mourir*, a *Ars moriendi*, tornou-se um dos temas literários e iconográficos mais populares e mais difundidos no século XV.

A *Ars moriendi* retratava um homem em seu leito de morte, cercado pelos santos e demônios que lutavam pela posse de sua alma. Os demônios recitam os pecados dele e reivindicam-no para o inferno. Se ele resiste às tentações de orgulho e desespero, e, se se arrepende sinceramente, ele morre bem. Com as mãos cruzadas, o rosto voltado para o leste, na direção de Jerusalém, a face erguida para o céu, ele exala sua alma com seu último respirar. Ela sai de sua boca, parecendo um bebê recém-nascido, e um anjo a transporta para o céu. O espetáculo mostra o sentido medieval da realidade, uma mistura cosmológica entre exaltados e degradados, na qual os objetos comuns são tingidos por uma significação transcendental.

O homem medieval e dos inícios da era moderna tinha horror à morte súbita, porque ela podia privá-lo de sua participação nesse momento metafísico crítico. Em casos delicados, o primeiro dever de um médico era chamar um padre. Ele tinha a obrigação solene de avisar os pacientes mesmo que a morte parecesse apenas uma possibilidade remota, pois precisavam de tempo para se prepararem para a morte, para enfrentá-la de acordo com a cerimônia tradicional, no leito. A cena do leito de morte ocorria em público. Padres, médicos, parentes, amigos e até os transeuntes se apinhavam no aposento do moribundo. Numa "boa morte" ele avaliava sua vida, chamava e perdoava seus inimigos, abençoava seus filhos, arrependia-se de seus pecados e recebia os últimos sacramentos. Ainda que variasse conforme a época e a condição social, seu testamento dava instruções cuidadosamente detalhadas para o funeral e o luto, especificando a composição do cortejo fúnebre, o número de velas a serem levadas, o caráter do enterro e o número de missas a serem rezadas por sua alma. Depois de um período de recolhimento em relação à vida social, com trajes determinados, os parentes desconsolados retomariam a vida normal, fortalecidos para enfrentar suas próprias mortes no futuro.

A "boa morte" representava o que Huizinga chamou de "ideal cultural" e não algo efetivo, pois na época da Peste Negra as pessoas morriam em miséria e devassidão. Em tempos de fome, encontravam-se cadáveres com capim na boca. Em tempos de peste, frequentemente os moribundos eram abandonados, e seus corpos eram empilhados e queimados, ou atirados sem cerimônia a covas coletivas. Em todas as ocasiões, a morte era familiar e ubíqua, e chegava a ser objeto de piadas e críticas sociais, como na literatura popular sobre a Dança da Morte. Na Europa, há trezentos anos, há seiscentos anos, as execuções públicas eram esporte de espectadores, as crianças encontravam vagabundos mortos em celeiros de feno — *croquants* —, e os cemitérios serviam de local de encontro para jogar passatempos, apascentar gado, mascatear mercadorias, beber, dançar e manter relações sexuais.

Ao invés de presidir à sua morte, o homem moderno é "roubado" dela, como diz Philippe Ariès. Cerca de 80% das mortes nos Estados Unidos ocorrem, hoje em dia, em hospitais e asilos de velhos. Os americanos, em sua maioria, morrem isolados, cercados não pela família, mas por estranhos e técnicos médicos. O padre foi substituído pelo doutor, cuja formação não lhe dá nenhum meio de atender às necessidades psicológicas do moribundo, e ele oculta a morte ao paciente. Este, portanto, arrasta-se inconscientemente para a morte; longe de ser exposto a alguma realidade última, ele morre como se a morte fosse simplesmente a queda final no gráfico de temperatura.

A desumanidade desse positivismo indolor deu origem a um considerável debate e a uma vasta literatura na medicina, na psicologia e na sociologia. Ultimamente, os hospitais e as escolas de medicina vêm mudando suas práticas. Mas o problema vai além de uma administração hospitalar. Como mostraram Herman Feifel, Robert Fulton, W. Loyd Warner, Avery Weisman e outros cientistas sociais, a questão toca num tabu profundamente arraigado na cultura americana.

A arte e a literatura da Alta Idade Média detinham-se sobre os vermes, a sujeira e a decomposição que tomavam conta dos cadáveres. A arte barroca também enfatizava a morte com um espírito de realismo macabro. Os cemitérios oitocentistas anunciavam suas funções com uma prodigalidade que James S. Curl definiu como "celebração vitoriana da morte". Mas a arte do agente funerário americano pinta a morte para parecer vida, encerrando-a em caixões invioláveis e sumindo com ela em cemitérios camuflados de jardins. Os americanos se refugiam em eufemismos: "passamento", "caso terminal", "malignidade".

Eles também desritualizam a morte. Os parentes já não se destacam num papel à parte, usando luto ou se abstendo de funções sociais durante um período de tempo determinado. Os velórios praticamente se extinguiram, muitas famílias preferem evitar o ritual de enviar flores, pedindo aos amigos que façam doações a obras de caridade. É frequente que as crianças não assistam aos funerais de parentes próximos, e seus pais evitam comentar o tema da morte (mas não o do sexo) com elas. O código de comportamento nos funerais prescreve que se reprima a dor. As viúvas de presidentes estabeleceram a norma de não "cederem" — a antítese de um ideal anterior, pelo qual o pranto era obrigatório. Pelo visto, o limite extremo no tratamento repressivo e não cerimonioso da morte foi atingido entre os profissionais liberais na Inglaterra — um caso de vácuo ritual que Geoffrey Gorer documentou de maneira tocante em *Death, grief, and mourning in contemporary Britain* [*Morte, dor e luto na Grã-Bretanha contemporânea*]. Gorer deplora o desaparecimento dos ritos para expressar a dor e consolar os parentes do falecido. O "jeito americano de morrer" foi condenado com a mesma ênfase por Jessica Mitford, que argumenta que os interesses comerciais se apropriaram da manifestação de dor nos Estados Unidos, explorando-a em benefício próprio. Nos dois países, a morte se transformou no oposto do que era quinhentos anos atrás.[11]

Como se deu essa transformação? Phillipe Ariès, o historiador social magistral que escreveu *História social da criança e da família*, foi um dos primeiros a reconhecê-la e tentou rastrear suas fases em seu último livro, *A história da morte no Ocidente*.[12] Ele afirma que a concepção tradicional da morte ocupou o espírito das pessoas no milênio que se seguiu ao fim do Império Romano. Os homens da Baixa Idade Média viam a morte como um destino coletivo, comum, inevitável, e não especialmente aterrador, pois engolfaria todos os cristãos, como um grande sono, até despertarem no paraíso, com a Segunda Vinda de Cristo. Entre 1000 e 1250, essa atitude transferiu sua ênfase da coletividade para o indivíduo, e, da Alta Idade Média até o final do século XVIII, a morte serviu basicamente para agudizar o sentido do próprio ego de cada pessoa. Ela se tornou o momento supremo na peregrinação pessoal rumo à salvação. Mas, se fosse malconduzida, ela podia levar à danação, como a *Ars moriendi* deixava bem claro. Assim, a morte se tornou mais dramática, mas mantendo-se essencialmente a mesma — uma presença familiar, atuando abertamente na vida —, e os mesmos rituais bastavam para tratar com ela. As pessoas procuravam morrer uma "boa morte" em seus leitos e em público — resolutas, arrependidas, fortalecidas pelo sacramento para a ascensão final à Corte Celestial.

No século XIX, esse ritual passou a ter um novo sentido afetivo. A morte significava basicamente a separação dos entes amados. Ao invés de parecer comum, ela se tornou uma ruptura catastrófica entre o familiar e a família, pois a família que era atingida acabava se mostrando incapaz de suportar a carga de dor. A morte mergulhava os parentes do falecido num reino aterrorizador de irracionalidade, uma experiência evocada pelos temas mórbidos da literatura romântica e pelo emocionalismo dionisíaco da escultura mortuária do século XIX. Em meados do século XX, os ocidentais tentaram evitar o paroxismo da dor interditando a morte. Primeiramente nos Estados Unidos, a seguir na Inglaterra, no norte da Europa e agora nos países latinos, eles abandonaram os rituais tradicionais, esconderam a morte ao moribundo e transferiram-na da família para o hospital, onde o "paciente" abandonado vai deixando a vida imperceptivelmente, passo a passo, e seu momento final é uma questão técnica, ao invés de um ato dramático sob sua direção.

É uma história assombrosa, narrada com a incisividade e a maestria próprias da obra de Ariès — mas será verdadeira? As regras de comprovação nesse tipo de história — o estudo da transformação nas atitudes ou *mentalités* — continuam vagas. As alterações na concepção de mundo normalmente ocorrem a um ritmo glaciário, sem virem marcadas por acontecimentos nem inflexões visíveis. O tema dessa história não pode ser tratado da mesma maneira como se tratam as batalhas, as vitórias eleitorais e as flutuações no mercado de capitais que pontilham *l'histoire événementielle* com enorme precisão. As *mentalités* precisam ser estudadas na longa duração, e Ariès reúne todas essas expressões na primeira frase de seu livro, como se fosse um embaixador da Escola Annales de História apresentando suas credenciais à Universidade John Hopkins, em resposta a um convite para apresentar seu trabalho numa série de conferências.

Segundo Ariès, há quatro fases nas atitudes ocidentais em relação à morte: a morte "mansa" tradicional do primeiro milênio do cristianismo, a morte mais pessoal dos 750 anos seguintes, a obsessão com "a vossa morte", preocupada com a família, que predominou do final do século XVIII até o começo do século XX, e a "morte proibida" dos últimos trinta anos. Bem formal e bem francês, talvez — mas Ariès tem a vantagem de mostrar como a transformação cultural pode ocorrer em velocidades diferentes. As atitudes ocidentais se modificaram num ritmo crescente até escaparem ao controle na era contemporânea, vigorosamente caracterizada por Ariès como um tempo de "uma revolução brutal nas ideias e sentimentos tradicionais".

Ao discutir o século atual, Ariès argumenta a partir de uma posição de força, pois pode se basear na obra de cientistas sociais como Gorer, que foram os primeiros a expor a desritualização e a recusa nas formas contemporâneas de tratar com a morte. Ariès podia inclusive ter ido além em sua argumentação, se recorresse mais à literatura crescente sobre a psicologia e a sociologia da morte e a "tanatologia".[13] Ao analisar as atitudes mais antigas em relação à morte, sua base de apoio é menor, mas sua contribuição é maior, pois ele mapeou uma zona desconhecida da consciência humana em seu desenvolvimento temporal. O empreendimento é de uma ousadia admirável, mesmo que tenha tão pouco a ver com a realidade quanto a cartografia de Américo Vespúcio. Gorer podia estudar as atitudes inglesas contemporâneas com questionários, entrevistas e amostragens científicas. Ariès teve de juntar todos e quaisquer fragmentos que conseguiu encontrar, vasculhando na arqueologia, na semântica, na literatura, no direito e na iconografia.

A escassez e a heterogeneidade dos indícios, embora estes sejam fascinantes, enfraquecem inevitavelmente a argumentação. Por exemplo, Ariès afirma que a concepção das pessoas sobre o Juízo Final se modificou de maneira significativa entre os séculos VII e XV, e como prova ele se refere a uma tumba do século VII, a meia dúzia de tímpanos de catedrais dos séculos XI e XIII, a um hino do século XIII e a um afresco do século XV. Ao leitor resta imaginar os exemplos contrários na arte desses oito séculos, que lampejam de passagem em quatro páginas.

Como prova de como a morte se individualizou entre os séculos XIII e XVIII, Ariès ressalta a importância das placas de donativos nas igrejas e cita um único exemplo, de 1703. Para documentar o caráter público do rito medieval no leito de morte, ele cita um caso do final do século XVIII. Ele atravessa à vontade os continentes e os séculos, transportando sem qualquer esforço o leitor da Távola Redonda do rei Artur para o *mir* de Tolstói e a terra dourada de Mark Twain. Esse trato muito rápido com as fontes pode ser menos ilegítimo do que parece, porque o período moderno em todo o Ocidente, mesmo em anos bem entrados, conserva vestígios dos costumes antigos. Mas, sem uma indicação sólida de que os costumes floresceram numa época anterior, não é possível saber se, numa fase posterior, são realmente vestígios que sobreviveram. A história da longa duração não foi dispensada do requisito de uma documentação rigorosa.

A dificuldade é maior na pesquisa voltada para as massas, que viveram e morreram sem deixar qualquer traço de suas concepções sobre a vida e a morte. Ariès, de modo geral, contorna esse problema restringindo sua discussão à alta cultura e às classes superiores. Quando expõe as atitudes da Baixa Idade Média, ele recorre à *Chanson de Roland*. Quando chega ao século XIX, cita Lamartine e as irmãs Brontë. Usa constantemente a história da arte, mas normalmente se limita à arte da elite.

A exceção mais importante a essa tendência e a parte mais original do livro surgem na discussão de Ariès sobre os costumes fúnebres e o desenho dos cemitérios. Ele sustenta que o enterro cristão, em seu período inicial, inverteu a prática dos patrícios romanos, que eram sepultados em mausoléus individuais fora das cidades. Os primeiros cristãos tinham uma crença de tipo mágico na eficácia dos enterros próximos às relíquias dos santos e, dessa forma, davam preferência ao sepultamento nas igrejas situadas no centro das cidades. Durante um milênio, esse sepultamento foi basicamente coletivo. Os ricos e bem-nascidos eram colocados sob lajes do chão da igreja, as pessoas simples eram enterradas em valas no adro. Quando o lugar ficava lotado, os ossos eram transferidos para ossuários e carneiros em comum, onde eram empilhados e dispostos com um senso artístico macabro. Ao mesmo tempo, animais, crianças, mascates e caftinas frequentavam os cemitérios.

A interpretação promíscua da vida e da morte foi natural para os europeus até o final do século XVIII, quando os administradores franceses esclarecidos passaram a considerá-la insalubre e indecorosa, proibiram o enterro nas igrejas e transferiram os campos-santos para fora dos limites das cidades. Nessa época, até as pessoas simples começaram a ser enterradas em covas individuais. O túmulo pessoal, encimado por uma pedra com uma inscrição biográfica, passou a ser visto como uma reserva inviolável no século XIX. Os parentes iam visitá-lo para honrar seus mortos, tanto em nível privado como em ocasiões cerimoniais, como o dia de finados. Surgiu um verdadeiro culto novo aos mortos, principalmente na Europa latina, onde elegantes estátuas e mausoléus transformaram a aparência dos cemitérios. Então, na primeira metade do século XX, essa tendência se inverteu de súbito. Na Inglaterra contemporânea, a maioria das pessoas é cremada, e assim não deixam nenhum testemunho físico de sua existência; os parentes raramente põem placas ou fazem inscrições nos "Álbuns de Recordação" oferecidos pelos crematórios.

Os costumes fúnebres, portanto, ilustram o argumento de Ariès de que o homem ocidental concebia inicialmente a morte como o destino coletivo conhecido de todos os cristãos; a seguir, passou a vê-la como o momento supremo de uma biografia; depois passou a infundir-lhe uma afeição familiar, e finalmente tentou negá-la por inteiro. A resistência à cremação, as "casas" funerárias formais e os requintados cemitérios da América contemporânea não cabem nesse modelo, e Ariès não explica por que a desritualização foi tão abafada nos Estados Unidos, onde teria se iniciado essa "revolução", e não na Inglaterra, onde ela assumiu sua forma mais extremada. Mas ele desvenda alguns aspectos fascinantes e pouco familiares da cultura ocidental.

Ao longo de todo o seu trabalho, porém, Ariès tenta entender a mentalidade popular pela análise da alta cultura — método duvidoso, em especial quando aplicado à história relativamente recente. Na Idade Média, é verdade que a cultura popular e a cultura de elite não seguiam caminhos separados. O homem comum entalhava sua cosmologia em sua igreja, onde historiadores da arte como Erwin Panofsky conseguiram decifrá-la. Millard Meiss, em *Painting in Florence and Siena after Black Death* [*Pintura em Florença e Siena após a Peste Negra*], relacionou as correntes estilísticas na arte toscana a uma crise geral na civilização tardomedieval, na qual a Peste Negra desempenhou um papel fundamental. Huizinga discutiu a mesma crise em *The waning of the Middle Ages* [*O declínio da Idade Média*], obra-prima inspirada na pintura dos Van Eyck. Alberto Tenenti tentou, com menos êxito, vislumbrar a concepção de mundo através da arte renascentista em *Il senso della morte e l'amore della vita nel Rinascimento* [*O sentido da morte e o amor da vida no Renascimento*] e *La vie et la mort à travers l'art du XVe siècle* [*A vida e a morte através da arte do século XV*]. E historiadores da literatura medieval e renascentista — por exemplo, Jean Rousset e Theodore Spencer — exploraram as ligações entre a alta cultura e as atitudes gerais em relação à morte. Essa abordagem se revelou particularmente proveitosa no estudo de gêneros como a tragédia isabelina e de obras específicas como a *Faerie queene* [*Rainha das fadas*], que, como mostrou Kathrine Doller, traz motivos derivados da popular *Ars moriendi.*

Assim, Ariès pode se basear numa rica tradição de estudos, o que faz com imaginação e erudição. É de se lamentar que recorra largamente a Tenenti, quando poderia ter utilizado os estudos mais completos da *Ars Moriendi* feitos por Mary Catharine O'Connor e Nancy Lee Beaty. Ele também não utiliza muito um outro gênero popular, a Dança da Morte, que foi estudada por J. M. Clark e outros. Mas não se lhe pode censurar que tenha deixado de incorporar a história cultural tradicional em sua *histoire des mentalités.* A falha consiste antes em ter deixado de indagar sobre as ligações entre a arte e o povo simples. Quando e em que medida a alta cultura se separou das classes baixas? Esse problema pode ser crucial para a história das atitudes populares, mas Ariès raramente chega sequer a mencionar as classes.

Gorer descobriu diferenças extraordinárias na maneira como as diferentes classes respondem à morte na Inglaterra contemporânea. Descobriu, por exemplo, que o isolamento do moribundo é muito mais frequente à medida que se sobe na escala social (os membros da família estavam presentes a uma entre cada três mortes nos casos de operários por ele estudados, e presenciaram uma entre oito mortes nas classes médias altas e profissionais liberais). As pessoas da classe trabalhadora pareciam bem mais familiarizadas e menos atemorizadas com a morte, e mostravam a tendência de preservar por mais tempo os costumes mais antigos (em 4/5 dos lares operários, as persianas ficam fechadas após uma morte na família; ficam fechadas em 2/3 dos lares de classe média; os profissionais liberais e as classes médias altas parecem ter abandonado inteiramente essa prática). A significação cultural da morte pode ter variado imensamente entre os diferentes grupos sociais, e pode ter se desenvolvido entre eles segundo configurações muito diferenciadas. Ariès ignora essas nuanças e se concentra sobre o modelo ocidental geral, supondo que ele existe e pode ser conhecido pelo estudo da elite.

Essas suposições, mesmo não tendo sido comprovadas, podem ser válidas, e é bem possível que Ariès tenha se saído bem na tarefa monumental de traçar o esboço geral das transformações nas atitudes ocidentais em relação à morte. E como ele as explica? Sua explicação é implícita e deriva de seu estudo anterior sobre a infância e a família. No milênio da morte mansa, diz ele, as pessoas eram absorvidas quase imediatamente pela coletividade, sem passarem por nenhum estágio claramente definido de infância e sem desenvolverem laços fortes com suas famílias. No final do século XVIII, a família havia tomado para si a socialização da criança, e a própria infância passou a ser vista, pela primeira vez, como uma fase crucial no desenvolvimento de um indivíduo. Em resposta a uma nova configuração demográfica, que diminuiu a vulnerabilidade da infância e do casamento à mortalidade, a família se tornou a instituição dominante na sociedade: daí o culto oitocentista aos mortos. Longe de ter declinado, como alguns sustentam, a família é agora o foco das afeições. Portanto, uma morte na família paralisa de dor o homem moderno, pois seu investimento emocional em outras instituições é pequeno, e não lhe restam senão os remanescentes vazios do ritual e da religiosidade tradicionais para socorrê-lo em sua dor.

O argumento podia ser convincente se Ariès tivesse comprovado a tese de seu *História social da criança e da família*, livro brilhante, mas que baseia a história da infância no frágil fio da história da educação, especialmente a educação secundária e superior. Como era pequeno o número de crianças com qualquer ensino formal antes do período moderno, parece improvável que as instituições educacionais exercessem um grande efeito sobre as atitudes gerais em relação à infância. No entanto, todas as crianças tinham famílias. Ao contrário do que afirma Ariès, não existe nenhuma indicação de que a família não se encarregasse da socialização das crianças em todos os períodos na Europa ocidental e, aliás, em todas as outras sociedades.[14] É provável que a coesão familiar tenha variado consideravelmente ao longo da história ocidental, e hoje pode ser maior do que nunca, mas deve ter sido bem grande na Idade Média. Ao assentar uma interpretação incomprovada da evolução das atitudes frente à morte sobre uma interpretação incomprovada da evolução da família, Ariès montou suas hipóteses de maneira tão precária que podem vir abaixo.

Em última análise, Ariès, tal como Cobb, baseia-se no impressionismo histórico para sustentar seu argumento e, assim como no caso de Cobb, pode-se avaliar a fragilidade desse método comparando sua análise com a de um estudo sociológico do mesmo tema: *Piété baroque et déchristianisation en Provence au XVIII*^e^ *siècle* [*Piedade barroca e descristianização na Provença no século XVIII*], de Michel Vovelle.

A comparação pode ser injusta, porque os textos de Ariès e de Vovelle pertencem a gêneros históricos diversos. Ariès fez um ensaio, um trabalho num gênero que oferece ao historiador a oportunidade de correr riscos, de comparar temas importantes e de levantar grandes questões sem se sentir obrigado a provar o argumento. Como ensaísta, Ariès podia sobrevoar dois milênios numa centena de páginas. Mesmo que não tenha conseguido esboçar corretamente a topografia de seu objeto, ele contribuiu para enriquecer a história com hipóteses originais. Vovelle foi para o extremo oposto da escrita histórica. Escavou profundamente um pequeno sítio da história da morte, peneirou seu material com um cuidado extraordinário e surgiu com uma obra de ouro puro.

Vovelle descobriu uma maneira de saber como as pessoas comuns concebiam a morte na Provença setecentista. O trabalho de Gabriel Le Bras e outros sociólogos da religião convenceu-o de que a religião realmente vivida pela gente simples podia ser reconstruída por uma análise quantitativa do comportamento religioso. Um modelo do gesto (*geste*) revelaria um modelo de atitudes. Mas onde encontrar informações sistemáticas sobre a religiosidade no passado? Vovelle as encontrou num dos tipos mais antigos e menos explorados de documentos: os testamentos, quase 19 mil deles. Longe de serem impessoais e legalistas como os de hoje, os testamentos do século XVIII oferecem um inventário do mundo mental do testador. Em sua maioria, eram ditados a notários, assim dando um reflexo distorcido desse mundo, mas comprovou-se que os notários tinham uma redação flexível e diversificada. Mesmo suas expressões estilizadas são reveladoras, porque evoluíram para uma configuração significativa, e indicam um modelo de comportamento entre os testadores. Estudando uma quantidade enorme de testamentos provençais ao longo de cem anos — e a cada passo submetendo a crítica seus dados e métodos —, Vovelle descobriu que o conceito de morte e o ritual em torno dela mudaram no século XVIII de modo quase tão radical como teria ocorrido, segundo o que alega Ariès, no século XX.

No final do século XVII e começo do século XVIII, os testadores descreviam-se sistematicamente como adeptos da Santa Igreja Católica Apostólica Romana, que estavam preparados para encontrar com seu Senhor, Deus Criador, e Jesus Cristo, Seu Filho, por cuja paixão e morte esperavam ser perdoados pelos pecados e se reunirem aos santos e anjos na Corte Celestial do Paraíso. Tendo se persignado em nome do Pai. do Filho e do Espírito Santo, os testadores invocavam legiões de intercessores espirituais: em primeiro lugar a mais importante, a gloriosa Virgem Maria; a seguir, o anjo da guarda e os santos padroeiros do testador, e finalmente um batalhão de outros santos, em especial são Miguel, que erguerá os degraus no Juízo Final, e são José, padroeiro da "boa morte". Esses testamentos eram explicitamente redigidos, como eles diziam, "no pensamento da morte" — uma ocasião cristã, solene e inevitável. Nos anos 1780, a maioria dos testamentos provençais havia reduzido a fórmula tradicional a uma única frase: "Tendo encomendado sua alma a Deus". A Virgem Maria e os intercessores santos haviam sumido, e a Corte Celestial se esvaziara dos anjos. O próprio Cristo tinha recuado para o segundo plano, ao passo que Deus Pai ocasionalmente assumia a forma da "Divina Providência". Muitos testamentos se tornaram totalmente secularizados, e alguns chegavam a descrever a morte como "o tributo indispensável que devemos à Natureza".

É claro que se pode atribuir a mudança nas expressões a uma mudança nas convenções legais. Talvez o testamento tenha se convertido num instrumento laico para a transferência de propriedades, ao invés de ser um canal de expressão do sentimento religioso. Mas ele continuou a regular os ritos fúnebres, e a evolução deles mostra que o *geste* religioso seguia o mesmo modelo das fórmulas legais. No começo do século XVIII, os funerais eram cerimônias elaboradas, principalmente, mas não exclusivamente, entre os ricos e bem-nascidos. Uma longa procissão acompanhava o caixão desde a casa dos parentes até a igreja, percorrendo a cidade de acordo com um circuito predeterminado. Treze pobres carregavam, numa das mãos, archotes decorados com o brasão ou as iniciais do falecido e, na outra, um tecido que ganhavam dele como presente cerimonial. Padres e freiras em trajes de cerimônia, diretores de hospitais, bandos de órfãos e pobres, companheiros de irmandades religiosas seguiam em fila, carregando archotes e velas, que iluminavam as ruas. Os sinos dobravam por toda parte, e todo mundo sabia por quem, pois a morte incluía a exibição, a demonstração do *status* por uma coletividade, que utilizava a cerimônia para expressar sua ordem e a posição do falecido dentro dela. Após um ofício religioso, cujo grau de refinamento variava conforme a "condição social" do defunto, distribuíam-se esmolas para os mendigos à porta da igreja, e enterrava-se o corpo — numa capela da família ou num mosteiro para nobres, sob o chão da igreja para outros cidadãos importantes, no campo-santo para os cidadãos comuns. O testador regulamentava todos esses detalhes em seu testamento, até o número de velas, e esperava aumentar suas possibilidades de ir para o céu e de diminuir suas penas no purgatório distribuindo presentes para os pobres, que rezariam por sua alma, e pagando centenas ou milhares de missas a serem rezadas por ele em ocasiões especificadas, muitas vezes em caráter perpétuo.

Em 1789, o funeral barroco quase havia se extinguido na Provença. Os pedidos de procissão em Marselha diminuíram a 1/4 (de 20% para 5% dos testamentos numa amostragem em que 2/3 dos testadores pertenciam à classe média baixa e à classe baixa) e foram suplantados por uma tendência oposta: os pedidos de "simplicidade" e enterros "sem pompa" (de zero para 7%). O cortejo, os archotes e o dobre de sinos praticamente desapareceram. Os pobres tinham deixado de desempenhar um papel especial porque já não se considerava que suas orações tivessem algum proveito para as almas no purgatório, e a pobreza estava sendo tratada, cada vez mais, como um problema econômico e não tanto uma condição espiritual. Afastados das portas das igrejas e encerrados num asilo de pobres, os mendigos errantes agora recebiam doações, graças aos legados feitos mais por espírito de humanitarismo secular do que por caridade cristã. As referências às irmandades de penitentes diminuíram de maneira acentuada. A porcentagem de clérigos mencionados nos testamentos também caiu, e nesses casos aumentou a frequência dos clérigos mais idosos, pertencentes antes a ordens seculares do que a ordens regulares. Ao invés de pedir para serem enterrados ao velho estilo, "segundo a sua condição", os testadores deixavam os cuidados dos funerais a cargo de seus herdeiros. (Em Marselha, os testamentos que manifestavam indiferença em relação ao local da sepultura aumentaram de 15% para 75% até 1776, quando o rei proibiu os enterros dentro das igrejas.) E acima de tudo os provençais deixaram de acreditar na necessidade de missas para o descanso de suas almas. Entre os notáveis das classes médias e altas de toda a província, os pedidos de missas diminuíram de 80% para 50%, e o número médio de missas solicitadas baixou de quatrocentos para cem. A queda foi ainda maior em outros grupos — de 60% para cerca de 20% entre os marinheiros e trabalhadores assalariados em Marselha, e de 35% para 16% entre os camponeses na aldeia de Salon-en-Provence.

Todos os indicadores estudados por Vovelle apontam para uma mudança decisiva nos meados do século XVIII, passando da religiosidade tradicional para a secularização. De fato, faria sentido imaginar dois séculos XVIII, um século devoto (aproximadamente de 1680 a 1750), com um predomínio das atitudes e cerimônias religiosas tradicionais, e um século de secularização (de 1750 ou 1760 a 1815), quando a descristianização revolucionária apenas acelerou um processo que tivera um grande impulso nas últimas décadas do Antigo Regime. Vovelle não chega ao ponto de sugerir uma revisão tão radical da periodização convencional, mas ela se adequaria aos dados que se acumularam na história demográfica, econômica e intelectual. Mas ele analisa seu material segundo a cronologia, a geografia e a estrutura social, e essa análise permite que sua narrativa se erga do nível descritivo para o nível explicativo.

Primeiramente, Vovelle determina os detalhes da configuração cronológica analisando 1800 testamentos em cartórios centrais. Eles cobrem muito bem a totalidade da província (provêm de seiscentos notários em 198 localidades, ou quase metade das vilas e aldeias da Provença). Ainda que não sejam muito representativos da população abaixo da camada superior de notáveis, eles revelam quatro fases na evolução das atitudes: de 1680 a 1710, um período de maior religiosidade, que Vovelle atribui à continuidade, em nível popular, do ressurgimento religioso seiscentista e da Contrarreforma; de 1710 a 1740, um período de declínio, que coincidiu com os episódios mais violentos das controvérsias jansenistas na Provença; de 1740 a 1760, um período de estabilização; e de 1760 a 1790, um período de descristianização brutal.

Esse esquema sugere que o jansenismo e o Iluminismo podem ter sido os coveiros da religiosidade tradicional. Embora o jansenismo representasse apenas uma aspiração a uma vida de devoção interior mais intensa, para muitos franceses ele se afigurava como um criptoprotestantismo, e desencadeou algumas rixas furiosas entre facções rivais da Igreja francesa no começo do século XVIII. Após um longo período de latência, o Iluminismo teve uma irrupção na imprensa na metade do século, e se difundiu amplamente nos cinquenta anos seguintes. Mas até que ponto esses dois movimentos intelectuais penetraram a sociedade francesa?

Vovelle explora estes e outros problemas de difusão cultural fazendo um exame minucioso em doze locais cuidadosamente escolhidos. Com o auxílio de diversos estudantes, ele efetuou análises exaustivas de testamentos nos arquivos notariais de uma cidade (Marselha), de uma pequena vila e de uma aldeia na Baixa Provença, de duas vilas na Alta Provença, e de sete outras vilas e aldeias escolhidas pelo seu contato com o jansenismo e o protestantismo. Cada estudo é, em si, uma monografia; cada um deles é executado com rigor e sofisticação, e cada um aborda um aspecto de vida cultural e espiritual que havia escapado a pesquisas anteriores.

Tome-se o caso de Roquevaire, uma aldeia perto de Marselha, que tinha uma população de 2500 pessoas em 1765. Cerca de 2/3 dos habitantes deixavam testamentos ao morrer, e quase 3/4 deles eram camponeses. Vovelle estudou quinhentos testamentos em cinco amostras tomadas entre 1650 e 1790. Trabalhou, portanto, com um índice admiravelmente representativo das atitudes entre o "povinho" obscuro na sociedade aldeã, e descobriu que elas se transformaram de modo mais radical do que entre os notáveis de toda a província. Em 1700, 80% dos proprietários rurais pediam que fossem rezadas missas por suas almas; em 1750, a proporção havia chegado a 100%; em 1789, caíra para 30%. O declínio foi menos acentuado entre os notáveis locais (de 75% para 60%), mas foi muito intenso entre artesãos e lojistas (de 50% para 16%). Outras estatísticas confirmaram essa tendência: os pedidos de cortejos fúnebres caíram de 23% para 2%; as doações para irmandades religiosas passaram de 55% para 1%; a redação dos testamentos, que antes era rica e variada em expressões devotas, tornou-se totalmente laicizada.

Assim, a tendência geral de secularização pode ter se alastrado mais entre as massas submersas do que entre a elite — pelo menos no sul da Provença, onde o crescimento econômico e demográfico e a mobilidade social e geográfica eram maiores. Vovelle descobriu um outro mundo nas regiões isoladas no norte da Provença. Os costumes religiosos mantinham-se quase inalterados em Barcelonnette, uma aldeia alpina onde a Contrarreforma havia se estabelecido com uma precocidade e um vigor incomuns (92% dos testamentos, no começo do século, pediam missas, para 81% no final do século). As mudanças também foram pequenas em Manosque, uma vila atrasada do interior, que nunca adotou as práticas religiosas intensas das áreas montanhosas e nunca cedeu à secularização do *plat pays* (a "planície") (os pedidos de missas se mantiveram num nível baixo constante, aparecendo em 20% e 30% dos testamentos). A comparação geográfica sugere uma ligação entre as mudanças nas atitudes e as transformações nas forças socioeconômicas. Terá uma concepção de mundo "moderna" resultado da maior mobilidade, do crescimento econômico e da maior expectativa de vida da segunda metade do século XVIII?

Vovelle parece se inclinar para essa interpretação, mas recua frente a qualquer generalização e se concentra sobre os efeitos dos fatores culturais: daí sua ênfase sobre o jansenismo e o Iluminismo. Ele encontrou uma maior secularização em vilas com um enraizamento jansenista mais profundo (Pigans e Cotignac), e também em locais onde o protestantismo nunca chegou a ser totalmente extinto (Cucuron e Pertuis). Mas em locais jansenistas distantes (Blieux e Senex), o catolicismo ortodoxo voltou a se estabelecer com uma militância incomum, resultando num aumento, e não numa queda, nos gráficos de pedidos de missas — que servem como o principal indicador em todo o livro —, até as últimas décadas do Antigo Regime, quando sofrem uma diminuição aguda. Assim, se o jansenismo precipitou a descristianização, foi primariamente na população móvel e aberta do sul.

A queda que ocorre em quase toda parte nos gráficos de Vovelle, após 1760, sugere que a secularização está relacionada com a difusão do Iluminismo. Mas as atitudes e as ideias representam estados mentais diferentes: a diminuição no tratamento devoto da morte não implica necessariamente um aumento de voltairianismo, e não é possível compará-la com a penetração do Iluminismo, porque essa própria penetração não tem como ser medida. Frente a este problema, Vovelle utiliza a alfabetização como critério de medida, embora reconheça que é um índice grosseiro e pouco confiável da difusão das ideias esclarecidas. Ele monta algumas estatísticas importantes sobre a incidência da alfabetização, na medida em que se pode conhecê-la pelas únicas indicações disponíveis, as assinaturas dos testamentos. Seus resultados confirmam o famoso estudo de Maggiolo, que apontava um baixo índice de alfabetização no sul da França, e mostram o caráter mítico da ideia corrente — que floresceu entre os anticlericalistas do século XIX — de que a instrução abala a religião. Vovelle encontrou aldeias onde havia uma alfabetização e uma religiosidade muito grandes (Barcelonnette) ou muito pequenas (Salon). E ele mostra que, em alguns lugares, a secularização foi mais intensa entre os camponeses e os diaristas rurais, majoritariamente analfabetos, do que entre os notáveis altamente letrados. Assim, mesmo que a difusão do Iluminismo tenha uma relação com uma alfabetização primitiva, o que parece improvável, a alfabetização não tem nada a ver com a secularização das atitudes em relação à morte.

Marselha, porém, parece ser um caso especial. Vovelle descobriu que os marselheses de classe média baixa e classe baixa eram muito mais letrados e secularizados do que seus equivalentes rurais. Algumas de suas estatísticas forçam um pouco a credibilidade (na página 377, ele nota que, em 1789, o índice de alfabetização entre as camponesas tinha aumentado para 45% e entre os camponeses tinha caído para zero). Mas elas demonstram que a secularização e a alfabetização se desenvolveram simultaneamente nesse contexto urbano, embora em ritmos diferentes nos diferentes grupos sociais. Assim, a elite letrada de notáveis se dividiu em dois, os nobres mantendo-se ligados à religiosidade tradicional e os burgueses se descristianizando. Em 1789, 3/4 de todos os trabalhadores rurais, artesãos e lojistas do sexo masculino sabiam assinar seus nomes, e a imensa maioria deles havia abandonado a prática de pedir missas para o descanso de suas almas.

Vovelle se inclina a ver um alinhamento de classe por trás dessa diferenciação de atitudes, e dirige esse argumento contra a ideia revisionista de que o Iluminismo se enraizou entre uma elite mista de nobres e não nobres. Sua tese condiz com os marxistas que tratam o Iluminismo como uma ideologia burguesa,[15] mas seus dados sugerem uma transformação de atitudes que ultrapassa a ideologia, e demandam maior análise. Por outro lado, eles mostram com fulgurante clareza uma cisão nas práticas devotas dos homens e das mulheres. Esse "dimorfismo sexual" era particularmente forte nas classes baixas, nas quais também havia um fosso crescente entre a alfabetização masculina e feminina. Assim, no século XIX, as criadas analfabetas tinham amiúde se tornado mais devotas do que suas patroas, e os diaristas rurais iam aos bistrôs para beber e ler os jornais enquanto suas mulheres analfabetas iam à igreja. Vovelle tem muitíssimo a dizer sobre essas questões de costumes e perspectivas. Ele descobriu uma mudança profunda na concepção das pessoas sobre o sagrado, processo este que pode ter disposto os provençais a aceitar as ideias esclarecidas, mas que não tinham nenhuma relação direta com o Iluminismo.

Como se deu essa mudança é algo que, ao final, continua a ser um mistério. Não era uma questão de as massas seguirem a liderança da elite, nem é uma questão de educação ou urbanização. A secularização se implantou com maior solidez em áreas com maiores transformações sociais e econômicas, e o contato com influências perturbadoras como o jansenismo, o protestantismo e o Iluminismo teve provavelmente um efeito fortalecedor. Mas a "transformação socioeconômica" não é propriamente uma explicação. Vovelle mostra que o modelo estabelecido de atitudes em Marselha quase nem foi afetado pela peste devastadora de 1720, que matou metade da população da cidade, e pela onda subsequente de imigração, que substituiu os mortos com uma nova população de camponeses desenraizados. E sua explicação, em alguns pontos, parece redundante: as atitudes mudaram devido a uma *mutation de sensibilité collective*, isto é, uma mudança nas atitudes.

Em última análise, sua interpretação se baseia nas palavras empregadas no título: ele rastreia uma passagem da "piedade barroca" para a "descristianização". Ao invés de definir esses termos, ele constrói associações em torno e usa-os de maneira descritiva, como uma espécie de sigla para um modelo de atitudes e gestos. Mas o "barroco" é um conceito especialmente ambíguo, que designa coisas diferentes para diferentes historiadores, muitos dos quais engasgariam em expressões como *sensibilité baroque*, *moeurs baroques* e *baroquisme*.

A descristianização também coloca um problema, porque a maior parte do material de Vovelle diz respeito a uma queda nas maneiras tradicionais de tratar a morte — uma questão de declínio, não de extinção (em 1789, metade dos notáveis na província ainda pediam missas por suas almas). O abandono dos ritos "barrocos" não implica necessariamente uma renúncia ao cristianismo. Na verdade, a desritualização podia significar uma purificação, como foi entre os puritanos ingleses. Ariès tenta explicar os dados de Vovelle invocando a ascensão da família, ao invés do declínio dos rituais fúnebres tradicionais. Ele sustenta que os testadores deixaram de regulamentar seus funerais e enterros porque, pela primeira vez, podiam confiar que seus parentes cuidariam devidamente de tais cerimônias. Talvez outras interpretações possam se adequar aos dados de Vovelle, que ele expõe magnificamente bem, mas nunca explicando-os por inteiro.

No entanto, essa crítica se aplica igualmente às grandes teses que definiram os moldes econômicos e demográficos da história francesa do século XVIII. Ainda não sabemos por que a população superou o antigo teto malthusiano de 20 a 25 milhões, por que os preços agrícolas subiram em 50% nos últimos cinquenta anos do Antigo Regime, e por que houve uma revolução. Agora podemos refletir sobre um mistério mais profundo: por que mudaram as atitudes em relação aos fatos básicos da vida e da morte? Todas essas mudanças parecem estar relacionadas com o surgimento de um mundo que podemos reconhecer como "moderno", mas como explicar tais relações? Ao penetrar num âmbito da experiência antes inacessível, Vovelle acrescentou uma nova dimensão às grandes questões da história, mesmo que não tenha conseguido responder a elas.

É de se ressaltar a importância de seu empreendimento, porque são poucos os leitores que haverão de achar sua quantificação agradável ou digerível. Há uma espécie de puritanismo estatístico nesse livro. Nenhum ser humano vem abrandar esse fluxo incessante de mapas, tabelas e gráficos, 112 ao total, todos feitos sem computador nem coeficientes de correção. Mas a história se enleia amiúde em conversas vagas sobre concepções de mundo, climas de opinião e espíritos de época. Para ir além de Burckhardt, o estudo das *mentalités* precisava de novos métodos e novos materiais. Com Vovelle, o uso da quantifificação e da sociologia permitiu-lhe sair-se bem onde Ariès falhou: ele conseguiu mapear uma mudança significativa na concepção de mundo entre grupos cujas vidas pareciam irrecuperavelmente perdidas no passado.

CONCLUSÃO

Essa tentativa de estabelecer contato com a vida mental dos homens e mulheres esquecidos da história é o que distingue a história das *mentalités* frente às variedades comuns da história intelectual. Esse contato, tal como pode ser feito, geralmente diz respeito aos princípios fundamentais da condição humana, a maneira como as pessoas concebiam os fatos da vida e da morte. Mas os historiadores das *mentalités* também estão examinando a cultura popular, o folclore, a vagabundagem, as relações familiares, a sexualidade, o amor, o medo e a loucura. Eles abordam esses diferentes temas com métodos diversos: estatística, demografia, economia, antropologia, psicologia social, o que quer que pareça apropriado.[16] Embora seja muito cedo para avaliar seus trabalhos, um primeiro reconhecimento — e a comparação, de um lado, entre Cobb e os criminologistas e, de outro, entre Ariès e Vovelle — sugere um imperativo metodológico: ao invés de confiar na intuição numa tentativa de invocar algum vago clima de opinião, seria o caso de tomar pelo menos uma disciplina sólida dentro das ciências sociais e utilizá-la para relacionar a experiência mental com as realidades sociais e econômicas.

Essa conclusão, porém, tem um ar suspeito de senso comum. Hoje em dia, poucos historiadores objetariam à ideia de aplicarem a ciência social ao seu ofício, mas poucos concordariam sobre a maneira de aplicá-la. Será que vamos percorrer as ciências sociais, experimentando uma disciplina após a outra, até encontrarmos algo que de alguma maneira pareça se adequar às nossas necessidades? O ecletismo metodológico não oferece nenhuma solução real para os problemas de relacionar as transformações das atitudes com o desenvolvimento social e econômico.

Talvez a falha de Vovelle em explicar os fenômenos que descreve tão bem possa indicar um ponto fraco na maneira como geralmente as *mentalités* são concebidas. Segundo uma formulação clássica de Pierre Chaunu, as *mentalités* existem num "terceiro nível" da história. Elas fazem parte de uma superestrutura, que se ergue sobre as estruturas mais básicas da sociedade e da economia, e consequentemente desenvolvem-se em resposta a transformações sísmicas nas ordens sociais e econômicas.[17] Essa visão tríplice da transformação condiz com uma tradição historiográfica que foi profundamente influenciada pelo marxismo. Ela também se presta à ciência social funcionalista, e é compatível com a quantificação, porque a reconstrução estatística dos modelos de atitudes parece capaz de desvendar a realidade no terceiro nível. Mas Vovelle, um marxista funcionalista quantificador, descobriu que as curvas de seus gráficos não seguiam um modelo em que as atitudes aparecessem como função de variáveis sociais e econômicas.

Talvez as contribuições de Burckhardt, Huizinga e mesmo

de Lucien Febvre à história cultural tenham sido mal interpretadas por seus sucessores: pois esses primeiros mestres atribuíam um considerável grau de autonomia às forças culturais. Não tratavam a cultura como um epifenômeno da sociedade. Entendiam-na como fazem alguns antropólogos atuais. A concepção antropológica do homem como um animal que anseia por sentido, e da concepção de mundo como um princípio ordenador persistente da existência social,[18] pode, em última análise, avançar mais do que a quantificação tripla, para entender o material que os franceses vêm escavando numa profusão tão fantástica entre as riquezas de seu passado. Se essa profecia se confirmar, parece evidente que a história das *mentalités* já constitui um gênero importante, e já obrigou os historiadores a verem a condição humana sob uma luz nova e desconhecida.

Parte V
BONS VIZINHOS

13. HISTÓRIA E SOCIOLOGIA DO CONHECIMENTO

Se o homem de letras não nasceu em Paris, ao menos parece ter falado francês durante boa parte da história moderna, e seus gritos de guerra — desde *écrasez l'infâme* (esmagai a infame) a *épatez le bourgeois* (chocai o burguês) — ressoaram da margem esquerda à margem direita do Sena, antes de darem a volta ao mundo. Graças ao trabalho de John Lough e Daniel Roche, agora é possível traçar o surgimento do escritor na França e situá-lo dentro de uma instituição que também parece particularmente francesa, embora exista por toda parte e em nenhum lugar — a República das Letras.

Em *Writer and public in France* [*O escritor e o público na França*], Lough se concentra sobre a tentativa do escritor em conquistar uma independência financeira e uma posição social, numa luta árdua e prolongada contra os patronos arrogantes, os editores avaros e um público iletrado. O aspecto mais surpreendente dessa história é o poder duradouro do patrocínio.[1] Sabe-se que os menestréis medievais viviam dos farelos das mesas de seus senhores, e que Racine deixou de escrever peças tão logo ganhou uma pensão e um lugar na corte. Mas Lough mostra que os escritores continuaram a depender dos ricos e dos poderosos até anos bem entrados do século XIX. Hugo recebia 2 mil francos anuais de Louis XVIII e Charles X. Gautier ganhava 3 mil de Louis Napoleão, além de um cargo honorífico como bibliotecário, no valor de 6 mil francos. Flaubert se manteve na velhice com um cargo de bibliotecário de 3 mil francos. E mesmo Baudelaire, que em 1855 declarou pomposamente que nunca pediria subsídios — "nunca meu nome aparecerá nos papéis vis de um governo" —[2], rogou uma pensão ao ministro da Educação, dois anos depois, e recebeu 200 míseros francos. Os escritores não se emanciparam totalmente dos patronos até

1880 aproximadamente, quando Zola celebrou o surgimento do moderno nexo monetário na literatura: "É o dinheiro, é o ganho legítimo obtido com suas obras que libertou [o escritor] de todo patrocínio humilhante. [...] O dinheiro emancipou o escritor, o dinheiro criou as letras modernas".[3]

Por que demorou tanto até que o escritor vivesse de sua pena na França? Afirma Lough que foi essencialmente devido ao caráter subdesenvolvido do mercado literário.

Em 1973, metade dos franceses com mais de catorze anos de idade não lera nenhum livro no ano anterior. Nos anos 1870, quase 1/3 da população não sabia ler, e nos anos 1780 praticamente 2/3 eram analfabetos. Os índices de alfabetização eram muito mais altos na Inglaterra e nos Estados Unidos, nesses mesmos períodos, o que também ocorria com os gastos em bibliotecas. Em 1908-9, as bibliotecas públicas de Leeds gastaram o sêxtuplo de dinheiro em livros em relação às de Lyon, cidade de tamanho comparável.

Os franceses sempre sentiram desconfiança em relação à instrução pública, desde que Voltaire os advertiu de que um camponês que pegasse um livro abandonaria seu arado. Em 1793, a Revolução estabeleceu no papel um sistema de escolas primárias, mas provavelmente abalou tanto as instituições do Antigo Regime que o ensino de massa recuou em cinquenta anos. Passaram-se mais duas repúblicas antes que a escola primária gratuita, obrigatória e laica começasse a produzir uma massa crítica de leitores para a República das Letras.

A Terceira República, segundo Lough, representa um ponto de inflexão sob vários outros aspectos. Ela finalmente libertou a imprensa, não só da censura, que havia atormentado de várias maneiras a palavra impressa ao longo de 350 anos, mas também das restrições insidiosas do imposto do selo sobre os jornais e das licenças restritivas para os editores e livreiros. O sistema moderno de direitos autorais se estabeleceu por volta de 1880. A partir daí, os escritores começaram a ganhar com o sucesso dos best-sellers, visto que recebiam uma porcentagem das receitas de venda, ao invés de um montante fixo ou um determinado número de exemplares gratuitos em troca do manuscrito.

Os escritores também se beneficiaram indiretamente com um avanço no destino dos editores após 1880. A Convenção de Berna de 1886, que definiu um acordo internacional sobre os direitos de reprodução, libertou o setor livreiro francês dos piratas que, desde o século XVI, infestavam-no do lado dos Países Baixos e da Suíça. O custo de impressão diminuiu com a introdução do papel de pasta feito a máquina, a rotativa, a energia a vapor e, nos anos 1880, o linotipo. O número de livros impressos e o volume das tiragens aumentaram ao longo da segunda metade do século XIX, atingindo um pico na década de 1889-99 que, a crer nos números do *dépôt légal*, só veio a ser alcançado novamente nos anos 1960.

Tanto os editores quanto os escritores se beneficiaram com o aumento do jornalismo. Com a fundação de *La Presse* e *Le Siècle* em 1836, inaugurou-se uma era de jornais relativamente baratos, financiados mais pelos anúncios do que pelas assinaturas. Seguiu-se *o feuilleton*, romance em capítulos, e em sua esteira veio uma idade de ouro para os romancistas. Em 1840, os editores começaram a fazer ofertas pelos direitos de publicar em seriado a ficção de Balzac, Sand e Zola, além dos mestres do *feuilleton*, Eugène Sue, Dumas *père* e Frédéric Souilié. Aparentemente, o gênero barateou com o surgimento da imprensa de baixo preço nos anos 1860. Mas a ficção de alta qualidade tinha dois canais, o jornal e o livro, até que a Primeira Guerra Mundial pôs fim à *belle époque* nos destinos literários.

O *status* do escritor aumentou com seus rendimentos. Tendo sido palhaço e vagabundo na Idade Média, cavalheiro diletante na Renascença, curiosidade nos salões do Iluminismo, no século XIX ele granjeou respeito e, em alguns casos, adoração. Hoje não se atravessa uma rua em Paris sem ver uma placa dedicada a algum homem de letras, não se percorre um parque sem encontrar um poeta num pedestal. Os nomes das escolas, praças e ruas anunciam o culto ao escritor em toda a França — fenômeno curioso para um americano que compra gasolina no posto de serviços

Vince Lombardi na estrada de Nova Jersey, ou anda de carro pela Universidade Bob Jones.

Mas esse quadro há de parecer familiar a quem tenha lido os livros anteriores de Lough. Três deles, publicados entre 1954 e 1978, trazem capítulos sobre "o escritor e seu público", costurados por Lough, com algumas modificações aqui e algumas ampliações ali, para constituir boa parte dessa obra atual.[4] Não há nenhum problema em que um autor se repita, principalmente se é tão ilustre e erudito como o professor Lough. Mas desde 1954 tem-se escrito muito sobre autores e seus leitores, e esses trabalhos colocam alguns problemas para a tentativa de Lough de traçar uma trajetória de Chrétien de Troyes a Sartre.

Lough cita muitas das contribuições recentes ao tema em sua bibliografia e notas de rodapé, mas, de modo geral, ignora-as no texto. Por exemplo, em seu capítulo sobre o século XVII, ele reconhece generosamente sua dívida para com o estudo de Henri-Jean Martin, *Livre, pouvoirs et société à Paris au XVIIème siècle* [*Livro, poderes e sociedade em Paris no século XVII*] (Genève, 1969, 2 v.). Contudo, o texto do capítulo repete o que Lough disse em 1954, às vezes palavra por palavra. É verdade que traz um aparte sobre a inadequação das estatísticas de Martin sobre a produção de livros. Mas passa ao lado da montanha de materiais que Martin descobriu sobre a política e a economia do setor livreiro, sobre a posição social dos autores e os gostos dos leitores.

No capítulo seguinte, Lough cita *Livre et société dans la France du XVIIIème siècle* (Paris/Haia, 1965-70, 2 v.), uma coletânea de ensaios de historiadores ligados à École des Hautes Études em Paris, tão importante para o século XVIII quanto o estudo de Martin para o século XVII. Uma vez mais, porém, Lough se aferra a seu velho argumento sobre a importância constante do patrocínio e a relativa melhoria no *status* do escritor. Os historiadores de *Livre et société* foram além dessas questões, mostrando uma nova preocupação pela topografia geral da cultura literária. Fazendo sondagens quantitativas em diversas fontes, eles tentam mostrar que a "inércia" suplantou a "inovação" nos hábitos de leitura do Antigo Regime. O argumento pode estar equivocado, mas é importante demais para ser ignorado, e complementa o trabalho de Martin, que descobriu que a literatura religiosa predominava na época clássica, quando metade dos "escritores" provavelmente eram clérigos.

A mesma ênfase surge em estudos recentes sobre a literatura popular, citados e depois contornados por Lough. Segundo Robert Mandrou, Geneviève Bollème, Pierre Brochon e Jean-Jacques Darmon, o cardápio literário da maioria dos franceses do final do século XVI aos meados do século XIX consistia em brochuras baratas, que eram consumidas oralmente, em leituras ao pé do fogo, quando os poucos letrados regalavam os demais com vidas de santos e aventuras de heróis arcaicos como os *Quatre fils d'Aymon*. Esses panfletos baratos, conhecidos em conjunto como *bibliothèque bleue*, geralmente eram adaptados pelos tipógrafos ou por escrevinhadores anônimos a partir da "alta" literatura da Idade Média e da Renascença — isto é, assim como não tinham leitores específicos, tampouco tinham autores específicos.

As noções de um escritor e de um público leitor logo se tornam extemporâneas, se aplicadas em todo o restrospecto até a Idade Média, como faz Lough em seu primeiro capítulo. Albert Lord e outros sustentam que as *chansons de geste* (gestas) não devem ser entendidas como textos de autores, mas como apresentações de cantores, que adaptavam um repertório fluido a audiências específicas. Às vezes, alguns escribas adaptavam essas adaptações ao texto, e os impressores adaptavam as versões dos escribas para a publicação.

A narrativa voltada diretamente para a publicação tinha outros pressupostos. Ao fixar os textos em formas padronizadas e multiplicá-los entre leitores que podiam ser apenas imaginados pelo escritor, o prelo transformou a literatura enquanto modo de comunicação. Elizabeth Eisenstein desenvolveu essa linha de análise numa série de artigos, culminando em seu recente livro, *The printing press as an agent of change* [*O prelo como agente de transformação*] (Cambridge, 1979, 2 v.). Lough trata o prelo simplesmente como o início de um longo processo que levou à independência financeira do escritor, e para ele o "escritor" designa tanto o trovador quanto o romancista.

As questões sobre a comunicação merecem um espaço num estudo geral sobre os escritores e os leitores, ou, em termos mais amplos, na sociologia do conhecimento. Não é preciso se alinhar com os adeptos de Roland Barthes, Jacques Derrida, Tzvetan Todorov, Wolfgang Iser, Wayne Booth, Stanley Fish ou qualquer outro crítico da moda, para aceitar a ideia de que os textos podem ser interpretados como uma forma de discurso, na qual o autor e a audiência desempenham papéis predeterminados. Rabelais sobe num palco e discursa para você como um camelô numa feira. Montaigne fica numa conversa mole com você ao pé do fogo. Rousseau te manipula, te colocando na posição de confidente, o único num mundo cruel capaz de entender e perdoar. Voltaire te dá uma piscadela cúmplice por trás de suas irreverências. Rimbaud te abraça junto ao peito. Flaubert finge que nem você nem ele existem. As posturas variam imensamente ao longo da história francesa, e merecem um historiador, pois dão pistas sobre as várias vivências da literatura no passado.

Uma delas era política, e recai sobre o papel mais importante desempenhado pelos escritores na história francesa. Enquanto os escritores ingleses desfrutavam de riqueza e prestígio desde o começo do século XVIII e muitas vezes viravam *tories*, seus colegas subprivilegiados na França tendiam a virar críticos sociais — isto é, intelectuais. O surgimento do intelectual moderno data do Iluminismo francês, quando Voltaire e D'Alembert abriram caminho para os *philosophes*, identificando-os com a categoria mais respeitável de *gens de lettres*. Essa estratégia deu tão certo que, nas gerações seguintes, os homens de letras desempenharam o papel de *philosophes* e se postavam nos cafés, onde podiam apontar um dedo acusador para a ordem social. "*J'accuse*" deu os moldes para o papel do escritor na imaginação moderna e lhe conferiu sua aura francesa.

Lough não analisa como os escritores assumiram diferentes papéis em suas obras e na vida pública, e não menciona suas ideologias, nem mesmo o jansenismo ou o marxismo. Pelo contrário, mantém o olhar fixo num único tema: o surgimento do escritor "profissional" que se sustenta a si mesmo, a partir de suas origens remotas na Idade Média. Ao mostrar em que medida essa lenta escalada é uma história de profetas sem honra e de honras sem proveitos, ele reuniu uma grande quantidade de informações interessantes. Mas não avançou com seu objeto além de onde havia parado nos anos 1950.

Para um avanço realmente importante, temos de nos voltar para *Le siècle des lumières en province* [*O século das luzes na província*], de Daniel Roche. Sua importância merece ser ressaltada, visto que o trabalho de Roche não será facilmente assimilado nos Estados Unidos, devido a uma barreira específica entre o escritor e o público leitor. O problema não é que Roche escreva em francês, mas que sua língua seja estatística. Os historiadores americanos e ingleses usam a estatística com bastante frequência, mas raramente tentam fazer análises quantitativas da cultura. Os franceses estão quantificando a cultura há uma geração, e o estudo de Roche sobre a vida intelectual nas províncias, de 1680 a 1789, é seu representante mais ambicioso e de mais alta qualidade.

Em vez de desenvolver uma argumentação de texto em texto, como faz Lough, Roche apresenta um comentário corrido em seu primeiro volume sobre uma série de tabelas, mapas, gráficos e quadros do segundo volume. O leitor tem de ficar indo e voltando nos dois volumes, e o editor não facilita a tarefa, tendo misturado as referências e prejudicado a impressão cartográfica. Mas, no final, a trabalheira do leitor é recompensada, pois obtém uma vista geral de todo o terreno cultural do Antigo Regime. Roche o mapeou inteirinho. Ele mostra a localização social e geográfica das academias, das lojas maçônicas, das escolas e universidades, das sociedades musicais, dos teatros, gabinetes de leitura e livrarias provinciais — praticamente todas as instituições que divulgavam o Iluminismo para os letrados.

Roche se concentra sobre as 32 academias provinciais, e com razão, pois elas funcionavam como os centros de difusão cultural no século XVIII. Não podem ser diretamente identificadas com o Iluminismo, visto que muitas foram fundadas sob o reinado de Louis XIV e tinham como finalidade estender a influência do Estado para a vida cultural das províncias. Mas, na segunda metade do século, elas começaram a suscitar debates sobre temas politicamente delicados, como o aumento da mendicância e a necessidade de reformar os códigos jurídicos. Isso se deu com o patrocínio de concursos de ensaios, que geraram uma grande produção de tratados de feitio político.

Além de Rousseau, que escreveu o *Discurso sobre as artes e as ciências* e o *Discurso sobre a origem da desigualdade* para a Academia de Dijon, muitos futuros revolucionários — Robespierre, Marat, Carnot, Barère, Roland, Brissot — tentaram fazer nome seguindo essa mesma via. Recompensando jovens escritores ambiciosos com prêmios de grande publicidade e elegendo-os como membros correspondentes, as academias ofereciam um dos poucos meios de fazer carreira na República Pré-Moderna das Letras.

Desse modo, ao estudar os acadêmicos, Roche escolheu um ponto estratégico para examinar a convergência entre a corrente tradicional e a corrente moderna da cultura. Nesse exame, ele se empenha enormemente em situar as academias dentro da ordem social circundante. Na verdade, ele faz o levantamento de toda a topografia da sociedade urbana no século XVIII.

Dá números sobre quase tudo. Por exemplo, calcula que suas 32 cidades tinham um padre para cinquenta-duzentos habitantes, um funcionário administrativo para duzentos-quatrocentos habitantes, um professor em escola secundária ou universidade para 3 mil habitantes, e um livreiro para 1000-4500 habitantes. Evidentemente, Voltaire e Tocqueville tinham razão: a França urbana estava cheia de padres e com excesso de administração. E Lough não estava errado, embora os números dispersos sobre a alfabetização, vendas de livros e a dimensão da população de estudantes sugiram que ele subestimou a importância do público leitor.

Roche espalha uma grande quantidade de informações acidentais junto com seus números. Lança observações sobre o preço de uma visita a domicílio de um médico provincial, sobre os salários dos professores e o estado surpreendentemente saudável de suas universidades, sobre as rivalidades sociais embutidas nas diferentes lojas maçônicas, sobre o *status* em ascensão dos boticários, sobre a síndrome do menino com bom aproveitamento entre o clero, sobre o volume da correspondência de Rousseau com os curas rurais e de Voltaire com os membros da corte, e sobre as diferenças no código social dos "burgueses vivendo à maneira dos nobres" e dos "nobres vivendo à maneira dos burgueses". O livro realmente serve como uma enciclopédia da vida provincial sob o Antigo Regime.

Mas Roche pretende que seja uma contribuição para a sociologia da cultura. Tem como meta o cerne de uma questão sociológica que tem preocupado os historiadores na última década: qual era exatamente o caráter das elites sociais e culturais do Antigo Regime? Eram burgueses esclarecidos? Defensores aristocráticos da tradição? Ou uma mescla contraditória de Iluminismo, tradição, burgueses e nobres? O problema é mais importante do que pode parecer, pois dele dependem algumas questões gerais sobre as ligações entre classes e ideologia. Sugere também uma alteração na perspectiva histórica — passando das tentativas dos anos 1950 e 1960 de ver a sociedade a partir de baixo, para um novo esforço de entendê-la de cima.

Roche vai além dos cavalheiros emperucados e empoados das academias, para estudar a elite mais ampla, conhecida no século XVIII como "os notáveis" e que poderia ser comparada ao que hoje chamamos de "superestrutura" ou "elite do poder". Ele os descobriu vendo-os nos almanaques municipais setecentistas. Embora os almanaques, enquanto fontes, tenham suas inconveniências, eles serviam de guias para quem precisasse saber quem era quem e onde se situavam nos círculos de poder e prestígio nas cidades do Antigo Regime. Roche está interessado nesse mesmo problema, e conseguiu encontrar informações complementares na vasta literatura sobre a história local. Assim, ele pôde transpor o material dos almanaques para uma série de estatísticas, que levam a uma conclusão surpreendente: metade dos notáveis provinha da administração real e dos tribunais de lei; 1/3 vinha da Igreja, e apenas 7% eram homens de negócios.

A burguesia comercial também aparenta ser surpreendentemente irrelevante na tentativa de Roche de submeter a totalidade da população de suas 32 cidades à análise estatística. Ele encontra um número significativo de comerciantes e manufatureiros em grandes centros comerciais, como Lyon e Marselha. Mas em quase todos os outros lugares eles eram superados pelos padres e, em alguns casos, pelos nobres. Roche calcula que correspondiam a 1% da população de Dijon, em contraste com o clero (4%) e a nobreza (3%). Em Besançon, seus cálculos são: burguesia comercial, 3%; clero, 10%; nobreza, 2%. Em Bordeaux: burguesia comercial, 6-9%; clero, 15%; nobreza, 1-4%.

Naturalmente, as conclusões quantitativas só podem ser corretas na mesma medida dos dados em que se baseiam. Roche teve de recorrer a fontes díspares, como listas de impostos, contratos matrimoniais e monografias. Qualquer tentativa de retratar a estrutura social das cidades de um país inteiro, dois séculos atrás, terá distorções aqui e ali. Mas os contornos gerais do quadro de Roche parecem convincentes. E ele traça uma configuração nítida e aguçada na seção mais importante de sua tese, a análise da composição social das próprias academias, baseada em 6 mil estudos de caso, retirados de arquivos de toda a França.

Depois de descontar as variações de lugar para lugar e de época para época, e de peneirar suas estatísticas por crivos cada vez mais finos, Roche descobre uma vez mais que a burguesia comercial não tinha peso. Metade dos acadêmicos eram nobres, desde o final do século XVII até a Revolução. A Igreja fornecia

1/5 dos acadêmicos, embora a proporção tenha diminuído após 1750. E a burguesia acadêmica era quase inteiramente composta de clérigos plebeus, funcionários do governo, profissionais liberais (e muito mais médicos do que advogados) e *rentiers*. Os comerciantes e manufatureiros praticamente nem apareciam nas academias.

Eles somavam apenas 3% dos membros regulares nas províncias, e nunca ingressaram nas fileiras acadêmicas de Paris. A Académie des Sciences contava apenas com uns poucos comerciantes entre seus membros correspondentes, ao passo que a Académie Française mantinha-os totalmente excluídos e tirava 3/4 de seus membros da nobreza. Embora a burguesia comercial afluísse para as lojas maçônicas — e Roche monta algumas estatísticas admiráveis sobre a difusão da francomaçonaria —, era diminuto seu papel em outras instituições culturais, como as Sociétés Royales d'Agriculture. Roche também descobre que ela está sub-representada entre os assinantes de periódicos literários, os contribuintes da *Encyclopédie* e a longa lista de figuras literárias publicada em *La France littéraire* de 1784. Ele conclui que a "classe culturelle" teve poucas ligações com o capitalismo moderno.

Essa conclusão vai ao encontro do que se tornou um lugar-comum entre muitos historiadores na França — a saber, que o Iluminismo pode ser identificado com a burguesia. Ao formular a concepção ortodoxa de manual sobre o Iluminismo e as academias, por exemplo, Robert Mandrou declarou: "O século XVIII realmente pensa de modo burguês".[5] As 166 páginas de estatísticas, gráficos e mapas no livro de Roche dão uma visão mais clara da presença burguesa nos três níveis da sociedade urbana. Era reduzida em proporção à população total, irrelevante entre os notáveis e mais irrelevante ainda nas academias.

Em 1789, havia uma classe capitalista que se estabelecera no sistema econômico do Antigo Regime, mas seu papel era pequeno nos assuntos cívicos e ainda menor na cultura. Ela participava de lojas maçônicas, mas se mantinha fora das academias, e não contribuiu com muitos escritores ou talvez nem muitos leitores para a República das Letras. Enquanto a economia da França avançava lentamente rumo à industrialização, suas instituições culturais permaneciam sob o controle de uma elite tradicional. E, no entanto, essa elite estava aberta ao Iluminismo, um Iluminismo que abria seu caminho pela ordem social de cima para baixo, ao invés de ascender junto com a classe média.

Na última parte de seu livro, Roche discute o conteúdo da cultura, e aqui também ele utiliza técnicas quantitativas, somando os temas nos discursos dos acadêmicos, mapeando em gráficos os assuntos de seus concursos de prêmios e cartografando a difusão de alguns de seus livros. Os métodos e postulados de Roche sintetizam a obra de uma nova geração de historiadores socioculturais. Com efeito, a quantificação da cultura avançou tanto na França que é o caso de dizer algumas palavras sobre suas origens e implicações.

Nos anos 1930, Ernest Labrousse transformou a história econômica fazendo uma análise quantitativa de documentos dispostos em "séries" ou unidades comensuráveis que se estendiam por longos períodos temporais. Nas três décadas seguintes, historiadores sociais, do velho Georges Lefebvre ao jovem François Furet, inseriram as séries estatísticas em análises da estrutura social. Hoje, a geração de Roche está abordando a história cultural da mesma maneira. Pierre Chaunu expressou o programa deles num manifesto intitulado "Un Nouveau champ pour l'histoire sérielle: le quantitatif au troisième niveau" [Um novo campo para a história serial: o quantitativo no terceiro nível].[6] Tendo conquistado os dois primeiros níveis da história, explicou ele, os quantificadores agora estão tomando o terceiro — a cultura.

A fórmula de Chaunu é citada com frequência pelos atuais historiadores franceses, e parece se encarnar nas recentes teses de doutorado francesas, que muitas vezes repetem o mesmo esquema: parte I, economia e demografia; parte II, estrutura social; parte III, superestrutura, cultura, *mentalités* coletivas.[7] Roche não procede dessa maneira. Mas, ao explicar seu método

(I: 185-9), ele invoca Chaunu e põe seu argumento na linguagem dos níveis e séries estatísticas. Essa abordagem funciona magnificamente bem em sua análise da elite cultural, porém não em seu tratamento da cultura em si. As visões de mundo e os conjuntos de atitudes não podem ser alinhados em séries e transpostos para gráficos. Naturalmente, é possível medir alguns fenômenos culturais, como a venda de livros, as apresentações teatrais e missas rezadas pelas almas nos purgatórios. Mas as estatísticas só podem servir como sintomas e, depois de esgotada a mensuração, o historiador tem de enfrentar a tarefa de diagnosticar algo inquantificável: as alterações nos sistemas de significado.

Ao invés de trabalharem diagnosticamente, os quantificadores franceses, em sua argumentação, passam diretamente dos modelos estatísticos para os modelos da cultura. Roche vê o Iluminismo nos gráficos sobre os temas dos discursos acadêmicos. Michel Vovelle pesa a devoção em libras de cera de velas acendidas em cerimônias religiosas. Jean Toussaert mede o afrouxamento pelos litros de vinho consumidos na comunhão. Todas essas tentativas de aplicar a fórmula de Chaunu sugerem que há três pressupostos falsos implícitos nela. Em primeiro lugar, que o sentido possa ser medido externamente, no estudo dos rituais e de outras formas culturais. Segundo, que as economias, as sociedades e as civilizações (para citar o subtítulo dos *Annales*) podem ser separadas em níveis diferentes, não simplesmente para fins de análise, mas porque existem separadamente. Terceiro, que os fenômenos culturais podem ser explicados mostrando sua relação "estrutural" com fenômenos dos outros dois níveis — isto é, principalmente através de homologias estatísticas.

Roche incorreu nessa terceira falácia ao descobrir que a elite do Antigo Regime absorveu ideias progressistas, embora sua composição social continuasse tradicional. Essa configuração só parece contraditória se a pessoa supõe que a cultura deriva diretamente da estrutura social. Torna-se menos surpreendente se a pessoa abandona a ideia dos níveis e aceita que a cultura permeava todos os aspectos da vida no século XVIII, desde comprar pão a ler livros.

Mantendo-se bem próximo aos textos dos livros, Lough evita praticar violências contra a tessitura cultural. Mas não vai muito além dos caminhos conhecidos da história literária, nem enfrenta as questões levantadas por Roche. Assim, os dois autores acabam nos deixando com a sensação de que a República das Letras ainda está por ser explorada. Lough a examina *terre à terre*, de texto em texto. Roche mapeia seus contornos gerais do alto de uma superestrutura estatística. Nenhum dos métodos parece adequado, todavia cada qual é revelador à sua maneira, não só em relação à vida literária no passado, mas também quanto aos modos de entendimento no presente.

14. HISTÓRIA E LITERATURA

O QUE ACONTECE QUANDO um livro se torna um clássico? Por qual processo um texto se separa de todos os outros que pedem atenção? Como ele sobrevive à estação literária, metamorfoseia-se de edição para edição, reaparece em brochuras e sebos, e afinal se estabelece nas prateleiras reservadas aos livros que hão de ficar?

Veja-se o caso de *Jean-Jacques Rousseau: transparência e obstáculo*, de Jean Starobinski, obra que se destaca como um clássico da crítica literária moderna. Apareceu pela primeira vez em 1957, como a tese de doutorado nº 158 da Universidade de Genebra. Um ano depois, foi relançada, sem seus adornos acadêmicos, pela Plon de Paris. Foi retomada e publicada pela Gallimard em 1971, revista e ampliada com sete novos ensaios sobre Rousseau, na importante coleção "Bibliothèque des Idées". A seguir, a Gallimard passou-a para a coleção "Tel", mais barata e mais popular, e lançou novas edições em 1976 e 1982. E agora finalmente ela apareceu em inglês, numa excelente tradução de Arthur Goldhammer publicada pela University of Chicago Press (uma edição italiana foi lançada em 1982, e uma alemã saiu em 1988). Assim, uma obra que começou como exercício acadêmico ingressou na esfera do público leitor em geral de vários países. É um momento adequado para perguntar o que deu a *Transparência e obstáculo* tal poder de permanência e como ela se põe em relação aos estudos de Rousseau publicados desde seu primeiro lançamento, 31 anos atrás.

Raramente um título resumiu tanto: transparência e obstáculo — Starobinski os encontra por toda a obra, e também em toda a vida de Rousseau, a começar pelo trauma crucial de sua infância, o castigo que sofreu por se negar a confessar um crime que não tinha cometido.

Não era bem um crime, mas estilhaçou o paraíso em que Rousseau vivia em seus anos de formação. Como membro adotivo da família Lambercier em Genebra, ele habitava um mundo de comunicação perfeita, segundo a interpretação de Starobinski, guiando-se pelas *Confissões*. Todo mundo na casa falava o que pensava e entendia o que todos os outros pensavam, não por um estudo cuidadoso, e sim por efusões espontâneas da alma. Era uma pequena utopia, um estado de pura transparência. Um dia, porém, uma criada deixou um pente na cozinha e, ao voltar, descobriu que ele tinha sido quebrado. Pelas aparências, Jean-Jacques era o culpado, pois ninguém mais estivera no aposento quando ocorreu o estrago. Os Lambercier, gente boa que não pedia nada além de uma confissão honesta, solicitaram ao menino que reconhecesse sua culpa. Mas ele era inocente: sabia disso por dentro, como a melhor testemunha de si mesmo. Os Lambercier passaram sermões, imploraram, perderam a paciência e finalmente bateram nele.

O mundo de Jean-Jacques veio abaixo. Suas ruínas se ordenaram no espírito dele como um muro de obstáculos separando seu eu íntimo da consciência dos outros. Ao viver a injustiça, ele aprendeu a medir a disparidade entre as coisas como realmente são e as coisas como parecem ser. E, no entanto, ninguém poderia ser responsabilizado por essa perda de inocência, e certamente não os Lambercier. A falha era intrínseca à situação — isto é, à própria condição humana, um estado de opacidade que as consciências atravessam como navios na noite, enviando sinais e interpretando-os de maneira errada.

Onde se encerrou a felicidade de infância de Rousseau iniciou-se a história humana, como mais tarde ele veio a entender. O desmoronamento do mundo na cozinha dos Lambercier pôs em movimento o mesmo processo da queda do homem do estado de natureza, como ele expôs no *Discurso sobre a origem da desigualdade*: toda experiência, seja do indivíduo seja da humanidade como um todo, representa uma tentativa de lidar com a perda de transparência e viver num mundo de mediações — pela linguagem, pela propriedade e toda a gama de instituições que mantém a sociedade unida enquanto conserva as almas separadas.

Assim, segundo Starobinski, o impulso autobiográfico inspirou a escrita de Rousseau desde o princípio. Em seus primeiros textos, esse impulso se abriu para as amplas questões sociais e políticas. No final, ele se virou sobre si mesmo e esgotou-se no solipsismo:

> Rousseau desejava a comunicação e a *transparência* do coração. Mas, após seguir por essa via e deparar com o desapontamento, ele escolheu o rumo oposto, aceitando — e na verdade provocando — *obstáculos*, que lhe possibilitaram recolher-se, certo de sua inocência, à resignação passiva.

Desse modo, Starobinski detecta por trás dos textos uma consciência em atividade, explorando, organizando, combinando e transpondo uma série de temas básicos. A obra em si consistia em escrever. A busca de autenticidade de Rousseau engajava-o numa luta incessante com a linguagem, pois ele só poderia ser ele mesmo se encontrasse palavras para soltar sua voz interior. Mas as palavras eram instrumentos imperfeitos dessa voz, tentativas de fazer uma mediação entre ela e outras pessoas; portanto, eram inadequadas, por mais que tocassem seus leitores.

Ao verter sua vida na linguagem, Rousseau definiu a condição do escritor, não só no século XVIII, mas também no século XX:

> Apenas agora evidenciou-se a plena novidade da obra de Rousseau. A linguagem se tornou um *locus* da experiência imediata, mesmo se mantendo como um instrumento de mediação. [...] A linguagem *é* o autêntico eu, mas ao mesmo tempo revela que a perfeita autenticidade ainda não foi atingida, que a plenitude ainda está por ser conquistada, e que nenhuma posse é segura sem o consentimento dos outros. A obra literária já não pode invocar o assentimento

do leitor a uma verdade que se coloca como uma "terceira pessoa" entre o escritor e seu público; o escritor se destaca a si mesmo pela sua obra e invoca um assentimento para a verdade de sua experiência pessoal. Rousseau pôs esses problemas a descoberto; realmente inventou uma atitude nova, que se tornou a da literatura moderna (para além do romantismo sentimental de que tem sido acusado). Foi o primeiro a viver a experiência do perigoso pacto entre o ego e a linguagem, a "nova aliança" em que o próprio homem faz a palavra.

A análise de Starobinski sobre a consciência na atividade de criar a literatura não é equivalente a uma biografia literária, e tampouco consiste numa simples exegese de textos. Ela combina elementos do velho gênero francês *l'homme et l'œuvre*, o estudo de um autor e suas obras, com algo novo: o estudo do autor-nas-obras, isto é, da consciência ordenadora implícita nos textos.

Starobinski compartilhava essa abordagem da literatura com outros membros da chamada escola de Genebra, notadamente Marcel Raymond e Georges Poulet.[1] Isso significa que ele eliminou muitas referências às circunstâncias externas da vida de Rousseau. *Transparência e obstáculo* não tem nada a dizer sobre os conflitos sociais e políticos em Genebra, que marcaram Rousseau quando menino e envolveram-no em agitações revolucionárias quando adulto. O livro não discute sua luta para sobreviver como escritor em Paris, que pode ter influído da mesma forma sobre sua concepção da escrita e seu confronto existencial com a linguagem. Mal menciona qualquer instituição do Antigo Regime, que lhe forneceu a matéria-prima para suas reflexões gerais sobre a sociedade e a política. Seu propósito é outro.

Starobinski tentou mostrar como um grande tema — o esforço de "transparência", a luta contra o "obstáculo" — percorre toda a obra de Rousseau, unindo-a num conjunto coerente. Seu êxito nessa tarefa monumental continua, em 1988, a ser tão extraordinário quanto em 1957. Ele mostra que, às vezes, Rousseau situava a transparência num passado imaginário (*Discurso sobre a origem da desigualdade*, *Ensaio sobre a origem das línguas*), às vezes numa utopia futura ou a-histórica (*O contrato social*), às vezes na ficção (*La nouvelle Héloïse*), às vezes no estado da infância pré-socializada (*Émile*), às vezes na festividade espontânea da gente simples (*Carta a D'Alembert*), às vezes numa comunhão exaltada com a natureza (*Sonhos de um passeante solitário*), e sempre na contemplação de sua alma (*Confissões*).

O tema, tal como Starobinski o rastreia de obra em obra, é tão ubíquo que parece bom demais para ser verdade. Eis finalmente o mais complexo e contraditório dos escritos trazidos ao âmbito de um motivo dominante. Qualquer livro que dá tanto sentido a tanto material tão recalcitrante acaba se infiltrando por toda parte em seminários e bibliotecas. Vira um clássico do *campus*. Mas o sucesso de *Transparência e obstáculo* não deve ser entendido como uma forma superior de reducionismo. Starobinski trata seu tema principal como um modo de explorar as obras de Rousseau, utilizando-o para fazer aflorar as complexidades, e não tanto para reduzi-las a um mínimo denominador comum.

Por exemplo, ao analisar a famosa descrição de Rousseau sobre a vindima em Clarens, em *La nouvelle Heloïse*, Starobinski mostra que a cena corresponde à fórmula para as festas populares em *Carta a D'Alembert*, e para a democracia popular no *Contrato social*. Os vindimeiros, ao contrário dos atores num palco, são ao mesmo tempo executantes e espectadores. Montam um espetáculo sem acessórios, sem papéis, sem roteiro nem qualquer outro tipo de mediação, um espetáculo que os une a todos na vazão espontânea da alegria coletiva. Estruturalmente, a dualidade ator/espectador corresponde à qualidade dual de cidadão/súdito numa república ideal, e o estado transparente de ver e ser visto funciona da mesma maneira que a Vontade Geral: todo mundo participa na expressão da autoridade soberana, e todo mundo se submete ao comando de todos. O que aparece como teoria política abstrata numa parte da obra de Rousseau surge em outra como poesia em prosa. Starobinski nos ajuda a ver as ligações. Ele apresenta as afinidades, não só entre as ideias de Rousseau, mas na maneira como funcionam seus textos, suas estruturas temáticas, suas metáforas e fraseios. O livro é um *tour de force*.

Uma vez que caímos sob o feitiço de Starobinski, mesmo os recantos mais obscuros da obra de Rousseau ocupam seus lugares. A teoria da notação musical de Rousseau aparece como uma tentativa de superar o obstáculo de signos arbitrários e restaurar a imediaticidade da expressão melódica. Sua botânica representa um esforço de captar um estado emocional — a sensação de uma expedição para a coleta de espécies vegetais numa floresta ou numa montanha — fixando um espécime numa página. Mesmo seu fascínio pela metalurgia, que assumiu a forma de uma fantasia em transformar os corpos em cristais, expressa uma obsessão pela transparência. Por onde passam os olhos de Starobinski, ele recolhe sinais da mesma sensibilidade ordenadora.

Será que ele exagerou? Qualquer obra que se cristaliza como um clássico pode sofrer de um endurecimento das artérias. Pode matar um objeto esgotando-o, e pode se tornar um monumento a um empreendimento intelectual no passado, ao invés de um estímulo para maiores esforços no futuro. *Transparência e obstáculo* certamente traz as marcas da época em que foi escrito. Suas referências revelam sua genealogia: *Étude sur le temps humain* [*Estudo sobre o tempo humano*] (1950), de Georges Poulet, *Phénoménologie de la perception* [*Fenomenologia da percepção*] (1945), de Maurice Merleau-Ponty, *Génèse et structure de la phénoménologie de l'esprit de Hegel* [*Gênese e estrutura da fenomenologia do espírito de Hegel*] (1946), de Jean Hyppolite, *De la psychose dans ses rapports avec la personnalité* [*Da psicose em suas relações com a personalidade*] (1932), de Jacques Lacan. Esses títulos sugerem qual o caráter das correntes redemoinhando no mundo que deu origem a *Transparência e obstáculo*: fenomenologia, hegelianismo, freudismo, existencialismo. Starobinski navegava entre todas elas, recolhendo ideias conforme as ia encontrando, não para desenvolver um sistema filosófico próprio, mas para entender Rousseau.

A ideia de alienação se revelou a mais útil de todas. Ela invadiu os debates intelectuais dos anos 1940 e 1950, mas remonta a Hegel — ou, na verdade, a Rousseau, não o pai sentimental do Romantismo, mas um Rousseau desconhecido e desconcertante, que poderia ser visto como progenitor do existencialismo.

O Rousseau de Starobinski entendia a queda do homem do estado de natureza como uma perda da "transparência" — isto é, do contato sem mediações com as outras pessoas. Os obstáculos interpostos, artifícios sociais e culturais de todos os tipos, abriram o caminho para o desenvolvimento da civilização, mas fecharam a alma para o mundo exterior. Assim, a história aparece nos textos de Rousseau como uma armadilha psíquica: quanto mais investimos no refinamento das artes e das ciências, tanto mais perdemos o contato com o âmago de nosso próprio ser.

A única saída da armadilha leva a uma dialética: negar a negação. Essa fórmula surge em todos os pontos cruciais da argumentação de Starobinski. Chega a encontrar uma dialética no triângulo amoroso de *La nouvelle Héloïse*. Ao concordar com a proibição paterna de seu amor por Saint-Preux, Julie deixa que a convenção social triunfe sobre a inclinação natural. Mas, depois de casar com Wolmar, a encarnação da retidão terrena, ela reafirma platonicamente seu amor por Saint-Preux, por sobre as barreiras do casamento e, por fim, da morte. Julie conquista a vitória para uma forma superior de natureza: ela nega a negação.

Pode-se também considerar que o pensamento político de Rousseau avança dialeticamente com um grande salto à frente. No *Discurso sobre a origem da desigualdade*, ele descreve a negação da natureza pela cultura. No *Contrato social*, ele mostra como uma forma superior de cultura poderia negar a negação. Hegel e Engels converteram essa percepção numa explicação dos mecanismos da história. Kant e Cassirer a transformam (com acréscimos de *Émile*) num sistema de ética e estética.

Mas Starobinski mantém sua argumentação concentrada na consciência de Rousseau. Cercado por obstáculos, seu Jean-Jacques se afasta progressivamente do contato com o mundo exterior, volta-se para dentro em busca da transparência e finalmente sucumbe à loucura, uma forma de alienação que pode ser diagnosticada como "narcisismo da inocência".

Apesar do uso ocasional desses termos e a despeito de sua formação médica (ele estudou psiquiatria, mas não passou pela psicanálise), Starobinski não tenta colocar Rousseau no divã para tratar sua loucura como um estado patológico, que pode estar situado fora de seus textos e passível de ser invocado para explicá-los. Pelo contrário, ele vê a loucura como uma "questão existencial" derivada da transparência obstruída, que se esgota nos textos.

Na exposição de Starobinski, os temas das primeiras obras se descontrolam no final da vida de Rousseau, criando visões kafkianas de malignidade inexplicável. Rousseau se apresenta como um Émile mais velho nas mãos "deles", seus inimigos invisíveis e implacáveis, que usurpam o papel do tutor benevolente e manipulam todos os signos que o cercam para multiplicar seus tormentos. Mesmo quando fugiu de seus perseguidores na França e na Suíça para o abraço generoso de David Hume, ele viu um outro conspirador no próprio amigo. Rousseau acreditava que ele e Hume, como colegas filósofos e amigos da humanidade, poderiam alcançar uma união total dos espíritos. Mas, ao se encontrarem, surgiram os obstáculos e, para seu horror, ele viu os traços de "*le bon* David" se desfazerem diante de seus olhos, revelando um outro inimigo, ainda mais pérfido.

Starobinski evoca o delírio de Rousseau com compaixão e compreensão, em belas páginas que parecem escritas de dentro do círculo infernal da insanidade:

> Para Jean-Jacques, viver em meio à perseguição é se sentir preso numa rede de signos concordantes, um "mistério impenetrável". [...] Os signos são infalíveis, mas o que eles revelam é a impossibilidade da transparência. Os véus

se erguem, mas por trás deles encontra-se um obstáculo insuperável. Assim, Rousseau não ganha nada interpretando um signo após o outro. Em vez de elucidar o mistério, ele depara com sombras ainda mais profundas: caretas de crianças, o preço das ervilhas em La Halle, as lojas na Rue Platrière, tudo revela a mesma conspiração, cujos motivos permanecem impenetráveis. Por mais que tente organizar esses signos e ligá-los de maneira perspícua, ele sempre termina em trevas.

Ao final, a única segurança residia em recusar todo e qualquer contato com o mundo exterior e procurar a transparência no interior. Mas, mesmo então, a "reflexão", a faculdade perversa de se distanciar da autopercepção imediata, ameaçava a cada momento interromper e estragar as divagações mais inocentes do passeante solitário. Apesar das explosões de lirismo em suas últimas obras, Rousseau morreu derrotado, um herói existencial, mas falhado, como os anti-heróis de Camus. Para uma história que dê certo, que passe da alienação para a introspecção e para o engajamento, Starobinski irá recorrer a Montaigne, tema de seu grande livro seguinte.[2]

A grandeza de *Transparência e obstáculo* consiste em sua habilidade em juntar os fios dispersos da vida e obra de Rousseau numa única interpretação absolutamente coerente, e mostrar como seu drama pessoal abriu caminho entre as grandes preocupações dos séculos XIX e XX:

> Sua obra, que se iniciou como uma filosofia da história, terminou como uma "experiência" existencial. É uma precursora da obra tanto de Hegel quanto de seu antagonista Kierkegaard. Aqui temos dois aspectos do pensamento moderno, o progresso da razão na história e a busca trágica da salvação individual.

Essa interpretação varreu tudo o que tinha pela frente nos anos 1950. *Transparência e obstáculo* foi reconhecido como um clássico da crítica da época. O único perigo que parecia enfrentar era o que se apresenta para qualquer clássico: tornar-se definitivo. Se um livro é convincente demais, pode-se julgar que ele deu a última palavra sobre o assunto. Pode ser colocado na estante, e o tema fica de molho. Será que Starobinski defendeu tão bem seu argumento que acabou com as discussões?

Pode-se encontrar a resposta a essas perguntas examinando-se como o estudo de Rousseau vem se cruzando com a crítica literária nos últimos trinta anos.

Enquanto alguns críticos continuaram com seus afazeres de sempre, outros, principalmente a partir dos anos 1960, tentaram ligar a crítica à teoria, e Rousseau, nessas tentativas, encontra-se por quase toda parte. As obras mais importantes no estruturalismo e na desconstrução levam diretamente aos textos dele, e mostram como Rousseau oferecia um terreno experimental para algumas ideias centrais na teoria literária. A questão não é dizer se essas ideias são certas ou erradas, mas ver como elas tomaram forma no curso de um debate constante sobre Rousseau. Uma vez coberto esse terreno, teremos condições de medir a distância que separa *Transparência e obstáculo* de seus sucessores, e ver o que está em jogo nas interpretações rivais.

Enquanto Starobinski reinterpretava Rousseau à luz do existencialismo, Claude Lévi-Strauss o incorporava ao estruturalismo. Em seu livro de maior influência, *Tristes trópicos*, Lévi-Strauss criou uma versão moderna das *Confissões* e admitiu, para o assombro dos intelectuais franceses, que Rousseau fora seu *maître à penser* nos mais profundos recônditos da Amazônia.[3]

Foi tão chocante quanto a confissão de Rousseau, no auge do Iluminismo, de que encontrara inspiração em Calvino. Marx, Freud, Saussure podiam servir como bagagem mental para uma expedição pelas florestas. Mas *o Discurso sobre a origem da desigualdade*, o *Contrato social*, *Émile*? Lévi-Strauss contou que os acalentara junto ao peito. Pior, saudou Rousseau como o pai da antropologia.

Isso surgiu numa discussão da política entre os nhambiquaras, um dos povos mais primitivos que Lévi-Strauss encontrou no Brasil. Embora tivessem um chefe, este parecia governar através da efusão orgânica de sentimentos entre seus seguidores. Sua atividade principal era dispensar suas riquezas — bugigangas que acumulava e imediatamente distribuía — e sua principal compensação residia nas mulheres. Tal conduta nunca tinha sido sonhada pelas filosofias da Terceira República. Não se encontrava uma explicação para ela nos números atrasados de *Temps modernes*, e nem mesmo em Gramsci ou Mauss. Residia nas obras de Rousseau.

Lévi-Strauss não invocou a ideia banal e incorreta de Rousseau como paladino do bom selvagem. Seu Rousseau representava o ponto em que, pela primeira vez, a filosofia enfrentava o problema de entender a cultura como força política. Visto da perspectiva do *Contrato social*, o primitivismo dos nhambiquaras consistia em sua capacidade de reduzir a política a seus princípios fundamentais, em transpor seu modo de vida — a caça, a coleta, esperanças e temores — diretamente para um sistema de poder, e viver de acordo com a efusão espontânea da Vontade Geral. Tal era a sociedade que logo seria destruída pela civilização ocidental, um espetáculo triste para o cientista social, que contemplava a iminente catástrofe num espírito de cumplicidade elegíaca.

Quando Jacques Derrida, uma década depois, abordou Rousseau em *Gramatologia*, ele escolheu o capítulo de Lévi-Strauss sobre os nhambiquaras para apresentar o etnocentrismo no núcleo de um sistema que pretendia aboli-lo. Ao invés de penetrar na mente primitiva, afirmou ele, Lévi-Strauss tinha simplesmente convertido o Outro amazônico numa ficção de sua imaginação. A oposição binária do eu-outro e antropólogo-objeto continuava presa às categorias da ciência social limitada. Deplorar, como fizera Lévi-Strauss, os danos intelectuais provocados pelo imperialismo — o pensamento ocidental entrando na Amazônia na esteira das máquinas de terraplenagem, o etnocentrismo poluindo a floresta equatorial mesmo na pessoa do antropólogo — era, em si mesmo, algo etnocêntrico. Significava projetar a ideia ocidental do outro inocente sobre um povo para o qual essa ideia era inconcebível.[4]

Em todo caso, os nhambiquaras dificilmente se qualificavam como inocentes. *Tristes trópicos* trazia inúmeras provas de sua brutalidade, duplicidade, dissensão e franco refinamento. Mas ofereciam a Lévi-Strauss uma maneira de se imaginar fora da floresta, situado na Rive Gauche, onde podia dialogar com os autores clássicos da tradição francesa: Montaigne, Diderot, e sobretudo Rousseau. Na verdade, argumentava Derrida, Lévi-Strauss nunca precisou sair de Paris, porque Rousseau lhe oferecia tudo o que precisava: o material para uma experiência do pensamento sobre o princípio organizador da sociedade.

Ao seguir essa linha de raciocínio, Derrida descobriu que Rousseau reconduzia a uma experiência mental ainda mais grandiosa, a tentativa de Descartes quanto a uma dúvida sistemática, que radicava a "metafísica" como a denominou Derrida, na autoconsciência espontânea do pensar. O *cogito* cartesiano abria um modo de filosofar, a "metafísica da presença", que se manteve de Descartes até Hegel. Mas Rousseau apontava uma linha falha nesse panorama intelectual — a saber, a escrita. Ao pensar e mesmo ao falar, na versão de Rousseau segundo Derrida, os filósofos podiam expressar a presença imediata de suas vozes interiores. Mas, ao escreverem, algo se perdia pelo caminho. Significantes arbitrários, palavras garatujadas no papel obscureciam o terreno íntimo da verdade, e assim a própria escrita se tornou um problema central para a filosofia.

Lévi-Strauss havia captado um relance da percepção de Rousseau: daí sua celebração dos nhambiquaras como povo "sem escrita". Mas Derrida foi além: ele viu que, ao tratar a escrita como um "suplemento" tragicamente falho da fala, Rousseau tinha se aproximado de uma noção básica da desconstrução — a saber, que as falhas estão presentes na retórica de todos os textos, e assim pode-se fazer com que todos eles digam algo diverso do que significam na aparência. Os suplementos são derivativos: só podem existir para completar alguma entidade prévia, mas também podem servir em lugar do original, como quando se consulta um suplemento de uma enciclopédia para a informação mais atualizada sobre um determinado assunto. Na suplementariedade, sempre se perde e sempre se ganha alguma coisa. O *Supplément au voyage de Bougainville* [*Suplemento à viagem de Bougainville*], de Diderot, pode ser uma obra-prima, porém não é capaz de se igualar à experiência efetiva de entrar em contato com os ilhéus dos mares do Sul, ao longo do itinerário de Bougainville. A escrita, na filosofia e na literatura, pode dar acesso à verdade, mas não consegue aceder a ela.

A diferença entre captar algo diretamente e captá-lo por escrito abre-se, na leitura de Rousseau por Derrida, para um abismo que separa natureza e cultura. De um lado, os homens vivenciam a verdade como uma presença sem mediações dentro de si mesmos; de outro lado, eles se envolvem em relações externas, em mediações, escrita, civilização — todo o processo da história que desemboca simultaneamente em decadência e progresso, em escravização e na perspectiva da liberdade através de um contrato social.

Mas Rousseau não tinha avançado o suficiente. Por que traçar a linha epistemológica entre a fala e a escrita?, perguntava Derrida. Por que não recuá-la indefinidamente até os mecanismos internos do pensamento? A própria fala pode ser concebida como uma espécie de escrita, uma *archiécriture* composta por significantes arbitrários em som. Assim, a voz interior não oferece uma presença sem mediações; segundo a concepção controversa de Derrida, ela não produz nada mais que um jogo interminável entre significantes e significados.[5] Embora o argumento de Rousseau vise a uma metafísica da presença, acaba por sucumbir à linguagem. Tal como Derrida o interpreta, ele se autodesconstrói.

O próximo passo foi desconstruir Derrida. Paul de Man se incumbiu da tarefa voltando sua própria leitura do *Ensaio sobre a origem das línguas* de Rousseau contra a versão de Derrida sobre o mesmo texto.[6] Surgiu uma diferença crucial. Segundo De Man, Derrida tinha interpretado mal a teoria da linguagem de Rousseau, confundindo-a com uma teoria da representação menos radical e mais contestável, corrente no século XVIII. Ele tinha feito Rousseau afirmar que a escrita representa a fala assim como a fala representa o pensamento, ao passo que, na verdade, Rousseau concebia a linguagem como uma espécie de expressão figural semelhante à música. No *Ensaio*, a fala está para a escrita assim como a melodia está para a harmonia. Como a melodia, a fala veicula estados sucessivos da alma, e, portanto, tem uma imediaticidade que falta aos modos representativos de expressão, como a pintura e a literatura. Ao reconstruir o argumento de Rousseau, De Man desmontou o argumento de Derrida. Mas esse procedimento levantava mais uma questão: o que explicava o curioso ponto cego na interpretação de Derrida, que sob outros aspectos tinha tanto discernimento?

A resposta, numa palavra, era Starobinski. Segundo De Man, Derrida não conseguiu fazer um contato com o texto de Rousseau em sua integridade original. Pelo contrário, ele o leu através de outras leituras, através de todo o conjunto de interpretação crítica que culminava em *Transparência e obstáculo*. De Man não se pretendia pessoalmente imune à cegueira. Pelo contrário, via uma associação entre pontos cegos e discernimento. Mas insistia na importância de passar por todas as leituras anteriores de Rousseau, pois declarou que a tradição inteira de estudos de Rousseau estava fundamentalmente equivocada. Como toda história literária, ela "está numa terrível necessidade de desconstrução".

Tal era o estado das coisas na época da morte de De Man, em 1983: leituras e más leituras sobrepondo-se numa sucessão aparentemente interminável. Enquanto o palimpsesto se adensava, algo se perdia — o próprio Rousseau, o Jean-Jacques histórico que viveu no século XVIII e escreveu as obras que surgiram com seu nome.

Para os teóricos da interpretação, a ideia de um Rousseau "real" parecia irremediavelmente ingênua. Como alguém haveria de estabelecer contato com uma vida que tinha desaparecido há duzentos anos, ou sequer se preocuparia com a vida dos autores, visto que Roland Barthes havia declarado a morte de todos os autores, e que nada restava além de textos e leituras?[7] Assim, os teóricos — ou pelo menos alguns deles, os alinhados com Barthes e Derrida — aboliram o tempo e sepultaram Rousseau sob camadas sucessivas de suas próprias interpretações. Quando ele aparecia em suas obras, era uma voz desencarnada debatendo, por sobre os séculos, proposições abstratas com outros filósofos, de Platão a Husserl. A história não existia.

A desistoricização da literatura obrigou *Transparência e obstáculo* a sair do debate e ir para a prateleira. É claro que, de quando em quando, os teóricos faziam referências respeitosas a ela em notas de rodapé. De fato, pode-se encontrar uma sugestão de "transparência" na "metafísica da presença" de Derrida, ao lado de uma insinuação de "obstáculo" em sua noção de "suplemento". Como Derrida, Starobinski entendia a tentativa de Rousseau em radicar a verdade na experiência interior como uma luta com a linguagem. Ao descrever a linguagem como "o *locus* da experiência imediata" para Rousseau e para a literatura moderna em geral, Starobinski antecipava o que Derrida, posteriormente, identificaria como "logocentrismo". E, no entanto, Starobinski mal aparece nos debates teóricos.[8] Por quê?

Basicamente porque Starobinski e seus sucessores tinham concepções incompatíveis sobre o empreendimento crítico. Ele tentava abarcar Rousseau, o homem e a obra, em sua inteireza, ao passo que os teóricos abandonaram toda a noção de *l'homme et l'œuvre*. Ele se empenhou em reunir todas as peças do quebra-cabeça num quadro coerente. Os teóricos separaram as coisas e negaram a validade da própria coerência. Ele se dispôs a entender Rousseau. Os teóricos tentaram fazer teorias. Para eles, Rousseau era apenas "*bon à penser*", como poderia ter dito Lévi-Strauss. Tomaram pedaços e trechos dos textos de Rousseau para suas próprias finalidades, para estabelecer ou desestabelecer o estruturalismo.

Enquanto as ondas teóricas recuam, parece possível predizer que o Rousseau histórico se manterá firme. *Transparência e obstáculo* sairá da prateleira. Reencarnada em novas edições e outras línguas — a edição de Chicago inclui um ensaio interessante de Robert Morissey e um ótimo índice remissivo, embora por alguma razão não traga a bibliografia atualizada da última versão da Gallimard —, ela nos auxiliará a redescobrir o homem que viveu no século XVIII e transformou a topografia de sua cultura.

Apesar do volume de pesquisas sobre Rousseau, a tarefa ainda está inconcluída. Não é possível terminá-la simplesmente consultando Starobinski, porque, como foi dito, *Transparência e obstáculo* tem pouco a oferecer em termos de detalhes históricos. Isso tampouco seria possível desencavando fatos e esvaziando a história da teoria, porque a desconstrução mostrou a fragilidade retórica dos textos, inclusive os tipos de texto que se encontram nos arquivos. Mas agora começam a florescer novas variedades de história literária, e elas criaram raízes aproveitando a riqueza teórica armazenada nas ciências humanas, especialmente na antropologia.

Lévi-Strauss tinha razão em celebrar Rousseau como o pai da antropologia, mas as ideias de Rousseau podem ser aplicadas com maior proveito à sua própria cultura do que aos nhambiquaras. Ele inventou a antropologia tal como Freud inventou a psicanálise, fazendo-a para si mesmo. Movido pela necessidade de entender sua própria vida, ele estudou a maneira como absorvia os sistemas culturais ao passar de uma sociedade a outra. Seguindo sua rota de Genebra pela Itália e Saboia até a França, das oficinas dos artesãos pela cama de Mme. de Warens e da Grub Street às mesas de jantar da aristocracia, ele reconheceu o poder da cultura como uma força que modela os indivíduos e dá forma a sociedades inteiras. Ele considerava o teatro, os romances, os jogos, a criação dos filhos, a educação, a linguagem e a religião como outras tantas maneiras de organizar a realidade e orientar o comportamento. Entendia-as não simplesmente como veículos para transmitir valores, mas como formas de poder nelas mesmas. E analisou o funcionamento delas em praticamente todos os gêneros ao seu alcance na época — a teoria política, a pedagogia, a ficção e a autobiografia.

Agora estamos em condições de avaliar esse empreendimento, porque, enquanto os teóricos conjugavam suas ideias através dos textos de Rousseau, estudiosos mais tradicionais descobriram uma grande quantidade de informações sobre o mundo em que ele viveu. Eles nunca perderam de vista o Rousseau histórico. Mas faltava-lhes a visão ampla de Starobinski, de modo que cada qual fez um Rousseau próprio ou, com maior frequência, um fragmento da vida de Rousseau e uma fatia de sua época. É preciso reunir as peças, e a tarefa há de ser exequível, pois elas se encontram em centenas de livros e artigos publicados desde a primeira edição de *Transparência e obstáculo*. Temos estudos de Rousseau como intelectual combativo, de Rousseau como a nêmesis de Voltaire, de Rousseau como o gênio que presidiu à Revolução Francesa, de Rousseau genebrino, o político, o deísta, o misógino, o ideólogo, o botânico, o pedagogo, o músico, o andarilho.[9]

E o melhor de tudo é que temos a correspondência completa de Rousseau, editada por Ralph Leig: 46 volumes preparados com uma pesquisa tão exaustiva que as notas de rodapé praticamente constituem um dicionário biográfico, e os ensaios introdutórios a cada volume, se fossem reunidos, forneceriam a exposição de maior autoridade sobre a vida de Rousseau que jamais foi escrita.[10] Leigh morreu em dezembro de 1987, exatamente quando chegava ao final de seu trabalho (ainda estão por publicar mais três volumes documentando a influência de Rousseau durante a Revolução Francesa, além de vários volumes de índices remissivos). Ele se agiganta mesmo frente a Starobinski.

Assim, parece claro que já é o momento para uma outra síntese, algo comparável à biografia de Voltaire, em diversos volumes, que se encontra a caminho.[11] Dessa forma, Starobinski não teve a última palavra, mas terá uma nova audiência, pois qualquer novo estudo terá de partir de onde ele parou, e não parece muito provável que os novos começos algum dia terminem. Se os estudos dos últimos trinta anos mostram alguma coisa, é a inesgotável riqueza do que Cassirer chamou de "a questão de Jean-Jacques Rousseau". A vida de Rousseau foi tão estranha e suas obras levantam tantos desafios que certamente inspirarão proezas interpretativas enquanto existirem textos e leitores. Como mostra *Transparência e obstáculo*, Rousseau não se limitou a escrever clássicos: ele foi um material para que outros possam escrever clássicos.

15. HISTÓRIA E ANTROPOLOGIA

Aconteceu-me uma coisa engraçada quando estava voltando para casa depois do seminário de semiótica. Ao contornar uma lateral no andar C da biblioteca, percebi um anúncio do *New York Times* colado na porta da salinha individual de um estudante: "Fiji $ 499". Tendo saído todo preparado de uma discussão sobre Charles S. Peirce e a teoria dos signos, reconheci-o de imediato como — bem... um signo. Sua mensagem era bastante clara: você podia viajar para Fiji, com passagem de ida e volta, por 499 dólares. Todavia, o sentido era outro. Era uma brincadeira para o público universitário, feita por um estudante que estava se esfalfando numa tese em pleno inverno, e parecia dizer: "Quero dar o fora daqui. Me deem um pouco de ar! Sol! *Mehr licht!*". Você poderia acrescentar outros comentários. Mas, para entender a piada, você teria de saber que as salinhas são celas individuais onde os estudantes trabalham em teses, que as teses exigem longas temporadas de trabalho duro, e que o inverno em Princeton se fecha em volta dos estudantes como uma mortalha úmida. Numa palavra, você teria de conhecer a cultura do *campus*, o que não é nenhuma grande proeza se você vive no meio dela, mas constitui uma característica que distingue os reclusos das salinhas em relação aos paisanos passeando ao sol e ao ar fresco. Para nós, "Fiji $ 499" é engraçado. Para você, pode parecer bobo. Para mim, colocou uma questão acadêmica clássica: como funcionam os símbolos?

Essa questão vinha me preocupando em função de algumas críticas a um livro que publiquei em 1984, *The great cat massacre and other episodes of French cultural history* [*O grande massacre de gatos e outros episódios da história cultural francesa*]. No livro, eu tentara mostrar por que uma matança ritual de gatos teve uma graça hilariante para um grupo de oficiais gráficos em Paris, por volta de 1730. Minha esperança era que, entendendo a brincadeira, eu "pegasse" um elemento fundamental na cultura artesanal e entendesse o jogo dos símbolos na história cultural em geral. Meus críticos levantaram algumas questões, que em meus pensamentos ligaram-se a "Fiji $ 499", enquanto eu ia para casa a duras penas, no meio da escuridão. Gostaria de discutir essas questões, não como uma refutação das críticas, pois ainda acho que minha argumentação se sustenta, mas como uma maneira informal de percorrer alguns problemas gerais referentes à interpretação histórica dos símbolos, rituais e textos.

Numa longa resenha de *The great cat massacre*, Roger Chartier afirma que o livro peca por uma noção falha dos símbolos.[1] Segundo ele, o simbolismo supõe uma "relação de representação" direta entre o significante e o significado, como no exemplo citado no dicionário setecentista de Antoine Furetière: "O leão é símbolo de valor". Concordo que os dicionários da época podem ter utilidade para rastrear os sentidos atribuídos às palavras pela elite letrada. Mas não creio que um escritor refinado como Furetière possa servir como "informante nativo" sobre a concepção do simbolismo entre trabalhadores analfabetos. E nem acho que Furetière ofereça um conceito adequado do simbolismo para a análise etnográfica.

Os etnógrafos trabalham com uma noção muito diferente de troca simbólica. Na verdade, preferem noções rivais, mas, quaisquer que sejam suas bandeiras teóricas, em geral não esperam que seus informantes nativos utilizem símbolos do tipo "leão = valor". Pelo contrário, eles acham que os símbolos transmitem múltiplos sentidos, e que o sentido é interpretado de diferentes maneiras por diferentes pessoas. Como diz Michael Herzfeld: "Os símbolos não representam equivalências fixas, mas analogias contextualmente compreensíveis".[2] Em sua obra sobre os camponeses gregos, Herzfeld descobriu que os símbolos significam muitas coisas, a maioria delas inesperada e todas impenetráveis para quem não percorresse com muito cuidado as múltiplas associações ligadas a corvos, açafrões, seixos e outros objetos da cultura local. Várias gerações de antropólogos passaram pela mesma experiência. Por onde vão, encontram nativos interpretando símbolos de maneiras complexas e surpreendentes: por exemplo, a harpa e o chocalho entre os *fangs* no Gabão, segundo James Fernandez; as borboletas e os besouros de carniça entre os apaches no Arizona, segundo Keith Basso; as árvores e trilhas entre os *ilongots* nas Filipinas, segundo Renato Rosaldo; as casas e flores entre os tâmeis no sul da Índia, segundo E. Valentine Daniel.[3] Poderíamos continuar citando exemplos e mais exemplos, mas talvez seja mais interessante dar uma olhada em alguns estudos de caso.

Loring Danforth aplicou o conceito de simbolismo de Herzfeld a um estudo dos rituais fúnebres na Grécia rural.[4] Ele descobriu que os funerais funcionavam como uma transformação negativa das cerimônias de casamento, e que os símbolos utilizados nos lamentos fúnebres ajudavam os camponeses a enfrentar a dor, transformando metaforicamente a morte em vida. Durante todo o luto, as mulheres vestidas de negro se reúnem junto aos túmulos de seus mortos e improvisam canções. É frequente que censurem os mortos por lhes causarem dor: "Vocês nos envenenaram". O veneno assume a forma de lágrimas amargas e ardentes. Mas as lágrimas também regam os túmulos, devolvendo a fertilidade ao solo e dando aos mortos água para beber, cozinhar e lavar. Assim, nos lamentos, os mortos respondem ao desespero dos parentes vivos com metáforas positivas:

> *Estranhos, parentes e todos vocês que sofrem, aproximem-se.*
> *Digam-me algumas palavras e derramem algumas lágrimas.*
> *Para que as lágrimas virem uma fonte fresca, um lago, um oceano*
> *[e corram para o mundo subterrâneo;*
> *para que os sujos possam se lavar, e os sedentos possam beber;*
> *para que as boas donas de casa possam amassar e assar o pão;*
> *para que os belos rapazes possam pentear e repartir os cabelos.*[5]

Segundo Danforth, a água tem uma grande força metafórica no interior árido da Grécia. A umidade sugere fertilidade e vida; a secura, aridez e morte. Infiltrando-se na terra seca dos cemitérios, a água reanimaria os mortos. As viúvas vertem água nos túmulos dos maridos e se dizem abrasadas pela dor: por isso o negro das roupas e o "veneno" das lágrimas. Mas as lágrimas também correm como água para os mortos. Elas reúnem os atributos da água e do veneno, e assim intermedeiam a oposição entre a vida e a morte. A mediação assume a forma de uma série escalonada de oposições binárias, que se tornam cada vez mais brandas até se fundirem no símbolo das lágrimas (ver figura 1).

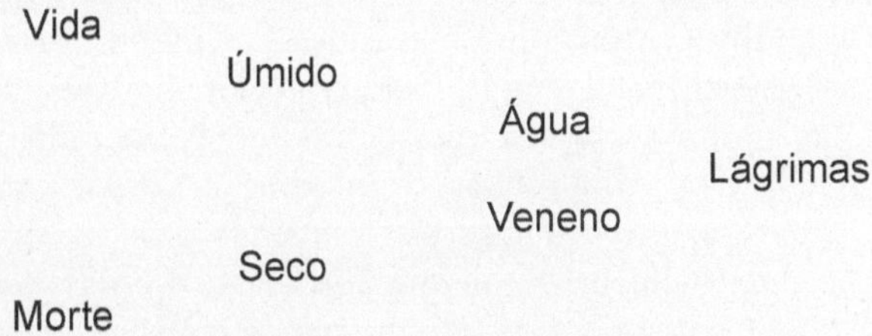

Figura 1

Se a poesia não é capaz de dissolver a morte, ela pode eliminar seu aguilhão, pelo menos durante alguns momentos de suspensão da descrença. Como funciona a poesia? Não estabelecendo "relações de representação" mecânica, e sim fazendo as coisas fluírem entre si, ultrapassando as fronteiras que as separam no mundo prosaico. Os historiadores se sentem mais à vontade na prosa. Ordenam as coisas em sequência e raciocinam dos efeitos para as causas. Todavia, as pessoas comuns, na vida cotidiana, têm de percorrer uma floresta de símbolos. Estejam tentando conseguir um lucro, carregar um barco ou levantar um fardo, elas lidam com metáforas. Isso não significa que as relações econômicas e políticas não tenham uma existência própria, mas que são mediadas por signos. O próprio dinheiro é um signo, e quem não souber ler o código de sua cultura não terá como ganhá-lo. Quando encaramos os princípios fundamentais da condição humana, a contradição entre a vida e a morte, o mistério do sofrimento e do amor, baseamo-nos em símbolos que emitem muitos sentidos. Alguns podem ser diretamente representativos — o negro simbolizando a morte —, mas outros vagueiam livres de suas amarras sensoriais e flutuam entrechocando-se, convergindo para configurações que encarnam várias ideias ao mesmo tempo.

Alguns historiadores de cultura distinguem relações metafóricas no cerne de seus objetos de estudo. É o caso de Huizinga, sobre a experiência religiosa na Alta Idade Média:

> A visão de rosas brancas e vermelhas florindo juntas entre espinhos invoca uma assimilação simbólica no espírito medieval: por exemplo, a de virgens e mártires, brilhando em glória entre seus perseguidores. A assimilação se faz porque os atributos são os mesmos: a beleza, a suavidade, a pureza, as cores das rosas também são as das virgens, sua cor vermelha é a do sangue dos mártires. Mas essa similaridade só terá um sentido místico se o termo intermediário que liga os dois termos do conceito simbólico expressar uma essencialidade comum a ambos; em outras palavras, se o vermelho e o branco forem mais do que nomes para uma diferença física baseada na quantidade, se forem concebidos como essências, como realidades. O espírito do selvagem, da criança e do poeta nunca os vê de outra maneira.[6]

Como Danforth, Huizinga insiste em que o simbolismo funciona como um modo de participação ontológica, e não como uma relação de representação. Em vez de representarem as virgens e os mártires, as rosas *são* elas, com eles pertencem à mesma ordem do ser.

Essa noção de simbolismo, formulada por Huizinga sem o beneplácito da filosofia da linguagem ou da semiótica (mas com um conhecimento admirável do sânscrito), tornou-se um tema dominante na antropologia atual. Destaca-se especialmente na obra de Victor Turner. Em muitos anos de trabalho de campo entre os ndembus, um povo zambiano muito apreciador de rituais elaborados e entusiásticas discussões sobre eles, Turner encontrou símbolos por toda parte — encarnados na paisagem, pairando no ar, cristalizados por um instante numa cerimônia e em seguida passando para outra. No centro desse mundo, transbordando de sentido, encontrava-se o *mudyi*, a árvore de leite. Os ndembus recorriam a ela para dizer milhares de coisas em milhares de ocasiões diferentes. Após uma refinada pesquisa, confirmada em todos os detalhes pelos exegetas nativos, Turner concluiu que os sentidos ligados à árvore compunham todo um espectro, que ia do normativo ao sensorial:

> A árvore *mudyi* [...] em seu polo normativo representa a feminilidade, a maternidade, o laço mãe-filho, uma noviça passando pela iniciação para ingressar na feminilidade adulta, o processo de aprender a "sabedoria da mulher", a unidade e permanência da sociedade ndembu e todos os valores e virtudes inerentes às diversas relações — domésticas, legais e políticas — controladas pela descendência matrilinear. Cada aspecto de seu sentido normativo atinge seu ápice num episódio específico do ritual da puberdade; juntos, eles formam uma exposição condensada da estrutura e da importância comunal da feminilidade na cultura ndembu. Em seu polo sensorial, o mesmo símbolo representa o leite do peito (a árvore solta um látex leitoso) [...] os seios da mãe, e a esbelteza física e a maleabilidade mental da noviça (usa-se uma muda nova de *mudyi*). A árvore, situada a pequena distância da aldeia da noviça, torna-se o centro de uma sequência de episódios rituais ricos em símbolos (palavras, objetos e ações) que expressam temas culturais importantes.[7]

Esse tipo de exegese etnográfica pode parecer bom demais para ser verdadeiro ou, pelo menos, para ter alguma utilidade fora das matas. Mas bem que nos ajudaria a classificar os encontros simbólicos na vida cotidiana. Quando deparei com "Fiji $ 499", descobri, para minha surpresa, que as categorias peircianas davam certo. O "signo" se constituía das letras impressas como anúncio. O "objeto" ou mensagem visível dizia respeito à viagem para Fiji. E o "interpretante" ou sentido era a piada: "Quero dar o fora daqui". Com efeito, os sentidos se multiplicaram na minha extremidade do circuito de comunicação. Essa coisa do Peirce funciona mesmo, concluí, e depois, numa ilação, acrescentei: Fazemos nossos alunos passarem tempo demais nas salinhas. Os estudantes estão ficando mais espirituosos. Minhas interpretações eram válidas? Sim, no que me dizia respeito, mas será que correspondiam às intenções daquele estudante? Sem poder resistir à oportunidade de interrogar um informante nativo, no dia seguinte bati à porta da salinha C1 H9. Quem abriu foi Amy Singer, uma doutoranda em estudos balcânicos. "Eu o preguei duas semanas antes dos exames", informou ela. "Era a época mais gelada do inverno, e o *New York Times* oferecia esse consolo, um lugar quente, longe daqui." Mas Amy parecia uma moça alegre e luminosa. (Fico contente em informar que ela se saiu muito bem nos exames gerais.) Ela disse que considerava aquele signo mais como uma brincadeira e uma fantasia de evasão do que como um lamento. "É como um adesivo de para-choque", explicou ela. Eu não tinha pensado na porta como um para-choque. Minhas ideias não coincidiam plenamente com as dela, mas estavam suficientemente próximas para que eu entendesse a brincadeira e me sentisse reforçado em minha admiração por Peirce.

Bom, eu não quero defender o sistema peirciano em oposição a outros sistemas de semiótica. O que quero dizer é algo mais simples: nós pensamos no mundo da mesma maneira que falamos sobre ele, estabelecendo relações metafóricas. As relações metafóricas envolvem signos, ícones, índices, metonímias, sinédoques e todos os outros recursos da maleta de truques do retórico. Os filósofos e os linguistas classificam os truques em definições e esquemas diferentes. De minha parte, hesito em assinar embaixo de um sistema ao invés de outro, e prefiro utilizar o termo *símbolo* de maneira ampla, ligado a qualquer ato que transmita um sentido, seja por som, imagem ou gesto. A distinção entre simbólicos e não simbólicos pode ser tão tênue quanto a diferença entre um pestanejo e uma piscadela, mas é fundamental para entender a comunicação e interpretar a cultura. Assim, os historiadores da cultura talvez tenham a ganhar se deixarem de lado a ideia do simbolismo como leão = valor, e pensarem nos símbolos como polissêmicos, fluidos e complexos.

Mas por que certos símbolos têm poderes especiais? O que lhes dá uma riqueza incomum de sentido? Poderíamos iniciar uma resposta a essas perguntas com a observação de Lévi-Strauss de que, assim como algumas coisas são boas para comer, outras são "boas para pensar". As pessoas podem expressar o pensamento manipulando coisas em lugar de abstrações — servindo certos pedaços de carne a certos membros da tribo, arrumando a areia em certos desenhos no chão da cabana navaja, ficando ao pé da árvore *mudyi*, matando gatos. Esses gestos veiculam relações metafóricas. Eles mostram que uma determinada coisa tem uma afinidade com uma outra coisa, em virtude de sua cor, sua forma ou de suas posições comuns em relação a outras coisas mais.[8]

Não se podem conceber essas relações sem referência a um conjunto de categorias que servem como um crivo para classificar a experiência. A linguagem nos dá nosso crivo mais básico. Ao nomear as coisas, nós as inserimos em categorias linguísticas que nos auxiliam a ordenar o mundo. Dizemos que esta coisa é um peixe e aquela uma ave, e aí ficamos satisfeitos por saber do que estamos falando. Nomear é saber — é encaixar alguma coisa num sistema taxonômico de classificação. Mas as coisas não vêm classificadas e rotuladas naquilo que chamamos de "natureza". E, bem na hora em que estamos crentes de termos encontrado um caminho pelo *continuum* indiferenciado do mundo natural, podemos tropeçar em alguma coisa desconcertante, como uma cobra, que provoca um minuto de terror — um branco por dentro —, atravessando as categorias e espalhando estática por todo o sistema. As cobras não são peixes nem aves. Deslizam pelo chão como se estivessem nadando na água. Parecem viscosas. Não são de comer. Mas são boas para comentários maliciosos: "Stephen é traiçoeiro como uma cobra". Coisas que deslizam entre as categorias, que se encavalam nas divisões ou se espalham para fora das margens, ameaçam nosso senso básico de ordem. Solapam-nos o terreno epistemológico. Essas coisas são potentes e perigosas. E também possuem um nome, pelo menos na antropologia: são tabu.

Os antropólogos têm encontrado tabus em todos os cantos do mundo e discutem-nos numa vasta literatura. A rodada mais recente de discussões começou com a observação de Mary Douglas de que a sujeira era uma "coisa fora do lugar" — isto é, algo que violava as categorias conceituais.[9] Assim, a proibição de comer porco entre os antigos israelitas não tinha nada a ver com os hábitos aparentemente "sujos" do porco. Ela provinha dos imperativos categóricos do Levítico, que separava os animais entre os ruminantes (como as vacas, não tabu) e os de casco fendido (como os bodes, também não tabu). Por não ruminarem, mas terem cascos separados, os porcos ameaçavam a pureza da ordem bíblica e deviam ser abominados. Pela mesma razão, deviam-se evitar outros híbridos semelhantes — mariscos, que têm pernas como os animais terrestres, mas vivem na água, e insetos, que têm pernas como os animais terrestres e vivem no ar. Eles violavam as distinções que se iniciaram com a Criação, quando Deus separou a terra, o mar e o firmamento. Para os judeus, portanto, a dieta funcionava como uma maneira de adorar a seu Deus e preservar sua cosmologia, e os porcos, sendo ruins para comer, eram bons para pensar.

A exegese bíblica de Douglas pode parecer engenhosa demais para ser convincente, mas abordava uma questão fundamental colocada anteriormente por A. R. Radcliffe-Brown: por que alguns animais têm um valor ritual especial? Lévi-Strauss havia apontado a direção de uma resposta, ao deslocar a discussão das funções sociais para as categorias conceituais. Douglas mostrou que o risco de arruinar as categorias estava ligado à noção de tabu. Em seu trabalho de campo na África central, ela descobriu que o povo lele ordena o mundo animal por meio de uma complexa taxonomia e mantém a ordem com minuciosas restrições alimentares. Contudo, em seus rituais mais sagrados, os leles consomem um animal, o pangolim, que contraria suas categorias mais importantes. O pangolim tem escamas como um peixe, sobe nas árvores como um macaco, põe ovos como uma galinha, amamenta a cria como uma porca e dá à luz apenas um filhote por vez, como os humanos. Para o lele comum em circunstâncias comuns, é algo pavorosamente monstruoso. Mas nos rituais ele se torna bom para comer e gera fertilidade. Como outras substâncias sagradas, ele dissolve as categorias e põe o iniciado em contato com uma ordem do ser em que desaparecem as divisões e tudo flui para tudo o mais.

Tendo sentido o faro, os antropólogos rastrearam animais estranhos em todos os tipos de cosmologias exóticas. Agora já têm o suficiente para montar todo um bestiário de monstros. Aqui não posso apreciar suas descobertas, mas sugeriria uma voltinha rápida desde o pangolim de Douglas ao casuar de Ralph Bulmer, à cadela de Edmund Leach e ao búfalo de S. J. Tambiah. Os animais são abominados, isolados em taxonomias, invocados nas pragas, evitados na alimentação ou consumidos em rituais por diversos povos de diferentes maneiras. Os antropólogos mostraram que esses hábitos em relação aos animais têm sentido, porque os tabus fazem parte de um sistema de relações dentro de um quadro cultural geral.

Bulmer observou que os *karans* das montanhas da Nova Guiné colocam o casuar numa classe taxonômica própria, ao contrário de outros montanheses, que o classificam como pássaro. Os *karans* também cercam-no de tabus incomuns. Ao caçá-lo nas florestas das montanhas acima de seus povoados, eles falam a "língua do pandano", uma linguagem ritual de impedimentos que também adotam quando colhem cocos dos pandanos nas mesmas florestas. Eles não ousam derramar o sangue do casuar, porque temem que prejudique as culturas sagradas de inhame, que crescem perto de seus lares. Por isso, matam o casuar com bastões, num combate, por assim dizer, corpo a corpo. Depois de matá-lo, eles comem seu coração e evitam se aproximar do inhame durante um mês. Bulmer encontrou elementos análogos dessas práticas nas concepções dos *karans* sobre o parentesco, um sistema matrilinear baseado no cruzamento de primos e simbolizado na floresta pelos pandanos que pertencem a linhas particulares. Quando os parentes lutam, devem usar bastões, em lugar de armas pontiagudas, que reservam para os forasteiros. E, quando um parente mata outro, ele envia seu espírito para a floresta comendo o coração de um porco. Em seu principal mito sobre suas origens, os *karans* contam que um irmão capturou sua irmã numa armadilha, e ela se transformou num casuar. Alguns forasteiros atraíram e comeram o pássaro. Então, o irmão matou os homens e tomou as irmãs deles como esposas, fundando o sistema de parentesco dos *karans*. Quando os informantes de Bulmer lhe disseram que chamavam os casuares de "nossas irmãs e primos cruzados", a história ficou clara. Eles viam o animal como cognato metafórico, e a maneira de pensarem ia muito além da taxonomia. Era intrínseca ao modo como ordenavam o mundo, uma forma de traçar distinções entre parentes e forasteiros, floresta e horta, natureza e cultura, vida e morte.[10]

Edmund Leach descobriu um sistema de relações parecido em seu próprio quintal. Entre as tribos anglo-saxãs, nós também temos tabus. Ficamos horrorizados com a ideia de casar com nossa irmã ou de comer nosso cachorro. Insultamo-nos dizendo "cadela" ou "filho de uma cadela". Mas por que não "filho de uma ovelha"? O que têm em comum essas categorias perigosas — o incestuoso, o incomível, o obsceno? Leach, como Douglas, considera-as ambíguas, e, como Lévi-Strauss, ele atribui a ambiguidade delas às suas posições como mediadoras entre oposições binárias. Os animais de estimação são mediadores especialmente bons por se sobreporem a esferas contrárias, a humana e a animal, a doméstica e a selvagem. É possível alinhá-las em categorias coerentes num diagrama, que expressa as oposições conforme a distância em relação ao próprio indivíduo (ver figura 2). Assim como não posso me casar com minha irmã, não posso comer meu cachorro, porém posso me casar com minha vizinha e comer meu gado. As categorias se conjugam entre si, e o termo intermediário é o portador do tabu. Para nós, portanto, os cães são bons não só para xingar, mas também para pensar.[11]

1. Indivíduo - Casa ———————— Campo
2. Indivíduo - Irmã ———————— Vizinho
3. Indivíduo - Animal de estimação —— Gado

Figura 2

O búfalo de Tambiah ocupa uma posição crítica num conjunto de categorias do outro lado do mundo, na Tailândia rural, mas pode ser pensado de maneira semelhante. Um tailandês se identifica com seu búfalo da mesma maneira como um inglês com seu cachorro. Quando criança, ele o pastoreia nos campos e passa longas horas dormindo em seu lombo, debaixo do sol quente. Quando adulto, ele pragueja através do animal — e literalmente, porque as palavras para *búfalo* e *pênis* são bastante próximas, em termos sonoros, para proporcionar magníficas oportunidades de trocadilhos. Ele atribui uma existência ética a seu búfalo, pois não o faz trabalhar, ao contrário dos outros animais, no dia de descanso budista. E não o come. O búfalo é um bom prato em ocasiões rituais, mas deve vir de outras famílias ou de outras aldeias.

O búfalo se adapta nos lares tailandeses de uma maneira bem peculiar, pois as casas também são lugares peculiares. São construídas sobre palafitas segundo uma disposição espacial rigorosa. O dormitório fica na face norte, separado de uma sala de visitas ou quarto de hóspedes por uma soleira, e é internamente dividido numa seção voltada para o oeste, destinada às filhas ou a uma filha casada e o genro, e numa seção para o leste, reservada aos pais. (Os filhos do sexo masculino dormem com os pais até a adolescência, quando então passam para o aposento dos hóspedes.) O pai dorme à esquerda de sua mulher, na parte mais oriental do dormitório, e no extremo oposto do genro, que dorme na ponta ocidental. Essa disposição reforça os tabus sexuais, pois o genro nunca pode passar para a parte leste, nem dormir ao lado das irmãs de sua mulher. E os tabus coincidem com os valores espaciais, pois o leste é considerado sagrado, auspicioso e masculino, em oposição ao oeste impuro, não auspicioso e feminino. Em um nível mais baixo, está situado um lavatório no extremo oeste da casa, e o espaço sob ele é tido como especialmente sujo. O búfalo fica amarrado sob a área do dormitório. Se por acaso ele se soltasse e fosse chafurdar nos excrementos debaixo do lavatório, traria uma grande infelicidade para a casa, e seria preciso proceder a um ritual especial para afastar a má sorte.

Na taxonomia tailandesa, o búfalo convive com todos os tipos de animais, alguns bons para comer (o rato da floresta, que pertence inequivocamente ao reino selvagem), alguns não (a lontra, que vai e vem entre a terra e a água). Tambiah faz um levantamento de todos eles, mapeia o espaço do lar e percorre as regras de etiqueta e casamento. Em seguida, arruma os dados num diagrama, que pode ser lido na horizontal e na vertical, para ter as homologias. O diagrama mostra que os tabus formam uma série coerente: o incesto corresponde a uma passagem do genro para a área do dormitório dos pais, e a um búfalo chafurdando embaixo do lavatório. A série pode ser transposta em equivalências positivas: o casamento recomendado corresponde a entreter os parentes na sala de visitas e a banquetear o búfalo criado por uma outra família. As regras espaciais, sexuais e alimentares fazem parte do mesmo sistema de relações, e o diagrama funciona como uma grade cultural.[12]

Bem, é verdade que os diagramas estruturais em antropologia mais parecem as instruções de um *kit* de rádio do que a anatomia de uma cultura. Os antropólogos às vezes se enredam no formalismo. Mas, quando o ímpeto diagramático dá forma aos dados etnográficos, conseguem casar o formalismo com o trabalho de campo e dar-nos uma lição: os símbolos funcionam não só por causa de seu poder metafórico, mas também devido à sua posição dentro de um quadro cultural.

Essas considerações — o caráter polissêmico dos símbolos, o valor ritual dos animais e o quadro cultural que dá sentido aos símbolos e aos animais — podem nos ajudar a entender aquele episódio estranho, o massacre ritual dos gatos por trabalhadores numa gráfica em Paris, por volta de 1730. Não quero insistir num assunto que já discuti, mas acho que talvez valha a pena observar mais uma vez o massacre de gatos, para ver como a teoria antropológica pode contribuir na análise de um problema histórico.[13]

O problema começa pelas dificuldades na documentação. Só temos notícia do massacre por um relato escrito muitos anos depois por um de seus organizadores, Nicolas Contat. Ainda que seja possível situar Contat numa gráfica realmente existente e confirmar vários detalhes de sua narrativa, não há como ter certeza de que tudo se passou exatamente da maneira como ele disse. Pelo contrário, temos de dar um desconto pelos elementos estilizados em seu texto. Este faz parte de um gênero de autobiografia de trabalhadores que se tornou famoso com dois contemporâneos seus, Benjamin Franklin e Nicolas Edmé Restif de la Bretonne, do setor gráfico. E o texto ainda inclui elementos de dois outros gêneros: a *misère*, ou seja, o lamento burlesco sobre a vida dura dos trabalhadores em determinados ofícios, e o manual técnico, uma espécie de literatura de "como fazer", popular entre os impressores. Na medida em que Contat montou seu texto de acordo com as limitações desses gêneros, não podemos tratá-lo como se fosse uma janela que ofereceria uma visão sem distorções de sua experiência.[14]

Mas, depois de gerações de luta para descobrir "o que realmente aconteceu", os historiadores aprenderam a enfrentar os problemas documentais. E, se querem entender o que um acontecimento realmente significou, nada impede que tirem partido dos mesmos elementos que podem distorcer um texto enquanto reportagem. Situando sua narrativa de maneira padronizada, baseando-se em imagens convencionais e recorrendo a associações usuais, um escritor passa um sentido sem torná-lo explícito. Ele introduz o significado em sua história, pela maneira como a relata. E, quanto mais comum essa maneira, menos idiossincrática é a sua mensagem. Se ele adota um estilo demasiado oracular, não será entendido, pois a inteligibilidade depende de um sistema comum de sentidos, e os sentidos são compartilhados socialmente. Desse modo, podemos ler um texto como o de Contat não para descobrir todos os quens, quês, ondes e quandos de um acontecimento, mas para ver o que o acontecimento significou para as pessoas que dele participaram. Tendo ensaiado uma interpretação, podemos ir para outros documentos — coletâneas de provérbios da época, folclores, autobiografias, manuais gráficos e *misères* — para tentar comprová-la. Indo e vindo entre a narrativa e a documentação em torno, conseguiríamos delinear a dimensão social do sentido — "pegar" o massacre dos gatos, assim como conseguimos pegar "Fiji $ 499".

Sem passar novamente por todo o material, creio que é importante assinalar que o relato de Contat sobre o massacre toma como ponto de partida as *misères* dos dois aprendizes, Jérôme (o equivalente ficcional de Contat) e Léveillé. O mestre os explora, fá-los dormir num telheiro frio e visguento no pátio da oficina, e dá-lhes de comer uma comida tão podre e rançosa que nem os gatos da casa chegariam perto. Como em muitas *misères*, o tom é mais humorado do que zangado. Os aprendizes eram considerados como alvo de brincadeiras e maus-tratos, uma espécie de trote tido como apropriado para a posição deles entre a infância e a idade adulta. Contat recheia seu relato de descrições dos ritos de iniciação que marcavam a chegada dos aprendizes à oficina e sua integração, ao final, no mundo dos oficiais. Como outros personagens liminares, eles experimentam os limites das normas adultas pregando peças e arrumando problemas. Quando ludibriam o mestre e fazem com que ele, inadvertidamente, mande matar o gatinho de estimação de sua mulher, *la grise*, o incidente contém todos os ingredientes de uma farsa comum.

Mas Contat relata a brincadeira de uma forma que a coloca no contexto de uma animosidade mais profunda entre os trabalhadores e o mestre. No início de sua narrativa, ele invoca um passado místico, quando as gráficas eram verdadeiras "repúblicas" onde mestres e oficiais viviam juntos como iguais, dividindo a mesma comida e o mesmo trabalho. Num passado recente, porém, os mestres — ou *bourgeois*, como eram chamados — tinham excluído os oficiais dos cargos de mestre e diminuíram seus salários contratando trabalhadores semiqualificados (*alloués*). Documentos dos arquivos da corporação de livreiros parisienses confirmam que a posição dos oficiais realmente se deteriorou entre o final do século XVII e o começo do século XVIII. Mas Contat vai além da questão salarial, e passa para o desenvolvimento de subculturas incompatíveis. Em muitos pontos, ele mostra que os oficiais faziam todo o serviço enquanto o mestre dormia até tarde, ceava com extravagância, adotava ares de falsa fidalguia e carolice fanática, geralmente se recolhendo a um modo de vida alheio a ele, de tipo burguês.

Os gatos sintetizam essa ruptura dos costumes populares. Para o *bourgeois*, eram bichinhos de estimação. De fato, Contat dizia que a mania de criar gatos tomara conta dos mestres das oficinas gráficas. Um deles tinha 25 gatos. Dava-lhes os petiscos mais finos de sua mesa e até mandara pintar seus retratos. Os trabalhadores não viam os animais como bichos de estimação. Para eles, os gatos domésticos eram como gatos dos becos — bons para dar cabo em ocasiões de festa como o dia de são João, quando eram queimados aos sacos, ou durante os charivaris, quando lhes arrancavam os membros ("*faire le chat*", como diziam em Dijon). Os gatos também possuíam uma qualidade satânica. Passeavam à noite como amigos das bruxas e copulavam medonhamente nos sabás noturnos das feitiçarias. Quando um gato cruzava o caminho de alguém, era comum que a pessoa se defendesse mutilando-o com um cacete. No dia seguinte, ver-se-ia uma velha megera suspeita com um membro quebrado ou cheia de contusões. Em muitas práticas e provérbios supersticiosos, os gatos estavam relacionados com os lares, principalmente com a dona da casa, e especificamente com seus órgãos genitais. *Pussy* [xoxota] — em francês, *le chat* e em particular o feminino *la chatte* — significava a mesma coisa na gíria francesa do século XVIII que significa hoje no inglês coloquial. Uma moça que engravidasse tinha "deixado que o gato fosse até o queijo". E os homens que gostavam de gatos tinham um jeito especial com as mulheres: "Se ele ama o seu gato, ama sua mulher".

Contat evoca esses lugares-comuns do folclore francês ao longo de sua narrativa. Ele deixa explícita a ligação com a feitiçaria, relaciona os cuidados com *la grise* ao "respeito pela casa" e dá a entender que existe um elemento sexual na identificação da dona de casa com seu gato. Ela surge como uma mulher luxuriosa que conjuga uma "paixão por gatos" a um gosto em cornear o marido. Tendo os aprendizes matado *la grise*, Contat explica o que o "assassinato" significou para o marido e a mulher: "Para ela, eles haviam lhe tirado uma gata sem igual, que ela amava até a loucura, e para ele, eles tinham tentado manchar sua reputação". O episódio todo mostrava que os gatos eram ótimos para pensar.

E mostrava também que possuíam um grande valor ritual, pois o massacre seguiu um roteiro que reunia toda uma série de rituais. Começou como uma brincadeira típica, que os aprendizes inventaram em resposta a uma *misère* igualmente típica: a falta de sono. Eles têm de se levantar ao romper da aurora para abrir o portão para os primeiros oficiais que chegam para trabalhar. E sentem uma grande dificuldade em dormir à noite, porque um bando de gatos de rua decidiu ficar miando perto de seu dormitório miserável. O *bourgeois*, que se entrega a *grasses matinées* tal como à *haute cuisine*, dorme a noite inteira. Assim, os rapazes resolvem tirar uma desforra. Léveillé, um "ator perfeito" que consegue imitar qualquer coisa, dispara pelo telhado "como um gato" e fica uivando com tanta força do lado de fora da janela do mestre que o velho não consegue mais dormir.

O mestre é tão supersticioso em termos religiosos quão despótico na direção de sua oficina. Ele conclui que algumas feiticeiras lançaram um sortilégio e encarrega os rapazes de acabarem com os "animais malignos". Depois de se armarem com barras dos prelos e outras ferramentas do ofício, Jérôme e Léveillé comandam os trabalhadores numa alegre caça aos gatos. A dona da casa havia lhes recomendado que não assustassem *la grise*, e por isso eles a liquidam em primeiro lugar e enfiam seu corpo numa calha. A seguir, todos os trabalhadores entram em ação, destroçando a população felina de todo o bairro e amontoando os corpos semimortos no pátio da oficina. Os trabalhadores nomeiam os guardas, um juiz, um confessor e um carrasco, e passam a julgar e condenar suas vítimas. Então enforcam-nas, rindo às gargalhadas. A dona da casa vem correndo e solta um guincho, no momento em que julga ver *la grise* balançando na ponta de um laço. Os trabalhadores lhe garantem que não fariam uma coisa dessas: "Eles respeitam demais a casa. Chega o *bourgeois*. 'Ah! Os patifes', diz ele. 'Em vez de trabalharem, estão matando gatos.' Madame a Monsieur: 'Esses homens maus não podem matar os mestres, então mataram minha gatinha'". Enquanto os trabalhadores estouram de rir, o mestre e a senhora se retiram humilhados, ele resmungando sobre o tempo de trabalho perdido, ela lamentando sua *chatte* perdida. "A ela parece que nem todo o sangue dos trabalhadores bastaria para redimir o insulto."

Nas semanas seguintes, Léveillé repete a farsa sem parar, encenando pantomimas — conhecidas como "cópias" — na oficina. Ele sabe improvisar números com a mesma habilidade dos vaudevillianos nos teatros de rua na Foire Saint Germain, a algumas quadras de distância. Os oficiais aplaudem à sua maneira tradicional, batendo as ferramentas e balindo feito cabras. Com essa música grosseira, usual nos charivaris, eles visam ao *bourgeois*. Pois é ele o alvo da brincadeira. Arranjaram um jeito de enfurecê-lo. Vezes sem conta, ele cai vítima de uma espécie de *vaudeville* de oficina, que na gíria dos trabalhadores chama-se *joberie*. Ele é várias vezes julgado e condenado num processo simulado, como as cenas burlescas de tribunal que são representadas pelos trabalhadores na festa de são Martinho, quando acertam contas pelas infrações de seu código profissional. Todo o episódio transcorre num espírito de folia carnavalesca. Como no Mardi Gras (Terça-Feira Gorda), quando os rapazes cantam músicas grosseiras zombando dos cornudos, os aprendizes assumem a liderança: “Monsieur Léveillé e Jérôme, seu camarada, presidem à festa”. E multiplicam a animação transformando o carnaval numa caça às bruxas. O mutilamento dos gatos passa por uma maneira habitual de se defender contra a feitiçaria. Mas os rapazes haviam antes falseado o enfeitiçamento, de modo que podem explorar a credulidade do mestre para insultar a mulher dele. Ao espancarem seu animalzinho da intimidade, eles a acusam de ser uma bruxa, e então completam o insulto jogando com as associações sexuais da *chatte* — um caso de estupro metonímico, o equivalente simbólico do assassinato, ainda que ela não possa acusá-los senão de grosseria, pois eles disfarçaram suas intenções sob a metáfora.

É claro que a metáfora também reforçou essas intenções, e transmitiu mensagens diferentes para diferentes pessoas. Contat relata o massacre do ponto de vista dos trabalhadores, e assim ele aparece basicamente como uma humilhação do *bourgeois*. Para eles, nada poderia ser mais insultante para o patrão do que um ataque a seu bem mais querido, *la chatte* de sua mulher. A reação da mulher dá a entender que ela percebeu que a agressão passou de sua gata para a sua pessoa e seu marido. Daí seu comentário, que de outra forma seria uma inferência falsa: “Esses homens maus não podem matar os mestres, então mataram *ma chatte*”. Mas o mestre era obtuso demais para perceber até onde fora logrado, e apenas se enfureceu com a perda de trabalho provocada pela bufonaria.

Mesmo que o humor talvez não resista a muita análise, creio que é válido concluir que a brincadeira deu certo porque os rapazes conseguiram jogar com todas essas variações dos temas culturais correntes. Tiveram uma encenação de virtuoses: simbolismo polissêmico junto com um ritualismo polimórfico. Os símbolos fizeram ressoar toda uma cadeia de associações, de cima a baixo — dos gatos à dona da casa, ao mestre e a todo o sistema de justiça e ordem social parodiado no julgamento. Os rituais se encaixam entre si, de forma que os trabalhadores podiam ir e vir entre quatro modelos básicos. Converteram um rodeio de gatos numa caça às bruxas, numa festa de carnaval, num julgamento e numa variedade lasciva de teatro de rua. É verdade que não executaram nenhum desses rituais em seus detalhes completos. Isso excluiria a possibilidade de invocar os demais. Se tivessem queimado os gatos, ao invés de enforcá-los, teriam ficado mais próximos da tradição festiva do Mardi Gras e da festa de são João, mas teriam sacrificado o legalismo cerimonial ligado aos processos penais e à festa de são Martinho. Se tivessem deixado de lado as músicas grosseiras, teriam criado um clima de tribunal mais autêntico, mas não teriam conseguido exprimir a ideia de enfurecer o mestre (fazê-lo "*prendre la chèvre*") e transformar a oficina num teatro. Em suma, eles jogaram com as cerimônias da mesma forma como jogaram com os símbolos, e, para entender seus malabarismos, não podemos ser muito esquemáticos nem muito literais para captar o sentido da brincadeira. Se insistirmos em procurar um charivari completo ou um processo inteiro por feitiçaria no texto de Contat, o significado do episódio nos escapará. Pois Contat mostrou que os trabalhadores lançavam mão de pedaços e trechos de rituais, em medida suficiente para transmitir a mensagem e explorar todo o leque de sentidos, associando uma e outra forma tradicional. O massacre foi engraçado porque virou um jogo de trocadilhos rituais.[15]

Bem, esse tipo de interpretação com um final em aberto pode deixar o leitor pouco à vontade. Os historiadores gostam de descobrir e fixar bem as coisas, e não de revelá-las meio às soltas. Vai contra o feitio da profissão afirmar que os símbolos podem significar muitas coisas ao mesmo tempo, que eles podem ocultar e simultaneamente revelar seus sentidos, que os rituais podem se reunir uns nos outros, e que os trabalhadores podem citá-los, jogando com os gestos da mesma maneira que os poetas jogam com as palavras. Será que isso não leva ao risco de um excesso de interpretação? De converter uns artesãos sujos em intelectuais? Como uma forma de resposta, eu frisaria que não estou pretendendo dizer que todos os trabalhadores tenham extraído todo o sentido do episódio. Provavelmente alguns se divertiram com a pancadaria nos gatos e ficaram por aí mesmo, enquanto outros liam nela todos os tipos de significados. Creio que o massacre dos gatos foi como a encenação de uma peça: podia ser interpretado de maneiras diferentes pelas diferentes pessoas, atores e igualmente espectadores. Mas não poderia significar toda e qualquer coisa, da mesma forma como *The Wizard of Oz* [*O mágico de Oz*] não pode transmitir toda a gama de ideias e emoções de *King Lear* [*Rei Lear*]. Apesar de toda a sua multivocidade, os rituais encerram restrições internas. Baseiam-se em modelos estabelecidos de comportamento e num leque dado de sentidos. O historiador pode explorar esse leque e mapeá-lo com uma certa precisão, mesmo que não tenha como saber exatamente quais os usos feitos dele.

Mas como compensar as falhas nas provas históricas? Não posso tomar o texto de Contat como uma prova de que a mulher do mestre tenha realmente dito: "Esses homens maus não podem matar os mestres". Essas palavras representam apenas a versão de Contat sobre a reação dela ao massacre, muito tempo depois de sua ocorrência. Todavia, a frase exata não interessa tanto quanto as associações por ela evocadas. A narrativa de Contat pode ser imprecisa nos detalhes, mas baseia-se em noções convencionais, que relacionam os gatos com a feitiçaria, a domesticidade e a sexualidade, e que podem ser confirmadas numa série de outras fontes. Essas conexões fazem parte de um sistema de relações ou, se ainda se pode empregar o termo, de uma estrutura. A estrutura dá o quadro para cada narrativa e se mantém constante, ao passo que os detalhes variam em cada relato, da mesma exata maneira que ocorre nas narrações de contos populares e nas encenações dos rituais entre os camponeses gregos, os moradores das florestas africanas, os aldeões tailandeses e os montanheses da Nova Guiné.[16]

Creio que é possível apresentar formalmente esse argumento sem que isso signifique a adesão a alguma variedade complexa, e talvez ultrapassada, de estruturalismo. O relato diz respeito a um conjunto de oposições — entre homens e animais, patrões e empregados, vida doméstica e vida selvagem, cultura e natu-

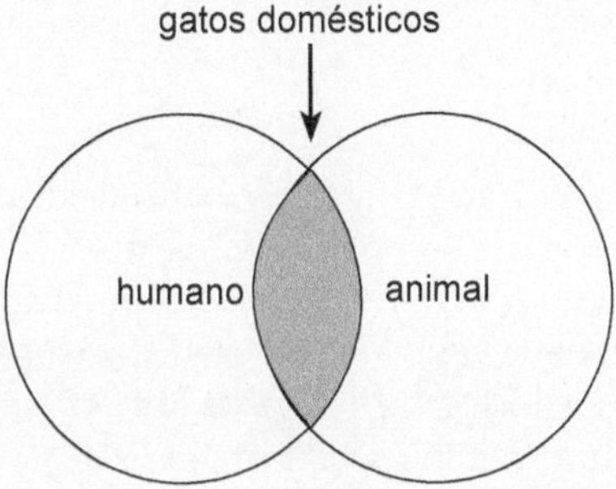

Figura 3

reza. Nesse esquema, os aprendizes e os gatos domésticos são termos intermediários. Os aprendizes operam na fronteira entre a oficina e o mundo exterior. Como encarregados do portão, eles deixam entrar os trabalhadores que vêm da rua, e, como rapazes errantes, batem perna pela cidade de dia, mas dormem na casa à noite. Sob alguns aspectos, são tratados como crianças, mas em outros como trabalhadores, pois são criaturas no limiar, entre a infância e a idade adulta. Os gatos de estimação também pertencem parcialmente ao mundo exterior, à esfera dos gatos de rua e da animalidade, e, no entanto, vivem dentro de casa e são tratados com mais humanidade do que os rapazes. Como uma criatura intermediária de especial importância e favorita de sua dona, *la grise* é um tabu todo especial. A dona da casa recomenda aos rapazes que se mantenham à distância dela, e Contat se refere à sua eliminação como um "assassinato". Ela ocupa um espaço ambíguo, como o de muitos animais ritualmente poderosos em diversos diagramas etnográficos (ver figura 3).

Os aprendizes ocupam o mesmo espaço. De fato, é um território disputado, pois a narrativa começa com a rivalidade entre os rapazes e os gatos. Competem pela comida (os rapazes

Mestre - Dona da casa	Aprendizes	Gatos domésticos	Gatos vira-latas
humano +	humano +	animal -	animal -
comida humana +	comida animal -	comida humana +	comida animal -

Figura 4

recebem comida de gato, os gatos recebem comida de gente) e também por uma posição próxima do mestre e da patroa dentro do lar. Abstraídas da narrativa e dispostas em diagrama, as posições equivalem às da figura 4. Na verdade, os gatos substituíram os rapazes na posição privilegiada junto ao mestre e à dona da casa. Na velha "república" do ofício gráfico, os aprendizes teriam partilhado a mesa do mestre. Mas agora foram enxotados para a cozinha, ao passo que os gatos de estimação gozam de um livre acesso à sala de jantar. Essa inversão dos comensais foi a injustiça que armou o palco para o massacre. Ao enforcar os gatos (um castigo humano aplicado a animais), os rapazes inverteram a situação e restauraram a ordem na zona liminar, onde era maior o risco de confundir as categorias.

O pequeno drama doméstico assumiu um grande peso simbólico porque veio a se vincular à questão séria das relações de trabalho, que os trabalhadores também expressavam numa linguagem simbólica. Num glossário em anexo a seu relato, Contat registrou usos que podem ser comprovados em muitos manuais do ofício gráfico. Os trabalhadores aplicavam termos animais a si próprios: os impressores eram "ursos" e os compositores eram "macacos". Quando faziam músicas grosseiras, baliam como cabras. E, quando brigavam, empinavam-se para trás, soltavam "béés" (*bais*) de desafio e se atracavam como bodes (enfurecer-se era "*prendre la chèvre*"). Os trabalhadores faziam parte do mundo bravio das ruas, o mundo habitado pelos gatos dos becos, que representam os animais em sua forma mais crua, uma animalidade de cópulas e berreiros próprios do cio, que comparece no relato como a antítese da ordem doméstica do lar burguês. Assim, o drama pôs em movimento um sistema de relações que pode ser reduzido a um diagrama final (ver figura 5).

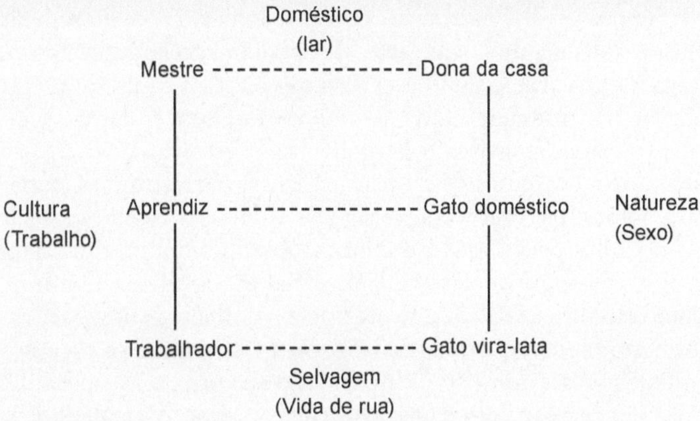

Figura 5

Lido na horizontal, o diagrama traça as relações de identidade; lido na vertical, traça relações de oposição. Os aprendizes e os bichos de estimação ainda operam como termos intermediários, mas ocupam um campo maior de categorias contraditórias: o mundo doméstico ou caseiro *versus* o mundo da selvageria e da vida de rua, a esfera da cultura e do trabalho *versus* a esfera da natureza e do sexo. Os cantos do diagrama definem posições onde as dimensões se reúnem. O mestre fica na junção entre trabalho e domesticidade, a dona da casa na junção entre domesticidade e sexualidade, os gatos de rua na junção entre sexo e selvageria, os trabalhadores na junção entre selvageria e trabalho. Devido ao risco de insubordinação aberta, os trabalhadores canalizavam sua agressão pela rota mais tortuosa: atacaram a patroa através dos gatos, e o mestre através da patroa. Mas, com isso, mobilizaram todos os elementos de seu mundo. Não se limitaram a puxar o nariz do patrão. Encenaram um levante geral — dos trabalhadores contra os mestres e de toda a esfera da natureza violenta, desenfreada e libidinal contra a ordem disciplinada do trabalho, da cultura e da domesticidade.

Sei que os diagramas parecem mecânicos. Parecem reduzir a humanidade a um esqueleto. Mas podem revelar a estrutura, e, querendo carne e sangue, podemos voltar ao relato ou tentar imaginar o massacre como realmente foi, com todas as pelagens e coágulos, gritos e gargalhadas. Neste caso, porém, só podemos recorrer à nossa imaginação e à narrativa de Contat. Para obter uma interpretação rigorosa, temos de tentar avançar dos detalhes para o quadro cultural que lhes conferia sentido, reunindo a análise formal e o material etnográfico. Se minha tentativa falhou, espero que ela possa, ao menos, abrir o caminho para algo que tenha mais êxito. E, se toda essa caça aos símbolos leva a um beco sem saída, o historiador etnográfico pode se consolar com a ideia de escapar para um trabalho de campo em pastos mais verdejantes: "Fiji $ 499".

NOTAS E REFERÊNCIAS

1. O BEIJO DE LAMOURETTE [pp. 22-39]

Este ensaio foi publicado originalmente em *The New York Review of Books* (19 jan. 1989): 3-10.

2. QUE A POLÔNIA SEJA A POLÔNIA [pp. 40-52]

Este ensaio foi publicado originalmente em *The New York Review of Books* (16 jul. 1981): 6-10.

3. CINEMA: DANTON E O DUPLO SENTIDO [pp. 54-68]

Este ensaio foi publicado originalmente em *The New York Review of Books* (16 fev. 1984): 19-24.

1. Para uma versão recente dessa tradição, ver *Nouvelle histoire de la France contemporaine*, publicada por Le Seuil. A tradução do volume 2 dessa série acabou de ser publicada pela Cambridge University Press: *The Jacobin Republic, 1792-1794*, de Marc Bouloiseau.

2. Por exemplo, ver Michel Foucault, *Power/knowledge: selected interviews and other writings, 1972-1977*, org. Collin Gordon (Nova York, 1980).

3. Ver François Furet, *Penser la Révolution Française* (Paris, 1978).

4. TELEVISÃO: UMA CARTA ABERTA A UM PRODUTOR DE TV [pp. 69-75]

Esta carta foi escrita como um relatório sobre um roteiro de tevê para uma grande rede. O roteiro serviu como base para uma "dramatização" que foi transmitida por todo o país, mas felizmente não em sua forma original. Como o relatório não se destinava a publicação, considerei melhor eliminar as referências à rede e seus empregados, inclusive o próprio produtor.

5. JORNALISMO: TODA NOTÍCIA QUE COUBER, A GENTE PUBLICA [pp. 76-109]

Este ensaio foi publicado originalmente em *Daedalus* (primavera, 1975): 175-94. Ele deve muito a conversas com Robert Merton, que foi bolsista junto comigo no Centro de Estudos Avançados em Ciências Comportamentais em Stanford, Califórnia, em 1973-4. Meu irmão John, que entrou no *The Times* depois que eu tinha saído do jornal e subiu do nível de arquivista para editor metropolitano, fez uma leitura crítica e prestimosa do ensaio, mas não deve ser considerado responsável por nada aqui exposto.

Como este ensaio não pretende ser um estudo sociológico formal, não anexei uma bibliografia. Na verdade, eu o redigi antes de ler a literatura sociológica sobre o jornalismo, e mais tarde, passando por essa literatura, descobri que diversos estudiosos haviam empreendido análises inteligentes e minuciosas de algumas questões que eu havia tentado entender introspectivamente. Mas grande parte de seus estudos diz respeito à postura dos jornalistas, comprometidos com um espírito profissional de objetividade, frente às tendências políticas de seus jornais. É esta linha de análise que vai do estudo clássico de Warren Breed, "Social control in the newsroom: a functional analysis", in *Social Forces* 33 (maio 1955): 326-35, a trabalhos mais recentes: Walter Gieber, "Two communicators of the news: a study of the roles of sources and reporters", in *Social Forces* 39 (out. 1960): 76-83, e "News is what newspapermen make it", in *People, society, and mass communication*, org. L. A. Dexter e D. M. White (Nova York, 1964), pp. 173-80; R. W. Stark, "Policy and the pros: an organizational analysis of a metropolitan newspaper", in *Berkeley Journal of Sociology* 7 (1962): 11-31; D. R. Bowers, "A report on activity by publishers in directing newsroom decisions", in *Journalism Quarterly* 44 (primavera 1967): 43-52; R. C. Flegel e S. H. Chaffee, "Influence of editors, readers, and personal opinions on reporters", in *Journalism Quarterly* 48 (inverno 1971): 645-51; Gaye Tuchman, "Objectivity as strategic ritual: an examination of newsmen's notions of objectivity", in *American Journal of Sociology* 77 (jan. 1972): 660-79, e "Making news by doing work: routinizing the unexpected", in *American Journal of Sociology* 79 (jul. 1973): 110-31; Lee Sigelman, "Reporting the news: an organizational analysis", in *American Journal of Sociology* 79 (jul. 1973): 132-49. Apesar de toda a sua importância, o problema da tendência política não se impõe diretamente em grande parte do noticiário, exceto no caso dos repórteres das áreas políticas; no entanto, a reportagem em geral toca em aspectos fundamentais da sociedade e da cultura. Encontrei poucas análises dos aspectos socioculturais do jornalismo, e pareceu-me que seria muito proveitoso que os futuros estudos prosseguissem na abordagem mais ampla e mais historicizada, desenvolvida por Helen

MacGill Hughes em *News and the human interest story* (Chicago, 1940). Um deles, escrito após a publicação original deste ensaio, é o de Michael Schudson, *Discovering the news: a social history of American newspapers* (Nova York, 1978).

A sociologia do noticiário poderia utilizar as ideias e técnicas desenvolvidas na sociologia do trabalho. Considerei os estudos inspirados por Robert E. Park, um jornalista que virou sociólogo, e Everett C. Hughes, sucessor de Park na "escola de Chicago" em sociologia, de grande proveito para analisar minha experiência pessoal. Ver em especial Everett C. Hughes, *Men and their work* (Glencoe, Illinois, 1958) e *The sociological eye: selected papers* (Chicago/ Nova York, 1971); o número de *The American Journal of Sociology* dedicado a "The sociology of work" v. 57, nº 5 (mar. 1952); Robert Merton, George Reader e Patricia Kendall, orgs., *The student-physician: introductory studies in the sociology of medical education* (Cambridge, Massachusetts, 1957), e John van Maanen, "Observations on the making of policemen", in *Human Organization* 32 (inverno 1973): 407-19.

Entre a literatura crescente sobre a cultura popular, sinto-me particularmente em débito para com os trabalhos de: Robert Mandrou, *De la culture populaire aux 17e et 18e siècles* (Paris, 1964); J. P. Seguin, *Nouvelles à sensation: canards du XIXe siècle* (Paris, 1959): Marc Soriano, *Les Contes de Perrault, culture savante et tradition populaire* (Paris, 1968); E. P. Thompson, *The making of the English working class*, 2. ed. (Nova York, 1966); Richard D. Altick, *The English common reader: a social history of the mass reading public* (Chicago, 1957). Como exemplos de estudos sobre versos infantis e folclore, ver Iona e Peter Opie, *The Oxford Dictionary of nursery rhymes* (Oxford, 1966), e Paul Delarue, *The borzoi book of French folk tales* (Nova York, 1956), que trazem versões primitivas de contos infantis. Recomendo em especial "Where are you going my pretty maid?" ["Onde você está indo, minha mocinha bonita?"] e "Little Red Riding Hood" ["Chapeuzinho Vermelho"].

1. A disposição e o pessoal da sala de redação mudaram completamente desde minha saída do *The Times*, em 1964, e é claro que boa parte dessa descrição não corresponde a outros jornais, que dispõem de uma organização e princípios próprios.

2. J. P. Seguin, *Nouvelles à sensation: canards du XIXe siècle* (Paris, 1959), pp. 187-90.

6. PUBLICAÇÃO: UMA ESTRATÉGIA DE SOBREVIVÊNCIA PARA AUTORES ACADÊMICOS [pp. 110-9]

Este ensaio foi publicado em *The American Scholar* 52 (1983): 533-7. Descreve o setor editorial acadêmico tal como eu o observei estando no conselho editorial da Princeton University Press, entre 1978 e 1982. Desde então, os procedimentos editoriais sofreram algumas modificações; o número dos manuscritos encaminhados e o número de livros publicados continuam a aumentar, e o caráter das monografias acadêmicas continua o mesmo. Os títulos aqui citados, que ilustram esse monografismo alastrante, correspondem a trabalhos que foram submetidos à apreciação da editora durante meus quatro anos de permanência no conselho.

7. O QUE É A HISTÓRIA DOS LIVROS? [pp. 122-49]

Este ensaio foi publicado originalmente em *Daedalus* (verão 1982): 65:83. Desde então, tentei desenvolver esses temas num ensaio sobre a história da leitura (Capítulo 9) e em "Histoire du livre — Geschichte des Buchwesens: an agenda for comparative history", in *Publishing History* 22 (1987): 33-41.

1. Para exemplos deste trabalho, ver, além dos livros citados no ensaio, Henri-Jean Martin, *Livre, pouvoirs et société à Paris au XVIIe siècle (1598-1701)* (Genève, 1969), 2 v.; Jean Quèniart, *L'imprimerie et la librairie à Rouen au XVIIIe siècle* (Paris, 1969); Renè Moulinas, *L'imprimerie, la librairie et la presse à Avignon au XVIIIe siècle* (Grenoble, 1974); Frédéric Barbier, *Trois cents ans de librairie et d'imprimerie*: *Berger-Levrault, 1676-1830* (Genève, 1979), na coleção "Histoire et civilisation du livre", que inclui diversas monografias compostas segundo linhas semelhantes. Boa parte dos estudos franceses têm sido publicados como artigos na *Revue française d'histoire du livre*. Para um levantamento desse campo, feito por dois de seus colaboradores mais importantes, ver Roger Chartier e Daniel Roche, "Le livre, un changement de perspective", in *Faire de l'histoire* (Paris, 1974), III: 115-36, e Chartier e Roche, "L'histoire quantitative du livre", in *Revue française d'histoire du livre* 16 (1977): 3-27. Para avaliações favoráveis de dois companheiros de percurso americanos, ver Robert Darnton, "Reading, writing, and publishing in eighteenth-century France: a case study in the sociology of literature", in *Daedalus* (inverno 1971): 214-56, e Raymond Birn, "Livre et société after ten years: formation of a discipline", in *Studies on Voltaire and the Eighteenth-Century* 151 (1976): 287-312.

2. Como exemplos dessas abordagens, ver Theodore Besterman, *Voltaire* (Nova York, 1969), pp. 433-4; Daniel Mornet, "Les enseignements des bibliothèques privées (1750-1780)", in *Revue d'histoire littéraire de la France* 17 (1910): 449-92, e os estudos bibliográficos que estão sendo preparados sob a direção da Fundação Voltaire, que substituirão a bibliografia superada de Georges Bengesco.

3. A exposição que se segue baseia-se nas 99 cartas do dossiê de Rigaud, nos papéis da Société Typographique de Neuchâtel, Bibliothèque de la Ville

de Neuchâtel, Suíça (doravante citada como STN), complementadas por outros materiais relativos ao tema, dos enormes arquivos da STN.

4. Rigaud a STN, 27 de julho de 1771.

5. O modelo das encomendas de Rigaud fica evidente a partir de suas cartas à STN e dos "Livres de Commission" da STN, que arrolavam suas encomendas. Rigaud incluiu catálogos de suas principais propriedades em suas cartas de 29 de junho de 1774 e 23 de maio de 1777.

6. Madeleine Ventre, *L'imprimerie et la librairie en Languedoc au dernier siècle de l'Ancien Régime* (Paris/Haia, 1958), p. 227.

7. B. André a STN, 22 de agosto de 1784.

8. *Manuel de l'auteur et du libraire* (Paris, 1777), p. 67.

9. Jean-François Favarger a STN, 29 de agosto de 1778.

10. O *procès-verbal* das batidas encontra-se na Bibliothèque Nationale, ms. français 22 075, fl. 355.

11. Fontanel a STN, 6 de março de 1781.

12. STN a Gosse e Pinet, livreiros de Haia, 19 de abril de 1770.

13. STN a Voltaire, 15 de setembro de 1770.

14. Esta exposição se baseia na correspondência da STN com os intermediários em todas as suas rotas, principalmente com os agentes de despacho Nicole e Galliard de Nyon e Secrétan e De la Serve de Ouchy.

15. Rigaud a STN, 28 de agosto de 1771.

16. Robert Darnton, *The business of Enlightenment: a publishing history of the Encyclopédie 1775-1800* (Cambridge, Massachusetts, 1979), pp. 273-99.

17. Anônimo, "État et description de la ville de Montpellier, fait en 1768", in *Montpellier en 1768 et en 1836 d'après deux manuscrits inédits*, org. J. Berthelé (Montpellier, 1909), p. 55. Essa valiosa descrição de época sobre Montpellier é a principal fonte do relato acima.

18. C. E. Labrousse, *La crise de l'économie française à la fin de l'Ancien Régime et au début de la Révolution* (Paris, 1944).

19. Ventre, *L'imprimerie et la librairie en Languedoc*; François Furet, "La 'librairie' du royaume de France au 18e siècle" in *Livre et société*, 1, 3-32, e Robert Estivals, *La statistique bibliographique de la France sous la monarchie au XVIIIe siècle* (Paris/Haia, 1965). A obra bibliográfica será publicada sob os auspícios da Fundação Voltaire.

20. John Lough, *Writer and public in France from the Middle Ages to the present day* (Oxford, 1978), p. 303.

21. Para levantamentos e coletâneas de pesquisas alemãs recentes, ver Helmuth Kiesel e Paul Münch, *Gesellschaft und Literatur im 18. Jahrhundert. Voraussetzung und Entstehung des literarischen Marktes in Deutschland* (München, 1977); *Aufklärung, Absolutismus und Bürgentum in Deutschland*, org. Franklin Kopitzsch (München, 1976), e Herbert G. Göpfert, *Vom Autor zum Leser* (München, 1978).

22. Marino Berengo, *Intellettuali e librai nella Milano della Restaurazione*

(Torino, 1980). De modo geral, porém, a versão francesa da *histoire du livre* teve uma acolhida menos calorosa na Itália do que na Alemanha: ver Furio Diaz, "Metodo quantitativo e storia delle idee" in *Rivista storica italiana* 78 (1966): 932-47.

23. A. S. Collins, *Authorship in the days of Johnson* (Londres, 1927), e *The profession of letters* (1780-1832) (Londres, 1928). Para estudos mais recentes ver John Feather, "John Nourse and his authors", in *Studies in Bibliography* 34 (1981): 205-206.

24. Robert Escarpit, *Le littéraire et le social. Éléments pour une sociologie de la littérature* (Paris, 1970).

25. Peter John Wallis, *The social index: a new technique for measuring social trends* (Newcastle upon Tyne, 1978).

26. William Gilmore está no momento concluindo um extenso projeto de pesquisa sobre a difusão de livros na Nova Inglaterra colonial. Sobre os aspectos políticos e econômicos da imprensa colonial, ver Stephen Botein, "'Meer Mechanics' and open press: the business and political strategies of colonial American printers", in *Perspectives in American history* 9 (1975): 127-225; e *The press and the American Revolution*, org. Bernard Bailyn e John B. Hench (Worcester, Massachusetts, 1980), que trazem muitas referências a trabalhos sobre a história do livro em seus primeiros tempos nos Estados Unidos.

27. Para um levantamento geral dos trabalhos sobre a história mais recente dos livros neste país, ver Hellmut Lehmann-Haupt, *The book in America*, ed. rev. (Nova York, 1952).

28. Philip Gaskell, *A new introduction to bibliography* (Nova York/Oxford, 1972), Prefácio. O estudo de Gaskell oferece um ótimo levantamento geral do tema.

29. D. F. Mckenzie, "Printers of the mind: some notes on bibliographical theories and printing house practices", in *Studies in Bibliography* 22 (1969): 1-75.

30. Idem, *The Cambridge University Press 1696-1712* (Cambridge, 1966), 2 v.; Leon Voet, *The golden compasses* (Amsterdam, 1969 e 1972), 2 v.; Raymond de Roover, "The business organization of the Plantin Press in the setting of sixteenth-century Antwerp", in *De gulden passer* 24 (1956): 104-20, e Jacques Rychner, "À l'ombre des Lumières: coup d'œil sur la main-d'œuvre de quelques imprimeries du XVIIIe siècle" in *Studies on Voltaire and the Eighteenth Century*, 155 (1976): 1925-55, e "Running a printing house in eighteenth-century Switzerland: the workshop of the Société Typographique de Neuchâtel", in *The Library*, sexta série, 1 (1979): 1-24.

31. Ver, por exemplo, J.-P. Belin, *Le commerce des livres prohibés à Paris de 1750 à 1789* (Paris, 1913); Jean-Jacques Darmon, *Le colportage de librairie en France sous le second empire* (Paris, 1972); Reinhardt Siegert, *Aufklärung und Volkslektüre exemplarisch dargestellt an Rudolph Zacharias Becker und seinem*

'Noth-und Hülfsbüchlein', mit einer Bibliographie zum Gesamthema (Frankfurt am Main, 1978).

32. H. S. Bennett, *English books and readers 1475 to 1557* (Cambridge, 1952) e *English books and readers 1558-1603* (Cambridge, 1965); L. C. Wroth, *The colonial printer* (Portland, 1938); Martin, *Livre, pouvoirs et société*, e Johann Goldfriedrich e Friedrich Kapp, *Geschichte des Deutschen Buchhandels* (Leipzig, 1886-1913), 4 v.

33. Cf. Cyprian Blagden, *The Stationers' Company, a history, 1403-1959* (Cambridge, 1960); Martin, *Livre, pouvoirs et société*; Rudolf Jentzsch, *Der deutsch-lateinische Büchermarkt nach den Leipziger Ostermesskatalogen von 1740, 1770 und 1800 in seiner Gliederung und Wandlung* (Leipzig, 1912).

34. James Barnes, *Free trade in books: a study of the London book trade since 1800* (Oxford, 1964); John Tebbel, *A history of book publishing in the United States* (Nova York, 1972-78), 3 v.; Barbier, *Trois cents ans de librairie et d'imprimerie.*

35. Ver, por exemplo, Wolfgang-Iser, *The implied reader: patterns of communication in prose fiction from Bunyan to Beckett* (Baltimore, 1974); Stanley Fish, *Self-consuming artifactes: the experience of seventeenth-century literature* (Berkeley/Los Angeles, 1972) e *Is there a text in this class? The authority of interpretative communities* (Cambridge, Massachusetts, 1980); Walter Ong, "The writer's audience is always a fiction", in *PMLA* (*Publication of the Modern Language Association of America*) 90 (1975): 9-21; para uma amostragem de outras variações sobre esses temas, Susan R. Suleiman e Inge Crosman. *The reader in the text: essays on audience and interpretation* (Princeton, Princeton University Press, 1980).

36. Carlo Ginzburg, *The cheese and the worms: the cosmos of a sixteenth-century miller* (Baltimore, Johns Hopkins University Press, 1980) [trad. bras.: *O queijo e os vermes*, Companhia das Letras, 1987. (N. E.)] Margaret Spufford, "First steps in literacy: the reading and writing experiences of the humblest seventeenth-century spiritual autobiographers", in *Social History* 4 (1979): 407-35.

37. Ong, "The writer's audience is always a fiction".

38. D. F. McKenzie, "Typography and meaning: the case of William Congreve", *Wolfenbütteler Schriften zur Geschichte des Buchwesens* (Hamburg, Dr. Ernst Hauswedell, 1981), IV: 81-125.

39. Ver Paul Saenger, "Silent reading: its impact on late medieval script and society", in *Viator* 13 (1982): 367-414.

40. Ver *Lesegesellschaften und bürgerliche Emanzipation. Ein Europäischer Vergleich*, org. Otto Dann (München, C. H. Beck, 1981), que traz uma bibliografia exaustiva.

41. Para exemplos de estudos recentes, ver *Öffentliche und Private Bibliotheken im 17. und 18. Jahrhundert: Raritätenkammern, Forschungsinstrumente oder Bildungsstätten?*, org. Paul Raabe (Bremen e Wolfenbüttel, 1977). Grande

parte do estímulo aos estudos recentes sobre a recepção proveio da obra teórica de Hans Robert Jauss, em especial *Literaturgeschichte als Provokation* (Frankfurt am Main, 1970).

42. Engelsing, *Analphabetentum und Lektüre. Zur Sozialgeschichte des Lesens in Deutschland zwischen feudaler und industrieller Gesellschaft* (Stuttgart, 1973), e *Der Bürger als Leser. Lesergeschichte in Deutschland 1500-1800* (Stuttgart, 1974); Siegert, *Aufklärung und Volkslektüre*; Martin Welke, "Gemeinsame Lektüre und frühe Formen von Gruppenbildungen im 17. und 18. Jahrhundert: Zeitungslesen in Deutschland", in *Lesegesellschaften und bürgerliche Emanzipation*, pp. 29-53.

43. Como exemplo dessa filiação, ver Rudolf Schenda, *Volk ohne Buch* (Frankfurt am Main, 1970), e para exemplos de estudos mais recentes, *Leser und Lesen im Achtzehntes Jahrhundert*, org. Rainer Gruenter (Heidelberg, 1977) e *Lesen und Leben*, org. Herbert G. Göpfert (Frankfurt am Main, 1975).

44. Ver François Furet e Jacques Ozouf, *Lire et écrire: l'alphabétisation des français de Calvin à Jules Ferry* (Paris, 1978); Lawrence Stone, "Literacy and education in England, 1640-1900", in *Past and Present* 42 (1969): 69-139; David Cressy, *Literacy and the social order: reading and writing in Tudor and Stuart England* (Cambridge, 1980); Kenneth A. Lockridge, *Literacy in colonial New England* (Nova York, 1974); Carlo Cipolla, *Literacy and development in the West* (Harmondsworth, 1969).

45. Para um levantamento e uma síntese desta pesquisa, ver Peter Burke, *Popular Culture in early modern Europe* (Nova York, 1978) [trad. bras. *Cultura popular na Idade Moderna: Europa, 1500-1800*, São Paulo, Companhia das Letras, 1989].

46. Como exemplo da concepção mais antiga, segundo a qual a *bibliothèque bleue* serve como chave para entender a cultura popular, ver Robert Mandrou, *De la culture populaire aux XVII*[e] *et XVIII*[e] *siècles: la bibliothèque bleue de Troyes* (Paris, 1964). Para uma concepção mais atual e mais matizada, ver Roger Chartier, *Figures de la gueuserie* (Paris, 1982).

47. Douglas Waples, Bernard Berelson e Franklyn Bradshaw, *What reading does to people* (Chicago, 1940); Bernard Berelson, *The library's public* (Nova York, 1949); Elihu Katz, "Communication research and the image of society: the convergence of two traditions", in *American Journal of Sociology* 65 (1960): 435-40; John Y. Cole e Carol S. Gold, orgs., *Reading in America 1978* (Washington, D. C, 1979). Para o relatório Gallup, ver o volume publicado pela American Library Association, *Book reading and library usage: a study of habits and perceptions* (Chicago, 1978). Muitas coisas nessa variedade mais antiga de sociologia ainda parecem válidas, e ela pode ser estudada junto com o trabalho atual de Pierre Bourdieu; ver em especial seu *La distinction: critique sociale du jugement* (Paris, 1979).

48. Richard D. Altick, *The English common reader: a social history of mass reading public 1800-1900* (Chicago, 1957); Robert K. Webb, *The British working*

class reader (Londres, 1955); Richard Hoggart, *The uses of literacy* (Harmondsworth, 1960; 1ª ed., 1957).

49. Elisabeth L. Eisenstein, *The printing press as an agent of change* (Cambridge, 1979), 2 v. Para uma discussão da tese de Eisenstein, ver Anthony T. Grafton, "The importance of being printed", in *Journal of Interdisciplinary History* 11 (1980): 265-86; Michael Hunter, "The impact of print", in *The Book Collector* 28 (1979): 335-52; Roger Chartier, "L'Ancien Régime typographique: réflexions sur quelques travaux récents" in *Annales: Economies, sociétés, civilisations* 36 (1981): 191:209.

50. Alguns desses temas gerais são abordados em Eric Havelock, *Origins of western literacy* (Toronto, 1976); *Literacy in traditional societies*, org. Jack Goody (Cambridge, 1968); Jack Goody, *The domestication of the savage mind* (Cambridge, 1977); Walter Ong, *The presence of the word* (Nova York, 1970); Natalie Z. Davis, *Society and culture in early modern France* (Stanford, 1975).

8. OS INTERMEDIÁRIOS ESQUECIDOS DA LITERATURA [pp. 150-67]

Uma primeira versão deste ensaio foi publicada em *The New Republic* (15 set. 1986): 44-50. Complementei essa versão com alguns materiais de "Sounding the literary market in prerevolutionary France", in *Eighteenth-Century Studies* 17 (verão 1984): 477-92.

1. André de Versalhes a Société Typographique de Neuchâtel, 22 de agosto de 1784, nos papéis da Société Typographique de Neuchâtel, Bibliothèque Publique et Universitaire, Neuchâtel, Suíça, doravante citada como STN.

2. Ostervald e Bosset a STN, 23 de maio de 1775, e Ostervald a STN, 11 de junho de 1775.

3. Bosset a STN, 16 de junho de 1780.

4. Ibidem, 26 de maio e 14 de abril de 1780.

5. Ostervald a Mably, 7 de janeiro de 1781, e Ostervald a David-Alphonse de Sandoz-Rollin, 7 de janeiro de 1781.

6. Ostervald a Charles-Joseph Panckoucke, 16 de novembro de 1777, e Bosset a STN, 17 de maio de 1780.

7. Ostervald e Bosset a STN, 31 de março de 1780; Bosset a STN, 12 de maio de 1780; Ostervald e Bosset a STN, 20 de fevereiro de 1780.

8. Morel a STN, 1º de julho de 1778.

9. Tonnet a STN, 12 de novembro de 1777; STN a Tonnet, 16 de novembro de 1777. Discuti esse episódio e a impressão da *Encyclopédie* em *The business of Enlightenment: a publishing history of the Encyclopédie 1775-1800* (Cambridge, Massachusetts, 1979), pp. 227-45. O nome de Bonnemain é o único que aparece ao lado da folha 4L no livro de pagamentos (*Banque des ouvriers*), mas os

impressores trabalhavam em duplas; assim, é possível que a marca do dedo fosse do "par" de Bonnemain, e não do próprio Bonnemain.

10. Favarger a STN, 8 de agosto de 1778.

11. Ibidem, 21 de outubro de 1778.

12. Ibidem, 15 de agosto, 13 de setembro, 2 de agosto de 1778.

13. Ibidem, 1º de outubro de 1778.

14. Ibidem, 11 de julho, 21 de julho, 26 de julho de 1778.

15. Ibidem, 15 de agosto de 1778.

16. Guillon a STN, 4 de outubro de 1773, 1º de outubro de 1774.

17. Joseph d'Hémery a A.-R.-J.-G. Gabriel de Sartine, Lieutenant General da polícia, relatório não assinado com a data de 11 de julho de 1765, Bibliothèque Nationale, Ms. français 22 096.

18. Bonin a D'Hémery, 28 de junho de 1767, ibidem.

19. Gerlache a STN, 19 de junho de 1772.

20. C. C. Duvez a STN, 29 de outubro de 1773.

21. Gerlache a STN, 6 de julho de 1772.

22. Ibidem, 13 de agosto de 1772.

23. Ibidem, 5 de janeiro de 1773, 2 de janeiro de 1774, 13 de outubro de 1774.

24. Rocques a STN, 24 de julho de 1779 (sobre Pascot); Batilliot a STN, 26 de janeiro de 1781 (sobre Brotes); Favarger a STN, 15 de agosto de 1778 (sobre Boyer); ibidem, 28 de outubro de 1778 (sobre Planquais); Grand Lefebvre a STN, 4 de junho de 1781 (sobre Blondel); Veuve Reguilliat a STN, 5 de julho de 1771; Boisserand a STN, 31 de maio de 1777; Chatelus a STN, 20 de fevereiro de 1781 (sobre Boisserand), e Perrenod a STN, 21 de abril de 1783 (sobre Jarfaut).

25. Revol a STN, 16 de fevereiro de 1782, informando o desaparecimento de um livreiro de Falaise, chamado Gaillard.

9. PRIMEIROS PASSOS PARA UMA HISTÓRIA DA LEITURA [pp. 168-201]

Este ensaio foi publicado originalmente no *Australian Journal of French Studies* 23 (1986): 5-30.

1. Ovídio, *Ars amatoria*, Livro III, linhas 469-72, 613-26. [A tradução para o português aqui utilizada foi a de David Jardim Júnior em *A arte de amar*, coleção Universidade de Bolso, Ediouro, Rio de Janeiro. (N. E.)]

2. Carlo Ginzburg, *The cheese and the worms: the cosmos of a sixteenth-century miller*, trad. Anne e John Tedeschi (Baltimore, 1980) [trad. bras.: O queijo e os vermes, São Paulo, Companhia das Letras, 1987 (N. E.)].

3. Robert Darnton, "Readers respond to Rousseau: the fabrication of romantic sensitivity", in Darnton, *The great cat massacre and other episodes of French cultural history* (Nova York, 1984), pp. 215-56 [trad. bras.: *Grande massacre de gatos*, Rio de Janeiro, Edições Graal, 1986 (N. E.)].

4. Como exemplos desses temas, ver Kurt Rothmann, *Erläuterungen und Dokumente: Johann Wolfgang Goethe: Die Lieden des jungen Werthers* (Stuttgart, 1974); James Smith Allen, "History and the novel: *mentalité* in modern popular fiction", in *History and Theory* 22 (1983): 233-52.

5. Como exemplos dessa literatura, volumosa demais para ser aqui citada em detalhe, ver Henri-Jean Martin, *Livre, pouvoirs et société à Paris au XVII*[e] *siècle (1598-1701)* (Genève, 1969), 2 v. ; Robert Estivals, *La statistique bibliographique de la France sous la monarchie au XVIII*[e] *siècle* (Paris/Haia, 1965); Frédéric Barbier, "The publishing industry and printed output in nineteenth-century France", in *Books and society in history: papers of the Association of College and Research Libraries Rare Books and Manuscripts Preconference. 24-28 June, 1980, Boston, Massachusetts* (Nova York/Londres, 1983), pp. 199-230; Johann Goldfriedrich, *Geschichte des deutschen Buchhandels* (Leipzig, 1886-1913), 4 v.; Rudolf Jentzsche, *Der deutsch-lateinische Büchermarkt nach den Leipziger Ostermesskatalogen von 1740, 1770 und 1800 in seiner Gliederung und Wandlung* (Leipzig, 1912); H. S. Bennett, *English books and readers 1475 to 1557* (Cambridge, 1952); Bennett, *English books and readers 1558 to 1603* (Cambridge, 1965); Bennett, *English books and readers 1603 to 1640* (Cambridge, 1970); Giles Barber, "Books from the Old World and for the New: the British international trade in books in the eighteenth century", in *Studies on Voltaire and the Eighteenth Century* 151 (1976): 185-224; Robert B. Winans, "Bibliography and the cultural historian: notes on the eighteenth-century novel", in *Printing and society in early America*, org. William L. Joyce, David D. Hall, Richard D. Brown e John B. Hench (Worcester, Massachusetts, 1983), pp. 174-85, e G. Thomas Tanselle, "Some statistics on American printing, 1764-1783", in *The press and the American Revolution*, org. Bernard Bailyn e John B. Hench (Boston, 1981), pp. 315-64.

6. Estivals, *La statistique bibliographique*, p. 309; Paul Raabe, "Buchproduktion und Lesepublikum in Deutschland 1700-1780", in *Philobiblion Eine Vierteljahrsschrift für Buch-und Graphiksammler* 21 (1977): 2-16. As estatísticas comparativas entre os escritores se baseiam em meus próprios cálculos.

7. François Furet, "La 'librairie' du royaume de France au 18e siècle", in Furet et alii, *Livre et société dans la France du XVIII*[e] *siècle* (Paris, 1965), pp. 3-32; Daniel Roche, "Noblesses et culture dans la France du XVIIIe: les lectures de la noblesse", in *Buch und Sammler: Private und öffentliche Bibliotheken im 18. Jahrhundert. Colloquium der Arbeitsstelle 18. Jahrhundert Gesamthochschule Wuppertal Universität Münster vom 26.-28. September 1977* (Heidelberg, 1979), pp. 9-27; Michel Marion, *Recherches sur les bibliothèques privées à Paris au milieu du XVIII*[e] *siècle (1750-1759)* (Paris, 1978); Michel Vovelle, *Piété baroque et déchristianisation en Provence au XVIII*[e] *siècle: les attitudes devant la mort d'après les clauses des testaments* (Paris, 1973).

8. Jentzsch. *Der deutsch-lateinische Büchermarkt*; Albert Ward, *Book production, fiction, and the German reading public 1740-1800* (Oxford, 1974);

Rudolf Schenda, *Volk ohne Buch: Studien zur Sozialgeschichte der populären Lesestoffe 1700-1910* (Frankfurt am Main, 1970), p. 467.

9. Para o modelo de uma biblioteca mínima para um fidalgo culto, mas não especialmente erudito, segundo Jefferson, ver Arthur Pierce, *Middleton, a Virginia gentleman's library* (Williamsburg, Virginia, 1952).

10. Daniel Mornet, "Les enseignements des bibliothèques privées (1750-1780)", in *Revue d'histoire littéraire de la France* 17 (1910): 449-96. Para uma visão geral da literatura francesa com referências bibliográficas, ver Henri-Jean Martin e Roger Chartier, orgs., *Histoire de l'édition française* (Paris, 1982), tendo sido publicados os dois primeiros volumes, cobrindo o período até 1830. O estudo de Walter Wittmann e obras relacionadas são discutidos em Schenda, *Volk ohne Buch*, pp. 461-7. Sobre o leitor comum parisiense, ver Daniel Roche, *Le peuple de Paris: essai sur la culture populaire au XVIIIe siècle* (Paris, 1981), pp. 204-41.

11. Reinhard Wittmann, *Buchmarkt und Lektüre im 18. und 19. Jahrhundert. Beiträge zum literarischen leben 1750-1880* (Tübingen, 1982), pp. 46-68; Wallace Kir-stop. "Les mécanismes éditoriaux", in Martin e Chartier, orgs., *Histoire, de l'édition française*, II: 31-2.

12. John A. McCarthy, "Lektüre und Lesertypologie im 18. Jahrhundert (1730-1770). Ein Beitrag zur Lesergeschichte am Beispiel Wolfenbüttels", in *Internationales Archiv für Sozialgeschichte der deutschen Literatur* 8 (1983): 35-82.

13. Rolf Engelsing, "Die Perioden der Lesergeschichte in der Neuzeit: das statistische Ausmass und die soziokulturelle Bedeutung der Lektüre", in *Archiv für Geschichte des Buchwesens* 10 (1969): cols. 944-1002; Engelsing, *Der Bürger als Leser: Lesergeschichte in Deutschland 1500-1800* (Stuttgart, 1974).

14. David Hall, "The uses of literacy in New England, 1600-1850", in Joyce, Hall, Brown e Herch, orgs., *Printing and society in early America*, pp. 1-47.

15. Para observações análogas sobre o contexto da leitura, ver Roger Chartier e Daniel Roche, "Les pratiques urbaines de l'imprimé" in *Histoire de l'édition française*, II: 403-29.

16. Restif de la Bretonne, *La vie de mon père* (Ottawa, 1949), pp. 216-7. O poema de Schubart é citado em Schenda, *Volk ohne Buch*, p. 465.

17. Sobre as brochuras populares e seu público na França, ver Charles Nisard, *Histoire des livres populaires ou de la littérature du colportage* (Paris, 1854), 2 v.; Robert Mandrou, *De la culture populaire aux 17e e 18e siècles: la bibliothèque bleue de Troyes* (Paris, 1964); para exemplos de estudos mais recentes, ver a coleção "Bibliothèque bleue", organizada por Daniel Roche e publicada pelas Éditions Montalba. A melhor exposição da literatura popular na Alemanha ainda é Schenda, *Volk ohne Buch*, embora sua interpretação tenha sido questionada por alguns trabalhos mais recentes, em especial Reinhart Siegert, *Aufklärung und Volkslektüre exemplarish dargestellt*

an Rudolph Zacharias Becker und seinem "Noth-und Hülfsbuchlein" (Frankfurt am Main, 1978). Como exemplo de trabalhadores lendo uns para os outros, ver Samuel Gompers, *Seventy years of life and labor: an autobiography* (Nova York, 1925), pp. 80-1.

18. Françoise Parent-Lardeur, *Les cabinets de lecture: la lecture publique à Paris sous la Restauration* (Paris, 1982). A descrição do *cabinet littéraire* de Bernard foi extraída de seu dossiê entre os papéis da Société Typographique de Neuchâtel, Bibliothèque Publique et Universitaire, Neuchâtel, Suíça.

19. Os estudos de Dann, Welke e Prüsener, junto com outras pesquisas interessantes, estão reunidos em Otto Dann, org., *Lesegesellschaften und bürgerlich Emanzipation: ein europäischer Vergleich* (München, 1981).

20. As observações de Heinzmann são citadas em Helmut Kreuzer, "Gefährliche Lesesucht? Bemerkungen zu politischer Lektürekritik im ausgehenden 18. Jahrhundert", in *Leser und Lesen im 18. Jahrhundert. Colloquium der Arbeitsstelle Achtzehntes Jahrhundert Gesamthochschule Wuppertal, 24.-26. Oktober 1975*, org. Rainer Gruenter (Heildelberg, 1977). As observações de Bergk estão espalhadas por seu estudo, *Die Kunst Bücher zu Lesen* (Jena, 1799), que também traz alguns comentários típicos sobre a importância de "digerir" os livros: ver seu frontispício e a página 302. Sobre a deglutição do Novo Testamento e outros usos rituais dos livros, ver David Cressy, "Books as totems in seventeenth-century England and New England" in *The Journal of Library History* 21 (1986): 99.

21. Newberry Library, Case Wing Z 45.18 ser. 1ª, n. 31.

22. Margaret Spufford, "First steps in literacy: the reading and writing experiences of the humblest seventeenth-century autobiographers", in *Social History* 4 (1979): 407-35; Spufford, *Small books and pleasant histories: popular fiction and its readership in seventeenth-century England* (Athena, Greece, 1981). Sobre a leitura na Inglaterra do século XVI ao século XVIII, ver Keith Thomas, "The meaning of literacy in early modern English", in *The written world: literacy in transition*, org. Gerd Baumann (Oxford, 1986), pp. 97-131. Sobre a leitura popular na Inglaterra dos séculos XIX e XX, ver R. K. Webb, *The British working class reader* (Londres, 1955); Richard D. Altick, *The English common reader: a social history of the mass reading public 1800-1900* (Chicago, 1957). Egil Johansson resumiu boa parte de sua pesquisa admirável em "The history of literacy in Sweden in comparison with some other countries", in *Educational Reports: Umea* (Umea, Sweden, 1977), cit. p. 11, e "Literacy and society in a historical perspective — a conference report", in *Educational Reports: Umea* (Umea, Sweden, 1973).

23. Essa discussão se baseia na obra de Dominique Julia, em especial seus "*livres de classe et usages pédagogiques*", in *Histoire de l'édition française*, II: 468:97. Ver também Jean Hébrard, "Didactique de la lettre et soumission au sens: note sur l'histoire des pédagogies de la lecture", in *Les Textes du Centre Alfred Binet: L'Enfant et l'écrit* 3 (1983): 15-30.

24. Valentin Jamerey-Duval, *Mémoires: enfance et éducation d'un paysan au XVIIIe siècle*, org. Jean-Marie Goulemot (Paris, 1981); Daniel Roche, org., *Journal de ma vie: Jacques-Louis Ménétra compagnon vitrier au 18e siècle* (Paris, 1982).

25. As anotações à margem de Adams são citadas em Zoltán Haraszti, *John Adams and the prophets of progress* (Cambridge, Massachusetts, 1952), p. 85. Sobre glosas e notas de rodapé, ver Lawrence Lipking, "The marginal gloss", in *Critical Inquiry* 3 (1977): 620-31; G. W. Bowersock, "The art of the footnote", in *The American Scholar* 53 (1983-4): 54-62. Sobre os manuscritos de Prosper Marchand, ver os dois artigos de Christiane Berkvens-Stevelinck, "L'apport de Prosper Marchand au 'système des librairies de Paris'" e "Prosper Marchand, 'trait d'union' entre auteur et éditeur", in *De Gulden Passer* 56 (1978): 21-63, 65-99.

26. Para levantamentos e bibliografias da crítica da resposta do leitor, ver Susan R. Suleiman e Inge Crosman, orgs., *The reader in the text: essays on audience and interpretation* (Princeton, Nova Jersey, 1980); Jane P. Tompkins, org., *Reader-response criticism: from formalism to post-structuralism* (Baltimore, 1980). Um dos trabalhos de maior influência nessa linha de crítica é o de Wolfgang Iser, *The implied reader: patterns of communication in prose fiction from Bunyan to Beckett* (Baltimore, 1974).

27. Walter J. Ong, "The writer's audience is always a fiction", in *PMLA* 90 (1975): 9-21.

28. Gottfried Kleiner, cf. cit. in Ulrich Ernst, "Lesen als Rezeptionsakt. Textpräsentation und Textvertändnis in der manieristischen Barocklyrik" in *Lesen—historisch*, org. Brigitte Schieben-Lange, número especial de *Zeitschrift für Literaturwissenschaft und Linguistik* 15 (1985): 72.

29. D. F. McKenzie, "Typography and meaning: the case of William Congreve", in *Buch und Buchhandel in Europa im Achtzehnten Jahrhundert*, org. Giles Barber e Bernhard Fabian (Hamburgo, 1981), pp. 81-126. Ver também McKenzie, *Bibliography and the sociology of texts* (Londres, 1986).

30. Roger Chartier, *Figures de la gueuserie* (Paris, 1982). Ver também os volumes coletivos organizados por Chartier — *Pratiques de la lecture* (Paris, 1985) e *Les usages de l'imprimé* (Paris, 1987) —, bem como o volume de ensaios do próprio Chartier, *Lectures et lecteurs dans la France d'Ancien Régime* (Paris, 1987). Para exemplos de correntes semelhantes nas pesquisas agora em andamento na literatura alemã e espanhola, notadamente em estudos sobre o *Don Quixote*, ver Schieben-Lange, *Lesen—historisch.*

31. Paul Saenger, "Manières de lire médiévales" in *Histoire de l'édition française*, I: 131-41; Saenger, "From oral reading to silent reading", *Viator* 13 (1982): 367-414. É claro que se encontram casos excepcionais de indivíduos que liam em silêncio muito antes do século XVII, sendo o mais famoso santo Ambrósio, tal como é descrito nas *Confissões* de santo Agostinho. Para maiores discussões sobre a leitura e a história sobre os primeiros tempos do livro,

ver Henri-Jean Martin, "Pour une histoire de la lecture", in *Revue française d'histoire du livre*, nova série, 16 (1977): 583-610.

32. Sobre a história na longa duração da ideia do mundo como um livro a ser lido, ver Hans Blumenberg, *Die Lesbarkeit der Welt* (Frankfurt am Main, 1981). O epitáfio de Franklin na verdade não consta de seu túmulo. Escreveu-o provavelmente em 1728, quando era um jovem gráfico, participante espirituoso do Junto Club; ver *The papers of Benjamin Franklin*, org. Leonard W. Labaree (New Haven, 1959), I: 109-11. Há pequenas diferenças nos termos em cada um dos três textos autógrafos.

10. HISTÓRIA INTELECTUAL E CULTURAL [pp. 204-31]

Este ensaio, publicado in Michael Kammen, org., *The past before us: contemporary historical writing in the United States* (Ithaca, Nova York, 1980): 327-54, foi escrito em resposta a uma solicitação da American Historical Association, para uma exposição sobre a história intelectual e cultural praticada nos Estados Unidos durante os anos 1970. Por isso, o ensaio não tece muitos comentários sobre a escrita histórica fora do país nem sobre algumas tendências que se tornaram mais importantes nos anos 1980.

1. O *Dictionary of ideas*, org. Philip P. Wiener et alii (Nova York, 1973), 4 v., pode ser considerado "um monumento a Lovejoy", como observou um resenhista num outro empreendimento lovejoiano monumental, o *Journal of the History of Ideas*: F. E. L. Priestley, "Mapping the world of ideas", in *Journal of the History of Ideas* 35 (1974): 527-37. Embora o *Dictionary* apresente diversas variedades de história intelectual, de modo geral trata as ideias à maneira de Lovejoy, como entidades concretas que podem ser rastreadas ao longo do tempo e através do espaço. Cf. o Prefácio do *Dictionary* com o artigo introdutório de Lovejoy no primeiro número do *Journal*: "Reflections on the history of ideas", in *Journal of the History of Ideas* 1 (1940): 3-23. Ver também George Boas, *The history of ideas: an introduction* (Nova York, 1969), e Rush Welter, "On studying the national mind", in *New directions in American intellectual history*, org. John Higham e Paul K. Conkin (Baltimore, 1979), pp. 64-82.

2. Murray G. Murphey, "The place of beliefs in modern culture", in Higham e Conkin, orgs., *New directions*, p. 151.

3. "The future of European intellectual history", circular (primavera 1979).

4. John Higham, "Introduction", in Higham e Conkin, orgs., *New directions*, pp. xi-xvii.

5. As atas da conferência de Roma foram publicadas em Felix Gilbert e Stephen Graubard, orgs., *Historical studies today* (Nova York, 1972), depois de saírem em diversos números de *Daedalus*. Ver em especial as comunicações

de Felix Gilbert, "Intellectual history: its aims and methods", e Benjamin T. Schwartz, "A brief defense of political and intellectual history".

6. A convenção de 1973 em San Francisco precipitou muitas avaliações entre os historiadores das ideias e contribuiu para a formação de um Grupo de História Intelectual, que lançou seu primeiro boletim na primavera de 1979.

7. Como exemplos de ideias categóricas sobre a crise, ver Paul K. Conkin, "Intellectual history: past, present, and future" in *The future of history*, org. Charles F. Delzell (Nashville, 1977), p. 111, e Gene Wise, "The contemporary crisis in intellectual history studies", *Clio* 5 (1975): 55. Para reações mais moderadas, ver Leonard Krieger, "The autonomy of intellectual history", in *Journal of the History of Ideas* 34 (1973): 499-516, e David Potter, "History and the social sciences", in *History and American society: essays of David M. Potter*, org. Don E. Fehrenbacher (Nova York, 1973), pp. 40-7. Alguns historiadores franceses desenvolveram ideias análogas sobre uma crise dentro de suas próprias tradições. Ver Jean Ehrard et alii, "Histoire des idées et histoire sociale en France au XVIIIe siècle: réflexions de méthode", in *Niveaux de culture et groupes sociaux: actes du colloque réuni du 7 au 9 mai 1966 à l'école normale supérieure* (Paris/Haia, 1967), pp. 171-88.

8. Grande parte do esboço historiográfico que se segue baseia-se em Robert Skotheim, *American intellectual histories and historians* (Princeton, Nova Jersey, 1966), e em especial no trabalho de John Higham, "The rise of American intellectual history", in *American Historical Review* 56 (1951): 453-71; "American intellectual history: a critical appraisal", *in American Quarterly* 13 (1961): 219-33; (com a colaboração de Leonard Krieger e Felix Gilbert) *History* (Englewood Cliffs, Nova Jersey, 1965); *Writing American history: essays on modern scholarship* (Bloomington, Indiana, 1970).

9. William Hesseltine, cit. in Skotheim, *American intellectual histories*, p. 3.

10. Crane Brinton, *English political thought in the nineteenth century* (Nova York, 1962; 1ª ed., 1933), p. 3.

11. Ver a definição de Brinton sobre a tarefa da história intelectual in *Ideas and men: the story of Western thought* (Englewood Cliffs, Nova Jersey, 1963; 1ª ed., 1950), p. 4, e a ementa do curso de História 134ª que aparecia nos catálogos de Harvard dos anos 1950 e 1960: "Um exame das transformações ocorridas nos sentimentos e nas teorias dos europeus ocidentais comuns nos séculos que presenciaram a Revolução Americana, a Revolução Francesa e a Revolução Industrial. Não é basicamente uma história do pensamento formal, preocupando-se antes com a penetração em sentido descendente, entre o povo, das teorias professadas pelos pensadores formais". O primeiro curso de história intelectual nos Estados Unidos foi ministrado por James Harvey Robinson em Columbia, em 1904. Nos anos 1930, Brinton tinha a esperança de que sua versão do "método dos homens", distinto do "método das ideias", trouxesse a ideia do pensamento "para uma grande proximidade da história social agora em voga", referindo-se à Nova História de Robinson (*English political thought*, p. 4).

12. H. Stuart Hughes, *Consciousness and society: the reorientation of European social thought, 1890-1930* (Nova York, 1958), *The obstructed path: French social thought in the years of desperation, 1930-1960* (Nova York, 1968); *The sea change: the migration of social thought, 1930-1965* (Nova York, 1975); Peter Gay, *The Enlightenment: an interpretation* (Nova York, 1966 e 1969), 2 v. Para discussões comparáveis sobre a natureza da história intelectual e seus métodos, ver as introduções em Brinton, *Ideas and men*, e Hughes, *Consciousness and society*, além de Gay, "The social history of ideas: Ernst Cassirer and after", in *Essays in honor of Herbert Marcuse*, org. Kurt H. Wolff e Barrington Moore (Boston, 1967), pp. 106-20.

13. Arthur Wilson, *Diderot* (Nova York, 1957 e 1972), 2 v.; Frank E. Manuel, *The prophets of Paris* (Cambridge, Massachusetts, 1962); Jacques Barzun, *Berlioz and the romantic century* (Boston, 1950).

14. O grupo incluía Albert Soboul, George Rudé, Richard Cobb e K. D. Tonneson. O livro mais importante produzido pelo grupo foi a tese de Soboul, *Les sans-culottes parisiens en l'an II* (Paris, 1958), embora tenha se tornado conhecido no mundo anglófono basicamente pelos trabalhos de Rudé e Cobb, publicados em inglês.

15. Conkin, "Intellectual history", p. 111.

16. Segundo um levantamento de duzentas universidades, feito em 1953, os cursos de história social e intelectual eram bem novos na maioria das faculdades, geralmente ministrados por professores mais jovens. Infelizmente, o levantamento não dava nenhum detalhe sobre o grau de mudanças curriculares nem sobre a importância relativa da história social e intelectual, ainda que tenha realmente reunido informações dispersas sobre o caráter dos cursos: H. L. Swint, "Trends in the teaching of social and intellectual history", in *Social Studies* 46 (1955): 243-51. Um manual sobre os cursos de história ofertados nas universidades britânicas em 1966 mostra que, entre 35 universidades, dezenove ofereciam cursos de história social e dezesseis ofereciam cursos de "história das ideias" (George Barlow, org., *History and the universities* [Londres, 1966]).

17. Segundo um levantamento dos professores de história, organizado por David Landes e Charles Tilly em 1968, 14% dos consultados eram especializados em história intelectual e 17% em história social, e estes eram mais jovens (David S. Landes e Charles Tilly, *History as social science* [Englewood Cliffs, Nova Jersey, 1971], p. 28 (as porcentagens foram calculadas a partir dos números na página 28). Um levantamento feito pelo American Council of Learned Societies, em 1952, não apresentou resultados tão claros, por ter confundido especialização, gênero e período temporal, e não ter incluído a história social entre as especializações por gênero. Contudo, mostrou a importância da história intelectual na época. Entre 742 historiadores que se identificaram por gênero, 109 (15%) se diziam historiadores das ideias e da cultura — uma proporção maior do que qualquer outra categoria, à exceção de história diplomática (136 historiadores, isto é, 18%). (J. F. Wellmeyer,

Jr., "Survey of United States historians, 1952, and a Forecast", in *American Historical Review* 61 (1956): 339-52.)

18. Recentemente, o *Journal of American History* arrolou todos os artigos sobre história americana que apareceram em praticamente todos os periódicos americanos sérios, dividindo-os por gêneros. Em 1978, suas categorias por gênero incluíam a história intelectual, mas não a história política — e ele arrolava 2131 artigos! Compilando-os e calculando-os, chega-se a resultados bastante próximos aos da tabela 4: relações internacionais, 6%; história intelectual, 2% (mas os artigos sobre as artes correspondiam a outros 3%, e os artigos sobre religião a mais 5%); história social, 22%; história econômica, 4%.

19. É claro que é possível classificar essas variedades de história de muitas maneiras. A distinção mais usual faz uma separação entre a história das ideias e a história intelectual, mas um grande número de historiadores, inclusive Lovejoy, sobrepõe esses termos e emprega-os de modo não sistemático. Quanto a tentativas de definir a área e classificá-la em subdivisões, ver Maurice Mandelbaum, "The historiography of the history of philosophy", in *History and Theory* 4, sup. 5 (1965): 33-66; Hajo Holborn, "The history of ideas", in *American Historical Review* 73 (1968): 683-95; Hayden White, "The tasks of intellectual history", in *The Monist* 53 (1969): 606-30.

20. Ver Schorske, *Fin-de-siècle Vienna: politics and culture* (Nova York, 1980), [trad. bras. *Viena fin-de-siècle: política e cultura*, São Paulo/Campinas, Companhia das Letras/Edunicamp, 1988 (N. E.)], e, para uma visão comparável da cultura vienense, Allan Janik e Stephen Toulmin, *Wittgenstein's Vienna* (Nova York, 1973).

21. Morton White, *Science and sentiment in America: philosophical thought from Jonathan Edwards to John Dewey* (Nova York, 1972), e *The philosophy of the American Revolution* (Nova York, 1978); Bruce Kuklick, *The rise of American philosophy: Cambridge, Massachusetts, 1860-1930* (New Haven, 1977); Murray Murphey (com Elizabeth Flower), *A history of philosophy in America* (Nova York, 1977), 2 v.

22. Edmund S. Morgan, *Visible saints: the history of a puritan idea* (Nova York, 1963); Alan Heimert, *Religion and the American mind from the Great Awakening to the Revolution* (Cambridge, Massachusetts, 1966); Sacvan Bercovitch, *The puritan origins of the American self* (New Haven, 1975), e *The American Jeremiad* (Madison, Wisconsin, 1978); David Hall, The faithful shepherd: a history of the New England ministry in the seventeenth century (Chapel Hill, New Castle, 1972).

23. Laurence Veysey, *The emergence of the American university* (Chicago, 1965).

24. William R. Hutchinson, *The modernist impulse in American protestantism* (Cambridge, Massachusetts, 1976).

25. Bruce Frier, *Landlords and tenants in imperial Rome* (Princeton, Nova Jersey, 1980).

26. Roger Hahn, *The anatomy of a scientific institution: the Paris Academy of Sciences, 1666-1803* (Berkeley, 1971); Charles Rosenberg, *The trial of the assassin Guiteau: psychiatry and law in the Gilded Age* (Chicago, 1968).

27. Thomas S. Kuhn, "The relation between history and history of science", in *Daedalus* (primavera 1971): 271-304; "Mathematical vs. experimental traditions in the development of physical science", in *Journal of Interdisciplinary History* 7 (1976): 1-31, e *Black-body theory and the quantum discontinuity, 1894-1912* (Nova York, 1978), um livro que deve ser uma das histórias de um objeto científico mais rigorosamente "internalistas" que jamais foram escritas.

28. Margaret C. Jacob, *The newtonians and the English Revolution, 1689-1720* (Ithaca, Nova York, 1978); Paul Forman, "Weimar culture, causality, and quantum theory, 1918-1927: adaptation by German physicists and mathematicians to a hostile intellectual environment", in *Historical Studies in the Physical Sciences* 3 (1971): 1-115.

29. Como exemplo de um estudo "interno" intenso, ver Stillman Drake, *Galileo at work: his scientific biography* (Nova York, 1978), e, como uma visão "externa", Daniel Kevles, *The physicists: the history of a scientific community in the United States* (Nova York, 1978).

30. A literatura desses e sobre esses historiadores é atualmente bem extensa. Como exemplos de seus textos programáticos, ver Quentin Skinner, "Meaning and understanding in the history of ideas", in *History and Theory* 8 (1969): 3-53; John Dunn, "The identity of the history of ideas", in *Philosophy* 43 (1968): 85-104; J. G. A. Pocock, "Languages and their implications: the transformation of the study of political thought", in Pocock, *Politics, languages, and time: essays on political thought and history* (Nova York, 1971), pp. 3-41. Seus trabalhos essenciais são: Skinner, *The foundations of modern political thought* (Cambridge, Massachusetts, 1978); Dunn, *The political thought of John Locke* (Cambridge, Massachusetts, 1969); Pocock, *The machiavellian moment: florentine political thought and the Atlantic republican tradition* (Princeton, Nova Jersey, 1975).

31. Ira O. Wade, *The structure and form of the French Enlightenment* (Princeton, Nova Jersey, 1977), 2 v.; Gay, *The Enlightenment*; Rush Welter, *The minds of America, 1820-1860* (Nova York, 1975).

32. Além do trabalho mais antigo de Daniel Calhoun, Roy Lubove e Corinne Gilb, ver George W. Stocking, *Race, culture, and evolution: essays in the history of anthropology* (Nova York, 1968); Mary O. Furner, *Advocacy and objectivity: a crisis in the professionalization of American social science, 1865-1905* (Lexington, Kentucky, 1975); Thomas L. Haskell, *The emergence of professional social science: the American Social Science Association and the nineteenth-century crisis of authority* (Urbana, Illinois, 1977): para visões relacionadas, Thomas Bender, *Toward an urban vision: ideas and institutions in nineteenth-century America* (Lexington, Kentucky, 1975).

33. Donald R. Kelley, *Foundations of modern historical scholarship: language, law, and history in the French Renaissance* (Nova York, 1972); Nancy Struever, *The language of history in the Renaissance: rhetorical and historical consciousness in florentine humanism* (Princeton, Nova Jersey, 1970); Hayden White, *Metahistory: the historical imagination in nineteenth-century Europe* (Baltimore, 1973); Lionel Gossman, "Augustin Thierry and liberal historiography", in *History and Theory* 15, supl. 15 (1976); Maurice Mandelbaum, *History, man, and reason: a study in nineteenth-century thought* (Baltimore, 1971). Ver também George Huppert, *The idea of perfect history: historical erudition and historical philosophy in Renaissance Florence* (Urbana, Illinois, 1970); Linda Orr, *Jules Michelet: nature, history, and language* (Ithaca, Nova York, 1976); Charles Rearick, *Beyond the Enlightenment: historians and folklore in nineteenth-century France* (Bloomington, Indiana, 1974).

34. Entre os trabalhos citados com maior frequência pelos americanistas estão: Robert K. Merton, *Social theory and social structure* (Nova York, 1968; 1ª ed., 1949); Peter Berger e Thomas Luckmann, *The social construction of reality* (Nova York, 1966): mais recentemente, Clifford Geertz, *The interpretation of cultures* (Nova York, 1973), e principalmente Thomas Kuhn, *The structure of scientific revolutions*. Neste momento, Foucault se destaca entre a vanguarda observada de perto pelos europeístas: ver Hayden V. White. "Foucault decoded: notes from underground", in *History and Theory* 12 (1973): 23-54.

35. Além dos trabalhos de Hughes, White e Manuel, acima citados, ver Martin Jay, *The dialectical imagination: a history of the Frankfurt school and the Institute of Social Research, 1923-1950* (Boston, 1973); David A. Hollinger, *Morris R. Cohen and the scientific ideal* (Cambridge, Massachusetts, 1975); Jonathan Beecher e Richard Bienvenu. *The utopian vision of Charles Fourier* (Boston, 1971).

36. Dorothy Ross, *G. Stanley Hall: the psychologist as prophet* (Chicago, 1972); Barry Karl, *Charles E. Merriam and the study of politics* (Chicago, 1974); John P. Diggins, *The bard of savagery: Thorstein Veblen and modern social theory* (Nova York, 1978); Peter Paret, *Clausewitz and the State* (Nova York, 1978); Keith Baker, *Condorcet: from natural philosophy to social mathematics* (Chicago, 1975).

37. Para exemplos representativos desses trabalhos, numerosos demais para serem arrolados, ver Dominick La Capra, *Émile Durkheim, sociologist and philosopher* (Ithaca, Nova York, 1972); Leon Pompa, *Vico: a study of the "New Science"* (Cambridge, 1975); Jerrold Seigel, *Marx's fate: the shape of a life* (Princeton, 1978); Ira O. Wade, *The intellectual development of Voltaire* (Princeton, 1969); Judith Shklar, *Men and citizens: a study of Rousseau's social theory* (Cambridge, Massachusetts, 1969).

38. O falecido Arthur Wilson foi um americano que fez seu trabalho de doutorado na Inglaterra. Robert Shackleton é um inglês que tem dado muitos cursos nos Estados Unidos. Como outros historiadores mencionados neste ensaio — Pocock, Skinner e Stone, por exemplo —, eles representam uma

corrente de estudos que não pode ser identificada exclusivamente com um único país, e que frequentemente é denominada "anglo-saxônica" no continente europeu.

39. Além do estudo mais antigo, mas ainda sólido, de Richard Altick e Robert Webb, ver Elizabeth Eisenstein, *The printing press as an agent of change: communications and cultural transformations in early modern Europe* (Cambridge, 1979), 2 v.; para um levantamento recente do tema, Raymond Birn, "Livre et société after ten years: formation of a discipline", in *Studies on Voltaire and the Eighteenth Century* 155 (1976): 287-312. David D. Hall, "The world of print and collective mentality in seventeenth-century New England", in Higham e Conkin, orgs., *New directions*, pp. 166-80, sugere possíveis maneiras de aplicação dos métodos franceses à história americana. Vários americanistas — notadamente Stephen Botein, Norman Fiering e William Gilmore — já deram contribuições importantes para a *histoire du livre*, e a disciplina está começando a ter um impacto sobre os estudos gerais, como Henry F. May, *The Enlightenment in America* (Nova York, 1976).

40. Bernard Bailyn, *The ideological origins of the American Revolution* (Cambridge, Massachusetts, 1967), e *The origins of American politics* (Nova York, 1968).

41. A literatura sobre esses temas entrelaçados é tão extensa que esta exposição dificilmente lhe faria justiça. As tendências complexas e por vezes contraditórias dentro dela destacam-se com maior clareza nos debates conduzidos em revistas do que em monografias. Ver Gordon S. Wood, "Rhetoric and reality in the American Revolution", in *William and Mary Quarterly* 23 (1964): 3-32; J. G. A. Pocock, "Virtue and commerce in the eighteenth century", in *Journal of Interdisciplinary History* 3 (1972): 119-34; Aileen Kraditor, "American radical historians and their heritage", in *Past and Present* 56 (ago. 1972); Joyce Appleby, "The social origins of American revolutionary ideology", in *Journal of American History* 64 (1978): 935-58; Bernard Bailyn, "The central themes of the American Revolution: an interpretation", in *Essays on the American Revolution*, org. Stephen G. Kurtz e James H. Hutson (Chapel Hill, New Castle, 1973), pp. 3-31; Robert Kelley, "Ideology and political culture from Jefferson to Nixon", in *American Historical Review* 82 (1977): 531-62. Trabalhos recentes sobre a Inglaterra e os Estados Unidos no século XIX mostram uma tendência semelhante de tratar a cultura numa perspectiva ampla e transatlântica; ver Daniel Walker Howe, org., *Victorian America* (Philadelphia, 1976).

42. Hayden V. White, "Structuralism and popular culture", in *Journal of Popular Culture* 7 (1974): 759-75. White questiona a distinção corrente entre "alta" e "baixa" cultura, ou entre cultura de elite e cultura popular. Dadas as várias direções, para cima e para baixo, das correntes culturais, o argumento de White parece convincente, quer se aceite quer não sua concepção de cultura agudamente "não histórica" e estruturalista. Para um exame mais completo

e mais histórico do assunto, que também elimina a distinção entre alto e baixo, ver Peter Burke, *Popular culture in early modern Europe* (Nova York, 1978).

43. As ocasiões recentes de maior importância foram as conferências em Paris, em 1977, e Madison e Stanford, em 1975. As atas destas últimas foram publicadas em Jacques Beauroy, Marc Bertrand e Edwart T. Gargan, orgs., *The wolf and the lamb: popular culture in France from the Old Regime to the twentieth century* (Saratoga, Califórnia. 1977).

44. Ver em especial Natalie Zemon Davis, *Society and culture in early modern France* (Stanford, 1975).

45. Burke, *Popular culture.*

46. Cf. Emmanuel Le Roy Ladurie, *Les paysans de Languedoc* (Paris, 1968), com Le Roy Ladurie. *Montaillou, village occitan de 1294 à 1324* (Paris, 1975) e *Le carnaval des romans: de la Chandeleur au mercredi des Cendres, 1579-1580* (Paris, 1979); cf. Lawrence Stone, *The crisis of aristocracy*, 1558-1641 (Oxford, 1965) com Stone, *The family, sex, and marriage in England 1500-1800* (Nova York, 1977). Podem-se discernir alterações similares nos trabalhos de Jean Delumeau, François Furet, Edward Shorter e muitos outros historiadores sociais.

47. Hildred Geertz, "An anthropology of religion and magic", com uma réplica de Keith Thomas, in *Journal of Interdisciplinary History* 6 (1975): 71-109, e E. P. Thompson, "Anthropology and the discipline of historical context", in *Midland History*, nº 3 (primavera 1972): 41-55. Posteriormente, Thompson se alinhou com Thomas, contra Geertz: "Eighteenth-century English society: class struggle without class?", in *Social History* 3 (1978): 155. Mas sua resenha anterior traz algumas críticas extremamente semelhantes às de Geertz; ver em especial suas observações nas páginas 51 a 55.

48. Cf. E. P. Thompson, *The making of the English working class* (Nova York, 1966; 1ª ed., 1963) com Thompson, "Eighteenth-century English society", que oferece uma visão retrospectiva de seus estudos sobre o tempo e a disciplina de trabalho, a economia moral da multidão, a música grosseira, a cultura plebeia e a criminalidade. Quer Thompson tenha estabelecido quer não sua ortodoxia dentro do campo da *New Left Review*, ele conseguiu desenvolver um tipo de compreensão literária e (mesmo que possa recusar o termo) antropológica dentro da história social.

49. A recapitulação francesa mais recente sobre esse campo é Philippe Ariès, "L'histoire des mentalités", in *La nouvelle histoire*, org. Jacques Le Goff (Paris, 1978), pp. 402-23. Entre os diversos artigos programáticos dos franceses, os melhores são: George S. Duby, "L'histoire des mentalités", in *L'histoire et ses méthodes: Encyclopédie de la Pléyade* (Paris, 1961), pp. 937-66, e Jacques Le Goff, "Les mentalités, une histoire ambigüe", in *Faire de l'histoire*, org. Jacques Le Goff e Pierre Nora (Paris, 1974), III: 76-94. Para uma avaliação perspicaz de alguém de fora, ver Rolf Reichardt, "Histoire des mentalités: Eine neue Dimension der Sozialgeschichte am Beispiel des französischen Ancien

Régime", in *Internationales Archiv für Sozialgeschichte der deutschen Literatur* 3 (1978): 130-66. Reichardt também discute um pouco de literatura alemã, na qual a hesitação entre *mentalité* e *Mentalität* equivale à confusão entre *mentalité* e *mentality* em inglês.

50. O termo é usado de maneira vaga em vários ensaios de Higham e Conkin, orgs., *New directions*. Como exemplo de um uso mais firme, ver James A. Henretta, "Families and farms: *mentalité* in pre-industrial America", in *William and Mary Quarterly*, série 3, 35 (1978): 3-32.

51. Peter H. Wood, *Black majority: negroes in colonial South Carolina from 1670 through the Stono Rebellion* (Nova York, 1974); Lawrence W. Levine, *Black culture and black consciousness: Afro-American folk thought from slavery to freedom* (Nova York, 1977); Eugene D. Genovese, *Roll, Jordan, roll: the world the slaves made* (Nova York, 1974).

52. Por exemplo, Herbert G. Gutman, *The black family in slavery and freedom* (Nova York, 1976); Daniel T. Rodgers, *The work ethic in industrial America, 1850-1920* (Chicago, 1978); James Obelkevich, *Religion and rural society: South Lindsey, 1825-1875* (Oxford, 1976).

53. Dois exemplos, que se baseiam em tradições de ensino mútuo entre a história e a antropologia de várias partes do mundo, são Karen Spalding, "The colonial Indian: past and future research perspectives", in *Latin American Research Review* 7 (1972): 47-76, e Irwin Scheiner, "Benevolent lords and honorable peasants: rebellion and peasant consciousness in Tokugawa Japan", in *Japanese thought in the Tokugawa period, 1600-1868*, org. Tetsuo Najita e Irwin Scheiner (Chicago, 1978).

54. Richard White, "The winning of the West: the expansion of the Western Sioux in the eighteenth and nineteenth centuries", in *Journal of American History* 65 (1978): 319-43. Não seria preciso ler muita coisa na antropologia atual para desmentir a crença dos historiadores de que os antropólogos cometem três pecados principais: falta de dimensão temporal, excesso de holismo e concentração em sociedades "primitivas". Ver, por exemplo, Clifford Geertz, *Islam observed: religious development in Morocco and Indonesia* (Chicago, 1968), e S. J. Tambiah, *Buddhism and the spirit cults in northeast Thailand* (Cambridge, 1970).

55. Para a íntegra dessa definição, ver Clifford Geertz, "Religion as a cultural system", in *Interpretation of cultures*, p. 89.

11. A HISTÓRIA SOCIAL DAS IDEIAS [pp. 232-64]

Este ensaio foi publicado em *The Journal of Modern History* 43 (1971): 113-32. Retrospectivamente, creio que ele ainda representa uma tentativa válida de discutir os problemas de estabelecer uma junção entre a história social e a história das ideias. Ele não foi concebido como uma exposição programática sobre a história intelectual em geral, embora tenha sido lido algumas vezes dessa maneira: ver Dominick La Capra, "Is everyone a mentality case?", in *History and Theory*.

1. Peter Gay, *The party of humanity: essays in the French Enlightenment* (Nova York, 1964), p. x.

2. Ibidem. Ver também Peter Gay, *The Enlightenment: an interpretation* (Nova York, 1966), I: 427; em especial, Gay, "The social history of ideas: Ernst Cassirer and after", in *The critical spirit: essays in honor of Herbert Marcuse*, org. Kurt H. Wolff e Barrington Moore, Jr. (Boston, 1967).

3. François Bluche, *Les magistrats du Parlament de Paris au XVIIIe siècle (1715-1771)* (Paris, 1960), p. 294.

4. Em suas *Mémoires de l'abbé Morellet sur le dix-huitième siècle et sur la Révolution* (Paris, 1821), I: 130, Morellet enfatizava: "*Il ne faut pas croire que dans cette société* (o grupo de Holbach), *toute philosophie qu'elle était,* [...] *ces opinions libres outre mesure fussent celles de tous. Nous étions là bon nombre de théistes, et point honteux, qui nous défendions vigoureusement, mais en aimant toujours des athées de si bonne compagnie*" ("Não se creia que nessa sociedade, filosófica como era, [...] essas opiniões livres para além da medida fossem de todos. Lá éramos um bom número de teístas, e nada envergonhados, que nos defendíamos vigorosamente, mas sempre apreciando ateus de tão boa companhia")? O predomínio do deísmo sobre o ateísmo no Iluminismo é ressaltado por Paul Hazard, *La pensée européene au XVIIIe siècle: de Montesquieu à Lessing* (Paris, 1946). O trabalho de Alan Kors, que está para sair, deve assestar o golpe final no mito sobre o ateísmo desenfreado do círculo holbachiano.

5. Alfred Cobban, *The eighteenth century: Europe in the age of the Enlightenment* (Londres, 1969), p. 278 (ver também Robert Shackleton, "Jansenism and the Enlightenment", in *Studies on Voltaire and the Eighteenth Century* 57 (1967): 1387-97).

6. Herbert Dieckmann, "Themes and structure of the Enlightenment", in *Essays in comparative literature* (Saint Louis, 1961), pp. 67-71.

7. Hugh Honour, *Neo-classicism* (Harmondsworth, Inglaterra, 1968), p. 13.

8. Em *The edge of objectivity: an essay in the history of scientific ideas* (Princeton, Nova Jersey, 1960), Charles C. Gillispie vê no pensamento científico do Iluminismo uma tendência de se afastar do estritamente científico para o romântico, de Newton para Diderot e Goethe.

9. Peter Gay, "Rhetoric and politics in the French Revolution", reed. in *The party of humanity*.

10. D'Alembert, *Histoire des membres de l'Académie Française morts depuis 1700 jus'quen 1771* (Paris, 1787), I: XXXII.

11. Para a visão marxista de um Iluminismo burguês, ver Lucien Goldmann, "La pensée des 'Lumières'", in *Annales: économies, sociétés, civilisations* 22 (1967): 752-70. Sobre o liberalismo aristocrático, ver Denis Richet, "Autour des origines idéologiques lointaines de la Révolution Française: élites et des-

potisme" in *Annales: économies, sociétés, civilisations* 24 (1969): 1-23. Jacques Proust, *Diderot et l'Encyclopédie* (Paris, 1962), traz uma versão sofisticada da velha questão sobre o caráter do Iluminismo enquanto ideologia "revolucionária".

12. Alfred Cobban, *In search of humanity: the role of the Enlightenment in modern history* (Nova York, 1960), p. 3.

13. Erik H. Erikson, *Young man Luther: a study in psychoanalysis and history*, 5ª ed. (Nova York, 1962), p. 193.

14. Pierre Goubert, *L Ancien Régime*, (Paris, 1969); Robert Mandrou, *La France aux XVIIᵉ et XVIIIᵉ siècles* (Paris, 1967).

15. Ver Goubert, cap. 7, e C. B. A. Behrens, "Nobles, privileges, and taxes in France at the end of the Ancien Régime", in *Economic History Review*, série 2, nº 3 (1963).

16. A questão complexa do caráter sociopolítico dos *parlements* ainda não foi resolvida, apesar das teses importantes de François Bluche e Jean Meyer. Mas o trabalho de Jean Egret pelo menos questionou a interpretação corrente de uma "*révolte nobiliaire*" no final do século XVIII (ver Egret, "L'aristocratie parlementaire française à la fin de l'Ancien Régime", in *Revue historique* 208 (1952): 1-14, e *La Pré-Révolution Française (1787-1788)* (Paris, 1962)).

17. Autobiografia de Lebrun, conforme foi traduzida na antologia de interpretações organizada por John Rothney, *The Britanny affair and the crisis of the Ancien Régime* (Nova York, 1969), p. 243.

18. Michel Fleury e Pierre Valmary, "Les progrès de l'instruction élémentaire de Louis XIV à Napoleon III", in *Population*, nº 1 (1957): 71-92. Gay também associa os *philosophes* a uma "revolução linguística" (II: 60): a passagem do latim para o francês como língua predominante em que os livros eram publicados na França. Aqui, sua fonte parece ser David Pottinger, *The French book trade in the Ancien Régime, 1500-1791* (Cambridge, Massachusetts, 1958). Mas Pottinger situa essa "revolução" bem antes do Iluminismo. Entre os livros examinados por ele, 62% foram publicados em latim em 1500-9, 29% em 1590-99, 7% em 1690-99 e 5% em 1790-91 (p. 18).

19. Ver Fleury e Valmary, "Les progrès".

20. Daniel Mornet, "Les enseignements des bibliothèques privées (1750-1780)" in *Revue d'histoire littéraire de la France* 17 (1910): 449-92.

21. Geneviève Bollème, *Les almanachs populaires aux XVIIᵉ et XVIIIᵉ siècles: essai d'histoire sociale* (Paris, 1969), p. 84.

22. Ver em especial ibidem, pp. 123-4, 16 e 55.

23. Ibidem, p. 95.

24. Ibidem, p. 98.

25. Ibidem, p. 131.

26. Ibidem (em ordem de citação), p. 74, 79, 75 e 81.

27. As versões publicadas em Yverdon e Vevey por Jeanne-Esther Bondeli

e Paul-Abraham Chenebié derivavam do *Hinckende Bote* de Berna, um almanaque alemão feito por Emmanuel Hortin, o filho de um pastor protestante (ver Jules Capré, *Histoire du véritable messager boiteux de Berne et Vevey* (Vevey, 1884), e Jeanne-Pierre Perret, *Les imprimeries d'Yverdon au XVII*[e] *siècle et au XVIII*[e] *siècle* (Lausanne, 1945), pp. 74-8).

28. Bollème, *Les almanachs populaires*, pp. 15-6.

29. Para detalhes sobre as *permissions simples*, ver o texto do édito de 30 de agosto de 1777, in Jourdan, Decrusy e Isambert, orgs., *Récueil général des anciennes lois françaises* (Paris, 1826), XXV: 108-12.

30. Proust, *Diderot et l'Encyclopédie*, cap. 1.

31. A interpretação de Robert Mandrou sobre a pesquisa de Proust parece distorcida, pelo menos para mim (ver Mandrou, *La France au XVII*[e] *et XVIII*[e] *siècles*, pp. 168-9: "le XVIIIe siècle pense vraiment bourgeois" [o século XVIII realmente pensa de maneira burguesa].

32. Jean Ehrard e Jacques Roger, "Deux périodiques français du 18e siècle: le *Journal des savants* et *les Mémoires de Trévoux*. Essai d'une étude quantitative", in *Livre et société*, v. 1.

33. Para informes sobre o estado da semântica histórica, ver *Actes du 89*[e] *congrès des sociétés savantes* (Paris, 1964), v. 1, e M. Tournier et alii, "Le vocabulaire de la Révolution: pour un inventaire systématique des textes", in *Annales historiques de la Révolution Française*, nº 195 (jan.-mar. 1969): 109-24.

12. A HISTÓRIA DAS MENTALIDADES: O CASO DO OLHO ERRANTE [pp. 265-303]

Partes deste ensaio foram publicadas originalmente em *The New York Review of Books* (5 de abril de 1973): 25-30; (13 de junho de 1974): 11-4; (27 de junho de 1974): 30-2.

1. Entre os principais textos discutidos neste ensaio, estão: Richard Cobb, *Reactions to the French Revolution* (Londres, Oxford University Press, 1972), *The police and the people: French popular protest 1789-1820* (Londres, Oxford University Press, 1970), *A second identity: essays on France and French history* (Londres, Oxford University Press, 1969); A. Abbiateci et alii, *Crimes et criminalité en France sous l'Ancien Régime, 17*[e]*-18*[e] *siècles* (Paris, Armand Colin, 1971); Philippe Ariès, *Western attitudes toward death: from the Middle Ages to the present*, trad. Patricia M. Ranum (Baltimore, Johns Hopkins University Press, 1974); Michel Vovelle, *Piété baroque et déchristianisation en Provence au XVIII*[e] *siècle: les attitudes devant la mort d'après les clauses des testaments* (Paris, Plon, 1973).

2. *Contrepoint* 5 (1971): 105-15; *L'Humanité*, 18 de fevereiro de 1972, p. 8; *La Nouvelle Critique* (1972), e Guy Lemarchand, "Sur la société française en 1789", in *Revue d'histoire moderne et contemporaine* (1972): 73-91.

3. O melhor dessa tradição é representado por Albert Mathiez, *La vie*

chère et le mouvement social sous la Terreur (Paris, 1927); Georges Lefebvre, *Les paysans du nord pendant la Révolution Française* (Paris, 1924); Albert Soboul, *Les sans-culottes parisiens en l'an II* (Paris, 1958). Para exemplos recentes, ver Régine Robin, *La société française en 1789: Semur-en-Auxois* (Paris, 1970), e Claude Mazauric, *Sur la Révolution Française* (Paris, 1970).

4. Ver os ensaios de Lucien Febvre reeditados em *Combats pour l'histoire* (Paris, Armand Colin, 1965), pp. 207-39; Georges Duby, "Histoire des mentalités" in *L'histoire et ses méthodes: Encyclopédie de la Pléiade* (Paris, 1961), pp. 937-66; Robert Mandrou, "Histoire sociale et histoire des mentalités", in *La Nouvelle Critique* (1972): 41-4; Alphonse Dupront, "Problèmes et méthodes d'une histoire de la psychologie collective", in *Annales: économies, sociétés, civilisations* (1961): 3-11; Louis Trénard, "Histoire des mentalités collectives: les livres, bilans et perspectives", in *Revue d'histoire moderne et contemporaine* (1968): 691-703; Jacques Le Goff, "Les mentalités: une histoire ambiguë", in *Faire de l'histoire*, org. Jacques Le Goff e Pierre Nora (Paris, 1974), III: 76-94.

5. André Davidovitch, "Criminalité et répression en France depuis un siècle (1851-1952)", in *Revue française de sociologie* (1961): 30-49, e Pierre Deyon, "Délinquance et répression dans le nord de la France au XVIIIe siècle", in *Bulletin de la Société d'Histoire Moderne* 20 (1972): 10-5.

6. Por exemplo, Leon Radizinowicz e Marvin E. Wolfgang, orgs., *Crime and justice*, v. 1, *The criminal in society* (Nova York, Basic Books, 1971); Hermann Manheim, *Comparative criminology* (Boston, Houghton-Mifflin, 1965).

7. A. M. Guerry, *Essai sur la statistique morale de la France* (Paris, 1833); Adolphe Quételet, *Sur l'homme et le dévéloppement de ses facultés, ou essai de physique sociale* (Paris, 1836).

8. Enrico Ferri, *La sociologie criminelle*, 3ª ed. (Paris, 1893), cap. 2.

9. Em 1960, pelas informações, a Colômbia teve 34 assassinatos por 100 mil pessoas, os Estados Unidos tiveram 4,5 e a França teve 1,7: Marvin E. Wolfgang e Franco Ferracuti, *The subculture of violence* (Londres, Tavistock, 1967).

10. Abbiateci, org., *Crimes et criminalité en France*, pp. 187-261; Deyon, "Délinquance et répression".

11. Jessica Mitford, *The American way of death* (Nova York, Simon & Schuster, 1963), e Geoffrey Gorer, *Death, grief and mourning in contemporary Britain* (Londres, Cresset Press, 1965).

12. Philipe Ariès, *Centuries of childhood: a social history of family life* (Nova York, Random House, 1965), e *Western attitudes toward death: from the Middle Ages to the present* (Baltimore, Johns Hopkins University Press, 1974).

13. Essa literatura é tão vasta que chega a ser um sintoma da atual crise no tratamento da morte. Tem-se uma amostra dela em três antologias: Herman Feifel, org., *The meaning of death* (Nova York, McGraw-Hill, 1959); Robert Fulton, org., *Death and identity* (Nova York, Wiley, 1965); Hendrick Ruitenbeck, org., *Death: interpretations* (Nova York, Delacorte, 1969).

14. Parece estranho que Ariès ignore esse ponto crucial que há muito tempo tem sido central na literatura antropológica. Ver G. P. Murdock, *Social structure* (Nova York, 1949; reed. 1965, The Free Press).

15. Vovelle se associou a esta tendência, que parece vir adquirindo uma importância crescente nos textos marxistas sobre o século XVIII. Ver *L'Humanité*, 18 de fevereiro de 1972, p. 8.

16. Para citar alguns exemplos de trabalhos agora em andamento, Pierre Chaunu está preparando um estudo sobre a evolução das atitudes em relação à morte em Paris ao longo de vários séculos; Jean Delumeau está concluindo uma pesquisa sobre as formas do medo no Ocidente [*História do medo no Ocidente*, Companhia das letras, 2009, ed. bolso]; J.-L. Flandrin, sobre a afetividade e a sexualidade entre os camponeses do Antigo Regime; E.-M. Benabou sobre a libertinagem e a prostituição em Paris, no século XVIII; J. M. Gouesse, sobre as atitudes em relação ao casamento na França, no início do período moderno. Como exemplo de um livro que consegue relacionar a demografia e as atitudes em relação à morte, ver François Lebrun, *Les hommes et la mort en Anjou aux 17e et 18e siècles* (Paris, 1971), que foi discutido numa versão deste ensaio, publicada in *The New York Review of Books* (13 de junho de 1974).

17. Pierre Chaunu, "Un nouveau champ pour l'histoire sérielle: le quantitatif au troisième niveau", in *Mélanges en l'honneur de Fernand Braudel* (Toulouse, 1973), II: 105-25. Esse quadro conceitual parece ter determinado a organização de muitos estudos recentes da história francesa. É o caso de Lebrun, *Les hommes et la mort*, parte 1, "Structures économiques et socio-geographiques"; parte 2, "Structure démographique" parte 3, "Mentalités"; F. G. Dreyfus, *Sociétés et mentalités à Mayence dans la seconde moitié du dix-huitième siècle* (Paris, 1968); parte 1, "Économie"; parte 2, "Structure sociale"; parte 3, "Mentalités et culture"; Maurice Garden, *Lyon et les lyonnais au XVIIIe siècle*; parte 1, "Démographie"; parte 2, "Société"; parte 3, "Structures mentales et comportements collectifs" (Paris, 1970).

18. Para uma expressão irrefutável dessa corrente na antropologia, ver Clifford Geertz, *The interpretation of cultures* (Nova York, Basic Books, 1973).

13. HISTÓRIA E SOCIOLOGIA DO CONHECIMENTO [pp. 306-19]

1. Este ensaio foi publicado originalmente em *The New York Review of Books* (31 de maio de 1979): 26-9. Refere-se basicamente a dois estudos sobre escritores e a República das Letras: John Lough, *Writer and public in France: from the Middle Ages to the present day* (Oxford, 1978), e Daniel Roche, *Le Siècle des Lumières en province: académies et académiciens provinciaux, 1680-1789* (Paris/Haia, 1978), 2v.

2. Cit. in Lough, *Writer and public in France*, p. 308.

3. Ibidem, p. 303.

4. *An introduction to seventeenth-century France* (Londres, 1954); *An introduction to eighteenth-century France* (Londres, 1960); *An introduction to nineteenth-century France* (Londres, 1978). Lough também utiliza materiais de sua excelente monografia, *Paris theatre audiences in the seventeenth and eighteenth centuries* (Londres, 1957).

5. Robert Mandrou, *La France aux XVIIe et XVIIIe siècles* (Paris, 1967), p. 169; Ernest Labrousse repetiu a mesma fórmula num outro manual, *Histoire économique et sociale de la France* (Paris, 1970), II: 716: "Le XVIIIe siècle pense bourgeois" [O século XVIII pensa de maneira burguesa]. Para observações parecidas em forma de manual, ver Albert Soboul, *La France à la veille de la Révolution* (Paris, 1961), I: 134-8.

6. *Mélanges en l'honneur de Fernand Braudel* (Toulouse, 1973), II: 105-25.

7. Ver, por exemplo, as obras citadas no capítulo anterior, nota 18.

14. HISTÓRIA E LITERATURA [pp. 320-37]

Este ensaio foi publicado originalmente em *The New York Review of Books* (27 de outubro de 1988): 84-8.

1. Ver J. Hillis Miller, "The Geneva school", in *Modern French criticism: from Proust and Valéry to structuralism*, org. John K. Simon (Chicago, 1972).

2. Jean Starobinski, *Montaigne in motion*, trad. Arthur Goldhammer (Chicago, 1985).

3. Claude Lévi-Strauss, *Tristes tropiques* (Paris, 1955), caps. 28, 29, 38.

4. Jacques Derrida, *Of grammatology*, trad. Gayatri Chakravorty Spivak (Baltimore, 1972), parte 2.

5. Para uma refutação do argumento de Derrida, que toma como ponto de partida a impropriedade dessas afirmações, ver John R. Searle, "The world turned upside down" in *New York Review of Books* (27 de outubro de 1983): 74-9.

6. Paul de Man, *Blindness and insight: essays in the rhetoric of contemporary criticism* (Minneapolis, 1983: 1ª ed., 1971), cap. 7. Ver também De Man, *Allegories of reading: figural language in Rousseau, Nietzsche, Rilke, and Proust* (New Haven, 1979), parte 2.

7. Roland Barthes, "The death of the author", in Barthes, *Image, music,* text (Nova York, 1977), pp. 142-8.

8. Para exames da literatura em que Starobinski se destaca pela ausência, ver David Lodge, org., *20th century literary criticism* (Londres, 1972); Francis Barker et alii, orgs., *Literature, politics and theory* (Londres, 1986); Cary Nelson, org., *Theory in the classroom* (Chicago, 1986); Clayton Koelb e Susan

Noakes, orgs., *The comparative perspective on literature: approaches to theory and practice* (Ithaca, Nova York, 1988).

9. Ver, por exemplo, Benoît Mély, *Jean-Jacques Rousseau, un intellectuel en rupture* (Paris, 1985); Henri Gouhier, *Rousseau et Voltaire: portraits dans deux miroirs* (Paris, 1983); Louis-Pierre Jouvenet, *Jean-Jacques Rousseau: pédagogie et politique* (Toulouse, 1984); Maurice Cranston, *Jean-Jacques: the early life and works of Jean-Jacques Rousseau 1712-1754* (Londres, 1983); Carol Blum, *Rousseau and the Republic of Virtue: the language of politicis in the French Revolution* (Ithaca, Nova York, 1986); Joel Schwartz, *The sexual politics of Jean-Jacques Rousseau* (Chicago, 1984); Asher Horowitz, *Rousseau, nature, and history* (Toronto, 1987).

10. R. A. Leigh, org., *Correspondence générale de J.-J. Rousseau* (Oxford, 1965).

11. *Voltaire et son temps*, uma biografia em cinco volumes que está sendo preparada sob a direção de René Pomeau. O primeiro volume, escrito por Pomeau, foi publicado como *D'Arouet à Voltaire 1694-1734* (Oxford, 1985).

15. HISTÓRIA E ANTROPOLOGIA [pp. 338-62]

Este ensaio foi publicado em *The Journal of Modern History* 58 (1986): 218-34, como uma réplica à crítica de meu livro, *The great cat massacre and other episodes of French cultural history* (Nova York, 1984), por Roger Chartier, "Text, symbols, and frenchness", in *The Journal of Modern History* 57 (1985): 682-95. Como os editores de *The Journal of Modern History* mantêm uma política contrária a publicar refutações de críticas, eles me pediram que eu incorporasse minha réplica a um ensaio geral sobre o simbolismo e evitasse responder ponto por ponto à resenha ensaística de Chartier.

1. Roger Chartier, "Text, symbols, and frenchness". Para outras observações sobre as questões teóricas levantadas em *The great cat massacre*, ver os ensaios de Philip Benedict e Giovanni Levi, publicados conjuntamente como "Robert Darnton e il massacro dei gatti", in *Quaderni Storici*, nova série, 58 (abr. 1985): 257-77. Tentei responder às críticas num debate com Pierre Bourdieu e Roger Chartier, publicado como "Dialogue à propos de l'histoire culturelle", in *Actes de la recherche en sciences sociales*, 59 (set. 1985): 86-93. A partir de então, o debate foi assumido por outros: ver Dominick La Capra, "Chartier, Darnton, and the great symbol massacre", e James Fernandez, "Historians tell tales: of Carlesian cats and Gallic cockfights", in *The Journal of Modern History* 60 (1988): 95-127.

2. Michael Herzfeld, "An Indigenous theory of meaning and its elicitation in performative context", in *Semiotica* 34 (1981): 130; ver também pp. 135-9.

3. James W. Fernandez, "Symbolic consensus in a Fang reformative cult", *American Anthropologist* 67 (1965): 902-29; Keith Basso, " 'Wise words' of the Western Apache: metaphor and semantic theory", in *Meaning in Anthropology*,

org. Keith Basso e Henry Selby (Albuquerque, Novo México, 1976), pp. 93-122; Renato Rosaldo, *Ilongot headhunting, 1883-1974: a study in society and history* (Stanford, California, 1980); E. Valentine Daniel, *Fluid signs: being a person the Tamil way* (Berkeley/Los Angeles, 1984). Para outros exemplos e outras variedades de antropologia simbólica, ver as seguintes coletâneas de ensaios: Basso e Selby, orgs., *Meaning in Anthropology*; J. David Sapir e J. Christopher Crocker, orgs., *The social use of metaphor: essays on the Anthropology of rethoric* (Philadelphia, 1977); Janet L. Dolgin, David S. Kemnitzer e David M. Schneider, orgs., *Symbolic anthropology: a reader in the study of symbols and meanings* (Nova York, 1977).

4. Loring M. Danforth, *The death rituals of rural Greece* (Princeton, Nova Jersey, 1982).

5. Ibidem, pp. 110-1.

6. Johan Huizinga, *The waning of the Middle Ages* (Garden City, Nova York, s/d; ed. orig. em holandês, 1919), pp. 203-4.

7. Victor W. Turner, "Symbols in African ritual", in Dolgin, Kemnitzer e Schneider, orgs., *Symbolic anthropology*, p. 185. Para maiores discussões e documentação, ver Turner, *The forest of symbols: aspects of Ndembu ritual* (Ithaca, Nova York/ Londres, 1967), em especial caps. 1, 3, 4.

8. Claude Lévi-Strauss, *The savage mind* (Chicago, 1966; ed. orig. em francês, 1962), em especial cap. 1.

9. Mary Douglas, *Purity and danger: an analysis on the concepts of pollution and taboo* (Londres, 1966), p. 35. Os dois parágrafos seguintes se baseiam nesse livro.

10. Ralph Bulmer, "Why is the cassowary not a bird? A problem of zoological taxonomy among the Karam of the New Guinea Highlands", in *Man*, nova série, 2 (1967): 5-25.

11. Edmund R. Leach, "Anthropological aspects of language: animal categories and verbal abuse", in *New directions in the study of language*, org. Eric H. Lenneberg (Cambridge, Massachusetts, 1964), pp. 23-63. Simplifiquei o diagrama e o argumento de Leach, sendo que seu raciocínio se estende por um conjunto complexo de relações, e não é de todo coerente.

12. S. J. Tambiah, "Animals are good to think and good to prohibit", in *Ethnology* 8 (1969): 423-59.

13. Para uma análise do massacre e referências aos dados etnográficos utilizados para interpretá-lo, ver Robert Darnton, *The great cat massacre and other episodes in French cultural history* (Nova York, 1984), cap. 2. O episódio em si é relatado em Nicolas Contat, *Anecdotes typographiques, où l'on voit la description des coutumes, moeurs et usages singuliers des compagnons imprimeurs*, org. Giles Barber (Oxford, 1980), pp. 48-54. Todas as citações nos próximos parágrafos vêm dessa fonte.

14. Como exemplo de uma *misère*, ver "La misère des apprentifs imprimeurs", anexada por Giles Barber ao final de sua edição das *Anecdotes typogra-*

phiques de Contat, pp. 101-10. Os manuais trazem muitas informações sobre os costumes e as técnicas de impressão, e remontam ao século XVI. Dois manuais que têm muito em comum com o texto de Contat, embora sejam de um período pouco posterior, são S. Boulard, *Le manuel de l'imprimeur* (Paris, 1791), A.-F. Momoro, *Traité élémentaire de l'imprimerie ou le manuel de l'imprimeur* (Paris, 1793).

15. Sob esse aspecto, a brincadeira ilustra a noção de deslocamento dos quadros e vazão da agressividade, desenvolvida por Arthur Koestler. Ver o ensaio sobre "Wit and humour", em seu *Janus: a summing up* (Nova York, 1978).

16. Ver Vladimir Propp, *The morphology of the folktale* (Austin, Texas, 1968), e Albert B. Lord, *The singer of tales* (Cambridge, Massachusetts, 1960).

ROBERT DARNTON, nascido em 1939, em Nova York, graduou-se em história em Oxford. Foi professor de história europeia na Universidade de Princeton. Fundador do programa Gutenberg-e, atualmente é professor da Universidade Carl H. Pforzheimer e diretor da Biblioteca da Universidade de Harvard. Dele, a Companhia das Letras publicou *Boemia literária e revolução*, *Edição e sedição*, *O Iluminismo como negócio*, *Os best-sellers proibidos da França pré-revolucionária*, *Os dentes falsos de George Washington* e *A questão dos livros*.

COMPANHIA DE BOLSO

Jorge AMADO
Capitães da Areia

Hannah ARENDT
Homens em tempos sombrios

Philippe ARIÈS, Roger CHARTIER (Orgs.)
História da vida privada 3 — Da Renascença ao Século das Luzes

Karen ARMSTRONG
Em nome de Deus
Uma história de Deus

Paul AUSTER
O caderno vermelho

Marshall BERMAN
Tudo que é sólido desmancha no ar

Jean-Claude BERNARDET
Cinema brasileiro: propostas para uma história

David Eliot BRODY, Arnold R. BRODY
As sete maiores descobertas científicas da história

Bill BUFORD
Entre os vândalos

Jacob BURCKHARDT
A cultura do Renascimento na Itália

Peter BURKE
Cultura popular na Idade Moderna

Italo CALVINO
O barão nas árvores
O cavaleiro inexistente
Fábulas italianas
Um general na biblioteca
Por que ler os clássicos

Bernardo CARVALHO
Nove noites

Jorge G. CASTAÑEDA
Che Guevara: a vida em vermelho

Ruy CASTRO
Chega de saudade
Mau humor

Louis-Ferdinand CÉLINE
Viagem ao fim da noite

Jung CHANG
Cisnes selvagens

Catherine CLÉMENT
A viagem de Théo

J. M. COETZEE
Infância

Joseph CONRAD
Coração das trevas
Nostromo

Robert DARNTON
O beijo de Lamourette

Charles DARWIN
A expressão das emoções no homem e nos animais

Jean DELUMEAU
História do medo no Ocidente

Georges DUBY (Org.)
História da vida privada 2 — Da Europa feudal à Renascença

Mário FAUSTINO
O homem e sua hora

Rubem FONSECA
Agosto
A grande arte

Meyer FRIEDMAN, Gerald W. FRIEDLAND
As dez maiores descobertas da medicina

Jostein GAARDER
O dia do Curinga
Vita brevis

Jostein GAARDER, Victor HELLERN, Henry NOTAKER
O livro das religiões

Fernando GABEIRA
O que é isso, companheiro?

Luiz Alfredo GARCIA-ROZA
O silêncio da chuva

Eduardo GIANNETTI
Auto-engano
Vícios privados, benefícios públicos?

Edward GIBBON
Declínio e queda do Império Romano

Carlo GINZBURG
O queijo e os vermes

Marcelo GLEISER
A dança do Universo

Tomás Antônio GONZAGA
Cartas chilenas

Philip GOUREVITCH
Gostaríamos de informá-lo de que amanhã seremos mortos com nossas famílias

Milton HATOUM
Dois irmãos
Relato de um certo Oriente

Eric HOBSBAWM
O novo século

Albert HOURANI
Uma história dos povos árabes

Henry JAMES
Os espólios de Poynton
Retrato de uma senhora

Ismail KADARÉ
Abril despedaçado

Franz KAFKA
O castelo
O processo

John KEEGAN
Uma história da guerra

Amyr KLINK
Cem dias entre céu e mar

Jon KRAKAUER
No ar rarefeito

Milan KUNDERA
A arte do romance
A identidade
A insustentável leveza do ser
O livro do riso e do esquecimento

Danuza LEÃO
Na sala com Danuza

Paulo LINS
Cidade de Deus

Gilles LIPOVETSKY
O império do efêmero

Claudio MAGRIS
Danúbio

Naghib MAHFOUZ
Noites das mil e uma noites

Javier MARÍAS
Coração tão branco

Ian McEWAN
O jardim de cimento

Heitor MEGALE (Org.)
A demanda do Santo Graal

Evaldo Cabral de MELLO
O nome e o sangue

Patrícia MELO
O matador

Luiz Alberto MENDES
Memórias de um sobrevivente

Jack MILES
Deus: uma biografia

Ana MIRANDA
Boca do Inferno

Vinicius de MORAES
Livro de sonetos
Antologia poética

Fernando MORAIS
Olga

Toni MORRISON
Jazz

Vladimir NABOKOV
Lolita

V. S. NAIPAUL
Uma casa para o sr. Biswas

Friedrich NIETZSCHE
Além do bem e do mal
Ecce homo
Genealogia da moral
Humano, demasiado humano
O nascimento da tragédia

Adauto NOVAES (Org.)
Ética
Os sentidos da paixão

Michael ONDAATJE
O paciente inglês

Malika OUFKIR, Michèle FITOUSSI
Eu, Malika Oufkir, prisioneira do rei

Amós OZ
A caixa-preta

José Paulo PAES (Org.)
Poesia erótica em tradução

Georges PEREC
A vida: modo de usar

Michelle PERROT (Org.)
História da vida privada 4 — Da Revolução Francesa à Primeira Guerra

Fernando PESSOA
Livro do desassossego
Poesia completa de Alberto Caeiro
Poesia completa de Álvaro de Campos
Poesia completa de Ricardo Reis

Ricardo PIGLIA
Respiração artificial

Décio PIGNATARI (Org.)
Retrato do amor quando jovem

Edgar Allan POE
Histórias extraordinárias

Antoine PROST, Gérard VINCENT (Orgs.)
História da vida privada 5 — Da Primeira Guerra a nossos dias

Darcy RIBEIRO
O povo brasileiro

Edward RICE
Sir Richard Francis Burton

João do RIO
A alma encantadora das ruas

Philip ROTH
Adeus, Columbus
O avesso da vida

Elizabeth ROUDINESCO
Jacques Lacan

Arundhati ROY
O deus das pequenas coisas

Murilo RUBIÃO
Murilo Rubião — Obra completa

Salman RUSHDIE
Haroun e o Mar de Histórias
Os versos satânicos

Oliver SACKS
Um antropólogo em Marte
Vendo vozes

Carl SAGAN
Bilhões e bilhões
Contato
O mundo assombrado pelos demônios

Edward W. SAID
Orientalismo

José SARAMAGO
O Evangelho segundo Jesus Cristo
O homem duplicado
A jangada de pedra

Arthur SCHNITZLER
Breve romance de sonho

Moacyr SCLIAR
A majestade do Xingu
A mulher que escreveu a Bíblia

Amartya SEN
Desenvolvimento como liberdade

Dava SOBEL
Longitude

Susan SONTAG
Doença como metáfora / AIDS e suas metáforas

I. F. STONE
O julgamento de Sócrates

Keith THOMAS
O homem e o mundo natural

Drauzio VARELLA
Estação Carandiru

John UPDIKE
As bruxas de Eastwick

Caetano VELOSO
Verdade tropical

Erico VERISSIMO
Clarissa
Incidente em Antares

Paul VEYNE (Org.)
História da vida privada 1 — Do Império Romano ao ano mil

XINRAN
As boas mulheres da China

Edmund WILSON
Os manuscritos do mar Morto
Rumo à estação Finlândia

Simon WINCHESTER
O professor e o louco

Esta obra foi composta pela Verba Editorial em Janson Text
e impressa em processo sob demanda pela Um Livro sobre
papel Offwhite para a Editora Schwarcz a partir de 2025

FSC
www.fsc.org
MISTO
Apoiando o manejo florestal responsável
FSC® C128038

A marca FSC® é a garantia de que a madeira utilizada na fabricação do papel deste livro provém de florestas que foram gerenciadas de maneira ambientalmente correta, socialmente justa e economicamente viável, além de outras fontes de origem controlada.